Dieter Schneidewind / Armin Töpfer (Hrsg.)

Der asiatisch-pazifische Raum

M+M Management und Marketing · Erfahrungsberichte aus der Unternehmenspraxis

Dieter Schneidewind / Armin Töpfer (Hrsg.)

Der asiatisch-pazifische Raum

Strategien und Gegenstrategien von Unternehmen

mit Beiträgen von

Tim Allen
Siegfried Böttcher
Karl Busch
Reinhard Hünerberg
Hiroya Iwasaki
Otto Kalthoff
Bernd Kannapee
Karl-Thorsten Keitel
Martin Kohlhaussen
Hugh E. Kramer
Günter Krüger
Peter Odrich
Martin Posth
Heinz Ruhnau
Walter Sawallisch
Dieter Schneidewind
Hellmut Schütte
Silke Stellmacher
Paul A. Summerville
Makato Tobari
Armin Töpfer
Oskar Weggel
Muneo J. Yoshikawa

verlag moderne industrie

CIP-Titelaufnahme der Deutschen Bibliothek

Der asiatisch-pazifische Raum: Strategien und Gegenstrategien von Unternehmen / Dieter Schneidewind; Armin Töpfer (Hrsg.). – Landsberg/Lech: Verl. Moderne Industrie, 1991 (Management und Marketing)
ISBN 3-478-31670-7
NE: Schneidewind, Dieter [Hrsg.]

Umschlaggestaltung: Hubert Patscheider, 8900 Augsburg
Satz: abc-Fotosatz GmbH, 8938 Buchloe
Druck und Bindearbeiten: Schoder, 8906 Gersthofen
Printed in Germany 310 670/0191152
ISBN 3-478-31670-7

Inhaltsverzeichnis

III. Strategische Grundmuster und Basisstrategien

IV. Erfolgsstrategien deutscher Unternehmen auf asiatisch-pazifischen Märkten

Strategische Ansatzpunkte für den Unternehmenserfolg auf asiatisch-pazifischen Märkten

Armin Töpfer, Dieter Schneidewind

1. Der asiatisch-pazifische Wirtschaftsraum

1.1 Zunehmende Bedeutung dieser Weltwirtschaftsregion

Die Wirtschaftsentwicklung der Anrainerstaaten des Pazifischen Ozeans – also der asiatisch-pazifische Wirtschaftsraum – hat die weltweit größte Dynamik. Die Volkswirtschaften dieser Länder zeichnen sich durch hohe Wachstumsraten des Bruttosozialproduktes aus, z.B. 1988 in den ASEAN-Staaten durchschnittlich 7% bis 8%, in Japan 5,7%[1], sowie durch stark zunehmendes Pro-Kopf-Einkommen und damit durch steigende Kaufkraft und Nachfrage. Die technologische Entwicklung schreitet bei gleichzeitig allgemein zunehmender Liberalisierung der Wirtschaftspolitik stark voran; außerdem vollzieht sich die Integration dieser Region in die Weltwirtschaft immer schneller und stärker.

Deutsche Unternehmen haben bislang nicht selten ihr unternehmerisches Denken und Handeln zunächst auf europäische Kategorien ausgerichtet. Internationales Engagement bezog sich schwerpunktmäßig auf europäische Märkte sowie teilweise – aufgrund kultureller und sprachlicher Parallelen – auf Nordamerika.

Die weltweite Präsenz japanischer Konkurrenten wurde von deutschen Unternehmen auf dem Heimmarkt zwar registriert, allerdings wurden von vielen Europäern noch keine konkreten und systematischen Gegenstrategien, also Verteidigungsstrategien für den Inlandsmarkt und Angriffsstrategien für den Auslandsmarkt, entwickelt. Hier besteht noch ein erheblicher Handlungsbedarf: Denn wer auf Weltmärkten erfolgreich agieren will, muß in globalen Dimensionen denken, und das heißt, auch den ostasiatisch-pazifischen Raum als Region mit hohem Wachstumspotential in die unternehmerische Zielplanung mit einzubeziehen.

Bereits heute wird über die Hälfte des Welt-Bruttosozialprodukts in dieser Region erwirtschaftet und mehr als ein Drittel des Welthandels erfolgt über den Pazifik hinweg. Die Linie zwischen Silicon-Valley in Kalifornien und Tsukuba (nordwestlich von Tokyo) gilt als die Technologie-Achse der Welt. Die Pazifikstaaten Australien und Neuseeland beherrschen zusammen mit Kanada und den USA den Weltexport von Fleisch, Wolle, Weizen und Zucker – bei Holzexporten kommt Indonesien (neben Kanada und der UdSSR) eine führende Rolle zu. Da über 45% der Weltvorräte an Rohstoffen in der asiatisch-pazifischen Region vorkommen – bei Nickel und Zinn sind es sogar ca. 75% – bestehen auch aus diesem Grund gute Voraussetzungen für ein weiteres Wachstum dieser Wirtschaftsregion.

Ohmae hat die drei Säulen der Weltwirtschaft – Nordamerika, Westeuropa und Japan – als Triade bezeichnet, wobei multinationale Unternehmen in allen drei Regionen etwa gleich stark engagiert sein sollten.[2] Bei aller Euphorie über die Öffnung Osteuropas sollten europäische Unternehmen neben Westeuropa vor allem nicht die anderen beiden Säulen der Triade vernachlässigen. Neben diesem Trend nach Osten, der gerade heute nicht von der Hand zu weisen ist, wird die Notwendigkeit, den ostasiatisch-pazifischen Wirtschaftsraum als potentiellen Markt, aber auch als Herkunftsland potentieller Wettbewerber stärker zu berücksichtigen, um so bedeutsamer. Inzwischen sind nämlich zusätzlich zu Japan dessen Nachbarstaaten als neue Triadenmitglieder hinzuzurechnen. Die Triade ist also geografisch auszudehnen auf die ASEAN-Staaten und die asiatischen Schwellenländer.

Es ist möglich, daß ohne das Engagement europäischer Unternehmen die großen Pazifik-Anrainer Nordamerika und Ostasien diese Wirtschaftsregion dominieren werden und die Europäer dann in einer fatalen Randlage zurückbleiben. Das starke Engagement der Japaner in dieser Region wird unter anderem dadurch deutlich, daß der Export Japans 1988 in die Länder Korea, Taiwan, Hongkong und Singapur mit einem Anteil von 18,8% an der Gesamtausfuhr bereits größer war als der Export Japans in die EG (17,8% der Gesamtausfuhr).[3]

Grundsätzlich ist festzustellen, daß sich den Westeuropäern durch die Öffnung der Grenzen in Osteuropa mit der DDR, Ungarn und CSFR zwar neue

Märkte eröffnen, die Märkte der asiatisch-pazifischen Region demgegenüber jedoch ein wesentlich größeres Abnehmerpotential bieten. In diesem Raum leben weit über die Hälfte aller Bewohner des Globus – in Ostasien allein etwa ein Drittel der Weltbevölkerung.

1.2 Herausforderung für europäische Unternehmen

Die verschärfte nationale und internationale Konkurrenz auf dem Inlandsmarkt zwingt gerade auch deutsche Unternehmen immer mehr, neue Märkte mit langfristig erfolgversprechenden Perspektiven zu erschließen. Allerdings haben europäische und damit auch deutsche Unternehmen die Chancen, die sich auf dem asiatisch-pazifischen Markt bieten, noch nicht ausreichend erkannt bzw. genutzt.

1988 betrug der deutsche Export in die asiatischen Schwellenländer Hongkong, Singapur, Taiwan und Südkorea lediglich 2,1% der Gesamtausfuhr. Der Export nach Japan betrug 1989 lediglich 2,4%. Damit ist die Warenausfuhr nach Ostasien geringer als zum Beispiel nach Österreich (5,5% in 1989).[4] Auch wenn man nichttarifäre Handelshemmnisse berücksichtigt, wird diese Aussage unterstützt durch die träge Auslandsinvestitionstätigkeit deutscher Unternehmen: Mit 272 Mio. DM in Japan, 159 Mio. DM in Australien, 170 Mio. DM in Hongkong und 76 Mio. DM in Südkorea liegen die deutschen Investitionen bis einschließlich 1989 in diesen Ländern auf einem relativ niedrigen Niveau – gegenüber z.B. in Großbritannien mit 4461 Mio. DM. Dabei verzeichnete Singapur sogar einen Rückgang deutscher Direktinvestitionen um 164 Mio. DM.[5]

Im Gegensatz dazu hat sich das Defizit im Warenhandel mit Ostasien weiter ausgeweitet – 1988 fast 20 Mrd. DM.[6] Ein besonders starkes Mißverhältnis besteht bei den Auslandsinvestitionen. Bis 1989 betrugen die Investitionen Japans in der BRD bereits 994 Mio. DM.[7] Sie sind also fast viermal so groß wie Investitionen deutscher Unternehmer in Japan.

Nicht nur aufgrund der geografischen Entfernung, sondern auch aufgrund der sehr großen regionalen Unterschiede der angesprochenen Länder in Wirtschaft, Politik und Kultur ist eine Bearbeitung dieser Märkte „schwieriger“, als die uns vertrauteren Märkte im europäischen Ausland. Die auftretenden Schwierigkeiten bei Markteintritt und -bearbeitung sollten jedoch nicht von vornherein dazu führen, daß die Chancen, die sich in dieser erfolgversprechenden Wirtschaftsregion bieten, vernachlässigt werden. Die häufig anzutreffende Meinung, der asiatische Markt sei insbesondere für mittelständische Unternehmen nicht oder nur mit sehr hohem Ressourceneinsatz zu bearbeiten, muß revidiert werden. Dieses zu verdeutlichen ist ein wesentliches Ziel des vorliegenden Buches.

2. Zielsetzung und Konzeption des Buches

Ziel des vorliegenden Sammelbandes ist es nicht nur, dem Leser grundsätzlich Informationen über diesen wichtigen Wirtschaftsraum zu geben sowie den Blick für Chancen und Risiken unternehmerischer Aktivitäten im asiatisch-pazifischen Raum zu schärfen, sondern auch für das Engagement in dieser Region grundsätzliche Strategiealternativen aufzuzeigen. Dabei werden neben Einflußfaktoren auf die einzelnen Unternehmensbereiche, Planungsaktivitäten und Strategien auch konkrete Beispiele aus der Unternehmenspraxis wiedergegeben.

Zielgruppe des Buches ist vor allem die obere Führungsebene von großen und mittelständischen Unternehmen, die für die Unternehmensstrategie und/oder für internationale Marketing- und Vertriebsaktivitäten zuständig sind und zwar sowohl in Industrie- als auch in Dienstleistungsunternehmen. Das Buch liefert für Unternehmen, die bisher noch nicht im asiatisch-pazifischen Raum aktiv sind, Basis- und Strategieinformationen. Für Unternehmen, die dort bereits eine hohe Marktpräsenz besitzen, kann es dazu dienen, die bisherigen und weiteren Marktaktivitäten zu überprüfen und weiterzuentwickeln. Zusätzlich wendet sich der Sammelband auch an den international orientierten Hochschulbereich.

Abbildung 1 zeigt die wesentlichen Faktoren, die bei einem Markteintritt bzw. bei der Marktbearbeitung der asiatisch-pazifischen Region zu berücksichtigen sind. Diese Faktoren liegen der Konzeption des Buches zugrunde und werden überwiegend nicht isoliert, sondern im vernetzten Zusammenhang – bezogen auf einzelne Länder und Wirtschaftsregionen und/oder einzelne Einflußkriterien – dargestellt.

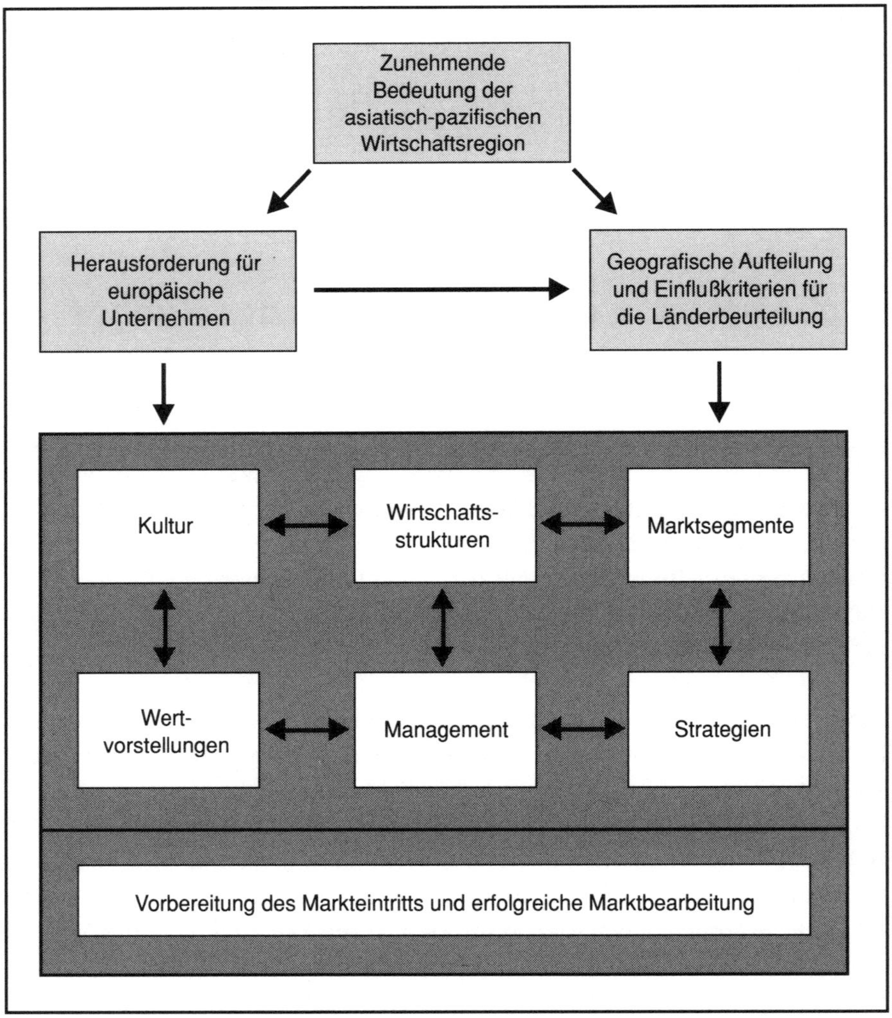

Abb. 1: Konzeption des Buches

Der Sammelband ist hierzu in drei inhaltliche Hauptbereiche unterteilt. Nach der Einführung im I. Kapitel

- werden Spezifika asiatisch-pazifischer Länder referiert, die relevante Einflußfaktoren aufzeigen (Kapitel II.);
- werden Analyse- und Planungsinstrumente sowie strategische Grundmuster und Basisstrategien dargestellt, die deutlich machen, was beim Markteintritt zu beachten ist und wie bei der Marktbearbeitung in dieser Region grundsätzlich vorzugehen ist (Kapitel III.);
- werden dem Leser zusätzlich Erfolgsbeispiele von Unternehmen mit speziellen und umfassenden Strategien auf den Märkten der asiatisch-pazifischen Region vorgestellt (Kapitel IV.).

Die Autoren aus Wissenschaft und Praxis verfügen über persönliche Erfahrungen vor Ort oder stammen sogar selbst aus der asiatisch-pazifischen Region. Einige Beiträge wurden aus dem englischen Original übersetzt.

Das Buch gibt Antworten auf wichtige Fragen, wie z.B.:

- Welche Faktoren müssen bei einem Markteintritt in die asiatisch-pazifische Region berücksichtigt werden?
- Welche kulturellen, wirtschaftlichen und politischen Unterschiede bestehen gegenüber Europa und zwischen einzelnen Ländern des relevanten Wirtschaftsraumes?
- Welche Auswirkungen auf Managementstil und Führungsverhalten ergeben sich durch die vorhandenen Unterschiede?
- Wie ist die Zusammenarbeit in fernöstlichen Unternehmen strukturiert?
- Wie sehen die Planungsprozesse als Vorbereitung des Markteintritts und der Marktbearbeitung asiatisch-pazifischer Länder aus?
- Welche strategischen Handlungsalternativen resultieren aus der Bewertung einzelner Länder für den Markteintritt und die Marktbearbeitung?
- Welche strategischen Grundmuster können bei der Erschließung der gesamten Wirtschaftsregion angewandt werden?
- Wie sieht eine Stufenstrategie oder eine Nukleusstrategie im zeitlichen Ablauf für verschiedene Ländermärkte aus?

- Welche Vorgehensweise zeichnet Unternehmen aus, die bereits erfolgreich in der asiatisch-pazifischen Region tätig sind?
- Was sind typische Markteintrittsstrategien ostasiatischer Länder in der Triade?

3. Gesellschaftliche und wirtschaftliche Vielfalt des asiatisch-pazifischen Raumes

Es liegt auf der Hand, daß in einem so großen Gebiet wie dem asiatisch-pazifischen Raum starke regionen- und länderspezifische Unterschiede in der Kultur, Zivilisation, Sprache und Religion vorherrschen. Ein Unternehmen, das in dieser Region tätig werden will, muß sich bereits in der Vorphase seiner Aktivitäten, aber auch bei der Geschäftsanbahnung und dem Markteintritt selbst mit einer Vielfalt asiatischer Besonderheiten auseinandersetzen, die mit westlichen Kulturkreisen nicht zu vergleichen sind. Neben den unterschiedlichen wirtschaftlichen Gegebenheiten, z.B. Einwohnerzahl, Pro-Kopf-Einkommen, Infrastruktur und politischen Systemen, sind es vor allem die Religion, die Verhaltensstile, die Wertesysteme und Denkmuster, welche nicht nur von Europa abweichen, sondern auch die Unterschiede zwischen einzelnen asiatischen Märkten ausmachen.

3.1 Geografische Aufteilung und Einflußkriterien für die Länderbeurteilung

Durch die heutigen Verkehrssysteme und Nachrichtentechniken hat sich der Pazifische Ozean in ein Binnenmeer verwandelt, das die wirtschaftlichen und politischen Machtblöcke der Welt und deren Anrainerstaaten miteinander verbindet. Mit dem Begriff „Pazifisches Becken“ wird ein Trapez umschrieben, das etwa die Punkte Anchorage – Mexiko City – Auckland – Bombay tangiert. Damit umfaßt das pazifische Becken

- USA und Kanada,
- Japan,
- die ASEAN-Staaten,
- die „Vier kleinen Drachen“,
- Australien, Neuseeland sowie die südpazifischen Inselstaaten,
- den indischen Subkontinent
- und alle sozialistischen Pazifikanrainer (China, Kambodscha, Laos, Nordkorea, die UdSSR und Vietnam).

Das vorliegende Buch befaßt sich mit dem „südlichen“ und dem „westlichen“ Teil dieses Trapezes, also mit der asiatischen Seite sowie Indien, Australien, Neuseeland und den südpazifischen Inseln. Aufgrund der schwer einschätzbaren Entwicklungen in der UdSSR und den anderen sozialistischen Staaten wurden diese Länder ausgeklammert.

Die nachfolgende Abbildung zeigt die angesprochenen Länder der asiatisch-pazifischen Region und macht noch einmal die Größe dieser Wirtschaftsregion deutlich (siehe Abb. 2). Europa hat im Vergleich hierzu nur ca. $^1/_6$ der Raumausdehnung.

3.2 Fakten zur Einteilung von Ländergruppen

Von besonderem Interesse bei einem Markteintritt europäischer Unternehmen sind kulturell geprägte Unterschiede von Wirtschaftssystemen und Managementstrukturen. Vor allem die Bedeutung der verschiedenen Religionen wie Hinduismus, Buddhismus und Islam und die daraus resultierenden Wertvorstellungen der jeweiligen ethnischen Gruppen werden im Beitrag von *Weggel* aufgezeigt. Die darin enthaltenen Ausführungen zum Einfluß dieser Wertvorstellungen beschränken sich nicht nur auf Dinge des täglichen Lebens,

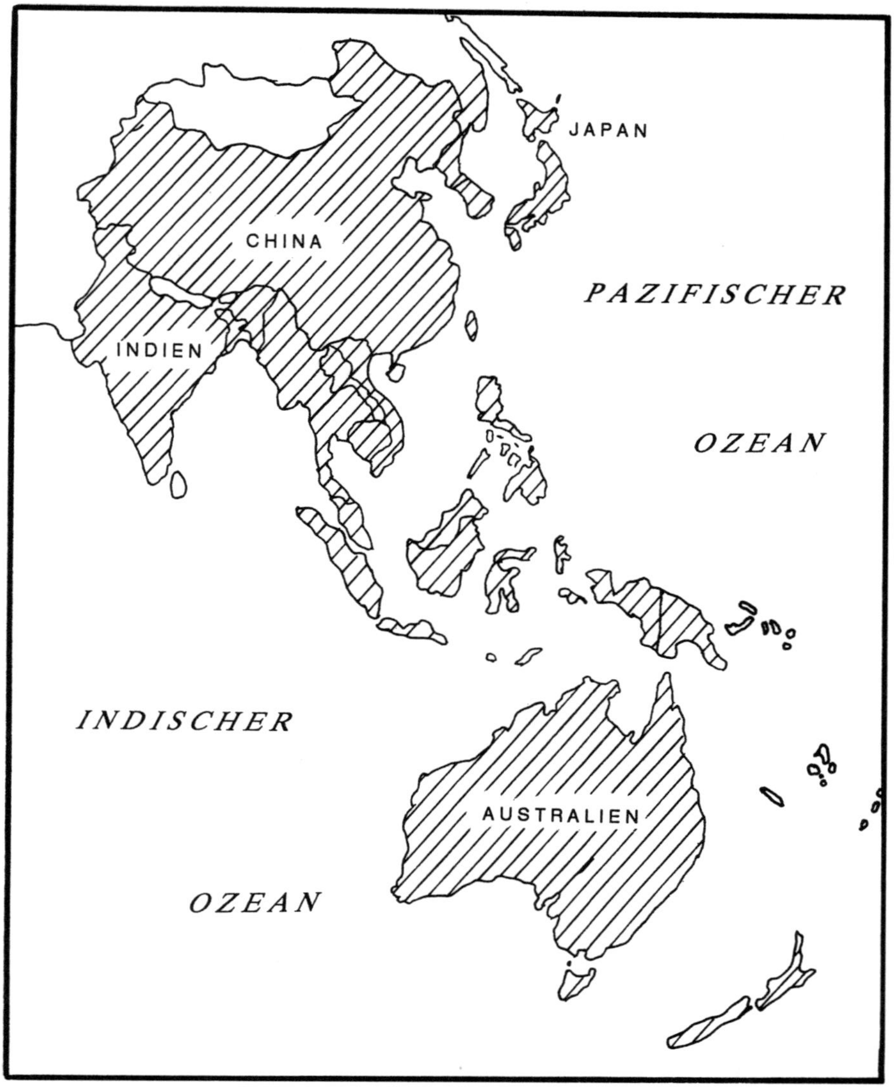

Abb. 2: Der asiatisch-pazifische Wirtschaftsraum

sondern umfassen auch die wirtschaftlichen Rahmenbedingungen, die ein Unternehmen bei einem Markteintritt in diesen Ländern berücksichtigen muß.

● Japan

Die Stellung des Triaden-Landes Japan als führende Industrienation ist unbestritten. Japan hat mit 23.184 US$ 1988 weltweit nicht nur das höchste Bruttoinlandsprodukt je Einwohner[8], sondern auch das größte Netto-Auslandsvermögen[9].

Die Bedeutung Japans für die asiatischen Nachbarländer, die Finanzmacht und die Rolle des Yen werden im Beitrag von *Iwasaki* veranschaulicht. Weiterhin werden in diesem Artikel die Möglichkeiten einer Blockbildung diskutiert und die fortschreitende Formierung der asiatischen Staaten zur regionalen Wirtschaftsgemeinschaft aufgezeigt.

Im Unterschied zu anderen asiatischen Kulturkreisen verzichten Japaner eher auf kurzfristige Gewinnerzielung und streben langfristige Markterfolge an. In den Beiträgen von *Odrich* und *Weggel* werden dabei die Unterschiede zu europäischen Wirtschaftsstrukturen und Managementsystemen deutlich. Die japanische Gesellschaft und damit die japanischen Mitarbeiter sind kulturell geprägt vom „Konsens-Denken“, das sich durch ein ausgeprägtes Harmoniebedürfnis und Gemeinschaftsleben sowie eine stark empfundene Fürsorgepflicht auszeichnet. So gilt für einen Teil der Belegschaft in Japan das System der lebenslangen Beschäftigung, wobei die Mitarbeiter eine permanente Job-Rotation vollziehen. Starke Unterschiede gibt es auch beim Prozeß der Entscheidungsfindung. Hierbei werden Entscheidungen nicht ausschließlich in den obersten Hierarchieebenen einer Organisation getroffen, sondern im Ringi-System häufig als gemeinsamer, relativ zeitintensiver Beschluß gefaßt.

● ASEAN-Staaten

Die ASEAN-Staaten (Association of South-East Asian Nations) wurden 1967 in Bangkok gegründet, um die regionale Zusammenarbeit auf wirtschaftlichen, sozialen und kulturellen Gebieten zwischen den Mitgliedsländern Indonesien, Malaysia, den Philippinen, Singapur und Thailand sowie seit

1984 Brunei zu verbessern (siehe dazu Abb. 3). Insgesamt ist dieser Region ein hohes politisches Konfliktpotential zuzuschreiben, jedoch ist, mit Ausnahme der Philippinen, ein als ausreichend einzuschätzendes Sicherheitsklima für europäische Investitionen vorhanden. Während der Außenhandel dieser Länder ursprünglich stark auf die früheren Kolonialmächte Niederlande, USA und Großbritannien ausgerichtet war, hat sich der Güter- und Dienstleistungsstrom heute stärker untereinander und nach Japan entwickelt. Japanischer Lebensstil und japanische Lebensgewohnheiten gewinnen hier zunehmend an Bedeutung, wobei dieser Prozeß durch eine starke Investitions- und Kreditgewährungstätigkeit Japans unterstützt wird. Der Nachthimmel von Bangkok, Jakarta und Manila wird von japanischen Leuchtreklamen erhellt, allgegenwärtige japanische Touristen übernachten in japanischen Hotels und kaufen in den sich immer stärker ausbreitenden Kaufhäusern und Supermärkten japanischer Retail-Organisationen ein. Die Jugendlichen der ASEAN-Länder wachsen mit japanischen Konsumgütern auf und studieren auf japanischen Hochschulen. Demgegenüber herrscht aber gerade unter der älteren Generation noch Mißtrauen gegenüber den Japanern, geprägt von dem Wunsch nach einem stärkeren europäischen Engagement als Gegengewicht zu Japan.

Auch der Einfluß Chinas in den ASEAN-Staaten, vor allem durch Konfuzianismus und Schriftsprache, ist nicht zuletzt aufgrund der chinesischen Abstammung der Unternehmer in Thailand, Malaysia und Indonesien spürbar. Dabei ist der Fleiß und Erfolg der Chinesen in Südostasien sprichwörtlich.

Abgesehen von der enormen dynamischen Entwicklung, die sich in den Ländern der ASEAN-Staaten vollzieht, besteht die besondere Attraktivität für deutsche Unternehmen in dem noch vorhandenen geringeren Lohnniveau und dem zahlenmäßig hohen und leistungsfähigen Mitarbeiterpotential.

Stellvertretend für die ASEAN-Staaten werden nachfolgend einige grundlegenden Charakteristika der Länder Indonesien, Malaysia und den Philippinen aufgezeigt.[10]

- *Indonesien*

Indonesien ist mit ca. 165 Mio. Einwohnern die fünftgrößte Nation der Welt. Mit fast 14.000 Inseln und etwa 300 ethnischen Gruppierungen, darunter fundamental-islamisch und modern-funktionalistisch orientierte Gruppen, ist das OPEC-Mitglied Indonesien das regional und religiös am stärksten zersplitterte Land der ASEAN-Staaten. Die Mehrheit der Bevölkerung ist malaiisch (polynesische Völkerfamilie) – die wichtigste Minorität sind etwa 3 Mio. Chinesen, die Handel und Industrie Indonesiens dominieren. Zwar hat Indonesien das geringste Pro-Kopf-Einkommen (Wachstumsrate 4,8% in 1988, Inflationsrate 8% in 1988[11]), den niedrigsten Entwicklungsstand und die restriktivsten Wirtschaftsbedingungen der ASEAN-Staaten, gleichzeitig jedoch die größten natürlichen Ressourcen.

- *Malaysia*

Das in zwei Staatsgebiete und durch das chinesische Meer getrennte Malaysia ist mit etwa 15 Mio. Einwohnern und reichen natürlichen Ressourcen weltweit der größte Produzent von Computerchips. Die Wachstumsrate des stark exportorientierten Landes betrug 1988 immerhin 8%.[12]

Die Lebensgewohnheiten und der Lebensstil der Malaien und damit verbunden auch alle Bereiche des Management sind von der islamischen Staatsreligion stark beeinflußt. *Yoshikawa* verdeutlicht in seinem Beitrag umfassend die weitreichenden Auswirkungen des Islams auf z.B. die Einstellung zur Arbeit, den Führungsstil, die Entscheidungsfindungsprozesse und die Verhandlungsführung der Malaien. Die hier aufgezeigte Bedeutung von Beziehungen zu den Mitmenschen wirkt sich nicht nur auf Geschäftsbeziehungen zu Malaien, sondern zu allen anderen islamisch beeinflußten Kulturkreisen dieser Region aus. Wie der Beitrag von *Weggel* verdeutlicht, sind Malaien, im Gegensatz zu Japanern, eher an kurz- und mittelfristig zu erzielenden Gewinnen interessiert. Sie zeigen, im Unterschied zu z.B. China, keine prinzipiell positive Einstellung zum Gewinnstreben – ein grundsätzlich wirtschaftsunfreundliches Kulturmuster, das vor allem in buddhistischen und islamischen Kulturkreisen Asiens gültig ist.

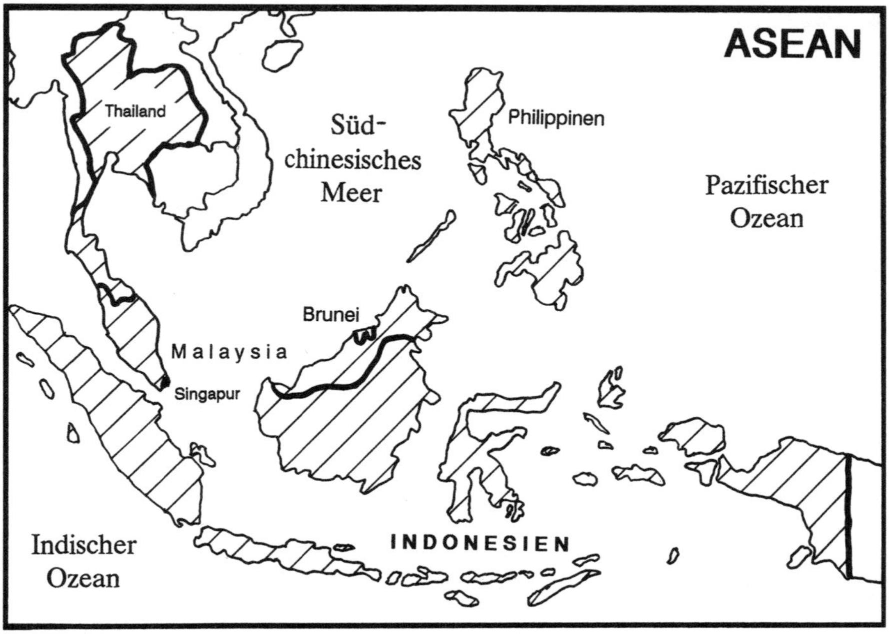

Abb. 3: Die sechs ASEAN-Staaten

Philippinen

Die an Bodenschätzen reichen Philippinen sind mit 7.100 Inseln das größte Archipel der Welt. Die Mehrheit der etwa 54 Mio. Einwohner entstammt der ethnischen Gruppe der Filipinos, wobei auch hier eine der wichtigsten und die Geschäftswelt prägenden Minoritäten die Chinesen sind. Aufgrund der langen spanischen Kolonialzeit bekennen sich die Filipinos zum christlichen Glauben und sind von spanischen, amerikanischen, chinesischen, malaiischen und indonesischen Einflüssen geprägt.

Die Philippinen sind politisch zerrissen und instabil. Bei steigender Inlandsnachfrage und einer Inflationsrate von 8,8% (in 1988) wuchs das reale BSP 1988 um 6,7%[13].

● **„Die vier kleinen Drachen" oder „Die vier Tieger"**

Zu den „Vier kleinen Drachen" zählen die Länder Hongkong, Taiwan, Südkorea und Singapur, wobei Singapur gleichzeitig ein Mitglied der ASEAN-Staaten ist (siehe Abb. 4). Man bezeichnet diese asiatischen Schwellenländer auch als die „NICs" (Newly Industrialized Countries). Gemeinsam zeichnen sich die Unternehmen der NICs durch ihr erfolgreiches, aggressives, wettbewerbsorientiertes und kundenorientiertes Marketing und den angestrebten Anschluß an die Industrieländer aus. Das reale Wachstum des BSP betrug 1988 in Taiwan 7,1%, Hongkong 7,8%, Südkorea 11,0% und Singapur 11,1%.[14]

Ein Grund für die Konkurrenzfähigkeit und den Erfolg der NICs im internationalen Wettbewerb waren die durch hohe Stückzahlen und niedrige Lohnkosten erreichten Kostenvorteile. Die Arbeitskosten pro Stunde incl. Zusatzkosten in der verarbeitenden Industrie betrugen 1988 zwischen 4,27 DM in Hongkong und 4,77 DM im „teuersten" Land Taiwan – das ist etwas höher als der Durchschnitt in den lateinamerikanischen Schwellenländern[15]. Zusätzlich zu den inzwischen steigenden Lohnkosten in den NICs führt die Arbeitskräfteknappheit, insbesondere bei arbeitsintensiven Industrien, zu einer zunehmenden Auslagerung von Produktionsstätten in die Volksrepublik China.

Hongkong

Die Kronkolonie Hongkong nimmt als rohstoffarmer Stadtstaat eine Drehscheibenfunktion im internationalen Warenaustausch ein, wobei die Weiterentwicklung Hongkongs nach der Übergabe der Souveränität an Peking in 1997 sehr unterschiedlich beurteilt wird. Wie der Beitrag von *Odrich* deutlich macht, ähneln Wirtschaftsstrukturen und Managementformen sehr der Situation in Taiwan. Dies ist hauptsächlich durch die ethnische Abstammung von Hongkongs Unternehmern begründet, von denen eine große Anzahl nach Ende des Bürgerkrieges aus China eingewandert sind. Charakteristisch für Hongkong ist jedoch die Mischung aus traditionellen und europäischen Führungsstilen mit kurzfristig wirksamen Entscheidungen und einer schnellen Entscheidungsfindung.

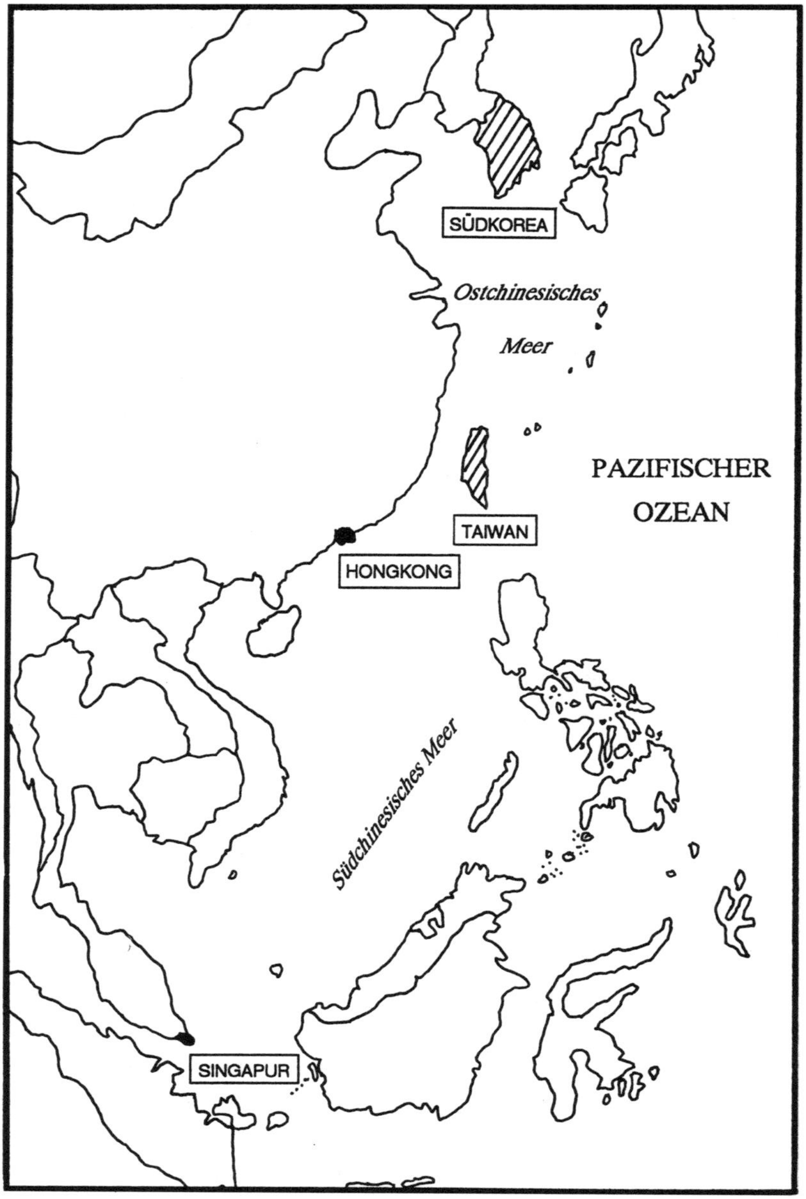

Abb. 4: Die „4 kleinen Drachen“

Singapur

Der Stadtstaat ist mit ca. 600 km^2 etwa so groß wie der Bodensee und hat etwa 2,5 Mio. Einwohner. Die ehemals britische Kronkolonie Singapur wurde 1819 als Handelsniederlassung der „British East India Company" gegründet und ist heute ein selbständiges, demokratisches und freies Mitglied des britischen Empire. Die Bevölkerung besteht zu etwa zwei Dritteln aus Chinesen (überwiegend konfuzianischer Weltanschauung), Malaien, Indern und weiteren Nationalitäten. Als Welthandelszentrum ist Singapur das wirtschaftlich offensivste Land der NICs. Durch die hohe Liberalisierung der Import- und Investitionsbedingungen, dem kleinen aber ergiebigen Inlandsmarkt, der guten Infrastruktur, der geografisch günstigen Lage und den vorhandenen qualifizierten Arbeitskräften ist es ein Sprungbrett für asiatische Aktivitäten. Aufgrund der hohen Exportabhängigkeit (am bedeutendsten sind die Elektronikbranche, die chemische Industrie und der Maschinenbau) ergreift Singapur zunehmend Maßnahmen, die Produktion im Hinblick auf High-Tech-Produkte umzustrukturieren.

Südkorea (Demokratische Republik Korea)

Die Halbinsel Südkorea gehört zu den am dichtest besiedelten Staaten der Erde und hat einen sehr hohen Anteil an städtischer Bevölkerung. Die Republik Südkorea ist vom Konfuzianismus, Buddhismus, Shamanismus sowie vom Christentum beeinflußt. Außerdem wurde Südkorea durch die japanische Besetzung 1910–1945 geprägt. In den Beiträgen von *Odrich* und *Schneidewind* werden die daraus resultierenden Charakteristika verdeutlicht. Im „Land der Morgenstille" hat die Familie großen Einfluß. Dadurch bedingt herrscht ein patriarchalischer Managementstil vor, bei dem Entscheidungen nur durch die Unternehmensspitze getroffen werden. In Südkorea gibt es nur eine sehr geringe Anzahl Großunternehmen (Chaebol), von denen etwa 20 über 15% des gesamten Bruttosozialproduktes erwirtschaften. Die Weiterentwicklung des Landes wird von staatlichen Fünf-Jahresplänen beeinflußt, die aufgrund der Exportabhängigkeit die Entwicklung einer eigenständigen und unabhängigen Wirtschaft fördern.

Taiwan

Die seit 1949 nationalchinesische Insel Taiwan ist etwa 150 km vom chinesischen Festland entfernt und besteht aus zwei Bevölkerungsgruppen mit unterschiedlichem geschichtlichen und sozialen Hintergrund. Der größte Teil der Bevölkerung geht zurück auf im 17. Jh. eingewanderte Chinesen. Deren Nachfahren, die heutigen Taiwanesen, haben als Folge der langen japanischen Herrschaft eine traditionell enge Beziehung zu Japan. Der andere Bevölkerungsteil rekrutiert sich aus sehr weltoffenen Festlandchinesen. Diese kapitalkräftigen Flüchtlinge vom chinesischen Festland – formal befindet sich Taiwan noch im Kriegszustand mit China – sind eher westlich orientiert und haben die Entwicklung des Inselstaates mitgestaltet und geprägt.

Wie der Beitrag von *Odrich* aufzeigt, ist die Wirtschaftsstruktur Taiwans vorwiegend von kleinen Familienbetrieben geprägt. Auch in Taiwan handelt es sich in den Unternehmen um Gruppenentscheidungen, in die die gesamte Großfamilie (auch verwandte Auslandschinesen) integriert wird. Im Gegensatz zu Japan zeichnet sich der Entscheidungsprozeß hier jedoch durch einen kürzeren Zeitbedarf aus.

Bei fortschreitendem Demokratisierungs- und Liberalisierungsprozeß existieren in Taiwan (und in Südkorea) teilweise noch Hemmnisse im Handel, den Investitionsbedingungen und Finanzdienstleistungen. Das Handelsvolumen des exportabhängigen Taiwan gegenüber der Volksrepublik China (direkt und indirekt hauptsächlich über Hongkong) ist 1987 um 55% und 1988 um 50% auf 2.400 Mio. US$ gestiegen. Die VR China nimmt inzwischen bereits den vierten Platz auf der taiwanesischen Exportliste ein.[16]

● Australien

In Australien leben etwa 16,5 Mio. Menschen, davon sind 93% europäischer Abstammung. Australien hat einen relativ begrenzten Inlandsmarkt und ein hohes Lohnniveau. Trotz fortschreitender Liberalisierung sind jedoch noch immer eine Reihe von Handelsbarrieren vorhanden. Australien verfügt über immense Mineral- und Energieressourcen und ist z.B. führend im Export von Aluminium. Wie der Beitrag von *Kramer* deutlich macht, gibt es trotz der europäischen Abstammung der Australier eine Reihe von Kulturkontrasten gegenüber Europa, die sich z.B. bei der Frage der Autoritätsausübung, des Wettbewerbs oder der Einstellung zur Arbeit sowie auch in der Sprache manifestieren.

1982 wurde die „Closer Economic Relationship between Australia and New Zealand" paraphiert, die zu einer Verbindung beider Staaten nach EG-Muster führen soll, wobei die Verfasser dieser Vereinbarung langfristig auch eine politische Union ins Auge fassen.

Eine Reihe von Unternehmen in USA, Kanada, Japan, Australien und Neuseeland haben den PBEC (Pazific Basin Economic Council) gegründet, um den de facto enormen Güterströmen innerhalb dieser Staaten auch mit einem Rahmenwerk von technischen und ökonomischen Vereinbarungen Rechnung zu tragen.

● Neuseeland

Wie auch Australien hat Neuseeland einen relativ begrenzten Inlandsmarkt. Nach Aussagen von *Kramer* hat nach dem Sinken des wirtschaftlichen Niveaus der inzwischen fortschreitende Liberalisierungsprozeß zu einer positiven Weiterentwicklung geführt. Im Rahmen der „Closer Economic Relationship"-Vereinbarung soll gemeinsam mit Australien ein Markt für die etwa 20 Mio. Konsumenten der beiden Länder gebildet werden.

● Die südpazifischen Inselstaaten

Der Beitrag von *Kramer* verdeutlicht ferner die wirtschaftliche und gesellschaftliche Situation der 22 südpazifischen Inselstaaten – das sind unter anderem Fidschi, Western Samoa, Solomon Islands, Tonga, Vanuatu, Mikronesien, Kiribati, Tuvalu und Nauru. Der größte Inselstaat mit 83% der gesamten Landmasse ist Papua-Neuguinea. Es existieren große Unterschiede in der Topographie, der Nachfrage an Rohstoffen und Importgütern sowie der wirtschaftlichen Situation zwischen den einzelnen Inselstaaten. Die unterschiedliche Abstammung der einzelnen Bevölkerungsgruppen führt zu starken demographischen und kulturellen Unterschieden untereinander, wobei die Mentalität der Inselbewohner gegenüber Europa z.B. im Bereich der betrieblichen Motivation, Arbeitseffizienz oder Planung starke Kontraste aufweist.

Neukaledonien besitzt die drittgrößten Nickelreserven der Welt. Mit ihren 5,3 Mio. Einwohnern spielen die Inselstaaten, bevölkerungspolitisch betrachtet, eine untergeordnete Rolle. Diese Aussage muß jedoch aufgrund des Reichtums an Meerestieren, Manganknollen und Mineralien, die in der Zukunft immer mehr in das Blickfeld der ressourcenhungrigen Weltöffentlichkeit rücken sowie aufgrund der strategisch interessanten Häfen der Inselstaaten relativiert werden. In den Inselstaaten herrscht ein chronisches Handelsbilanzdefizit bei vorhandenen Importkontrollen und Devisenbeschränkungen. Die Organisation SPEC (South Pacific Bureau for Economic Cooperation) fördert Handel, industrielle Entwicklung, Verkehr, Tourismus, Erziehung und Gesundheitswesen der Inselstaaten des Südpazifiks. Das Budget von SPEC wird zu je einem Drittel von Australien und Neuseeland (als Entwicklungshilfe) sowie von den Inselstaaten selbst getragen.

● Indien

Indien ist mit etwa 750 Mio. Menschen (neben China) das einwohnerstärkste Land dieser Region. Den Möglichkeiten, welche die Anzahl potentieller Abnehmer in Indien europäischen Unternehmen bietet, stehen jedoch das Kastensystem Indiens und die starken kulturellen Unterschiede entgegen. Wie der Beitrag von *Krüger* zeigt, bietet die fortschreitende Liberalisierung Indiens den Unternehmen ein insgesamt gutes Investitionsklima. Positiv wirken sich dabei insbesondere die Vereinfachung administrativer Kontrollen, der erleichterte Marktzugang und die volkswirtschaftliche Weiterentwicklung des Landes aus. Neben dem „positionellen“ Denken der indischen Arbeitnehmer führen die Religionsvielfalt und die damit verbundenen Auswirkungen auf Abnehmer, aber auch auf Management und Wirtschaftsstrukturen zu der von *Weggel* vertretenen Einschätzung, daß die Entwicklungspolitik in Indien wohl nur sehr schwierig voranzutreiben ist.

● Volksrepublik China

Mit mehr als 1 Mrd. Einwohnern ist die Volksrepublik China der größte Einzelmarkt der Erde. Trotz der inzwischen gestiegenen wirtschaftlichen Bedeutung kommt die wirtschaftliche Entwicklung den potentiellen Möglichkeiten des Landes nicht gleich. Dabei sind die Auswirkungen der erheblichen finanziellen Engagements in den Jahren nach 1980 sowie die blutige Niederschlagung der Studentenunruhen im Sommer 1989 noch nicht genau abzusehen – von einer starken zeitlichen Verzögerung der wirtschaftlichen Weiterentwicklung Chinas ist jedoch auszugehen.

Obwohl das Verhältnis zwischen Japan und China derzeit relativ kühl ist, strömt japanisches Know-how in großem Umfang in das „Reich der Mitte". Gerade in China lassen sich jedoch auch europäische Einflüsse erkennen. Diese manifestieren sich beispielsweise durch deutsche DIN-Normen, die Mitwirkung deutscher Kommissionäre bei der Entwicklung von Investitionsgesetzen, aber auch durch Patenschaften deutscher Hochschulen und nicht zuletzt durch Aktivitäten von Unternehmen wie Lufthansa, Volkswagen oder Wella. Doch verglichen mit dem Engagement japanischer Unternehmen, an ihrer Spitze die Generalhandelshäuser (sogo shosha) mit ihren Niederlassungen und Repräsentanzen, handelt es sich nur um punktuelle Aktivitäten. Die Stellung Japans in China wird dabei unterstützt durch die geografische, aber auch kulturelle Nähe dieser beiden Länder (z.B. weitgehend gemeinsame Schriftsprache).

Wichtigste Außenhandelspartner der VR China sind Hongkong (1988 12 Mrd. US$), Japan, die USA, die BRD (1988 etwa 3,5 Mrd. US$) und die Sowjetunion.[17]

Auch in China gilt es, bei einem Markteintritt die wesentlichen kulturellen Unterschiede der durch Buddhismus, Taoismus oder Konfuzianismus geprägten Gesellschaftsstruktur Chinas zu berücksichtigen. *Weggel* zeigt daneben auch die Besonderheiten auf, die z.B. durch die extrem kleinzellige Arbeitsteilung der familiengebundenen Kleinbetriebe oder die zentrale Rolle der Makler und Zwischenhändler das potentielle Engagement der Unternehmen beeinflussen.

4. Vorbereitung des Markteintritts und erfolgreiche Marktbearbeitung

4.1 Abgleich zwischen Unternehmenszielen und Länderbewertung

Bevor das Unternehmen eine Entscheidung treffen kann, in welchem Land und in welcher Weise ein Auslandsengagement in der asiatisch-pazifischen Region erfolgen soll, ist zunächst vor dem Hintergrund der eigenen Unternehmensziele und der grundsätzlichen Strategie eine Bewertung der Unternehmensressourcen und -potentiale vorzunehmen. Erst dann kann das Unternehmen festlegen, anhand welcher Kriterien eine Analyse, Bewertung und Selektion potentieller Zielländer bzw. Ländermärkte vorzunehmen ist.

Die Vorgehensweise bei der Bestimmung relevanter Informationsbereiche, bei der Informationsbeschaffung und dem Analyseprozeß werden im Beitrag von *Töpfer* und *Stellmacher* herausgearbeitet. Es werden Instrumente zur Analyse von generellen Rahmenbedingungen und speziellen Marktsituationen in den potentiellen Zielländern kritisch diskutiert. Darüber hinaus verdeutlicht der Beitrag die besonderen Probleme der internationalen Marktforschung und zeigt praktikable Lösungsansätze auf.

Die konkrete Ausgestaltung des Markteintritts und der Marktbearbeitung erfolgt in Abhängigkeit von den spezifischen Verhältnissen des Ziellandes. Die Entwicklung und Formulierung der Auslandsmarktstrategien ist dabei ein kontinuierlicher, zeitlich überlagerter Prozeß. Das heißt, es müssen die wechselseitigen Beziehungen und Veränderungen zwischen internen und externen Einflußfaktoren berücksichtigt werden. Um es an einem Beispiel zu verdeutlichen: Begrenzte Kapitalressourcen erschweren eine intensivere Aktivität wie die Gründung einer eigenen Produktionsstätte im Ausland. Eine andere, weniger kapitalintensive Alternative wie beispielsweise der Export, könnte gleichzeitig dadurch begrenzt sein, daß im Zielland Einfuhrbeschränkungen bestehen.

Abbildung 5 zeigt unternehmensinterne und -externe Einflußfaktoren im Überblick. Hier werden den Fragen

- „Was wollen wir?" und „Was können wir?"
  die Fragen
- „Was verlangt der Markt?" und „Welche Hindernisse bestehen beim Markteintritt und bei der Marktbearbeitung?"

gegenübergestellt und aus der Sicht des einzelnen Unternehmens sowie auf der Grundlage der länderbezogenen Besonderheiten beantwortet.

4.2 Strategische Grundmuster

Bei Markteintritt und Marktbearbeitung sind eine Reihe von strategischen Handlungsalternativen zu unterscheiden. Dabei muß das Unternehmen Entscheidungen treffen über folgende strategische Alternativen:

- Welche Teile der Wertschöpfungskette sollen in den Auslandsmarkt verlagert werden?

  Diese Entscheidung beinhaltet die grundsätzliche Frage, ob das Auslandsengagement auf eigenen Aktivitäten – z.B. auf Produktionsstätten – beruhen soll oder ob ein ausländischer Partner eingeschaltet wird wie beispielsweise beim Export oder der Lizenzvergabe.

- Soll die Marktleistung des Unternehmens einheitlich oder differenziert auf dem Auslandsmarkt angeboten werden?

  Diese Entscheidung steht in Zusammenhang mit der Frage, ob das Unternehmen in Ländern tätig werden will, in denen die Marktverhältnisse – im

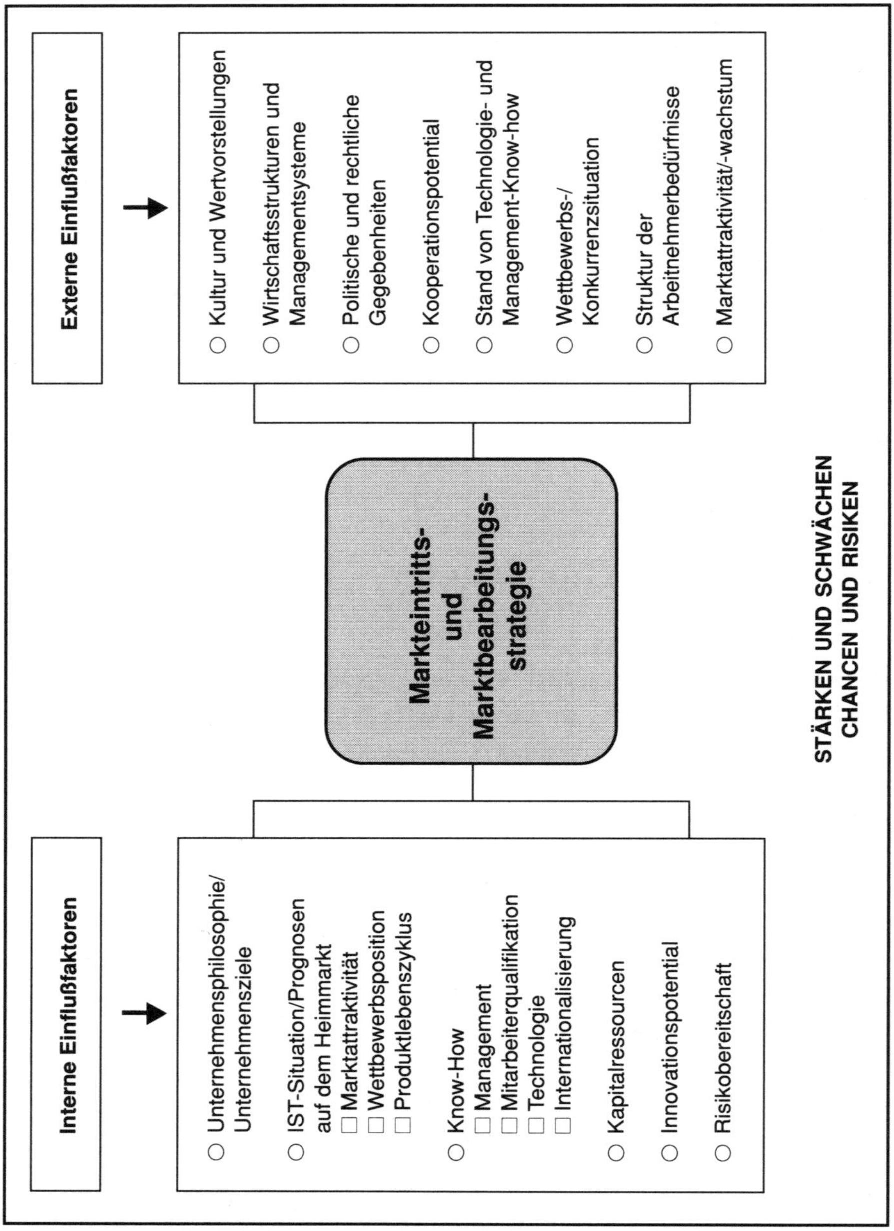

Abb. 5: Interne und externe Einflußfaktoren auf die Bearbeitung von Auslandsmärkten

Vergleich zum Heimmarkt oder untereinander – verschieden oder ähnlich, also homogen, sind.

In welchem Ausmaß Marketingkonzepte und Marketing-Mix-Instrumente vereinheitlicht werden können, hängt von der jeweiligen Situation des Ziellandes ab.

- Sollen die Aktivitäten nur auf ein bestimmtes Land ausgerichtet oder soll längerfristig der gesamte asiatisch-pazifische Wirtschaftsraum abgedeckt werden?

  Diese Entscheidung hat nicht nur Einfluß auf die Wahl des Ziellandes, sondern auch auf die Markteintritts- und die Marktbearbeitungsstrategie. Dabei bedingt die Ausrichtung auf die gesamte Region ein Engagement in mindestens einem Land, das längerfristig intensiviert wird, um als Ausgangspunkt für die Erschließung weiterer neuer Märkte zu dienen. Im Gegensatz dazu ist bei einer Ein-Land-Strategie jedoch nicht grundsätzlich vorgesehen, die Aktivitäten zu steigern – z.B. vom Export zur Gründung einer Produktionsstätte, um damit diesen Markt zu penetrieren.

Töpfer und *Stellmacher* zeigen in ihrem Beitrag das Spektrum strategischer Handlungsfelder auf, das sich – als Ergebnis des Analyseprozesses – bei der Marktauswahl und der Entwicklung von Markteintritts- und Marktbearbeitungsstrategien ergibt. Grundlage der Positionierung ist die Marktsegmentierung, die erfolgt, um homogene Länder bzw. homogene Abnehmergruppen – in mehreren Ländern oder weltweit – zu identifizieren.

Darauf aufbauend wird beispielsweise herausgestellt, welche Voraussetzungen bei einer Standardisierungsstrategie erfüllt sein müssen und welche Vor- und Nachteile dieser Strategie sich ergeben gegenüber Differenzierungs- und Globalisierungsstrategien. Im Rahmen von Mehr-Länder-Strategien werden darüber hinaus mit der Nukleus- und der Stufenstrategie Konzepte für ein längerfristiges Engagement europäischer Unternehmen entwickelt, die auf die Bearbeitung und Penetration des gesamten asiatisch-pazifischen Wirtschaftsraumes abzielen. Dem konsequenten globalen Vorgehen asiatischer Unternehmen wird durch die Analyse von Triade-Strategien dieser Unternehmen für die USA und Europa Rechnung getragen.

Der Beitrag von *Hünerberg* und *Allen* skizziert zunächst die wirtschaftlichen Rahmenbedingungen für europäische Investoren in Südostasien sowie deren Investitionsverhalten. Weiterhin werden detailliert die Unterstützungsmaßnahmen der Europäischen Gemeinschaft für Unternehmen, die in den ASEAN-Staaten tätig werden wollen, angesprochen. Abschließend werden grundsätzliche strategische Entscheidungsalternativen für europäische Unternehmen referiert: Zu jedem Problembereich werden Hinweise auf Lösungsansätze gegeben.

Strategische Allianzen als höchste Form der Kooperation sind Inhalt des Beitrages von *Schütte*. Neben den zugrundeliegenden Zielen – z.B. einerseits der Erwerb von Know-how, andererseits der Marktzugang – werden auch die Auswirkungen strategischer Allianzen erläutert. Dabei werden insbesondere die mit dieser Form des Auslandsengagements verbundenen Probleme und Risiken für das eigene Unternehmen verdeutlicht und eine gründliche Vorbereitung gefordert, die als Voraussetzung notwendig ist.

Der Beitrag von *Böttcher* befaßt sich mit den Erfolgschancen des deutschen Mittelstands in Japan und zeigt unterschiedliche Möglichkeiten des Markteintritts. Dabei werden die wesentlichen Fakten – wie z.B. der Abbau nichttarifärer Handelshemmnisse – als Bestandteile der Öffnung des japanischen Marktes – dargestellt. Weiterhin enthält der Beitrag Angaben über Anlaufstellen und Informationsquellen, die mittelständische Unternehmen bei einem geplanten Markteintritt unterstützen.

Abschließend beschreibt *Kalthoff* in seinem Beitrag die Rahmenbedingungen, die Art und den Inhalt erfolgreicher Strategien fernöstlicher Unternehmen am Beispiel der Japaner. Vorgestellt werden wesentliche Erfolgsfaktoren der japanischen Vorgehensweise, wie z.B. die Technologie- und Innovationsorientierung, die Globalisierungsstrategien oder die Aktivitäten in den benachbarten asiatischen Ländern. Weiterhin werden mögliche Gegenstrategien aufgezeigt, die dazu beitragen, die Wettbewerbsposition europäischer Unternehmen zu verbessern. Dabei geht der Autor näher auf die Bedeutung und

Ausgestaltung einer Präsenz europäischer Unternehmen im asiatisch-pazifischen Raum ein.

4.3 Erfolgsbeispiele

In der asiatisch-pazifischen Wirtschaftsregion gibt es eine Reihe von Unternehmen, deren Erfolge bereits allgemein bekannt sind. Das sind, um nur einige zu nennen, z.B.: IBM, Nixdorf, Rank Xerox, Wella, BMW, VW, Black & Decker, Bosch, Deutsche Bank, Commerzbank, Busch, Benetton, Vittel, Braun, Triumph. Für das vorliegende Buch haben wir einige Unternehmen, stellvertretend für die Automobilindustrie, die Konsum- und Investitionsgüterindustrie sowie ausgewählte Dienstleistungsbranchen ausgewählt.

Dabei unterscheiden sich die referierten Unternehmensbeispiele nicht nur durch die jeweils bearbeiteten Länder. Zusätzlich bestehen auch Unterschiede in der jeweiligen Form des Auslandsengagements und in dem Ausmaß der internationalen Aktivität. Die Beiträge sind konkrete Gestaltungsbeispiele für länderspezifische Markteintritts- sowie Marktbearbeitungsstrategien und haben strategische Unternehmenskonzepte für einzelne Regionen oder den gesamten asiatisch-pazifischen Wirtschaftsraum zum Gegenstand.

In seinem Beitrag berichtet *Posth* über die Erfahrungen der Volkswagen AG auf dem chinesischen Markt. Das 1984 gegründete Joint Venture ist der Einstieg des Unternehmens in einen Markt, der durch den steigenden Bedarf an Pkw's und Nutzfahrzeugen langfristige Absatzchancen bietet. Daneben waren die bestimmenden Gründe für dieses Engagement, einen „Brückenkopf" im asiatisch-pazifischen Raum zu bilden und die Aktivitäten stufenweise auszubauen, herausgestellt.

Das zweite Erfolgsbeispiel aus der Automobilbranche befaßt sich mit dem japanischen Markt. In dem Beitrag von *Sawallisch* wird die Vorgehensweise erläutert, die es BMW ermöglichte, diesen von japanischen und amerikanischen Unternehmen umkämpften Markt durch eine erfolgreiche Abgrenzung zu „erobern“. Der dabei dargestellte Einsatz der Marketing-Mix-Instrumente und der Personalpolitik machen noch einmal die Besonderheiten des japanischen Marktes und des Abnehmerverhaltens deutlich.

Auch der Beitrag von *Tobari* analysiert die Voraussetzungen für den Geschäftserfolg auf dem japanischen Markt. Aus der Sicht eines Japaners wird am Beispiel von Wella herausgearbeitet, welche hohe Bedeutung der Fähigkeit des Unternehmens zukommt, sich an die länderspezifischen Besonderheiten anzupassen sowie Einfühlungsvermögen und Verständnis für Kultur, Mentalität und Marktbedingungen zu entwickeln.

Im Beitrag von *Summerville* und *Keitel* werden Markteintritts- und Marktbearbeitungsstrategien von vier europäischen Unternehmen auf dem japanischen Markt referiert. Die Unternehmen wurden im Rahmen einer Befragung anhand bestimmter Erfolgskriterien (z.B. Marktanteil, Produktpositionierung) ausgewählt und interviewt. Die Strategien der Unternehmen Braun, Vittel, Bennetton und Triumph sind Beispiele für unterschiedliche Stufen des Auslandsengagements auf dem japanischen Markt. Dabei werden jeweils die unternehmensspezifischen Marktbedingungen, Probleme und Erfolgskriterien aufgezeigt.

Dem durch das Wachstum der asiatisch-pazifischen Region stark zunehmenden Luftverkehr von und nach diesen Ländern wird mit dem Beitrag von *Ruhnau* Rechnung getragen. Der Autor verdeutlicht die Erfolgsfaktoren in diesem umkämpften Wachstumsmarkt, die hauptsächlich auf einer qualitativen Abgrenzung (z.B. dichtes Streckennetz, Bedürfnisorientierung) gegenüber dem Wettbewerb sowie einer wettbewerbsfähigen Kostenstruktur beruhen. Weiterhin wird das langjährige Engagement des Unternehmens in China vorgestellt. Speziell die Diversifizierungsstrategie des Unternehmens wird als Grundlage für die Weiterentwicklung der bisherigen Aktivitäten erläutert.

Der Beitrag von *Busch* befaßt sich mit den Strategien seines Unternehmens der Vakuumtechnik in den Ländern Japan, China, Taiwan, Korea, Singapur und Australien. Dabei werden die länderspezifischen Gegebenheiten, ihre

Bedeutung und die daraus resultierenden Probleme bzw. die beim Markteintritt zu berücksichtigenden Faktoren herausgestellt.

Kannapee referiert die strategische Vorgehensweise bei der Erschließung des asiatischen Marktes durch einen Hard- und Software-Hersteller. Dabei stellt er den globalen Absatz ganzheitlicher, kundenorientierter Problemlösungen in dieser Region mit den damit verbundenen Anforderungen und Problemen in den Vordergrund. Am Beispiel der Kommunikationsstrategie wird über die strategische Anpassung an die Marktbedürfnisse berichtet. Weiterhin geht der Beitrag auf die Gemeinsamkeiten der bearbeiteten Märkte – zum Beispiel die erforderliche Qualität und Kundenorientierung, die Anforderungen an die Mitarbeiter und die Führungsphilosophie – ein.

Abschließend zeigt *Kohlhaussen* am Beispiel der Commerzbank Strategien deutscher Banken auf. Ihnen liegen – entsprechend der Bedeutung des Wirtschaftsraumes und der Unterschiede zwischen den asiatischen Ländern – differenzierte Konzepte zugrunde. Der Autor erläutert dabei die unterschiedliche Vorgehensweise; und zwar bezüglich der Markteintrittsstrategie, der Intensivierung des Engagements sowie bezüglich der Besonderheiten, wie z.B. die enge Bindung an die Hausbank in Japan oder die restriktive Bankenaufsicht in Südkorea, die es jeweils in der eigenen Strategie zu berücksichtigen gilt. Als Konsequenz aus der differenzierten Marktbearbeitung wird die deutsche Zentrale organisatorisch eingebunden, um die Verzahnung zwischen den Stützpunkten und dem Heimmarkt sicherzustellen.

5. Stolpersteine

Abschließend sollen – aus der Fülle der Erfahrungen der Autoren – die Problemfelder zusammengefaßt werden, die den Markteintritt in den asiatisch-pazifischen Wirtschaftsraum scheitern lassen können:

- Die Verhältnisse auf den asiatisch-pazifischen Märkten unterscheiden sich grundsätzlich von denen der anderen Triadenländer. Der Weg zum Erfolg in einem europäischen oder nordamerikanischen Markt läßt sich nicht auf den fernöstlichen Raum übertragen: Die unkritische Übernahme von Strategien und Konzepten führt zum Mißerfolg.

- Markterfolge auf asiatisch-pazifischen Märkten erfordern strategisches Denken und Handeln. Dies bedeutet nicht nur längerfristig zu planen, sondern auch die langfristigen Konsequenzen operativer Handlungen vor dem Hintergrund der Spezifika asiatisch-pazifischer Länder zu analysieren.

- Als Konsequenz sind inhaltlich umfassende und ausgereifte Strategien zu entwickeln. Dabei ist der Blick für die kulturellen Gegebenheiten zu öffnen, die in ihrer Struktur und in ihren Auswirkungen auf das Wirtschaftsleben von bekannten europäischen Mustern abweichen. Es geht nicht nur um „harte" Werte, sondern um „weiche" Faktoren, die für den Mitteleuropäer häufig nur schwer nachvollziehbar sind, aber in diesem Wirtschaftsraum mit Fingerspitzengefühl behandelt werden müssen.

- Auch die Erfahrungen auf einem Markt der asiatisch-pazifischen Region dürfen nicht als generell gültige Grundlage angesehen und unkritisch auf einen anderen Markt dieser Region übertragen werden.

- Um die Dynamik und das Potential des asiatisch-pazifischen Raumes auszuschöpfen, wird sich ein Unternehmen in der Regel nicht auf ein Land dieser Triaden-Region beschränken können. Der längerfristige Geschäftserfolg ist nur zu sichern, wenn vorhandene Marktpotentiale in anderen Ländern ausgeschöpft werden und damit das Fernost-Engagement auf eine breitere Basis gestellt wird. Notwendig ist die Analyse von Kundenbedürfnissen, Wettbewerbsstrukturen und Marktbedingungen, um zu erkennen, in welchen Märkten und mit welchen Marketingkonzepten eigene Produkte vermarktet werden können.

- Die Vielzahl der Faktoren macht eines deutlich: *Die* Strategie zur Erschließung des asiatisch-pazifischen Raumes kann es nicht geben. In Abhängigkeit von den eigenen Zielsetzungen und Ressourcen ist für jeden zu erschließenden Markt eine spezifische Strategie zu entwickeln.

6. Anmerkungen/Literatur

Anmerkungen

1 *Commerzbank* (Hrsg.): Außenhandelsblätter, 41. Jg., 1989, Nr. 2, S. 6
2 Vgl. *Ohmae, K.*: Macht der Triade, Wiesbaden 1985, im Vorwort zur deutschen Ausgabe
3 *Institut der deutschen Wirtschaft* (Hrsg.): Internationale Wirtschaftszahlen, Ausgabe 1990, Köln 1990, S. 81
4 *Institut der deutschen Wirtschaft* (Hrsg.): Zahlen zur wirtschaftlichen Entwicklung der Bundesrepublik Deutschland, Ausgabe 1990, Köln 1990, Tabelle 81
5 O.V.: Deutsche Auslandsinvestitionen im Boom, in: EG-Spezial, 1990, Nr. 11, S. 4
6 *Commerzbank* (Hrsg.): Mehr Engagement deutscher Firmen sinnvoll, a.a.O., S. 5
7 O.V.: Deutsche Auslandsinvestitionen im Boom, a.a.O., S. 5
8 *Institut der deutschen Wirtschaft* (Hrsg.): Internationale Wirtschaftszahlen, a.a.O., S. 33
9 *Commerzbank* (Hrsg.): Mehr Engagement deutscher Firmen sinnvoll, a.a.O., S. 1
10 Vgl. dazu weiterführend: *The Economist* (Hrsg.): The Exonomist atlas – The shape of the world today, London 1989, S. 226ff.
11 ebenda, S. 7
12 ebenda, S. 7
13 ebenda, S. 7
14 O.V.: Drachen unter Druck, in: IWD, 15. Jg., 1989, Nr. 34, S. 4
15 ebenda; Zum Vergleich: Die durchschnittlichen Kosten der Arbeitsstunde in der verarbeitenden Industrie betrugen 1988 in der BRD 34,22 DM, in Japan 28,23 DM;
Institut der deutschen Wirtschaft (Hrsg.): Zahlen zur wirtschaftlichen Entwicklung der Bundesrepublik Deutschland, a.a.O., Tabelle 150
16 O.V.: Der Umweg-Handel blüht, in: IWD, 15. Jg., 1989, Nr. 17, S. 8
17 O.V.: Außenhandel der VR China mit den fünf wichtigsten Lieferländern, in: Handelsblatt, 06.06.1989, S. 2

Literatur

The Economist (Hrsg.): The Economist atlas – The shape of the world today, London 1989
Commerzbank (Hrsg.): Außenhandelsblätter, 41. Jg., 1989, Nr. 2
Institut der deutschen Wirtschaft (Hrsg.), Internationale Wirtschaftszahlen, Ausgabe 1990, Köln 1990
Institut der deutschen Wirtschaft (Hrsg.), Zahlen zur wirtschaftlichen Entwicklung der Bundesrepublik Deutschland, Ausgabe 1990, Köln 1990
Ohmae, K.: Macht der Triade, Wiesbaden 1985
O.V.: Drachen unter Druck, in: IWD, 15. Jg., 1989, Nr. 34
O.V.: Der Umweg-Handel blüht, in: IWD, 15. Jg., 1989, Nr. 17
O.V.: Außenhandel der VR China mit den fünf wichtigsten Lieferländern, in: Handelsblatt, 06.06.1989, S. 2
O.V.: Deutsche Auslandsinvestitionen im Boom, in: EG-Spezial, 1990, Nr. 11

Kultur- und Wertvorstellungen im asiatisch-pazifischen Raum

Oskar Weggel

1. Wertvorstellungen und Modernisierungsfähigkeit

Warum ist das rohstoffreiche Indonesien arm, das rohstoffarme Singapur aber reich? Warum konnte das jahrzehntelang kolonisierte Korea zu einem der dynamischsten Industrienationen Asiens werden, während das ebenfalls kolonisierte Birma oder aber das überhaupt nicht kolonisierte Thailand noch immer Wachstumsschwierigkeiten haben? Warum schließlich erleben die beiden Stadtstaaten Hongkong und Singapur ein unvergleichliches Wirtschaftswachstum, obwohl hier ein Liberalismus ohnegleichen, dort aber ein autoritäres Regime herrscht? Offensichtlich kann der Hinweis auf Rohstoffe, Kolonisierung oder aber auf bestimmte Regierungsformen keine befriedigende Antwort liefern. Statt dessen empfiehlt sich ein Blick auf das Wertesystem. Es gibt nun einmal in einigen asiatischen Gesellschaften „wirtschaftsfreundliche" Überlieferungen, die man bei anderen vergeblich sucht: Man denke etwa an die Chinesen, Japaner, Koreaner, Parsen oder Jainas einerseits und an die Angehörigen theravadabuddhistischer Gesellschaften andererseits, in denen Gewinnstreben als Erweckung von „Leid" verpönt ist. Zwischen Modernisierungsfähigkeit und Wertesystem besteht also nicht nur ein enger, sondern in aller Regel ein für die Wirtschaftsentwicklung ausschlaggebender Zusammenhang.

2. Panasiatische Traditionen

Ehe die Unterschiede herausgearbeitet werden, sei zunächst einmal ein Blick auf gesamtasiatische Gemeinsamkeiten geworfen: Im traditionellen Asien hat die Wirtschaft als solche nie eine eigenständige Rolle gespielt, d.h. es gab nirgends eine formell ausgegliederte Wirtschaftsbürokratie, eine spezifische Wirtschaftslehre oder aber eine eigene Wirtschaftsgeschichtsschreibung.

Zweitens herrschte überall die Subsistenztradition: Die Produktion diente der Bedürfnisbefriedigung, und beim Güteraustausch standen nicht der Gewinn, sondern die Gegenseitigkeit im Vordergrund. Gewinne wurden, drittens, selten reinvestiert und statt dessen meist in Grundstücken angelegt (China), für „gute Werke" (z.B. für die Herstellung einer Buddhafigur oder den Bau eines Tempels) verwendet (Theravadabuddhismus) oder aber in Stiftungen für Brahmanen eingebracht (im mittelalterlichen Indien). Viertens „adelte" Arbeit keinesfalls. Die Vorstellung von der Arbeit als einem Mittel zur Selbstverwirklichung oder als sittlicher Ausdruck innerweltlicher Askese wäre dem traditionellen Asiaten absurd vorgekommen. Sieht man von den nomadischen Völkern ab, so gab es ein durchgehendes Ideal, nämlich Grundbesitzer zu sein und sich auf Kopfarbeit beschränken zu können, die körperliche Arbeit aber den unteren Schichten zu überlassen, die meist kein Land besaßen. Daß man andere für sich arbeiten ließ, führte, fünftens, zu einer markanten Trennung zwischen der politischen Führungsschicht und der Bevölkerung, die sich nach Bauern, Händlern und Handwerkern gliederte. Trotz des Zwangs, körperlich arbeiten zu müssen, nahm der Bauer freilich in ganz Asien einen verhältnismäßig angesehenen Platz in der Gesellschaft ein, während umgekehrt der Händler, der stets im Verdacht der Verschlagenheit und der Profitgier stand, ganz am unteren Ende der sozialen Leiter angesiedelt war. Zwischen Bauern und Kaufleuten standen die Handwerker, zu denen auch Tempelarchitekten, Bildhauer und Ingenieure gehörten. Die an der Spitze stehenden Führungsschichten waren im allgemeinen Abschöpfungseliten, die von ihnen bewohnten Städte reine Konsumzentren und die Behörden Einforderungsagenturen für Steuern und Dienstleistungen. Um nicht Freiwild für habgierige Beamte zu werden, schlossen sich Handwerker und Unternehmer häufig zu Gilden zusammen, denen nicht selten auch das staatliche Außenhandelsmonopol anvertraut wurde, so z.B. in China den „Gonghang" oder in Südwest- und Südostindien den Nanadesi. Sechstens unterstanden nicht wenige Warengruppen staatlichem Monopol, so z.B. in China seit 81 v. Chr. die Hauptproduktionsgüter Salz und Eisen. Eingeschränkt wurde die unternehmerische Freiheit häufig durch Antiluxus-Gesetze.

3. Wirtschaftsfreundliche und -hemmende Kulturmuster

Eine außerordentlich wirtschaftsfreundliche Grundstimmung herrscht in der metakonfuzianischen Welt, zu der China, Japan, Taiwan, die beiden Korea, Hongkong, Singapur, Vietnam sowie das Auslandschinesentum vor allem in Südostasien gehören.

Ihnen allen gemeinsam ist, erstens, die Anerkennung von Leistung. Vor allem in China herrschte seit Jahrhunderten nicht der Blut-, sondern der Lern- und Prüfungsadel. Arbeit galt nie als Last, sondern stets als selbstverständlicher Bestandteil des Lebens. Auch das Gleichnis von der Vertreibung aus dem Paradies ist dem konfuzianischen Kulturkreis fremd geblieben. Arbeit ist im Bereich dieser Kulturen reichlicher vorhanden als Rohstoffe und wird deshalb systematisch als Hauptproduktionsfaktor eingesetzt.

Zu nennen ist, zweitens, die Sparsamkeit, die ja bekanntlich im theravadabuddhistischen oder malaiischen Wertesystem keineswegs geschätzt ist. Wenn immer die Frage auftaucht, warum es die 16 Millionen Auslandschinesen in Südostasien zu beträchtlichem Wohlstand gebracht haben, während die malaiischen Bumiputras nur bescheidene Fortschritte erzielen konnten, so ist darauf zu antworten, daß es für die einen als „werthaft" gilt, jeden verdienten Dollar zu reinvestieren, während die anderen es für moralisch (weil religiös geboten) halten, den Gewinn zu verbrauchen oder gemeinsam mit Freunden zu teilen, sei es nun, daß ein gläubiger Buddhist durch „Investitionen" in Tempelbauten und Buddhafiguren Karma für seine nächste Existenz ansammelt, sei es, daß Familien in Malaysia oder Indonesien ihre religiös verankerten Slametan-Zeremonien veranstalten, bei denen im Kreise von Freunden und Familienmitgliedern stets größere Summen durchgebracht werden. Herrscht bei den Chinesen Hortungs-, so bei Malaien und Thai-Buddhisten Verteilungsmentalität. „Der" Chinese spart für die Familie, zu der ja nach traditionellem Glauben nicht nur die Ahnen gehören, denen kostspielige Opfer zu bringen sind, sondern auch die künftigen Mitglieder. Die malaiischen und theravadabuddhistischen Gesellschaften gehören demgegenüber zum Typ der „lose strukturierten Gesellschaften", bei denen der einzelne, nicht aber die Gemeinschaft im Vordergrund steht. Seit Jahrhunderten gibt es im konfuzianischen Kulturbereich ferner den Hinweis, daß das „Dao" (d.h. der eigentliche Weg) für die Hervorbringung von Wohlstand darin bestehe, „aktiv in der Produktion und passiv im Verausgaben" zu sein.

Wirtschaftlich vielleicht noch bedeutsam ist die dritte hier zu nennende Tugend, nämlich die aus intensiven persönlichen Beziehungen (guanxi) erwachsende „Korporativität". Während Staat (Bürokratie), Unternehmen (Kapital) und Gewerkschaften (Arbeit) in westlichen Gesellschaften, vor allem im anglo-amerikanischen Bereich, oft weit auseinanderdriften, ziehen sie in China und Japan meist an einem Strang. Nicht von ungefähr ist ja der Großteil aller Gewerkschaften auf Betriebsebene angesiedelt, gehört also mit zur „Betriebsfamilie". Unterstützt werden Betriebe häufig von „Seilschaftsangehörigen" aus der staatlichen Wirtschaftsbürokratie, die mit den Betriebsführern nicht selten in eine gemeinsame Schule gegangen sind, und die sich nach ihrer Pensionierung vielleicht gar auf einem wohldotierten Betriebssessel niederlassen können, falls sie sich bis dahin „loyal" verhalten haben.

Korporativität motiviert u.a. zu größerer Risikobereitschaft und zu langfristigen Investitionen und Absatzstrategien. Bekannt dafür sind die Japaner, die ja z.B. auf kurzfristige Gewinne gern verzichten, wenn sie (langfristige) Marktanteile gewinnen können. Der malaiische Durchschnittsunternehmer dagegen reißt lieber, um hier ein chinesisches Sprichwort zu zitieren, „der vorüberfliegenden Gans schnell eine Feder aus", als in eine Gänsefarm zu investieren. Es ist unter diesen Umständen gewiß kein Zufall, daß die „Asian-Americans", die in den USA die drittgrößte Minderheit hinter den Schwarzen und den „Hispanics" bilden, und die sich zumeist aus Chinesen, Vietnamesen und Koreanern rekrutieren, inzwischen zur „Modellminorität" geworden sind. Es ist die in diesen Familien übliche Impfung mit bestimmten Wertehaltungen, wie Disziplin, Lernfreude, Leistungsbewußtsein und Zurückstellung des Ich zugunsten des Wir, die dem Nachwuchs von vornherein optimale Ausgangsbedingungen sichert. Gerade im amerikanischen Kontext werden freilich auch die weniger vorteilhaften Seiten des metakonfuzianischen Wertesystems deutlich. „Amerikanische Eigenschaften" wie „Unkonventionalität", Innovationsbesessenheit, Zukunftsglaube, Risikofreude und die Fähigkeit,

Rückschläge schnell wegzustecken, sind Eigenschaften, die dem konformistischen, an Bewährtem festhaltenden, vergangenheitsorientierten, überaus vorsichtig agierenden und unter Gesichtsverlusten schwer leidenden Asiaten im allgemeinen abgehen.

Die oben genannten wirtschaftsförderlichen Strukturen entfalten sich besonders effizient auf Betriebsebene, weshalb beispielsweise im japanischen Kontext manchmal von Kaishaismus (Kaisha = Firma) die Rede ist. Die Kaisha wird zumeist als „Wir-Verband", ja als „Schicksalsgemeinschaft" und Fortsetzung des traditionellen Dorfes verstanden: Im Vordergrund steht nicht der Betrieb, sondern die Betriebsgemeinschaft auf Gegenseitigkeit, und nicht der Arbeiter, sondern der „Mitarbeiter". Als durchaus selbstverständlich wird das System der lebenslangen Beschäftigung, die Harmoniepflege, die gemeinsame Beschlußfassung und die Fürsorgepflicht des Betriebs für seine Angehörigen empfunden.

Die Bewunderung für diese (heutzutage vor allem in modischen Schriften über Japan häufig gepriesenen) Vorzüge weicht jedoch einer schnellen Ernüchterung, wenn man erfährt, daß der Löwenanteil der Privilegien meist nur der Stammbelegschaft zugute kommt, während die Saison-, Leih- und Zulieferbetriebs-Arbeiter als zweite Garnitur behandelt und zumeist auch als Konjunkturpuffer mißbraucht werden, darunter ein hoher Frauenanteil.

Im chinesischen Bereich ist die Modernisierungsfähigkeit lange Zeit vor allem in Taiwan, Singapur und Hongkong getestet worden, während die VR China fast 30 Jahre lang einen – gemessen an den chinesischen Traditionen – „wertefremden" Weg gegangen ist, von dem sie sich erst nach dem Tode Maos abgewandt hat, um nunmehr desto hastiger zurück zur „Normalität" zu eilen. Vor allem mit Blick auf Hongkong wird deutlich, daß der Hauptunterschied zwischen japanischen und traditionell chinesischen Durchschnittsunternehmen darin besteht, daß die Chinesen dem Familienkriterium bei der Auswahl von Betriebsmitgliedern weitaus mehr Beachtung schenken als die Japaner – ein Unterschied, der zur Folge hat, daß japanische Unternehmen sich wesentlich leichter vergrößern können als chinesische Betriebe, die gern wirklich familiengebunden bleiben.

Der chinesische Kleinbetrieb ist zwar unflexibel in der Ausweitung von Arbeits- und Fertigungsbereichen, dagegen höchst anpassungsfähig in den Produktionsmodalitäten sowie in der Zeitdisposition. Das familiär vorgegebene Schachtelmuster führt zu einer bemerkenswert kleinzelligen Arbeitsteilung, in deren Rahmenwerk sich der einzelne Betrieb auf kleinste Teilprozesse spezialisieren kann. Dies zeigt sich besonders deutlich im Handwerksbereich: Winzige Hinterhoffabriken beschränken sich z.B. darauf, Radnaben oder -speichen zu fertigen, wobei ihrer Arbeitszeit selten Grenzen gesetzt sind. Kein Wunder, daß die Chinesen als Betreiber von Restaurant-, Wäscherei- oder Reparaturunternehmen unschlagbar sind.

Überhaupt gehört die Zerlegung und Aufteilung in winzige Arbeitsabschnitte mit zu den Haupteigenschaften metakonfuzianischer Produktions- und Vertriebswege. Beim traditionellen Salzhandel in China beispielsweise durchlief das kostbare Gewürz auf dem Wege von der Saline bis zum Konsumenten nicht weniger als sechs Stationen: vom Hersteller über den Großverkäufer, den Transporteur, den Großaufkäufer, den Verteilerinnerhalb der Provinz bis hin zum Einzelhändler. Der französische Dramatiker Paul Claudel, der in seiner Jugend als Konsul in China tätig war und zeitweise mit der Beobachtung des Holzhandels zwischen Fuzhou und Shanghai beauftragt war, zeigte sich fasziniert von der unüberschaubaren Zahl der dortigen Betriebszellen, Zwischenstationen und Kontrollagenturen. Eine zentrale Rolle in diesem Geflecht nahm der Makler und Zwischenhändler ein, der vor allem mit dem Kapital seiner Verwandtschafts- und Bekanntschaftsbeziehungen wucherte. Vielleicht sollte man in diesem hochgradig arbeitsteiligen chinesischen Kontext weniger von „Unternehmertum" als vielmehr von „Übernehmertum" sprechen, das durch drei Eigenarten geprägt wäre, nämlich durch Beschränkung der Geschäftstätigkeit auf winzige Teilbereiche, durch strenge behördliche Rahmenüberwachung und nicht zuletzt durch extremen „Personalismus". Dieses „Übernehmertum" scheint Chinesen, Japanern und Koreanern auch deshalb zu liegen, weil es in ihren jeweiligen Bereichen gilt, möglichst vielen Menschen Arbeits- und Existenzmöglichkeiten zu verschaffen.

In einigen der fortschrittlicheren metakonfuzianischen Gesellschaften, vor allem in Japan und bei den „Vier Kleinen Drachen", weist der Wirtschaftserfolg zwei Besonderheiten auf, die mit den besonderen Werteüberlieferungen zusammenhängen:

- Da wurde erstens ein Weltrekord an Entwicklungsgeschwindigkeit erreicht. Zwar konnte die metakonfuzianische Welt auf den Erfindungen des Westens aufbauen; warum aber haben die übrigen Länder der Dritten Welt diese Vorgaben nicht ebenso rasch nutzen können?
- Zweitens haben diese Gesellschaften trotz hoher Entwicklungsgeschwindigkeit ein erstaunliches Maß an sozialer Gleichheit wahren können und damit die bekannte Kuznet-These widerlegt, derzufolge Gefällestufen in einer Gesellschaft um so krasser ausfallen, je schneller sich ihre Wirtschaft entfaltet. Es ist nicht zuletzt die korporativistische Tradition, die in den Ländern des Metakonfuzianismus für so wohltuend ausgleichende Wirkung sorgt.

Anders als in Ostasien war die wirtschaftliche Entwicklung in der Indischen Union von Anfang an mit zwei Hypotheken belastet, nämlich dem Mißtrauen des Gründungsvaters Gandhi gegen eine Industrialisierung nach westlichem Vorbild, vor allem aber mit der auch in moderner Zeit noch nachwirkenden Knebelung wirtschaftlicher Neuansätze durch engmaschige Kastenregelungen. Hürden gibt es bereits bei der Landwirtschaft. Kastenbauern beispielsweise können, wenn sie nicht gegen religiöse Gebote verstoßen wollen, auch im Zeichen der Grünen Revolution keine körperliche Arbeit verrichten, sondern sind auf das Organisieren und Beaufsichtigen eingeschränkt. Überdies reduzieren die Reinheitsregeln den Viehbesitz des Kastenbauern auf Rinder, also auf Ochsen für die Zugarbeit und Wasserbüffel für die Milch. „Unrein" nämlich sind Tiere wie Schweine und Geflügel, die in China beispielsweise als Hauptlieferanten von tierischem Eiweiß dienen, die in Indien aber nur von den „Scheduled Castes", also den früheren „Unberührbaren", gehalten werden. Eine Reihe von Sitten und Gebräuchen ist einfach unökonomisch: Ein Großteil der bäuerlichen Schulden resultiert noch heute aus Hochzeits- und Mitgiftskosten sowie aus Aufwendungen für die Feiern bei der Geburt eines Sohnes, bei religiösen Festen, bei Kastenessen, bei Streitigkeiten und bei Totenfeiern. Hindufischer dürfen ferner ihre Fische nicht einsalzen und müssen ihre Ware daher teilweise verschleudern oder sie gar verderben lassen.

Mit dem Kastendenken hängt auch noch das weit verbreitete und für modernes Wirtschaften höchst hinderliche „positionelle Denken" zusammen:

Zwei praktische Beispiele aus dem mit deutscher Entwicklungshilfe errichteten Stahlwerk Rurkela seien hier zur Illustration angeführt: Der indische Vorarbeiter in einer Werkhalle konstatiert, daß am Hochofen ein Ventil zugedreht werden muß. Statt nun diese Arbeit, die nur einen einzigen Handgriff erforderte, selbst zu verrichten, schaltet er den ihm unmittelbar unterstellten Facharbeiter ein, der freilich wiederum nicht selbst tätig wird, sondern die Weisung eine Stufe nach unten weitergibt. Auch der hieradressierte Arbeiter will nicht selbst zugreifen, sondern weist einen Hilfsarbeiter an, dem nun, da er auf der untersten Befehlssprosse steht, nichts anderes übrig bleibt, als endlich zur Tat zu schreiten. Da er das Ventil jedoch ungeschickt anfaßt, entsteht ein Schaden von mehreren Millionen Rupien.

Zweitens: Ein für die Reinigung der Fabrikhalle zuständiger Sweeper ist damit beauftragt, den Boden der Halle zu reinigen, ein anderer hat die dort aufgeschraubten Maschinen sauberzuhalten. Keiner von beiden käme jedoch auf die Idee, daß die Maschinenfundamente, also die im Winkel von 45 Grad zwischen Hallenboden und Maschinen verlaufenden Massivteile, in seinen Aufgabenbereich fielen. Es stört weder den Geräte- noch den Bodenputzer, daß die Maschinenfundamente nach und nach völlig verschmutzen. Die Einstellung eines dritten Reinigers könnte nun zwar das konkrete Problem lösen, würde jedoch nichts an der in einem solchen Denken eingebauten Blockade ändern – im Gegenteil.

Mit der „positionellen" Einstellung hängt es auch zusammen, daß Arbeitskräfte sich weigern, über den engen, ihnen genau vorgeschriebenen Fachbereich hinauszugehen. Ein Bürodiener mag also zwar bei Akten, Tischen und Stühlen alles in bester Ordnung halten, er kann sich aber schnell in sich verkriechen, wenn es etwa darum geht, die Fenster zu reinigen. Ein deutscher Geschäftsmann, der nicht dadurch Gesicht verlieren wollte, daß er selbst zum Putztuch griff, mußte in seinem Büro noch Mitte der achtziger Jahre vor Fensterscheiben sitzen, die mit Luftschutzwarnungen aus der Zeit des indisch-chinesischen Kriegs von 1962 verklebt waren. Wer ein Auto fährt, fühlt sich keineswegs zur Wäsche aufgerufen, und wer es wäscht, nimmt deshalb noch lange keine Reparaturen vor, auch wenn er dazu fähig wäre. Von der indischen „Aufkapselungswut“ wußten vor allem die englischen Kolonialherren ein Lied zu singen. Selbst solche Beamte, die aus Sparsamkeits- oder Bescheidenheitsgründen partout mit einem Minimum an Bediensteten auskommen wollten, taten es am Ende nie unter acht oder zehn Gehilfen. Nun muß schmale Arbeitssegmentierung, wie der oben beschriebene chinesische Ablauf gezeigt hat, der Effizienz noch nicht unbedingt im Wege stehen, wenn sie auf der anderen Seite durch Gewerbefleiß, Zweck/Mittel-Rationalität und eine gewisse Risikobereitschaft ausgeglichen wird. Doch leider fehlt es im hinduistischen Kulturbereich zumeist auch hieran.

Allerdings gibt es auch in Indien einige höchst bemerkenswerte Ausnahmen, die „Business-Communities“, zu denen neben den hinduistischen Vaishiyas, also den Angehörigen der traditionellen Händlerkaste, vor allem Nicht-Hindus gehören, nämlich die Parsen, die Sikhs und die Jainas. Mit am erfolgreichsten sind die Parsen Bombays, und unter ihnen wiederum die Familie Tata, deren Stahl-, Kraftwagen-, Kraftwerks- und Dienstleistungsimperium sich heute über ganz Indien erstreckt, und deren Lkw's u.a. in Zusammenarbeit mit Daimler-Benz entwickelt wurden. Der auf Zarathustra zurückgehende Parsismus beruht auf der Grundidee des Gegensatzes von Gut und Böse sowie von Licht und Finsternis. Auf der bösen Seite steht u.a. alles, was dem Gedeihen der Kultur, nicht zuletzt der Wirtschaft, entgegensteht, auf der guten, was ihr nützt. Es gibt kaum eine zweite Religion, die so zivilisationsbejahend ist wie der Parsismus – und mit der sich übrigens auch ein so starker Prädestinationsglaube verbindet. Der Wohlhabende erscheint als „Erwählter“. Hier ergeben sich zahlreiche Parallelen zum Calvinismus, der ja, nach Max Weber, an der Wiege des modernen Kapitalismus gestanden hat, insofern nämlich der Erwerb persönlichen Wohlstands als Beweis für Gottgefälligkeit angesehen wurde, während der gleichzeitige Verzicht auf Konsum (sog. „innerweltliche Askese“) den Grundstock für solide Kapitalbildung abgab.

Auch der Sikhismus, die jüngste (15. Jh.) auf indischem Boden entstandene Religion, ist wirtschaftsfreundlich. Vom Hinduismus haben die Sikhs zwar zahlreiche religiöse Lehren übernommen, nicht jedoch das Kastenwesen mit seinen so einengenden Schranken. Ferner geht der Sikhismus von der Möglichkeit einer vorzeitigen Erlösung durch eigenes moralisches Tun aus, wodurch dem Fatalismus ein Riegel vorgeschoben und gleichzeitig der Eigeninitiative das Tor geöffnet wird. Beruflich haben sich die Sikhs im wesentlichen dem Handel, der Landwirtschaft und dem Soldaten- sowie dem Polizeiberuf verschrieben – manchmal leider auch dem Geldverleiherwesen.

Die dritte außerhalb des Hinduismus stehende, wirtschaftlich bedeutsame Religionsgruppe Indiens sind die Anhänger des Jainismus, einer Religion, die auf Mahavira, einen Zeitgenossen Buddhas, zurückgeht, und deren höchst wohlhabende Gemeinde im heutigen Indien nur noch etwa 1,5 Mio. Anhänger zählt. Aus der vom Hinduismus übernommenen Idee von der Einheit aller Lebewesen folgt für den Jainismus die Einsicht, daß wir uns selbst schaden, wenn wir anderen Leid zufügen. In unserem ureigensten Interesse ist deshalb Ahimsa (Gewaltlosigkeit) zu üben – ein Schlüsselbegriff des Jainismus. Jegliche Art des Tötens ist verboten – mit der Folge, daß die Jainas nicht nur strenge Vegetarier sind, sondern sogar den Gebrauch des Feuers ablehnen, das ja z.B. den Insekten schaden könnte. Viele Berufe scheiden für Jainas daher von vornherein aus, so etwa der Ackerbau, bei dessen Ausübung Pflanzen beschädigt sowie Würmer und Engerlinge getötet werden. Letztlich engten sich die Berufsmöglichkeiten daher auf nichttötende Gewerbezweige ein, die sich, wie es der Zufall nun einmal wollte, als höchst profitträchtig erwiesen, nämlich auf den Geldverleih sowie auf den Juwelen- und Stoffhandel. Da der Jainismus außerdem ebenfalls innerweltliche Askese fordert, darf das reichlich eingestrichene Geld nicht verpraßt werden und häuft sich daher schnell zum Kapitalstock an – eine wiederum fast calvinistische Situation, die zu ähnlich „kapitalistischen" Konsequenzen führte wie in Europa.

Durch die britische Kolonialherrschaft und ihr gläubigerfreundliches Recht sind die im Parsismus, Sikhismus und Jainismus steckenden und auch bei den hinduistischen Vaishiyas vorhandenen wirtschaftlichen Keime schneller zur Entfaltung gekommen, als es bei Fortbestehen der traditionellen Herrschaft der Fall gewesen wäre. Kein Wunder, daß es in der Indischen Union zu gewaltigen Ungleichgewichten zwischen wenigen Wohlhabenden auf der einen und einer erdrückenden Armut auf der anderen Seite gekommen ist. Aus dem „Wertevorsprung" einer kleinen Minderheit erklärt es sich auch, daß

Indien einerseits eine der fortgeschrittensten Industrienationen, andererseits aber auch eines der Armenhäuser der Welt ist.

Ähnlich wie der Hinduismus ist auch der Buddhismus nicht gerade wirtschaftsfreundlich. Oberstes Ziel eines gläubigen Buddhisten ist es, durch „religiöse Verdienste“ positives Karma zu erwerben, um so die Startchancen in der nächsten Existenz zu verbessern und einen weiteren Schritt auf dem unendlich langen Weg zum Nirwana voranzukommen. Man sammelt „Verdienste“, indem man im Tempel ein Blumen- und Früchteopfer darbringt, einer Buddhafigur Blattgold appliziert, eine Buddha- oder Tempelwächterfigur, vielleicht sogar einen ganzen Tempel stiftet. Zu den wichtigsten Tugenden der theravadabuddhistischen Gesellschaft in Thailand, Laos, Kambodscha, Birma oder Sri Lanka gehören Großzügigkeit und Freigebigkeit. Es sind soziale – und liebenswürdige – Werte, die hoch im Kurs stehen, nicht dagegen wirtschaftliche Tugenden. Der sparsame („geizige“) Chinese in einem birmanischen oder kambodschanischen Dorf, der jeden Heller zusammenkratzt und an immer neue Investitionen denkt, wird vom Durchschnittsbuddhisten bemitleidet – und ist wenig beliebt. Dabei sind die Thais und Birmanen durchaus keine Verächter materiellen Besitzes. Irdische Güter gelten schlicht als Folge eines verdienstvollen Lebens in vorangegangenen Existenzen, und sie haben überdies den angenehmen Vorteil, daß der Wohlhabende leichter imstande ist als der Arme, durch Spenden und freigebiges Verhalten zusätzliches Karma zu sammeln. Andererseits freilich gelten Besitzgier und Gewinnsucht als „durst“- und damit gleichzeitig auch „leid“-erhöhend, vor allem aber karma-mindernd; dasselbe ist bei jeder Arbeit der Fall, die über das Existenznotwendige hinausgeht. Mit dieser Einstellung ist der gläubige Buddhist für den Bauern- oder aber für den Beamtenberuf geradezu prädestiniert. In der Tat wird der Löwenanteil dieser Berufspositionen in den theravadabuddhistischen Ländern von Birmanen, Laoten, Kambodschanern, Thais und Singhalesen eingenommen, während Handel, Kleinindustrie und Transportunternehmen in den Händen zugewanderter Chinesen oder Vietnamesen liegen. Unter diesen Umständen fuhr der Modernisierungszug in fast allen theravadabuddhistischen Ländern ohne die einheimische buddhistische Bauernbevölkerung ab – ja, er fuhr z.T. über sie hinweg. Träger industrieller und kommerzieller Entwicklungen sowie Administratoren waren entweder die britischen oder französischen Kolonialherren oder aber die von ihnen herbeigeholten asiatischen Hilfskräfte. Sogar in Thailand waren es zumeist chinesische Geschäftskreise, die den Löwenanteil der modernen Wirtschaft unter ihre Kontrolle brachten. Die „marginalisierte“ Bauernbevölkerung, vor allem aber das ehemals kulturell führende Mönchtum, mußte hilflos zuschauen, wie Tamilen, Chinesen oder Vietnamesen im Bündnis mit den Kolonialherren moderne Betriebe aufzogen, die den traditionellen Gewerben das Wasser abgruben, wie sie westliche Vorbilder nachahmten, während sie gleichzeitig auf die buddhistischen Traditionenherabblickten, und wie christliche Lehranstalten die traditionellen Pagodenschulen an die Wand drückten. Kein Wunder, daß es schon bald zu heftigen Reaktionen kam, die religiöse, sozialrevolutionäre und nationale Anliegen miteinander verbanden, wobei Teile des laotischen Sangha (Mönchsgemeinschaft) sogar mit dem kommunistischen Pathet Lao zusammenarbeiteten, der versprochen hatte, die „heilige Stadt“ Luang Prabang zu verschonen und den amerikanisierten Sumpf in Vientiane auszutrocknen.

Anders als der Buddhismus zeigt der Islam eine grundsätzlich positive Einstellung zum Gewinnstreben, wenngleich er es durch eine Reihe von Geboten und Verboten einschränkt: Zu den Geboten gehört die Zahlung von Zakat, einer Art islamischen Kirchensteuer, sowie das Spenden von Almosen im Sinne einer „brüderlichen gegenseitigen Sozialversicherung“. Verboten ist es andererseits, Zinsen zu nehmen und Monopole zu errichten – beides verstößt gegen die islamische Brüderlichkeit – sowie Versicherungen abzuschließen. Wer sich irdisch versichert, zeigt damit an, daß es mit seiner „Ergebung“ in den Willen Allahs nicht allzuweit her ist. Für alle drei Verbote gibt es in der Praxis freilich Umgehungsmöglichkeiten. An die Stelle einer Zinserhebung tritt bei den islamischen Banken beispielsweise die Regelung, daß der Sparer an den Gewinnen und Verlusten der Bank gleichermaßen beteiligt – und entsprechend abzufinden – sei.

Eingeschränkt ist die malayo-islamische Wirtschaftseffizienz allerdings durch das „Rezeki“-Denken (es reicht, wenn wir leben können; wozu mehr!?), durch die Neigung, Geschäftserfolge eher als Glücksfall (Kismet) denn als Ergebnis rationalen Wirtschaftens zu betrachten, durch die Ablehnung langfristiger Risiken, ferner durch die bereits mehrfach erwähnte Abneigung gegen das

Sparen und nicht zuletzt den Glauben, daß Glück im Geschäft Unglück in anderen (oft viel höher bewerteten) Bereichen bedeutet.

4. Wirtschaftliche „Entwicklung" als kultureller Prozeß

Aus den obigen Darlegungen sollte hervorgegangen sein, daß an der Wiege jeder asiatischen Gesellschaft ein recht unterschiedliches Modernisierungspotential steht, und daß es deshalb für die Entwicklung kein Allheilmittel, sondern nur eine je „kulturadäquate" Wirtschaftsstrategie geben kann. Das Sparen braucht in den metakonfuzianischen Gesellschaften beispielsweise nicht erst erlernt zu werden, während es für die meisten Theravadagesellschaften ein Novum ist. Metakonfuzianische Gesellschaften brauchen den Staat als Entwicklungsagentur nur kurze Zeit. Am wohlsten fühlt sich ihre Wirtschaft in Einheiten, denen von oben her lockere Vorgaben gemacht werden, sei es nun in Form von staatlichen Plänen oder überbetrieblich abgestimmten bürokratischen Einzelmaßnahmen. Man wirft die Danweis (Grundeinheiten im Sinne von Dörfern, Fabriken, Nachbarschaften etc.) ins Wasser – und sie schwimmen nach kurzer Zeit von selbst. Unter diesen Umständen war es kein Wunder, daß China spätestens am Ende der siebziger Jahre die stalinistische Steuerungswirtschaft abgeschafft und statt dessen die Danwei-Autonomie wieder eingeführt hat. Danwei-Eigeninitiative sollte von nun an nicht mehr durch imperative Detailpläne, sondern durch „indikative" Pläne nur noch rahmenhaft eingeschränkt werden. Gern verglich man von nun an den Plan mit einem Vogelkäfig, den Markt aber mit dem Innenraum; während der Mao-Jahre war der Käfig auf Schuhkartongröße zusammengestaucht worden, nun aber sollte er auf Hallengröße wachsen. Sogar das Mitte der achtziger Jahre in einer tiefen wirtschaftlichen Krise steckende Vietnam dürfte sich wie ein Phönix aus der Asche erheben, sobald es sich einmal von den „unnormalen" stalinistischen Vorgaben freigemacht und zurück zur Danwei-Autonomie gefunden hat.

In den vier anderen Kulturkreisen wird dagegen der Staat die Wirtschaft noch auf lange Zeit hin am Zügel führen müssen, da es dort zumeist am inneren Antrieb fehlt, über die bloße Eigenversorgung hinaus zu arbeiten. Vor allem in den theravadabuddhistischen Bauerngesellschaften gilt ja, wie erwähnt, Gewinnstreben und Sparen nach wie vor als anrüchig. Der Sangha allerdings ist gegenüber den Herausforderungen der Moderne keineswegs untätig geblieben, sondern hat in zweifacher Weise reagiert, nämlich durch Entfachung eines antikolonialen Widerstands sowie durch den Entwurf eines „buddhistischen Modernismus", der nachzuweisen versucht, daß hochmoderne – und angeblich europäische – Erfindungen in der klassischen Lehre Gautamas ja doch längst vorweggenommen seien, so z.B. die Atomphysik oder die moderne Psychologie; ferner sei die Forderung nach Gewaltlosigkeit schon 2000 Jahre vor der heutigen Menschenrechtsdiskussion erhoben worden, gar nicht zu reden von dem in der buddhistischen Praxis angelegten Friedensgedanken. Solche Neu-Interpretationen sind allerdings Stückwerk geblieben und haben vor allem keine kulturadäquaten Deutungen für die Legitimierung modernen Wirtschaftens geliefert. Und doch gibt es ein sozioökonomisches Modell, das über 2000 Jahre alt ist, nämlich den Ashoka-Staatsbuddhismus, in dem die Bürokratie maßgebende Steuerfunktionen ausübt. Der Staat soll für Wohlhabenheit sorgen und dadurch jene Mittel bereitstellen, die es dem einzelnen Gläubigen ermöglichen, seiner eigenen Bestimmung, nämlich der Meditation über das Ziel des eigenen Daseins und dem Karmaerwerb, nachzugehen. Da die Bauern noch heute „Regen und Sonnenschein von den Beamten erwarten", erschiene ihnen die Wiederbelebung eines solchen Wohlfahrtsstaates alles andere als anomal. Allerdings verbinden sich mit ihm drei Gefahren:

Da ist einmal das Lähmungsrisiko, für welches das Ceylon der sechziger und siebziger Jahre ein warnendes Beispiel abgibt. Unter Ministerpräsidentin Bandaranaike war damals fast die gesamte Wirtschaft verstaatlicht und eine Politik des „kostenlosen Reises" für jedermann eingeführt worden, die katastrophale Haushaltslücken riß und den Durchschnittsceylonesen in seiner ohnehin passiven Haltung noch zusätzlich bestärkte. Zweitens hängt über dem Ashoka-Staat das Damoklesschwert ständiger Beamtenkorruption, und drittens hat der staatlich verankerte Buddhismus die nichtbuddhistischen Minderheiten noch allemal vor den Kopf gestoßen. Einen möglichen Ausweg hat hier der frühere birmanische Ministerpräsident U Nu gewiesen, nämlich die Gewährung von Teilautonomie. Wer sich mit einem solchen Gedanken nicht anfreunden kann, hat den hohen Preis jahrzehntelanger militärischer Auseinandersetzungen zu zahlen, wie er beispielsweise von der Regierung Ne Win sehr zum Schaden des birmanischen Wirtschaftsaufbaus seit 1962 erbracht werden mußte.

Auch in den islamischen Ländern Südostasiens bleibt der Staat als Entwicklungsagentur noch auf lange Zeit unentbehrlich. Ein mögliches Heilmittel gegen die Bürokratisierung der Entwicklungspolitik wäre die fiduziarische Einschaltung regionaler Patronage- und Seilschaftsgruppen, wie sie in der Bapak/Anak-Tradition angelegt ist. Bapak heißt Vater, Anak Kind: Gemeint ist hier ein lehnsähnliches Verhältnis zwischen einer Respektsperson, in deren Abhängigkeit man sich begibt, und die dafür im Gegenzug Wohltaten erweist, sei es nun in Form von materiellen Gütern (z.B. Grundstücken) oder in Form von Postenüberlassungen etc. Freilich pflegen heutige Regierungen, so z.B. das Suharto-Regime in Jakarta, aus Machtverteilungsüberlegungen vor solchen Dezentralisierungsansätzen im allgemeinen zurückzuschrecken.

Was die Instrumentalisierung islamischer Lehren für die moderne Entwicklung anbelangt, so gibt es hier seit dem Ende des 19. Jh. eine Tradition, deren geistige Väter, die beiden Kairiner Rechtslehrer Djamal al-Afghani und Muhamad Abduh, in der malaiischen Welt mehr Echo gefunden haben als in ihrem eigenen Land. Afghani lehrte ein höchst modern anmutendes Wertesystem, das, wie er betonte, keineswegs westlichen Ursprungs sei, sondern aus der Schatztruhe des Islam stamme, aus der übrigens auch die Europäer ihr Wissen bezogen hätten. Er kleidete ferner genuin westliche Ideen in islamische Termini und lieferte damit den gläubigen Mohammedanern in Niederländisch-Indien das ideologische Rüstzeug zum Kampf gegen die Kolonialmächte. Im Gegensatz zu Afghani empfahl Abduh, mit offenem Visier vorzugehen, also westliche Methoden und westliches Wissen unverkleidet zu übernehmen und gleichzeitig den Islam von allen modernisierungsfeindlichen Elementen und Praktiken zu reinigen. Beide Lehrer hatten also dieselben Ziele, nämlich den antiimperialistischen Kampf und die Beibehaltung „muslimischer" Substanz, unterschieden sich voneinander aber in der Taktik, insofern Afghani westliches Gedankengut islamisierte und damit „verdaulicher“ machte, während Abduh zur Stärkung der islamischen Substanz die offene Übernahme westlicher Methoden für durchaus akzeptabel hielt.

Mit einer positiven Bewertung der Industrie und des Privateigentums wirkte der islamische Modernismus zugleich auch als Kristallisationskern für ein bis heute allerdings marginal gebliebenes indonesisches Unternehmertum.

Wohl am schwierigsten gestaltet sich die Entwicklungspolitik inderIndischen Union. Hier gibt es einerseits die erwähnten Business Communities, die Weltniveau besitzen, Eigeninitiative entwickeln und internationaler Konkurrenz auch ohne staatliche Hilfe standhalten können, andererseits aber die noch ganz in Kastenregeln eingebundene Bauern- und Handwerkerbevölkerung, die, wenn überhaupt, nur durch den Staat aus ihrer traditionellen Verkapselung herausgelöst werden kann. Dazu aber bedürfte es, wie das politische System Indiens nun einmal gelagert ist, der Mithilfe selbstloser, patriotischer und „der gemeinsamen Sache“ verpflichteter Lokalpolitiker. Leider lehrt die indische Erfahrung, daß solche Erwartungen illusorisch sind. Die Stärke der Congress Party, der einzigen überregionalen Partei Indiens, beruht ja gerade darauf, daß sie es verstanden hat, sich den lokalen Machtstrukturen anzupassen, also vor allem die Anhängerschaft der „dominanten“ Kasten zu gewinnen, ganz besonders der Grundbesitzer, die sich, wie die Dinge nun einmal liegen, einer Forderung nach Landreform energisch widersetzen. Man fragt sich, wie hier je eine Entwicklung in Gang kommen soll, wo es doch weder Eigeninitiative, noch wirksame Handreichungen von seiten des Staates gibt. Die großen Landschenkungskampagnen von Jayaprakash Narayan sind Episode geblieben und gehören inzwischen längst der Vergangenheit an. Auf der anderen Seite ist der marxistische Weg von vornherein verbaut, da es in der hinduistischen Gesellschaft keine Ansatzpunkte für Klassenbildungen gibt und überdies auch der Fatalismus weit verbreitet ist.

Möglicherweise heizt sich der Kessel hier weiter auf, ohne daß es auf absehbare Zeit zur Explosion kommt: Vielleicht die zutreffendste Beschreibung der gegenwärtigen indischen Gesellschaft!

Wirtschaftsstrukturen und Management asiatisch-pazifischer Länder

Peter Odrich

1. Einführung

Der seit vielen Jahren zu beobachtende überdurchschnittliche Erfolg ostasiatischer Unternehmen auf vielen Märkten der westlichen Welt wirft die Frage nach der Wirtschaftsstruktur dieser Länder und der Führung dieser Unternehmen auf. Im Rahmen dieser Betrachtung sollen zunächst einmal die Einflußgrößen herausgearbeitet werden, die in Ostasien sowohl die Wirtschaftsstrukturen als die Unternehmensführung prägen. Im Anschluß daran werden die vorherrschenden Strukturen und Managementformen aufgezeigt. In Verbindung mit dieser Darstellung drängt sich eine Beurteilung ihrer Effizienz auf. Im Rahmen der Schlußbetrachtungen wird schließlich die Übertragbarkeit ostasiatischer Wirtschaftsstrukturen und Managementformen auf die Wirtschaften Westeuropas oder Nordamerikas angeschnitten.

2. Begriffsdefinitionen

Asiatisch-pazifische Länder:

Der asiatisch-pazifische Raum wird für die Zwecke dieser Darstellung als jene Region verstanden, die Japan, die Republik Korea (Südkorea), Nationalchina (Taiwan) und die britische Kronkolonie Hongkong umfaßt. Die Volksrepublik China ist bewußt nicht miteinbezogen. Der Grund für diese Ausklammerung Chinas ist, daß das Land unverändert weitgehend durch eine sozialistisch-staatskapitalistische Wirtschaftsform geprägt ist. Die vor einem Jahrzehnt eingeleiteten Wirtschaftsreformen der Volksrepublik China sind auf der Unternehmensebene noch nicht weit genug vorangekommen, als daß sich von Wirtschafts- und Managementstrukturen sprechen ließe, die mit jenen der erwähnten anderen Länder auch nur entfernt vergleichbar wären. Die Ereignisse vom Frühsommer 1989 in China haben in dieser Hinsicht vielmehr sogar einen schwerwiegenden Rückschlag gebracht.

Management:

Im Rahmen dieser Betrachtung wird Management als Führung großer bis hinunter zu mittleren Unternehmen verstanden. Dabei geht es in diesem Zusammenhang sowohl um das Spitzenmanagement als auch die nachgeordneten Führungsebenen. Ausgeklammert sind generell die Kleinunternehmen. Der Begriff der Wirtschaftsstrukturen wird in diesem Zusammenhang im Sinne der Größenstrukturierung wie der Besitzverhältnisstrukturierung verstanden.

Berücksichtigter Zeitraum der Betrachtung:

Soweit es im Einzelfall nicht ausdrücklich betont wird, steht stets die Gegenwart im Mittelpunkt der Betrachtung. Unter Gegenwart versteht sich dabei die Epoche, die mit dem Wiederaufbau nach dem Ende des Zweiten Weltkriegs bzw. des Korea-Kriegs (1953) und des Chinesischen Bürgerkriegs (1949) einsetzte.

3. Einflußgrößen auf die Betriebsführung

Die heute in Ostasien im wesentlichen herrschenden Struktur- und Managementverhältnisse der Wirtschaft werden vornehmlich durch bestimmte regionsspezifische Einflüsse (siehe Abb. 1) geprägt. Daher ist es unumgänglich, auf die wichtigsten dieser besonderen Einflußgrößen einzugehen.

Familie:

Familien prägen in allen marktwirtschaftlichen ostasiatischen Ländern die Wirtschafts- und Managementstruktur. Nur eine verschwindende Minderheit aller Unternehmen wird als anonyme Kapitalgesellschaft betrieben. Natürlich gilt Ähnliches auch für viele andere Teile der Welt. Was Ostasien in diesem Zusammenhang aber ganz besonders heraushebt, das ist ein aus europäischer Sicht geradezu extremer Familienzusammenhalt, der auch besonders weitverzweigte Familien, die teilweise in anderen Erdteilen wohnen können,

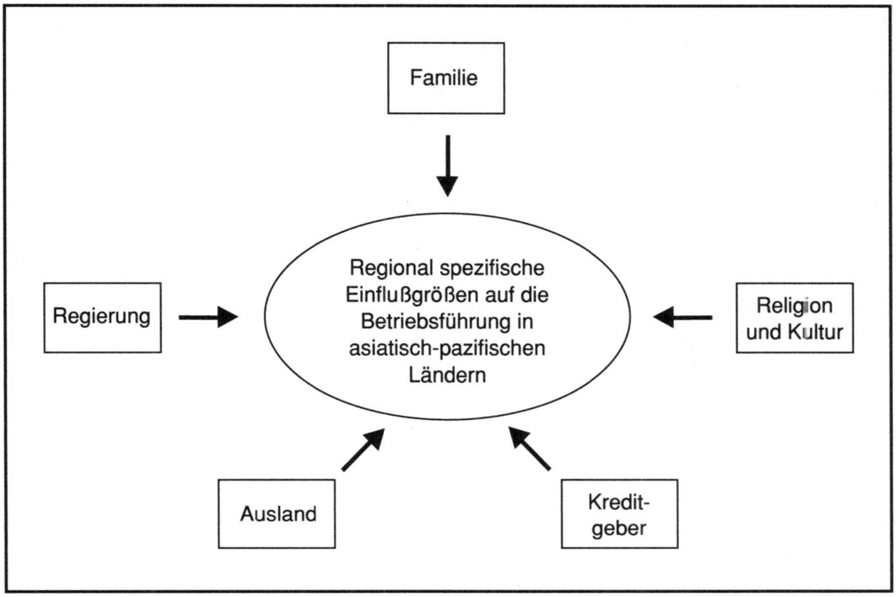

Abb. 1: Regional spezifische Einflußgrößen auf die Betriebsführung in asiatisch-pazifischen Ländern

miteinschließt. Dieser so ausgeprägte Familienzusammenhalt wirkt sich sowohl auf die Strukturen der Unternehmungen als gerade auch auf die Managementformen unverkennbar aus. Von Land zu Land sind die Formen zwar unterschiedlich. Allen Ländern ist jedoch gemein, daß im Regelfall nicht einmal schwerwiegende Familienzwistigkeiten zum Schaden des Unternehmens ausgetragen werden.

Religion und Kultur:

In den letzten Jahren sind immer wieder Versuche unternommen worden, beispielsweise die besonderen Erfolge der japanischen Unternehmen vornehmlich aus dem Zen-Buddhismus oder der Lehre des Konfuzius abzuleiten und damit allein zu erklären. Derartige Versuche sind ihrem Wesen nach äußerst einseitig und gehen an der Wirklichkeit zwangsläufig vorbei. Auf der anderen Seite ist aber nicht zu verkennen, daß Religion und Kultur nachhaltigen Einfluß auf die Wirtschaft und gerade auch die Unternehmen dieser Region besitzen. Ein besonders ausgeprägtes Beispiel ist der Einfluß des der

Religion entnommenen Konsensus-Denkens in Japan, das auch in der materialistischen Gegenwart eine überragende Rolle in der Unternehmensführung spielt. Tatsächlich ist davon auszugehen, daß selbst in Alltagsdingen – und keineswegs nur bei großen, weitreichenden Unternehmensentscheidungen – in Ostasien Kultur und Religion einen ausgeprägt starken Einfluß haben – selbst wenn dieser den Entscheidungsträgern in der Wirtschaft im Alltag vielfach gar nicht bewußt ist. Kaum ein Büro – nicht einmal in Hochhäusern – wird in Hongkong eingerichtet, ohne daß versucht wird, die „Geister" positiv einzustimmen. Für Nichtasiaten ist das Aberglaube, für die Hongkong-Chinesen jedoch Teil ihres Wirtschaftsalltags.

Regierungen:

Kennzeichnend für sämtliche ostasiatischen Länder ist eine ausgeprägte Einflußnahme der jeweiligen Regierungen auf die eigene Wirtschaft und gerade auch die Unternehmen. Dabei spielt die Regierungsform oder die Partei, die an der Macht ist, nur eine deutlich nachgeordnete Rolle. Selbst Militärdiktaturen – wie sie beispielsweise Südkorea und Taiwan jahrzehntelang prägten – herrschten ausgesprochen wirtschaftsbetont. Umgekehrt aber – aus der Sphäre der Unternehmen – schwankt die Bereitschaft zur kontinuierlichen Zusammenarbeit mit der Regierung von Land zu Land stark. Am ausgeprägtesten ist der Wille der Unternehmen zur Kooperation mit der Regierung wohl in Japan.

Kreditgeber:

Der Einfluß der nicht-familiengebundenen (also außenstehenden) Kreditgeber auf die Unternehmen ist in den meisten ostasiatischen Ländern ausgesprochen groß. Während beispielsweise die Mehrzahl der Aktionäre de facto wenig Einfluß- oder auch nur Informationsrechte zugebilligt erhält, sieht das für Banken und sonstige Kreditgeber gänzlich anders aus. Dabei ist in der Praxis auf beiden Seiten in der überwältigenden Mehrheit der Fälle ein besonderes Interesse an einer ausgesprochen langfristigen Geschäftsbeziehung zu beobachten. Demgegenüber werden vielfach kurzfristige Interessen bewußt vernachlässigt. Die langfristige Beziehung zum Kreditgeber reicht in Japan beispielsweise soweit, daß die Hausbanken vielfach zugleich auch die Rolle eines dauerhaften Management-Kräftereservoirs für ihre langfristigen

Kunden übernehmen müssen. Damit aber wird aus dem Kreditgeber eindeutig mehr als es die normale Rolle des Finanziers beinhaltet.

Ausländische Einflüsse:

Die auch in Ostasien durch den Zweiten Weltkrieg bewirkten tiefgehenden Veränderungen haben zu einem starken Einfluß der Siegermacht im Pazifischen Krieg, den Vereinigten Staaten, geführt. In den verschiedenen ostasiatischen Ländern schlägt sich das allerdings recht unterschiedlich nieder. Am eindeutig ausgeprägtesten ist dieser amerikanische Einfluß heute – sowohl in kaufmännischer wie auch in technischer Hinsicht – in Taiwan. Abgestuft folgen – in dieser Reihenfolge – Südkorea, Hongkong und Japan. Mit dem langsamen aber dennoch unverkennbaren Rückgang des amerikanischen politischen Einflusses auf die Region beginnt seit einiger Zeit allerdings auch der Einfluß der Vereinigten Staaten auf die Unternehmensführung in den fernöstlichen Industrieländern zu sinken.

4. Herrschende Wirtschaftsstrukturen und Managementformen

In diesem Kapitel werden die tatsächlich in Ostasien herrschenden Verhältnisse nach Ländern gegliedert dargestellt. Die Reihenfolge, in der auf die einzelnen Länder eingegangen wird, richtet sich nach ihrer wirtschaftlichen Bedeutung für die Weltwirtschaft.

4.1 Japan

Japan ist nicht nur für Ostasien, sondern für den gesamten Kontinent auf technisch-wirtschaftlichem Gebiet die Vormacht. Dennoch ist die japanische

Wirtschaft durch Mittel- und Kleinbetriebe gekennzeichnet, von deren Arbeit auch die Existenz der großen Unternehmen abhängt. Rund 2000 Firmen sind als größere Unternehmen einzustufen, wobei allerdings die aus Europa gewohnten Gruppen- und Konzernbegriffe in Japan nicht gelten. Der japanische Gruppenbegriff stellt vornehmlich auf die gleiche Hausbank und enge Beziehungen der Gruppengesellschaften untereinander ab. Auf gegenseitige Kapitalbeteiligungen wird dagegen gar nicht abgehoben. Da die Produktionstiefe in allen japanischen Gruppen relativ gering ist, sind sie um so mehr auf Mittel- und gerade auch Kleinbetriebe als Zulieferer angewiesen.

Stärker als in allen anderen ostasiatischen Industrieländern wird das japanische Management vom traditionsreichen Konsensus-Denken des Landes geprägt. Japan kennt in der Unternehmensführung so gut wie keine „einsamen Beschlüsse". Vielmehr dominiert in der Praxis ein zeit- und vor allem diskussionsaufwendiger Entscheidungsprozeß, bei dem von der Unternehmensspitze lediglich von Fall zu Fall ein gewisser Denkanstoß gegeben wird. Dieser Anstoß nimmt dann beim Weg von oben nach unten durch die Unternehmenshierarchie feste Gestalt an. Anschließend läuft dieser Plan dann wieder von unten nach oben und wird auf jeder Stufe erneut eingehend diskutiert. Oben angekommen, verabschiedet die Unternehmensspitze den Plan dann im Regelfalle unverändert. Der schwerwiegende Nachteil dieses umständlichen Verfahrens liegt in seinem erheblichen Zeitbedarf. Entscheidungen aller Art erfordern im Regelfall in japanischen Unternehmen mehr Zeit als in den allermeisten übrigen Ländern der Welt. Der größte Vorteil des japanischen Entscheidungsverfahrens liegt auf der anderen Seite darin, daß außergewöhnlich viele Ebenen und Personen in den Prozeß miteinbezogen sind. Alle diese Personen und Ebenen tragen anschließend die Beschlüsse im Regelfalle als ihre eigene Entscheidung. Jeder einmal getroffene Beschluß baut damit auf einem breitestmöglichen Rückhalt im Unternehmen.

Aus rein ausländischer Sicht ist dabei am bemerkenswertesten, wie wenig in der Praxis das oberste Management des einzelnen Unternehmens selbst am Entscheidungsprozeß mitwirkt. Ganz eng damit verbunden ist das Phänomen, das die oberste japanische Führungsebene weit weniger als in den allermeisten anderen Ländern in das laufende Geschäft des jeweiligen Hauses eingebunden ist.

Entscheidungen in japanischen Unternehmen stellen auf allen Ebenen Gruppenentscheidungen im Sinne des Wortes dar. Im Zusammenhang damit ist bemerkenswert, daß der Spezialisierung des Einzelnen im Unternehmen auffällig wenig Bedeutung beigemessen wird. Ziel üblicher japanischer Personalführung ist es vielmehr eindeutig, dem Einzelnen – gleich auf welcher jetzigen oder späteren Ebene – durch häufiges Umsetzen in möglichst viele und unterschiedliche Unternehmensbereiche ein Maximum an Allround-Management-Erfahrung zu vermitteln. Dabei ist es ohne weiteres möglich, daß sich der heutige Leiter der Rechtsabteilung morgen als Chef für das Personalwesen und in absehbarer Zeit als Kundendienst-Verantwortlicher wiederfindet. Der Vorteil dieses Verfahrens liegt tatsächlich zum einen im Allround-Managementwissen. Hinzu kommt, daß sich innerhalb des Unternehmens die verschiedenen Bereiche nicht jeweils besser oder feiner vorkommen. Der Hauptnachteil aber liegt darin, daß mit wachsender Komplexität der Geschäfte – gerade auch des internationalen Geschäfts – das Allround-Wissen immer weniger ausreicht und daneben auch ein wachsendes Spezialwissen gefragt ist. Daher kann es kaum verwundern, daß es bereits mehr und mehr Fälle gibt, in denen die Unternehmen in Abkehr von früheren Praktiken die Spezialisierung begünstigen. Hand in Hand damit reduziert sich ganz langsam die Bedeutung der einzelnen Gruppe, da der Spezialist seinem Wesen nach immer ein wenig außerhalb der Gruppe steht. Welche Veränderungen der japanischen Unternehmensführung das auf längere Zeit hinaus bewirkt, ist gegenwärtig noch nicht abzuschätzen. Ohne tiefergehende Veränderungen wird dieser Prozeß in Japan aber mit Sicherheit nicht bleiben.

4.2 Südkorea

Die koreanische Wirtschaft ist durch eine verschwindend kleine Anzahl sehr großer Unternehmen und eine unübersehbare Anzahl ganz kleiner Firmen gekennzeichnet. Kaum mehr als 20 Firmen sind in diesem Zusammenhang wirklich als „groß“ anzusprechen. Auffällig ist dabei, daß die Kleinunternehmen in Korea, im Gegensatz zu den japanischen Verhältnissen, bei Anlegung sämtlicher Maßstäbe ganz überwiegend als rückständig zu klassifizieren sind.

Bemerkenswert ist im übrigen, daß es zwischen den ganz Großen und den ganz Kleinen nur in verschwindend geringem Maße mittelgroße Unternehmensstrukturen gibt. Auf die allermeisten Firmen im Lande – unter Einschluß der Großen – haben einzelne, vielfach weitverzweigte Familien entscheidenden Einfluß.

Kennzeichnend für das Management fast aller großen wie kleinen koreanischen Unternehmen ist ein streng autoritäres Führungssystem. Dabei spielen – wiederum in allen Unternehmensgrößenklassen – vielfach emotionale Momente bei den einzelnen Entscheidungen eine sehr wichtige Rolle. Nicht selten wird emotionalen Aspekten sogar größere Bedeutung als rationalen Argumenten beigemessen. Ein gewisser, erstarkender koreanischer technisch-wirtschaftlicher Nationalismus fördert diese Emotionalisierung der Entscheidungsprozesse gelegentlich auffällig stark.

In koreanischen Unternehmen werden alle wichtigen Entscheidungen vornehmlich an der Spitze getroffen. Einbezogen in die Entscheidungsfindung sind erstaunlich häufig nur Familienmitglieder und besonders langjährige Weggefährten. Nicht selten sind die Führungen koreanischer Unternehmen sogar gerade dadurch gekennzeichnet, daß an allen strategisch relevanten Positionen im eigenen Hause Familienmitglieder eingesetzt werden. Das „erleichtert" die Entscheidungsfindung ganz beträchtlich und sichert zugleich vor allem die strikte, buchstabengetreue Ausführung aller einmal getroffenen Entscheidungen.

Diesem typisch koreanischen Managementsystem ist die lange Phase der Militärdiktaturen entgegengekommen, die das Land in seiner neueren Geschichte durchlaufen hat. Die jeweiligen Militärregierungen haben jeweils auch der Wirtschaft „Befehle" gegeben, die dann von letzterer auszuführen waren. Das hat in einzelnen Wirtschaftszweigen – etwa den Banken –, die dieser Befehlsgebung besonders ausgesetzt waren, im Laufe der Zeit jedes eigenständige wirtschaftliche Entscheiden und Handeln verkümmern lassen. Mit der inzwischen schnell zunehmenden Demokratisierung und Liberalisierung des Landes läuft die „Befehlsgewalt" der Regierung immer mehr aus, obwohl sich so manche Beamte daran nur schwer gewöhnen können. In dieser Umstellung liegt eine der Hauptursachen für die gegenwärtigen

Schwierigkeiten der koreanischen Wirtschaft. Das gilt sowohl für die Sozialbeziehungen, bei denen der Unternehmer nicht mehr einfach dem Abhängigen (sei es der Mitarbeiter oder auch der zuliefernde Unternehmer) befehlen kann, wie auch für das Verhältnis der Unternehmer zur Regierung und zu Dritten.

Zu den unverkennbaren Vorzügen des streng autoritäten koreanischen Managementsystems zählt eindeutig, daß Entscheidungen vielfach außerordentlich schnell getroffen werden. Zu den Hauptnachteilen zählt auf der anderen Seite allerdings, daß einmal getroffene Entscheidungen, die sich später als falsch herausstellen, nur äußerst schwer zu korrigieren sind. Dabei spielt – was nicht nur in Korea, sondern im gesamten Fernen Osten schwerwiegt – der mögliche Gesichtsverlust eine besonders gewichtige Rolle.

4.3 Taiwan

Im Gegensatz zu Japan und Korea stellt das nationalchinesische Taiwan in gewisser Weise ein künstliches Gebilde dar. Bei Ende des chinesischen Bürgerkriegs flohen Militärs wie Unternehmer und Techniker vom chinesischen Festland auf die Insel Taiwan und bauten hier einen neuen Staat nach eigenen Vorstellungen, in dem die angestammte taiwanesische Wirtschaft keine sonderlich große Rolle spielte. Von der Ausbildung und vor allem von der Kapitalausstattung her war sie den Flüchtlingen vom Festland weitgehend ausgeliefert. Bei der Beurteilung des heutigen Taiwan sollte dieser Zusammenhang nicht vernachlässigt werden.

Von ihren Anfängen nach dem Ende des Chinesischen Bürgerkriegs an ist die taiwanesische Wirtschaft durch die Existenz einiger weniger Großunternehmen, die sich zumindest lange Zeit direkt im Besitz des Staates befanden, sowie eine beschränkte Anzahl Mittelbetriebe und eine riesige Zahl von Kleinunternehmen gekennzeichnet. Sowohl die Mittel- wie die Kleinunternehmen sind fast ausnahmslos Familienbetriebe, die auch von Familienmitgliedern geführt werden und deren gesamte Belegschaft im Extremfalle aus Familienangehörigen besteht.

Die Führung der großen, staatlich stark beeinflußten Unternehmen ist in erheblichem Maße durch das frühere militärdiktatorische Regierungssystem geprägt. Hauptaufgabe der Unternehmen war es, dem Staat in der einen oder anderen vorgegebenen Weise zu dienen. So lauteten die „Befehle" und so wurden sie im Regelfalle auch ausgeführt. Der junge Demokratisierungsprozeß des Landes verläuft in diesen Unternehmen außerordentlich langsam; dennoch schreitet er auch hier voran. Bei diesem langsamen Tempo spielt eine wesentliche Rolle, daß nach wie vor viele Ziele von der Regierung unter militärisch-strategischen Gesichtspunkten vorgegeben werden. Das gilt zum Beispiel für das Unabhängigmachen des Landes von ausländischen Lieferanten auf Gebieten, die für die Landesverteidigung relevant sind. Dabei ist allerdings zu berücksichtigen, daß sich Taiwan zumindest formal noch immer im Kriegszustand mit der Volksrepublik China befindet.

Die mittleren und kleinen taiwanesischen Unternehmen unterstanden traditionell nur in Teilbereichen (lange Zeit etwa der Devisenbewirtschaftung) direkter staatlicher Einflußnahme. Im übrigen aber wurden und werden sie im Regelfalle vom Familienoberhaupt geführt. Dabei werden nach Möglichkeit – wie in Korea – sämtliche entscheidungsrelevanten Positionen im eigenen Hause vornehmlich mit Verwandten besetzt. Die Entscheidungen an der Unternehmensspitze werden im Regelfalle nicht allein und einsam, sondern nach langen Beratungen fast als Gruppenentscheidung getroffen. Dabei ist unter der Gruppe im Regelfalle wiederum die jeweilige Großfamilie zu verstehen. Auffallend ist dabei das Bestreben der Taiwanesen – unter Einschluß der Wirtschaftspolitik der Regierung – die verwandten Auslands-Chinesenfamilien, soweit wie irgend möglich, einzubeziehen. Der ausländische Familienteil steuert häufig Kapital, Vertriebswege, Auslandsproduktionen und gelegentlich selbst Zulieferungen bei. Insgesamt sollte der Einfluß der Auslandschinesen auf die Betriebsführung in Taiwan auf keinen Fall unterschätzt werden.

Der Hauptvorteil des taiwanesischen Unternehmensführungssystems ist in vergleichsweise raschen Entscheidungen zu sehen, die dennoch in der Regel innerhalb der jeweiligen Familie auf einer Konsensusbasis zustande gekommen sind und damit auch breit mitgetragen wird. Ein weiterer Vorteil ist die Weltoffenheit durch die Einbindung der Überseechinesen. Das macht die taiwanesischen Unternehmen für neue Denkanstöße aus dem Ausland besonders aufgeschlossen. Der Hauptnachteil des taiwanesischen Führungssystems liegt allerdings darin, daß die meisten Betriebe immer noch zu klein sind, um die sich aufgrund der Vorteile bietenden Möglichkeiten voll auszuspielen. Zu größeren Unternehmenseinheiten ließe sich aber nur durch einen gewissen „Souveränitätsverzicht" der bisherigen Eigentümerfamilien gelangen – und dazu sind die allermeisten dieser Familien einstweilen noch nicht willens genug.

4.4 Hongkong

Obwohl es in Hongkong eine ganze Anzahl größerer Unternehmen gibt, die inzwischen auf eine hundert- oder sogar noch längerjährige Firmengeschichte zurückblicken können, gelten auch für die britische Kronkolonie viele der Charakteristika, die Taiwans Wirtschaftsstruktur und Managementform ausmachen. Dafür gibt es zwei Gründe. Zum einen handelt es sich ethnisch eben auch um Chinesen. Zum anderen sind viele der Unternehmer, die heute in Hongkong das Sagen haben, erst nach dem Ende des Chinesischen Bürgerkriegs aus der Volksrepublik China zugewandert.

Dennoch gibt es auch strukturelle Unterschiede zwischen Taiwan und Hongkong. So verfügt Hongkong über eine insofern relativ ausgewogene Wirtschaftsstruktur, als es eine ganze Anzahl großer Unternehmen, viele Mittelbetriebe und eine wiederum unübersehbare Anzahl von Kleinfirmen gibt. Was fehlt, ist eine staatliche Wirtschaft. Wie sich diese Wirtschaftsstruktur durch die Rückgabe der Souveränität über Hongkong von London an Peking im Jahre 1997 verändern wird, läßt sich heute zwangsläufig noch nicht absehen. Entgegen den Beteuerungen aus der Volksrepublik China wird aber nach in Hongkong vorherrschender Meinung doch mit weitreichenden, in der Gesamttendenz negativen Veränderungen zu rechnen sein müssen.

Soweit es um die Unternehmensführung im Stadtstaat Hongkong geht, begegnen sich hier die unterschiedlichsten Systeme. Gerade darin liegt ein Charakteristikum von Hongkong. So gibt es eine Reihe ausländischbeherrschter Großunternehmen, die vornehmlich nach europäischen oder amerikanischen Führungsprinzipien arbeiten. Daneben sind rein-chinesische Großunternehmen unter Familienführung zu finden. Bei den Mittelbetrieben dominiert eindeutig das Familienunternehmen. Die Mehrheit der Familienunternehmen wird dabei nach Systemen geführt, die den im Zusammenhang mit Taiwan geschilderten weitgehend gleichen. Dabei spielt natürlich die Tatsache, daß so viele Chinesen vor den Kommunisten nach Hongkong geflohen sind, eine ausschlaggebende Rolle. Auch die enge Kooperation mit Familienteilen in Übersee kennzeichnet die Führung der Unternehmen in Hongkong. Was Hongkong in der Unternehmensführung allerdings unverkennbar von Taiwan abhebt, ist das Tempo der Entscheidungen. Es erklärt sich im wesentlichen aus der langen Freihandelstradition, die aus Hongkong einen gänzlich offenen Welthandelsplatz mit erheblichem Wettbewerb gemacht hat. Dieses Klima erfordert rasche Entscheidungen, die in der Kolonie an der Unternehmensspitze nach vergleichsweise kurzen Beratungen mit den Familienmitgliedern getroffen werden. Hinzu kommt im Falle Hongkongs, daß es die meisten hongkongchinesischen Unternehmer besonders lieben, den Markt durch unerwartetes Handeln zu überraschen. Während beispielsweise in Japan im Prinzip so weit wie irgend möglich langfristig angelegt, geplant und gehandelt wird, steht in Hongkong die überraschende, kurzfristig wirksame unternehmerische Entscheidung im Mittelpunkt.

Bei der Analyse und Beurteilung der Verhältnisse in Hongkong ist allerdings zu berücksichtigen, daß Hongkongs Wirtschaft primär eine Drehscheibenfunktion im internationalen Warenaustausch wahrnimmt. Die Mehrzahl der von hier exportierten Produkte stammt nicht aus Hongkong selbst. Umgekehrt wird ein wesentlicher Teil des Imports in dritte Länder weitergeleitet. Verbunden damit ist eine Verflechtung mit der übrigen Welt, die Hongkong stark vom übrigen Ostasien abhebt und die sich zwangsläufig auch bis in die Unternehmensführung hinein auswirkt.

5. Vergleich der Führungssysteme mit Blick auf ihre Effizienz

Allen vier ostasiatischen Industriestaaten ist, unabhängig von ihrer sehr unterschiedlichen absoluten Größe und Bedeutung, zu attestieren, daß sie wirtschaftlich außerordentlich erfolgreich tätig sind. Immerhin gehören Japan, Südkorea und Taiwan zu den zwölf größten industriellen Produzenten und zugleich Außenhandelsnationen der nicht-kommunistischen Welt. Unter diesem Blickwinkel ist festzuhalten, daß ganz offensichtlich alle diese so verschiedenen Wirtschaftsstrukturen wie Managementsysteme auf ihre Weise erfolgreich sind.

Tatsächlich sind die geschilderten Unterschiede zwischen den Managementsystemen in Ostasien größer als etwa jene innerhalb der Europäischen Gemeinschaft. Daher ist es sowohl falsch als vor allem auch nicht ungefährlich von „ostasiatischen" Wirtschaftsstrukturen und Führungssystemen zu sprechen.

Viele der tatsächlich zu beobachtenden gravierenden Unterschiede zwischen den einzelnen geschilderten Ländern haben historische Ursachen, die gelegentlich sogar in der jüngeren Vergangenheit liegen. Heute ist beispielsweise in Japan und Taiwan Kapital geradezu im Überfluß vorhanden. In Hongkong herrschen in dieser Hinsicht „normale" Verhältnisse. In Korea dagegen herrscht in der Wirtschaft ganz überwiegend nach wie vor ein ausgeprägter Kapitalmangel. Auch die unterschiedliche Öffnung der nationalen Volkswirtschaften zum Ausland ist historisch erklärbar. Japan war über dreihundert Jahre hinweg (bis zur Mitte des vergangenen Jahrhunderts) hermetisch abgeschlossen. Korea unterlag lange Zeit ausländischer (beispielsweise auch japanischer) Vorherrschaft. Die chinesischen Volkswirtschaften waren dagegen schon im Mittelalter weltoffen, weil die Überbevölkerung auf dem chinesischen Festland gekoppelt mit periodisch auftretenden Überschwemmungskatastrophen und Hungersnöten die Menschen zum Auswandern trieben.

Aus all diesen Unterschieden erklärt sich, daß die Unternehmen aller vier in diesem Zusammenhang relevanten Länder recht eigenständige Wege entwikkelt haben, um ihre Produkte am Weltmarkt anzubieten und zu verkaufen. Die Praxis zeigt nun schon seit Jahren, daß diese unterschiedlichen Wege im großen und ganzen insgesamt erfolgreich sind.

Daß Japan dabei am weitaus besten abschneidet, läßt sich nicht leugnen. Dies geht nicht nur auf die Größe des Landes und seine Arbeits- und Finanzierungskraft zurück, sondern spiegelt ganz wesentlich auch den extremen Planungsaufwand der meisten japanischen Unternehmen. Speziell auf diesem Gebiet ist Japan den ostasiatischen Konkurrentenländern einstweilen weit voraus. Daß die Bäume dennoch nicht in den Himmel wachsen, hat seinen Grund ganz wesentlich in dem geschilderten langen Zeitbedarf der Entscheidungsprozesse. Gerade im Entscheidungstempo sind die drei anderen ostasiatischen Industrieländer Japan weit voraus. Zugleich vermögen sie diesen Vorteil meist auszuspielen. Daß das natürlich nicht immer so bleiben muß, liegt auf der Hand. Dabei spielt eine Rolle, daß alle ostasiatischen Industrieländer in gewissem Maße eine natürliche Affinität zum Computer und der elektronischen Datenverarbeitung aufweisen. Dabei spielt das starke mathematisch-naturwissenschaftliche Interesse weiter Teile der Bevölkerung eine wesentliche Rolle. Aber selbst diese generelle Stärke der Region muß für einzelne Länder nicht auf Dauer zutreffen. So gibt es heute im Kreis der Studienanfänger in Japan schon eindeutige Hinweise darauf, daß das Interesse an naturwissenschaftlichen Studiengängen stark nachläßt und dafür wirtschafts- und sozialwissenschaftliche Arbeitsgänge bevorzugt werden.

Auch von der Veränderung des politischen Umfelds können Impulse ausgehen, die den Erfolg einer Volkswirtschaft – ohne deren eigene Schuld oder Leistung – direkt schmälern oder erhöhen. Besonders sichtbar ist das am Beispiel Hongkongs, das von der Liberalisierung in der Volksrepublik China bisher ungewöhnlich profitiert hat – und zugleich aber auch das Risiko läuft, nach der Rückkehr der Souveränität über die Kolonie an China eventuell stark zu leiden.

Alle diese Beispiele demonstrieren bereits, daß einzelne Aussagen über die Effizienz bestimmter ostasiatischer Wirtschafts- und Managementstrukturen nur von temporär begrenzter Aussagekraft sind. Ein Effizienzvergleich leidet im übrigen unter dem zunehmenden Zusammenwachsen der ostasiatischen Industrien im Sinne einer kosten- und marktorientierten Arbeitsteilung der Staaten. Motor dieser bemerkenswerten Arbeitsteilung ist bisher eindeutig die japanische Industrie. Gerade in Korea gibt es aber unmißverständliche Anzeichen für einen Kurs in der gleichen Richtung. Die Wirtschaft Taiwans wie auch Hongkongs ist in diese ostasiatische Arbeitsteilung bisher passiv – als Empfänger von Arbeitsaufträgen – eingebunden, während vor allem Japan und zunehmend auch Korea aktiv – als Auftraggeber – wirken. Daß auch das nur von relativ kurzer Dauer sein wird, zeigt der Fall der schnellwachsenden Produktionsverbundsysteme, die von Hongkong und Taiwan aus in Richtung auf die Volksrepublik China aufgebaut werden. Die rasch zunehmende internationale intensive Arbeitsteilung innerhalb Ostasiens ist insofern von besonderem Interesse, als sich in ihrem Gefolge zumindest die Managementstrukturen im Laufe der Zeit zwischen den beteiligten Ländern mit Sicherheit angleichen werden. Damit wird eine Aussage über die unterschiedliche Effizienz der ostasiatischen Wirtschafts- und Führungsstrukturen dann abermals erschwert werden.

Der Überschrift dieses Kapitels entsprechend soll dennoch – unter allen bisher begründeten Vorbehalten – einem Vergleich der Effizienz der unterschiedlichen Strukturen in Ostasien nicht aus dem Wege gegangen werden. Zumindest soweit es um die Großunternehmen geht, die heute hauptsächlich in Japan und Korea zu finden sind, läßt sich ein effektiver Effizienzvorsprung der japanischen Firmen nicht leugnen. Die geringste Effizienz der Großunternehmen ist wohl den wenigen taiwanesischen Firmen zuzumessen. Bei den mittelgroßen Firmen ist dagegen zwischen Japan, Taiwan und Hongkong kein großer Unterschied festzustellen. Hier fällt allerdings Korea deutlich ab. Soweit es überhaupt möglich ist, zwischen kleinen Unternehmen einen Effizienzvergleich anzustellen, bleibt nur die Feststellung, daß die Kleinbetriebe in Korea, Taiwan und Hongkong bemüht sind, durch längere Arbeitszeiten und erhöhten personellen Einsatz den technischen Vorsprung auszugleichen, den in der Praxis viele japanische Kleinbetriebe de facto besitzen. Dieser japanische Vorsprung baut auf einen stärkeren Einsatz moderner Maschinen sowie auf den engen technischen Verbund, der in Japan zwischen den Groß- bzw. Mittelunternehmen und ihren kleinen Zulieferern vielfach herrscht.

6. Schlußbetrachtungen

Je höher die ostasiatischen Industrieländer und ihre Unternehmen in den verschiedenen Weltranglisten der Außenhandels- und Industrienationen aufsteigen, desto häufiger drängt sich in Europa und Amerika der Gedanke auf, doch einfach bestimmte Unternehmensführungsprinzipien dieser Region zu transferieren und damit gewissermaßen den ostasiatischen Erfolg im eigenen Hause nachzuvollziehen. Beispiele in dieser Richtung sind in der Industriebetriebsorganisation beispielsweise die Qualitätszirkel wie auch die sog. Just-in-time-Zuliefersysteme. Einzelne dieser ostasiatischen Organisationsformen haben sich durchaus als übertragbar erwiesen – zumindest in einer gewissen Modifizierung.

Generell sollte aber eindeutig davor gewarnt werden, sich von einem solchen Transfer zuviel zu versprechen. Mehrere Gründe sprechen nämlich in den allermeisten Fällen dagegen, daß der gewünschte Erfolg überhaupt oder auch nur in gewissem Umfang eintritt:

Zunächst einmal sind die Wirtschaftsstrukturen wie auch die Rahmenbedingungen der Wirtschaft in den ostasiatischen Ländern von jenen in Europa und Nordamerika außerordentlich unterschiedlich. Das beginnt mit den Arbeitszeiten. In Korea oder Taiwan sind die täglichen Arbeitszeiten ungleich länger; sie erlauben beispielsweise in vielen Produktionen den Zwei-Schichten-Betrieb statt einer Einteilung in drei Schichten in Europa. Auf der anderen Seite können in sämtlichen ostasiatischen Ländern Überstunden unvergleichlich einfacher und länger vom Unternehmer angesetzt werden, als das in Europa möglich ist. Auch der private Urlaubsanspruch hat in Ostasien ungleich weniger Bedeutung als in Europa. All das sind Einflüsse, die in ihrer Bedeutung nicht unterschätzt werden dürfen und gegen die nicht aufgerechnet werden darf, daß in allen ostasiatischen Ländern das Lohnniveau relativ schnell steigt (in Japan hat der direkte Lohn „ohne Lohnnebenkosten" längst die deutschen Werte hinter sich zurückgelassen).

Auch in Fragen des Wettbewerbs wird in Oastasien anders gedacht als in Europa. Das beginnt mit dem totalen Verzicht auf jedwede Ladenschlußzeiten und dem Verzicht auf unzählige andere Einschränkungen und reicht bis zu Kalkulationssystemen der Industrie, die in der übrigen Welt leicht als Dumping mißverstanden werden, die in Wirklichkeit aber das Ziel verfolgen, von Anfang an Preise bieten zu können „als ob" die dazugehörigen Produktions- und Absatz-Volumina schon bestünden.

Alles in allem lohnt sich die eingehende Analyse der ostasiatischen Unternehmens- und Führungsstrukturen in vielen Fällen. Dabei sollte allerdings von Anbeginn der Arbeit an klar sein, daß die Resultate derartiger Untersuchungen entweder gar nicht oder bestenfalls nur in stark modifizierter Form auf die betrieblichen Verhältnisse in Europa oder Nordamerika übertragen werden kann.

7. Literatur

zu Japan:

Eli, M.: Japans Wirtschaft im Griff der Konglomerate, Frankfurt 1988

Foreign Press Center des japanischen Außenministeriums (Hrsg.): Facts and Figures of Japan, Tokyo, Ausgabe 1989

Imai, M.: 16 ways to avoid saying no, Tokyo 1981

Ishinomori, Sh.: Japan Inc., Tokyo 1986

Odrich, P.: Berichte aus dem Japanischen Alltag, Basel 1987

Toyota Motor Corporation (Hrsg.): Toyota – A history of the first 50 years, Toyota City 1988

Wolferen van, K.: Vom Mythos der Unbesiegbaren – Anmerkungen zur Weltmacht Japan, München 1989

Zum Thema Japanisches Management wurden im übrigen nicht frei zugängliche, umfangreiche Unterlagen der Long-Term Credit Bank of Japan, der Nissan Motor Corporation und der Mitsubishi Electric Corporation benutzt.

zu Taiwan:

Alle Angaben zu Taiwan stützen sich auf eigene Erhebungen des Autors bei taiwanesischen Firmen. Besondes ausführliches Material stellte die Acer Inc., Taipeh, zur Verfügung.

zu Südkorea:

Alle Angaben zu Südkorea stützen sich auf eigene Erhebungen des Autors bei koreanischen Firmen und der Deutsch-Koreanischen Handelskammer in Seoul. Besonders umfangreiches Material stellten die Firmen Samsung Inc., Lucky Goldstar, Asiana Airlines und die Gruppe Siemens Korea zur Verfügung.

zu Hongkong:

King, F.H.H.: The Hongkong Bank in Late Imperial China, Cambridge 1988

Young, G.: Beyond Lion Rock, London 1988

Umfangreiches Material haben im übrigen die Firmen Swire Pacific Ltd., Cathay Pacific Airways, The Hongkong and Shanghai Banking Corporation zur Verfügung gestellt.

Managementstrukturen in der Republik Korea und einige Vergleiche zu Japan

Dieter Schneidewind

1. Kurzer sozio-historischer Abriß

Koreas Kultur ist über 4000 Jahre alt. In dieser langen Zeit sind Strukturen, Verhaltensweisen und Wertvorstellungen gewachsen, die nicht ohne weiteres aufgegeben werden, wenn etwas Neues aus jungen fremden Ländern kommt. Erst ab der Jahrhundertwende und verstärkt nach dem Ende des Koreakrieges (1951), wurde diese Einstellung dann korrigiert, wenn es sich um technologische Neuheiten handelte, die in anderen Zivilisationen hervorgebracht wurden.

Außer der Prägung durch den Shamanismus der alten Mongolenvölker, bestimmte vor allem die Kultur Chinas die Entwicklung des Landes der Morgenstille. Neben der künstlerischen Begeisterung für Keramik, Malerei, Dichtung, Musik und Tanz wurde überwiegend das Gedankengut des Konfuzianismus angenommen und dies blieb bis heute der Hintergrund für koreanische Denk- und Verhaltensweisen.

Von Chinesen und Japanern häufig hart bedrängt und unterworfen, lernten die Koreaner mit wenig auszukommen, beharrlich zu kämpfen und auf ihre Nation stolz zu sein. Sie waren immer gute Handwerker und als solche bereits im alten Japan (Nara-Zeit) geschätzt. Über die koreanische Landbrücke gelangte Chinas Zivilisation nach Nippon.

Die Geringschätzung gegenüber der westlichen Technologie und ihren Einflüssen bezahlte das wehrlose Korea um die Jahrhundertwende mit der Unterwerfung durch Japan, das die japanische Sprache in den Schulen vorschrieb und jede Entwicklung koreanischer Großindustrie mit technologischem Fortschritt unterband. Erst Ende der fünfziger Jahre begann Korea einen Aufhol- und Entwicklungsprozeß, der in Europa, USA oder Japan bereits vor über 100 Jahren in Gang gekommen war. Die Teilung des Landes zwang Korea wegen der Militanz des nördlichen Bruderstaates zu einem unerhörten militärischen Aufwand, wobei den Nordkoreanern die Bodenschätze (Kohle, Erze) sowie die meisten bestehenden Industrien aus der japanischen Herrschaftszeit zufielen. Die moderne Republik Korea mußte sich aus einer Bauern- und Fischerbevölkerung entwickeln. Maritimes Klima, lange Küstenlinien und ausgeprägte Jahreszeiten – wie in Japan – bestimmen den Lebens- und Schaffensrhythmus.

Die japanische Herrschaft hinterließ eine recht gute Infrastruktur mit Straßen und Häfen. Auch in der Verwaltung bleibt ihr ordnender Einfluß bis heute spürbar. Viele Koreaner beherrschen die japanische Sprache und lesen japanische Zeitungen und Bücher. Auf diese Weise erreichen sie einen Zutritt zu den Schätzen des japanischen ökonomisch-technologischen Know-hows, das Europäern wegen fehlender Sprachkenntnisse verschlossen bleibt.

Mit unerhörtem Fleiß, im Rückgriff auf japanische Ressourcen und durch den Zutritt zum US-amerikanischen Markt, erreichte Korea binnen 30 Jahren einen enormen wirtschaftlichen Aufschwung, der in den Olympischen Spielen von Seoul 1988 kulminierte. Bis dahin wurde die Wirtschaft durch Regierungsprogramme gestützt; diese waren sehr erfolgreich, wenngleich nicht immer demokratisch legitimiert. Die 42 Mio. koreanischen Konsumenten erlebten eine wesentliche Erhöhung ihres Lebensstandards. Derzeit empfinden sie eine gewisse Führungsschwäche ihrer Regierung. Dies artikuliert sich vielfach in zeitlich überzogenen Einkommensforderungen und einer Haltung, die partikularen Egoismus mit Demokratie verwechselt.

2. Die Faktoren Arbeit und Disposition

Das Humankapital bildet die entscheidende Ressource der Republik Korea. Fleiß, Lernbereitschaft und Kampfeswillen vereinten Mitarbeiter und Management im Bemühen, Korea aus Trümmern zu einem international geachteten, ja bewunderten Staat zu entwickeln. Dabei stiegen eine Vielzahl unternehmerischer Elemente aus der vergleichsweise gut entwickelten Kleinindustrie auf, die die Japaner relativ „ungeschoren“ gelassen hatten.

2.1 Rekrutierung von Managern und Mitarbeitern

Das Personal in koreanischen Unternehmen ist einerseits militärisch straff organisiert – alle männlichen Mitarbeiter gehen durch einen harten, zweijährigen Militärdienst – bilden andererseits jedoch ein komplexes Geflecht von informellen Bindungen. Wie in Japan spielen verwandtschaftliche, regionale und aus der gemeinsamen Ausbildungszeit entstandene Beziehungen eine erhebliche Rolle und führen zu Gruppenbildungen, die deutlichen Einfluß auf die Unternehmen nehmen. Das führt dazu, daß sehr viele Mitarbeiter und beinahe alle Manager auf persönlicher Basis geführt werden, was beim Herrschaftsstreben vieler dieser Gruppen oft zu Gruppenegoismus und Kämpfen untereinander führt. Die hohe Kohäsion in den Gruppen erschwert es übrigens ungemein, Mitarbeiter zu entlassen.

Heute besteht eine große Nachfrage nach Spezialkräften wie Bilanzbuchhaltern, Produkt-Managern, EDV-Spezialisten, Facharbeitern oder Fremdsprachensekretärinnen. Anders als in Japan hat man kaum die Geduld, Berufsanfänger stufenweise auszubilden, sondern man wirbt ungeniert direkt bei Wettbewerbern ab oder bedient sich indirekt lokaler Anzeigen.

Bei der Anwerbung von Kräften für das mittlere Management setzt man häufig neutrale Vermittler, wie Professoren, Banker, hohe Militärs oder Beamte ein.

Das Top-Management rekrutiert sich noch immer in sehr hohem Maße aus dem Verwandtschaftskreis des Firmengründers oder seiner Führungskräfte der obersten Ebene, da hier Loyalität und Vertrauenswürdigkeit das entscheidende Qualifikationskriterium bilden.

2.2 Ausbildung

Der Einstellung gehen Eintrittsexamina durch das Unternehmen voran, die um so schärfer und rigider gestaltet werden, desto höher die Qualifikationsanforderungen für die vorgesehenen Positionen sind. Alle neuen Mitarbeiter erhalten sodann eine Indoktrinierung bezüglich der Werthaltungen und Philosophie des Unternehmens sowie auch eine fachliche Ausbildung, die zu einem kleinen Teil theoretischer, weit mehr aber praktischer Art im Sinne des „training on the job" ist. Insbesondere bei Universitätsabsolventen, die für spätere Führungsaufgaben vorgesehen sind, kann die Ausbildungszeit ein halbes Jahr betragen. Dazu wird der Nachwuchs in Trainings-Camps (wie in Japan) auf die eigene Unternehmenskultur und auf die ganz spezifischen Unternehmensstrukturen eingeschworen und gedrillt. Neben fachlicher und persönlicher Kompetenz schätzen koreanische Unternehmen vor allem Loyalität und totale Hingabe an ihre postulierten Ziele. Das Ergebnis dieses Indoktrinationsprozesses soll weniger ein „guter" Ingenieur als ein guter „Daewoo"- oder „Samsung"-Mann sein, was ebenfalls an japanische Ausbildungsphilosophie der Großunternehmen erinnert.

Während es früher ausschließlich bei einem einführenden Training blieb, wurde in den letzten Jahren zunehmend erkannt, daß der Schlüssel für eine höhere Produktivität des Unternehmens in den zukünftigen Jahren bei der Weiterbildung der Mitarbeiter liegt. Neue Gebiete wie Qualitätskontrolle, Forschung und Entwicklung, EDV und Marketing erfordern hohe Professionalität und damit hohe fachliche Kompetenz. Dazu werden auch externe Trainer eingesetzt, was einen gewissen Bruch mit früherem traditionellen Verhalten bedeutet.

Der wachsende Außenhandel Koreas sowie die Eröffnung von Niederlassungen und Fertigungsstätten in Übersee erfordert zunehmend Personal mit internationaler Erfahrung, besonders in Fremdsprachen und interkulturellem Verständnis. Sehr viele junge koreanische Mitarbeiter erfahren daher eine Ausbildung in nordamerikanischen Tochter- oder Partnerfirmen.

Manager in gehobenen Positionen nehmen regelmäßig an Fortbildungsveranstaltungen in Japan teil, wobei ihnen häufig ihre in Japan erworbene Universitätsausbildung von Nutzen ist.

2.3 Vergütung und Motivation

„Über die letzten Dekaden hinweg hat sich Korea die Reputation einer der dynamischsten Volkswirtschaften der Welt verdient. Die treibende Kraft hinter diesem Epos ‚von Lumpen zum Reichtum' bilden Koreas hart arbeitende Menschen. Wenn sie richtig geführt und motiviert werden, dann werden sie willens, unter hohen persönlichen Opfern Anstrengungen für Verbesserungen in ihren Organisationen oder für ihre Nation zu unternehmen."[1]

Weit mehr als in Japan spielte die Vergütung in Korea schon immer eine wichtige Rolle. Löhne und Gehälter in Korea sind im Vergleich zu anderen industrialisierten Ländern traditionell niedrig.

Das Vergütungssystem gleicht fast exakt dem japanischen: Fixes monatliches Gehalt; ein Bonus (zwischen drei und zehn Monatsgehältern), der die Ertragskraft des Unternehmens sowie die persönlichen Leistungen widerspiegelt; Zulagen aus sozialen Gründen (Miete, Transport, Kinder, Repräsentation, Urlaub oder auch für die jährliche „Kimchi" (= eingelegtes Gemüse)-Zubereitung. Das Grundgehalt, wie in Japan selten geheim, wird nach klaren Kriterien wie Ausbildung, Seniorität und Stellung in der Hierarchie ermittelt und gibt daher im relativen Vergleich wenig Anlaß zur Unzufriedenheit. Es kann recht genau auch schon für die Folgejahre von Mitarbeitern ausgerechnet werden. Die Boni und Zulagen lassen dem Management dennoch einen flexiblen Spielraum. Begabte Mitarbeiter erhalten Ausbildungsstipendien oder individuell gestaltete Zuschüsse zu Hochzeiten oder Trauerfeiern. Gleiches gilt für Mietzuschüsse oder Baudarlehen sowie Trennungsentschädigungen. Leitende Mitarbeiter erhalten einen Zuschuß für die Haltung ihres Pkws, der bis zu 500,– DM pro Monat steuerabzugsfähig ist.

Ebenso wie in Japan werden ab einer bestimmten Hierarchiestufe Vertrauensgelder gewährt, mit denen durch Einladungen und Geschenke an wichtige Personen der Goodwill des Unternehmens vergrößert werden soll. Dies zeugt vom Vertrauen zu den Führungskräften und stärkt deren Selbstvertrauen. Solche Aufwendungen müssen nicht dokumentiert werden, obgleich sie die Höhe des halben Gehaltes und mehr erreichen können. Dies gilt auch gegenüber dem Fiskus, der einen bestimmten Anteil des Umsatzes und des Eigenkapitals als Grundlage für eine obere, steuerfreie Bemessung heranzieht. Im Gegensatz zu Korea sind die relevanten Steuergesetze in Japan in den vergangenen Jahren sehr streng geworden.

Je höher ein Mitarbeiter hierarchisch angesiedelt ist, um so mehr gehen beide Seiten von einem langfristigen Arbeitsverhältnis aus und investieren entsprechend in den Partner. Ein Prinzip lebenslanger Anstellung, wie bei einem Drittel aller japanischen Arbeitnehmer, existiert jedoch nicht. Obgleich in den unteren Bereichen (Arbeiter, Vertreter) häufig und in den mittleren gelegentlich der Arbeitgeber gewechselt wird, sind notorische Wechsler in der koreanischen Gesellschaft jedoch schlecht angesehen.

Wenngleich koreanische Mitarbeiter als etwas individualistischer und noch emotionaler als japanische Arbeitnehmer gelten, so sind sie doch gruppenorientiert und suchen Wärme und Verständnis bei ihren Vorgesetzten. Persönliche Fürsorge wird daher dankbar empfangen und vergolten. Wie auch in Japan spielen Beförderungen und öffentliche Belobigungen eine große Rolle bei der Motivation der Mitarbeiter. Völlig anders als in Japan gilt dies jedoch in Korea auch für dort durchaus übliche Degradierungen und öffentlichen Tadel. Je höher die hierarchische Position auf der Stufenleiter ist, desto stärker tritt neben die Vergütung als Motivationsfaktor das emotionelle Erleben im Unternehmen in den Vordergrund, das im Verhältnis zum Chef, in der Einbindung in die Kommunikation und im Gruppenerleben gesucht wird. Noch stärker als in Japan werden Gemeinschaftserlebnisse bei „Zusammenkünften" geschätzt und gepflegt und sie setzen oft größere Leistungsbereitschaft frei als etwa ein geldlicher Anreiz bei der Erreichung eines Verkaufsziels.

2.4 Hierarchischer Aufbau

Gemäß konfuzianischem Gedankengut ist die koreanische Gesellschaft – und damit auch ihre Betriebe – weitgehend hierarchisch strukturiert. Eine wichtige Zelle des Staates bildet weiterhin die traditionelle koreanische Familie. Die Liebe der Kinder zu Vater und Mutter wird als die Basis allen Verhaltens angesehen. „Eltern gelten als das Absolute, häufig mit dem Himmel gleichgestellt.“[2]

Im Leben der Nation wurde das Regierungssystem als die oberste Autorität angesehen. Während der Yi-Periode (1392–1905) entwickelte die zentrale Verwaltung eine strenge Hierarchie. Hierzu fragt Professor Yi: „Ist die Bürokratie moderner Staaten nicht auch auf der Basis des hierarchischen konfuzianischen Systems – nur unter anderen Bezeichnungen – organisiert?“[3]

So haben auch die koreanischen Unternehmen viele Rangstufen und sind sehr strikt, fast wie militärische Organisationen, aufgebaut. Der Vorgesetzte wird (wie weitgehend heute noch in Japan) niemals mit seinem Namen allein, sondern immer auch mit dem Firmen-Titel angeredet: Hauptabteilungsleiter Kang (Kang-Pujang) anstatt Herr Kang. Wie beim Militär zeigt sich bei der Parade, dem öffentlichen Auftritt, ein monolithisches hierarchisches Gebilde, in dem die Vorgesetzten mit starker Hand regieren, Führung demonstrieren und die jeweilige Richtung vorgeben. Allerdings zeigen die Vorgesetzten kameradschaftlichen Takt und Verständnis und überlassen die Regulierung von Details sowie die Ausführung der Aufgaben ihren Mitarbeitern, die sich dafür durch hohen und produktiven Einsatz revanchieren, was hier wiederum stark an den japanischen Führungsstil erinnert. Es kommt nur selten vor, daß ein fähiger jüngerer Mann das Senioritätsprinzip bei der Beförderung überspringen kann.

2.5 Entscheidungsfindung

Wie auch in Japan nehmen Unternehmen in Korea bei der Entscheidungsfindung zunächst die Wünsche der hohen Bürokratie sehr ernst, bevor die Firmenpolitik implementiert werden soll.

Innerhalb des Unternehmens werden – wie in Nippon – die Mitarbeiter extensiv mit Informationen von ihren Vorgesetzten versorgt. Bei der Entscheidungsfindung gibt es jedoch nichts, das dem japanischen Ringi-System gleicht, in dem Entscheidungsprozesse teilweise von unten nach oben verlaufen. In Korea entscheidet jeweils – nach Anhörung und Konsultation – der Boß. An seiner Entscheidung, die er klar und deutlich kommuniziert, gibt es nichts zu deuteln.

Dies gilt auch auf der obersten Ebene, dem Vorstand. Gewöhnlich wird er von starken Vorstandsvorsitzenden, in vielen Fällen noch dem Gründer selbst, dominiert. Klares, schnelles und zupackendes, mutiges Handeln wird dadurch gefördert. Bei der Komplexität der großen modernen Konzerne und ihrer internationalen, multikulturellen Aufgaben erweist sich der Alleingang des obersten Vorgesetzten zunehmend als riskant. Das führt zu mehr Beratung auf Vorstandsebene und häufig zu einer Konstellation, in der der Inhaber bzw. Gründer den politischen Part des Chairman und ein tüchtiger, jüngerer Top-Manager mehr die Rolle der Exekutive übernimmt. Generell können Entscheidungen lange auf sich warten lassen, gleich, ob sie in der Ministerialbürokratie oder im Unternehmen gefällt werden. Ihre Implementierung erfolgt dann jedoch um so rascher und energischer. Entscheidungen oder Verträge werden jedoch nicht nach ihrer Substanz im Laufe der Zeit beurteilt, sondern spiegeln wie in Japan einen Prozeß wieder, der immer neu korrigiert werden kann oder muß. Auch Verträge und sogar Gesetze werden daher in Korea durch neu eintretende Umstände relativiert.

3. Der koreanische Managementstil

Da die Konsensunfähigkeit in Korea weit schwächer als in Japan ausgeprägt ist (ein koreanisches Sprichwort sagt, ein Koreaner sei stärker als drei), finden striktere Kommandoketten und entsprechender Gehorsam ihre Konsequenz im Management.

Andererseits resultiert der im Vergleich zu Nippon größere Individualismus in Kreativität und Selbständigkeit der Mitarbeiter sowie in extrovertiertem Stolz auf das eigene Können und selbstbewußter Forderung nach allzeit höheren Aufgaben.

Das Ideal der koreanischen Unternehmensführung bildet, wie in Japan, die Harmonie im Unternehmen (inwha = menschliche Harmonie), die aus der reziproken Loyalität resuliert, die das Unternehmen dem Mitarbeiter gewährt und dieser durch Leistung und Verhalten erwidert. Ein patriarchalischer Managementstil herrscht in koreanischen Firmen vor. Der Chef ist streng bei den Aufgaben, aber verständnisvoll und jovial im menschlichen Bereich. Er neigt dazu, das Unternehmen als Familie und die Mitarbeiter als anvertraute Haushaltsgenossen anzusehen. Daher spielen offene Information, gemeinsame Freizeitaktivitäten (Sport, Ausflüge, Spiel), viel Humor und generöse Zuwendung zum Mitarbeiter eine entscheidende Rolle bei der Einrichtung und Erhaltung eines guten Betriebsklimas.

In einem humanen Unternehmensklima gedeiht Loyalität gut, wenn die Vorgesetzten durch ihre persönliche Haltung beweisen, daß diese keinen einseitigen Charakter hat. „Das Management demonstriert dies dadurch, daß es seine persönliche Aufmerksamkeit den individuellen Bedürfnissen der Beschäftigten und ihrer Familien zuwendet.“[4] Das mobilisiert die Kräfte der arbeitenden Menschen zunächst für ihr Unternehmen, sodann für ihre Familie und schließlich für die ganze Nation. Dies alles mußte mit Lernen, Disziplin und der Akzeptanz westlicher Wissenschaftsmethoden kombiniert werden.

„Deshalb befand sich Korea bezüglich der ‚weichen‘ und ‚harten‘ Aspekte des Managements in einem Status des Übergangs. Die Unternehmen hatten noch einen annehmbaren Kompromiß zwischen den alten konfuzianischen Methoden und modernen japanischen und amerikanischen Modellen zu finden.“[5]

Geraten die Dinge in einem koreanischen Unternehmen einmal wegen der Ungeschicklichkeit von Vorgesetzten aus der Balance, dann entsteht oftmals emotionale Empörung bei den Mitarbeitern. Für ausländische Führungskräfte gestalten sich die Führungsaufgaben in diesem Umfeld daher ganz besonders schwierig.

4. Unternehmensschwerpunkte

Bei allen geschäftlichen Vorhaben ist es klug und nützlich, die Bürokratie vorher zu konsultieren. In der Nachkriegszeit setzte der Staat die Schwerpunkte zur wirtschaftlichen Entwicklung Koreas. Zuerst kamen Energie, Stahl und Infrastruktur, wozu parallel die Landwirtschaft – recht schleppend allerdings – entwickelt wurde. Sodann wurden Schwerpunkte im Schiffbau gesetzt. Diese Phasen waren mit hoher Verschuldung verbunden. Dann wurden Exporte zur nationalen Pflicht erhoben und auf diesem Gebiet erhielten viele erfolgreiche Firmen Vergünstigungen. Die Elektro- und Elektronikindustrie, der Kraftwagenbau sowie die Leichtindustrie blühten auf breiter Basis auf. Sogar die fähige Bauindustrie wurde zu einem Exportschlager. Koreas Schuldenberg verschwand auf beinahe magische Weise. Heute sind als Folge Importe weitgehend liberalisiert, was vor zehn Jahren noch kaum denkbar erschien.

4.1 Industrie

1962 wurde der erste Fünf-Jahres-Entwicklungsplan vorgelegt, der den Wandel vom Agrar- zum Industriestaat einleitete. Koreaner haben eine große handwerkliche Tradition und während der japanischen Besatzungszeit dienten ihre Betriebe den Japanern als verlängerte Werkbank. Sehr schnell wurden sie so zu guten Werkzeugmachern – eine notwendige Voraussetzung für eine leistungsfähige Industrie. Da auch qualitativ hochwertiger Stahl vorhanden war, entwickelte sich schnell eine beachtliche Maschinenbauindustrie, die sich heute stark spezialisiert hat.

Lange Arbeitszeiten – ursprünglich folgte auf dreizehn Arbeitstage ein freier Sonntag – sowie harter Arbeitswille führten zu hoher Produktivität in den Fabriken. Die Militärs in der Regierung setzten immer höhere Output-

Planziele, deren Erfüllung belohnt und belobigt wurde. Generell darf der koreanischen Fertigungsindustrie bis heute ein hoher Standard bescheinigt werden.

4.2 Landwirtschaft

Von Beginn an wurde die Selbstversorgung des Landes angestrebt, wobei die Bedingungen in der Landwirtschaft zunächst recht primitiv waren. Doch wachsender Einsatz von Düngemitteln und Maschinen führte zu steigender Produktivität. Dennoch blieb die Landbevölkerung arm und der beginnende Wohlstand wanderte in die Städte. 1971 wurde die sog. Saemaul-Bewegung initiiert, die landwirtschaftliche Haushalte und ländliche Kommunen zur Selbsthilfe aktivierte. Von dem Anbau neuer Obst- und Gemüsesorten bis hin zu Verkaufskooperativen und der Verbesserung der Verkehrs- und Wohnqualität erstreckten sich anspruchsvolle Programme, so daß die Landbevölkerung, wenngleich deren Zahl unaufhörlich sinkt, bei der Verbesserung des Lebensstandards rasch aufholte.

4.3 Primat des Exports

Ohne nennenswerte Bodenschätze und bei hohem Bedarf an importierten Nahrungsmitteln war der Aufbau der koreanischen Industrie zunächst nur durch den Import von Roh- und Brennstoffen sowie Maschinen und Technologie möglich. Die Regierung drückte auf Exporte und ersann hierzu auch mannigfache Anreize. Der 30. November eines Jahres wurde zum „Export-Tag" proklamiert. Die Korea Trade Promotion Corporation = KOTRA (der früheren japanischen Jetro vergleichbar) errichtete weltweit über 80 Büros, die sich mit der Förderung des Exports koreanischer Produkte befaßten. Der

Anteil der Exporte am Bruttosozialprodukt wuchs von rund 15% in den sechziger Jahren auf heute rund 45%. Der Enthusiasmus für Exporte ist weiterhin in den meisten koreanischen Unternehmen groß, während in Japan die überwiegende Mehrheit der Unternehmen zunächst vornehmlich für den Heimmarkt produziert.

4.4 Handel und Marketing

Dem Distributionssystem in Korea wird nachgesagt, daß es weit hinter der raschen Industrialisierung der letzten 20 Jahre zurückgeblieben ist. Mit wenigen Ausnahmen (z.B. bei frischen Lebensmitteln) ist der Großhandel nur wenig entwickelt, was den Marktzutritt vor allem für ausländische Wettbewerber erschwert. Es dauert lange, bis ein eigenes Vertriebssystem in der Lage ist, das ganze Land – von dem nur rund 20% als bewohnbar gelten – abzudecken. Dennoch ist die Entwicklung eines eigenen Vertriebsnetzes mittel- und langfristig gesehen richtig, denn 42 Mio. koreanische Konsumenten bilden Asiens zweitgrößten Markt für internationale Konsumgüter. Der in den siebziger und achtziger Jahren stark angestiegene Direktvertrieb nimmt hingegen wieder deutlich ab, auch wenn er im Kosmetikbereich noch rund 50% des Umsatzvolumens beträgt. Dies basiert auf der schnellen Ausbreitung der modernen Einzelhandelsformen (Kaufhäuser und vor allem Supermärkte), die an den Ausfallstraßen großer Städte entstehen. Dies vollzieht sich bisher nur auf Provinzebene, landesweite Kettenorganisation sind bis jetzt noch nicht entstanden.

„Der Einfluß... der modernen Medien hat indes einen starken Appeal westlicher Konsumgüter bewirkt, besonders wenn man sie bei gelegentlichen Besuchen in Tokyo bereits kaufen konnte. Hierzu kommt, daß Hunderttausende von Koreanern in Europa, den USA und arabischen Ländern gearbeitet haben oder noch arbeiten und so die Kenntnis westlicher Konsumgewohnheiten erlangten.“[6]

Die Ausbreitung der modernen Retail-Formen geht zu Lasten der zahlreichen kleinen „Tante Emma-Läden“, die neben Märkten und fliegenden Händlern traditionell Koreas Einzelhandel bestimmten. Mit der Aufbruchstimmung, vor allem bei jungen Leuten, zugunsten eines hohen materiellen, westlich orientierten Lebensstandards, haben sich bisherige Verkäufermärkte rasch in hartumkämpfte Käufermärkte verwandelt, die zunehmend zur Anwendung moderner Marketingmethoden zwingen. Die alte Planerfüllungs-Ideologie für die Industrie der Militärs wurde obsolet. Zehn kommerziell betriebene Fernsehstationen, über 20 Tageszeitungen, eine Flut von Magazinen und 50 Radiosender ermöglichen exzessive Werbekampagnen. Noch bestimmen Koreas große Wirtschaftskonglomerate (die Chaebol) in oligopolistischer Form den Wettbewerb, doch die Zahl spezialisierter Anbieter mit maßgeschneiderten Marketing-Konzeptionen wächst rasch.

4.5 Die zentrale Stellung der Banken

Während des rasanten Aufstiegs Koreas bildete Kapital immer einen besonders knappen Faktor. Es wurde straff von der Ministerialbürokratie gelenkt, die die knappe Ressource über kooperationswillige Banken strategisch verteilte und über eine Reihe von Investitionsanreizen zugänglich machte. Ein großer Teil dieser Gelder wurde über eine starke Verschuldung im Ausland verfügbar; nach deren Abbau dominieren nun hohe Direktinvestitionen, insbesondere der US-amerikanischen und japanischen Industrie. Nach einer Periode des „von der Hand in den Mund“-Lebens stiegen die Sparquoten seit 1966 (die Habenzinsen für Bankeinlagen wurden stark erhöht) auf heute bis zu 20% der Einkommen an, was vor allem der Sparwilligkeit der Hausfrauen zuzuschreiben ist.

Zunächst beherrschten staatliche Banken die Szene; sodann entwickelten sich auch fünf City-Banken, die jedoch stark nach Anleitungen der Regierung agierten, was in manchen Fällen zu uneffektiven Investitionen führte. Eine Bankreform im Jahre 1981 sorgte dafür, daß die Unabhängigkeit der privaten

Banken sich vergrößerte, so daß nun jeder Investition detaillierte Studien vorangingen. Die großen Konglomerate wie Daewoo, Samsung, Dong-A, Hyundae und Lucky errichteten ihre eigenen Finanzinstitute, die sich zum Teil über ausländische Effektenhäuser finanzierten. Heute lockern die Möglichkeiten eigener Anleihen-Emmissionen, ein aufstrebendes Börsenwesen und auch die Zulassung ausländischer Finanzinstitute die rigide Kontrolle des Staates zugunsten vor allem auch kleiner- und mittelständischer Betriebe, die zunehmend den Humus einer gesunden, ausgewogenen Wirtschaftsstruktur in Korea ermöglichen.

5. Die großen Konglomerate: Chaebol

Die japanischen Industrie-Konglomerate (früher Zaibatsu, heute Keiretsu) erfüllen, ebenso wie die koreanischen Chaebol, die Konsolidierungskriterien von Fortune nicht, sonst wären ein Dutzend von ihnen in der Auflistung der größten Unternehmen der Welt zu finden.

Fast alle wurden von Pionierunternehmern zwischen 1960 und 1970 gegründet. Der Aufbau der koreanischen Wirtschaft bot wagemutigen und fantasiereichen Unternehmern viele Chancen. Aus ihren industriellen Anfängen formierten sich die Chaebol, ähnlich wie die japanischen Keiretsu, um je eine starke Bank und ein starkes Handelshaus. Obwohl jeder Chaebol eine andere Struktur aufweist, so ist für die ganz Großen doch das Engagement im Außenhandel – wie bei Mitsui, Mitsubishi oder Sumitomo in Japan – charakteristisch. So konnten sie ihre Rohstoffversorgung ebenso wie einen Teil des Absatzes im Ausland sichern, neu aufkommende Industrien studieren und adaptieren sowie sich das notwendige Know-how aneignen.

Aus industriellen Anfängen in einer bestimmten Industrie gewachsen, begannen sie schnell zu diversifizieren, wobei sie jedoch Schwerpunkte setzen. Es gibt rund 50 Chaebol, von denen 20 über 15% des gesamten koreanischen

Bruttosozialproduktes erwirtschaften. Obwohl bei den drei großen (Hyundae, Daewoo und Samsung) die Unternehmensgründer als Aufsichtsratsvorsitzende (Hoejang) und Ratgeber an der Spitze ihrer Konglomerate stehen, verteilt sich die Entscheidungsfindung bereits auf viele Schultern.

Die öffentliche Meinung nimmt gegenüber den Chaebol eine gemischte Haltung ein. Zum einen sind sie für den wirtschaftlichen Aufstieg Koreas verantwortlich und besitzen die notwendige Kraft, um im internationalen Maßstab dem globalen Wettbewerb gewachsen zu sein. Andererseits erstikken sie im Inland durch ihr oligopolistisches Verhalten manche Initiative der Wettbewerbslandschaft. Wie in Japan die Keiretsu bilden auch sie einen Stein des Anstoßes für die ausländischen Marktteilnehmer, da sie einen Teil des wirtschaftlichen Geschehens – z.B. bei Zulieferungen – unter sich aufteilen. Koreas Wirtschaft tendiert, ebenso wie die japanische, zu einer Dualität mit einem kleinen Kreis von Riesenunternehmen und einer großen Anzahl von kleinen- und mittelständischen Unternehmen, welche häufig nur den großen Unternehmen zuarbeiten. Die koreanische Regierung geht gegenüber zu auffälligen Machtpositionen allerdings rigoroser als die japanische vor. So brachten die großen Drei einen Teil ihres gewaltigen Grundbesitzes in gemeinnützige Stiftungen ein. Ebenso wurden sie gezwungen, sich dem freien Kapitalmarkt zu öffnen und ihre Jahresabschlüsse (durch entsprechende Richtlinien und die Publikationspflicht) für die Öffentlichkeit transparenter zu machen.

6. Know-how-Aufbau in der Republik Korea

Die koreanische Regierung erklärt den bewundernswerten Aufschwung ihres Landes mit dem Faktor der konfuzianischen Ethik, dessen treibende Elemente gute Erziehung, gewissenhafte Ausbildung, Fleiß und aufopfernder Einsatz für die Familie seien.

Dies erzeugt sicherlich die notwendige Wirtschaftsgesinnung eines Landes, ohne die sich eine moderne Leistungsgesellschaft nicht entwickeln kann. Ebenso wichtig sind jedoch auch der technologische Standard einer Nation und schließlich ihre Rahmenbedingungen.

Know-how in technischen und ökonomischen Bereichen wurde insbesondere von den USA und Japan geliefert. Von koreanischer Seite wurde dabei häufig der Vorwurf erhoben, daß japanische Unternehmen wirklich interessantes Know-how zurückbehielten. Viele japanische Investoren haben dabei auf Gemeinschaftsunternehmen bestanden, für die sie erst bei Kapitalquoten von 50% und mehr die Schatzkammern ihres Know-how öffneten. Mit ihrer Kenntnis der japanischen Schriftsprache eröffneten sich Koreaner die Quellen japanischen Know-hows aus der Literatur, durch Studium an japanischen Hochschulen und Tätigkeiten in Instituten und Unternehmen in Nippon.

Auch europäische und insbesondere deutsche Unternehmen haben zur Entwicklung Koreas beigetragen, wobei die chemische und pharmazeutische Industrie, partiell auch die Elektro-Industrie, zu nennen sind. Hierzu gehören auch Beiträge auf dem Gebiet der landwirtschaftlichen Entwicklung. Schließlich war ein deutscher Einfluß auf das koreanische Recht, besonders im Zivil-, Handels- und Strafrecht, maßgebend.

Heute versucht das koreanische Management, den direkten ausländischen Einfluß einzudämmen und zu einem eigenen, landesgemäßen Stil zu finden. Hierzu zählt vor allem auch der mit Nachdruck betriebene Aufbau einer eigenen Forschungs- und Entwicklungskapazität. Bei der Begrenztheit des koreanischen Marktes bleiben internationale Kooperationen jedoch ein Gebot. Durch zunehmende Liberalisierung trägt Korea dem Rechnung, wobei nach Japan und den USA nun zunehmend auch der europäische Markt entwickelt wird. Dies eröffnet im Gegenzug für unsere Unternehmen Chancen in den interessanten Märkten des Landes der Morgenstille mit seinen freundlichen, dynamischen und fähigen Menschen.

„Schließlich trieb die Erziehung den technischen Fortschritt voran, indem sie die Fähigkeiten der Arbeiter und Manager stärkte, fremdes Know-how optimal aufzunehmen und auszunutzen.“[7]

7. Anmerkungen/Literatur

Anmerkungen

1 *Kim, D. K.*: Getting Along With Them, in: *Jang, S. H.* (Hrsg.), The Key to Successful Business in Korea, Seoul 1988
2 *Cho, J. S.*: Family System, in: *International Cultural Foundation* (Hrsg.), Korean Society, Seoul 1982
3 *Yi, S. U.*: On the Criticism of Confucianism in Korea, in: *Korean National Commission for UNESCO:* Main Currents of Korean Thought, Seoul 1983
4 *Aebersold, J.*: Getting to Know Them, in: *Jang, S. H.* (Hrsg.), a.a.O
5 *Woronoff, J.*: Koreas Economy: Man-Made Miracle, Seoul/Arche Cape (Oregon) 1983
6 *Schneidewind, D.*: Marketing-Strategien in ostasiatischen Märkten, in: ZfbF, 36. Jg., Heft 1, Düsseldorf/ Frankfurt 1984
7 *Kim, W. S.*: Transformation of the Korean Economy: Its Causes and Consequences, in: *Tadashi, Y./Han, B. H.* (Hrsg.), Korea and Japan, Seoul 1978

Literatur

Aebersold, J.: Getting to Know Tehm in: *Jang, S.H.* (Hrsg.), The Key to Successful Business in Korea, Seoul 1988

Cho, J.S.: Family System, in: *International Cultural Foundation* (Hrsg.), Korean Society, Seoul 1982

Jang, S.H. (Hrsg.): The Key to Successful Business in Korea, Seoul 1988

Kim, D.K.: Getting Along With Them, in: *Jang, S.H.* (Hrsg.), The Key to Successful Businessin Korea, Seoul 1988

Kim, W.S.: Tranformation of the Korean Ecomomy: Its Couses and Consequences, in: *Tadashi, Y./Han, G.H.* (Hrsg.), Korea and Japan, Seoul 1978

Schneidewind, D.: Marketing-Strategien in ostasiatischen Märkten, in: ZfbF, 36. Jg., Heft 1, Düsseldorf/ Frankfurt 1984

Tadashi, Y./Han, B.H. (Hrsg.): Korea and Japan, Seoul 1978

Woronoff, J.: Koreas Economy: Man-Made Miracle, Seoul/Arche Cape (Oregon) 1983

Yi, S.U.: On the Criticism of Confucianism in Korea, in: Korean National Commission for UNESCO: Main Cunents of Korean Thought, Seoul 1983

Theozentrisches Management – Einfluß des Islams auf malaiische Manager

Muneo J. Yoshikawa

Lange bevor sich in der Moderne die Global-Wirtschaft entwickelte, war Malaysia Teil eines weltweiten Netzwerkes des Britischen Commonwealth.[1] Vor diesem Hintergrund ist Malaysia jüngst zum weltgrößten Computer-Chip-Hersteller geworden; dies zu einer Zeit, in der die ASEAN-Nationen in Geschäftskreisen beträchtliche Aufmerksamkeit erregen. Die Telekommunikationsbranche wirft ihre Blicke auf Malaysia und dessen Nachbarn Singapur als Modelle für ISDN (Integrated Systems Digital Network).

Bis jetzt haben jedoch die amerikanischen und europäischen Industrieländer noch zu wenig Kenntnisse über die Theorie und Praxis des Mangement in den ASEAN-Ländern. Dieser Beitrag versucht, den Einfluß des Islams auf Stil und Methode der Manager zu beschreiben, die in den ASEAN-Nationen die Geschäfte führen. Der Islam (zusammen mit Buddhismus, Konfuzianismus, Hinduismus und anderen Glaubensbekenntnissen) ist offensichtlich eine der Hauptkräfte, die Gedanken und Aktionen des Management in den ASEAN-Ländern und im Mittleren Osten prägen. Diese Untersuchung konzentriert sich auf Malaysia, die Beobachtungen treffen aber ebenso auf andere Gruppen in der islamischen Region zu.

1. Management und Kultur

Die leitenden Kräfte in der heutigen Zeit, mögen sie Deutsche, Japaner oder Malaien sein, haben in der Substanz gleiche Zielvorstellungen, jedoch erreichen sie diese auf unterschiedlichen Wegen. In jeder Region, gleich wie der kulturell begründete Geschäftsstil seinen Ausdruck in den Tagesaktivitäten findet, ist der Managementstil der Gastkultur angepaßt. Wir können deshalb malaiische (und andere ost-asiatische) Managementmethoden verstehen lernen, wenn wir den kulturellen Hintergrund des malaiischen Lebens betrachten.

[1] Dieser Beitrag wurde aus dem Englischen übersetzt.

Die malaiische Kultur und die malaiische Religion sind unauflöslich miteinander verbunden. Die Malaien drücken ihren Glauben an den Islam durch die Art aus, in der sie ihr Leben führen. Der Islam durchdringt die Weise, in der die Malaien die Welt sehen und die Art, wie sie denken und fühlen ebenso wie ihre Gewohnheiten zu kommunizieren, zu arbeiten, Entscheidungen zu treffen, Probleme zu lösen, zu verhandeln und sich allgemein zu verhalten. Ihr Glauben schafft die geistige, emotionale und physische Verbundenheit unter ihnen.

2. Warum theozentrisches Management?

Der Islam sieht die Welt als einheitlich (holistisch) an; alles ist organisch verbunden und voneinander abhängig. Für das malaiische Volk sind Gott, Land, Familie, Freunde und Bekannte nicht nur miteinander verbunden, sondern auch voneinander abhängig und untrennbar. Für die Malaien nehmen Beziehungen und Verbundenheit eine zentrale Stellung ein, so daß alles, was sie tun, geeignet ist, diese Werte zu beschützen und zu erhalten.

Ein Grundsatz des islamischen Glaubens besteht darin, daß die Malaien an ein künftiges Leben nach dem gegenwärtigen glauben. Das Versprechen eines späteren Lebens war immer eine der stärksten treibenden Kräfte für die Malaien, das die Art und Weise beeinflußt, wie sie empfinden, kommunizieren und sich allgemein verhalten. Zum Beispiel streben Malaien kein höheres Einkommen an; zuversichtlich dem kommenden Leben entgegensehend, fühlen sie keine Notwendigkeit, sich mit aller Kraft für einen finanziellen Erfolg im diesseitigen Leben einzusetzen. Dieser Ausblick berührt das malaiische Management von Zeit, Geld und Menschen.

Das Wort „Islam“ selbst bedeutet „sich Gott ergeben“. Der Islam weist die Malaien an, Gottes Willen ohne Frage zu akzeptieren und somit auch die Welt entsprechend zu akzeptieren und zu begreifen. Ihr Gefühl sagt ihnen, daß sie wenig tun können, um die Welt zu verändern, so daß Versuche, ihr Leben zu ändern, als ein Mangel an Glauben aufgefaßt werden können.

Wenn jedoch die Malaien so sehr damit befaßt sind, ihre Beziehungen zu ihrem Gott, zu Familien, Freunden, Chefs und Bekannten zu erhalten, wie können sie dann ihre Geschäfte führen? Wenn sie nicht dazu angetrieben werden, die Ertragssituation zu verbessern, wie können sie dann ein wirtschaftlich erfolgreiches Unternehmen führen? Kann ein theozentrischer Management-Stil wirklich effektiv sein? Wir wollen diese Fragen beantworten, indem wir malaiisches Management und Arbeitsmethoden beschreiben. Das Verständnis ihrer Einstellung zur Kommunikation, zu Beziehungen, zu Rückwirkungen, zur Arbeit, zu Führerschaft, Entscheidungsprozessen, Problemlösungen und Verhandlungen ergibt sich durch die Betrachtung des Stiles, den die Malaien in ihrem Heimatland pflegen.

2.1 Harmonische Kommunikation

Für Malaien ist es wichtig, harmonischen Kontakt mit Gott, Familie, Verwandten, Freunden und Geschäftspartnern, insbesondere dem Chef zu haben und sich engagiert für diese einzusetzen. Solange sie selbst sowie ihre Handlungen respektiert und gut aufgenommen werden, sind Malaien völlig zufrieden.

Malaien sind bestrebt, harmonische Verbindungen mit anderen Menschen zu schaffen und zu pflegen. Die Fähigkeit, Harmonie zu pflegen und zu schaffen, wird daher hochgeschätzt. Malaien werden dazu erzogen, verständnisvoll und sensibel zu sein und erwarten dies auch von anderen Menschen. Bevor sie entscheiden, etwas zu tun, müssen sie die möglichen Auswirkungen ihres Handelns auf die Gefühle anderer Menschen in Betracht ziehen. Das Hauptanliegen des Malaien gilt gewöhnlich dem Erhalt der Würde einer anderen Person. Dies erstreckt sich auch auf geschäftliche Situationen. Für den

Malaien ist die Rücksichtnahme auf andere ganz natürlich und die Vermeidung von Konfrontationen daher von entscheidender Bedeutung. Für Malaien ist es wesentlich, sich eines angenehmen und verbindlichen Umgangs mit ihren Kollegen zu erfreuen.

Malaien werden ebenfalls dazu erzogen, hinter Worten versteckte Gefühle aufzuspüren und sie vertrauen auf ihre Intuition als den Schlüssel zu den Gefühlen anderer. Sie sagen, die Einschätzung und das Verständnis für eine Person erfolge bereits vor verbalen Äußerungen. Durch bloße Beobachtung der Handlungen einer Person sehen die Malaien deren Einstellung offengelegt.

Dies stellt die kulturelle Orientierung der Malaien dar – sie orientieren sich an Taten und sind durchdrungen von der Anteilnahme an den verborgenen Interessen und Erwartungen anderer, während sie sehr sensibel auf die Bezeugung von Vertrauen und Respekt reagieren. Aktives Zuhören ist daher eine bevorzugte Fähigkeit des Malaien, insbesondere für eine Führungskraft, die eine vertrauensvolle Beziehung mit malaiischen Untergebenen aufbauen will und muß. Der Erfolg eines Managers leitet sich von der Fähigkeit des Zuhörens und vom Verständnis des hinter den Worten liegenden Sinnes ab; insbesondere weil der Vorgang des Zuhörens die Beziehungsebene verbessert, während die Führungskraft sich auf die Einzelheiten konzentriert, mit denen der Mitarbeiter befaßt ist.

Um gute zwischenmenschliche Beziehungen mit Malaien aufzubauen, müssen wir die Art der Kommunikation unseres Gegenübers kennen. Man nennt dies vertikale Kommunikation; aber was ist das und wie funktioniert es? Das Verständnis ergibt sich hier wiederum durch einen Blick auf die islamische Religion.

Der Islam formuliert soziale und moralische Systeme, die so ausgelegt sind, daß sie alle Beziehungen zwischen Familie und Staat in harmonischer Einheit regeln können – grundsätzlich ein System von Unterordnung und Hierarchie. Die Organisation der Geschäftswelt bildet dabei keine Ausnahme. Sie fordert die Ehrerbietung vor und die Loyalität zu Gott, den Herrschenden, der Familie und den Freunden. Gott regiert über allem an der Spitze aller Hierarchien.

Der malaiische Herrscher wird mit einer von Gott gegebenen Autorität akzeptiert, die ihn über alle anderen Sterblichen erhebt. Der Herrscher muß sich keinen Respekt verdienen, er erhält ihn aufgrund von Titel und Status. Der Islam prägt den Malaien Respekt vor dem Status einer hochrangigen Persönlichkeit ein, gleichgültig wie sie gegenüber jener Person fühlen mögen. Solchen Respekt zu zeigen, gilt als große Tugend.

Malaien werden dazu erzogen, durch die Anerkennung von Statusunterschieden und durch die Einhaltung eines geziemenden Abstandes Respekt zu bezeugen. Sie sind daher geneigt, Respekt oder Zuneigung durch Zurückhaltung und Wahrung der Formen zu zeigen. Sie fühlen sich wohl, wenn sie wissen, wo sie in bezug auf ihren Status und ihre Rolle stehen. Sie finden es äußerst schwierig, mit jemandem zu kommunizieren, ohne den Status oder Rang zu kennen. Respekt vor einem Status oder einer Rolle nimmt also eine wichtige Stellung in der malaiischen Gesellschaft ein. Respekt wird als bedeutsam angesehen, dies gilt nicht weniger für Vertrauen. Die Frage erhebt sich, welche Art von Vertrauen Malaien anderen schenken. Sie tendieren dazu, ihr Vertrauen auf die Fähigkeit einer Person zu Loyalität, Hingabe und Kameradschaft zu gründen. Das Ausmaß des Vertrauens kann an der Qualität, der Haltbarkeit und der Tiefe einer Beziehung gemessen werden. Um eine vertrauensvolle Beziehung zu Malaien aufbauen bzw. „verdienen" zu können, ist es daher nötig, lange genug mit ihnen zusammenzusein.

2.2 Beziehungen und Wechselwirkungen

Die generelle Lebensperspektive der Malaien schließt ein Leben nach dem Tode ein, dennoch denken sie grundsätzlich pragmatisch. Auch das Leben nach dem Tod ist für sie sehr real und ihren Gott erkennen sie in bestimmten

Eigenschaften ihrer Mitmenschen leicht wieder. Solche Personen können z.B. der direkte Vorgesetzte oder der Unternehmensleiter sein.

Es ist äußerst wichtig für Malaien, einen „guten“ Chef zu haben, da die Erfüllung in der Arbeit sehr stark von der Qualität der Beziehung und Kommunikation zwischen ihnen und dem Vorgesetzten abhängt. Der Malaie, anders als z.B. ein Amerikaner, findet Befriedigung in einem Unternehmen in Übereinstimmung mit folgenden Prioritäten:

- zunächst Harmonie mit seinem direkten Vorgesetzten ebenso wie mit den anderen Mitarbeitern;
- Besorgnis um die Erfordernisse des Unternehmens, soweit sie die eigene Person betreffen;
- Beförderung und persönliches Vorankommen stehen zuletzt auf der Liste.

Wenn Malaien eine gute Beziehung zu ihrem Vorgesetzten haben, überträgt sich ihre Loyalität auch auf das Unternehmen. Gute Beziehungen zwischen Vorgesetzten und Mitarbeitern tragen zum Wohlergehen des Unternehmens bei; es ist daher sehr wichtig zu wissen, was wirklich dazu führt, daß die Mitarbeiter ihren Vorgesetzten mögen und respektieren.

Zunächst muß sich der Vorgesetzte darüber bewußt sein, daß ihm schon allein, weil er der Chef ist, eine Stellung zukommt, die den Respekt aller Untergebenen erfordert. Führungskräfte bedürfen jedoch weiterer Kenntnisse, die über das Wissen um die eigene Position hinausgehen und dazu beitragen, den Respekt und das Vertrauen ihrer Mitarbeiter zu erhöhen. Sie müssen ferner berücksichtigen, wie entscheidend die Beziehung zu den Untergebenen für den Erfolg des Unternehmens ist.

Der Unternehmenserfolg hängt deshalb stark von der Zahl fähiger und verständnisvoller Führungskräfte im Unternehmen ab. Der aufmerksame und mitfühlende Vorgesetzte kennt darum die Bedürfnisse seiner Mitarbeiter. Wichtig ist es besonders, die Individualität der Mitarbeiter anzuerkennen, nicht in Hinsicht auf ihre beruflichen Erfahrungen und Fähigkeiten, sondern im Hinblick auf ihre persönlichen Eigenschaften. Es ist äußerst wichtig für malaiische Arbeitnehmer, daß sie sich anerkannt und verstanden fühlen und vom Vorgesetzten fair behandelt und präzise beurteilt werden.

Der erfolgreiche Vorgesetzte weiß, was seine Mitarbeiter am meisten motiviert. Solange die Mitarbeiter eine adäquate Behandlung erfahren und den Respekt ihres Chefs genießen, wird im Gegenzug der Vorgesetzte mehr als Respekt erhalten: Er wird ihre Loyalität und Hingabe gewinnen. Diese Art der Beziehung kann als ein Stil wechselseitiger Kommunikation beschrieben werden, in der Vorgesetzte und Untergebene sich gegenseitig bestärken. Oder auf andere Weise beschrieben: Die Beteiligten gewinnen tatsächlich Vorteile daraus, daß die jeweiligen Bedürfnisse des anderen befriedigt werden. In diesem Sinne sind sie voneinander abhängig und diese Art der Abhängigkeit zwischen Chef und Mitarbieter im Unternehmen ist sehr wichtig. Ein aufmerksamer, verständnisvoller und effektiv handelnder Vorgesetzter weiß, wie er einen wirksamen Kommunikationsfluß im Unternehmen einrichtet. Er muß ein aufmerksamer Zuhörer sein, der auf mehr als die Worte seiner Mitarbeiter achten kann und sein Verständnis durch sein Verhalten zu zeigen vermag. Er bemüht sich mehr darum, wie er etwas sagt und nicht so sehr darum, was er sagt. Folglich widmet er dem Stil der Kommunikation mehr Aufmerksamkeit als dem Inhalt; quasi mehr von „Herz zu Herz" als von „Kopf zu Kopf". Er nimmt wahr, daß seine Mitarbeiter mehr als nur Beschäftigte sind – sie sind Persönlichkeiten mit spezifischen Bedürfnissen. Deshalb nimmt er z.B. auch an Veranstaltungen wie Familientreffen oder Hochzeiten der Familienmitglieder teil.

Seine persönlichen Bindungen außerhalb der Arbeit sind ebenso wichtig wie seine Verpflichtungen innerhalb des Unternehmens. In den Augen der malaiischen Arbeitnehmer muß er eher ein guter Mensch, als ein fähiger Fachmann sein. Es erfordert Kenntnisse von Kopf, Herz und Körper, um in Malaysia ein erfolgreicher Manager zu sein: Eine sehr anspruchsvolle Aufgabe, denn alles in allem wird er als ein Vertreter ihres Gottes angesehen.

2.3 Reaktionen

Die malaiische Art der Gesprächserwiderung ist Bestandteil der Kommunikation; sie ist jedoch so wichtig, daß sie gesondert erklärt werden muß. Eine negative Rückäußerung, bezogen auf eine Einzelperson, wird unter Malaien, insbesondere im Arbeitsbereich, kaum stattfinden. Statt eines einzelnen wird die Gruppe der Kritik unterzogen. Eine derartige negative Rückäußerung wird akzeptiert, in einer anderen Form kann sie sehr destruktiv sein.

Rückkoppelung involviert persönliche Erfahrung und Intuition eher als Rationalität oder schrittweise Analysen; generell nutzen Malaien Rückkoppelungen, um anderen einen bestimmten Sachverhalt fühlen zu lassen. Informationen werden indirekt zurückgegeben, um Konfrontationen zu vermeiden. Die Bewertung Gleichrangiger wird gewöhnlich nicht in formeller Weise vorgenommen. Malaien gehen lange Wege, um Konkurrenzsituationen zu vermeiden. So artikulieren sie z.B. Kritik nicht bei der Arbeit, insbesondere dann nicht, wenn Kollegen zugegen sind.

Problemsituationen werden mehr als Gruppenverantwortung, denn als individuelle Verantwortung angesehen, sie werden dem Vorgesetzten mit der Bitte um Rat vorgetragen. Rückkoppelungen werden bereichsübergreifend vorgenommen, um umfassende Informationen hinsichtlich komplexer Probleme zu gewinnen. Gefühle sowohl wie Fakten sind als bedeutsam anzusehen, wenn eine kritische Rückäußerung erfolgt, da es ziemlich schwierig ist, zwischen dem Selbst und der Aufgabe zu unterscheiden.

3. Die Arbeit

Der malaiische Glaube, daß es ein anderes Leben nach dem Tod gibt, beeinflußt auch ihre Einstellung zur Arbeit. Warum sollten sie sich unter den gegebenen Umständen um Erfolge auf Kosten ihrer Familie und ihrer Freunde bemühen? Sie vermeiden Streß – eine Arbeitseinstellung, die unter vielen malaiischen Arbeitern vorherrscht. Sie sind grundsätzlich mit ihrem Leben zufrieden und fühlen, daß ihr Gott sie mit dem versorgt, was sie benötigen. In der Regel sind sie nicht besonders bemüht, ihre Lebensumstände oder die berufliche Situation zu verbessern. Malaien sehen einen anderen Sinn und daher andere Prioritäten in ihrem Leben. Die sie antreibende Kraft unterscheidet sich von der von Menschen in anderen Ländern. Es kann als Tatsache angesehen werden, daß die Antriebskraft, die die Malaien veranlaßt zu arbeiten, nicht die Arbeit selbst darstellt, sondern die Individuen und Gruppen, mit denen sie verbunden sind. Wie beschrieben, besteht die malaiische Sicht der Welt in einer Welt der gegenseitigen Verbindungen – Gott, Natur und Menschen. Die erste Priorität der Malaien gilt daher der Förderung und Erhaltung von Beziehungen.

Dies geht bis hin zu Familie, den Freunden und den Geschäftspartnern. Malaien werden generell durch die Freude motiviert, die sie durch gute Beziehungen zu anderen Menschen erfahren haben. Wenn sie fühlen, daß sie in diesem Bereich noch mehr erreichen können und daß die Arbeit ihnen hierbei helfen könnte, werden sie äußerst hart arbeiten. Sie arbeiten daher nicht nur aus Gründen finanzieller Sicherheit oder des beruflichen Fortkommens, sondern um befriedigende menschliche Beziehungen aufzubauen. In der Anschauung eines Malaien können finanzielle Ambitionen oft den Aufbau zwischenmenschlicher Beziehungen zwischen Familien und Freunden stören oder sogar ausschließen.

Gewiß ist Geld für die Malaien wichtig, solange es ihren grundsätzlichen Bedürfnissen der sozialen Sicherung dient, darüberhinaus ist sein Wert gering. Es besitzt nicht die symbolische Bedeutung von Prestige, Macht oder Erfolg wie in manchen anderen Teilen der Welt. Stattdessen ist Geld für Malaien ein bloßes Nutzobjekt. Es bedeutet wenig, bis es in etwas Konkretes wie Nahrungsmittel, Kleidung oder Wohnraum umgetauscht wird. Sie benutzen typischerweise auch Geld, um zwischenmenschliche Beziehungen zu fördern. Weil ihnen Geld keine Sicherheit bietet, warum sollten sie sich dann darum bemühen?

Malaien sind grundsätzlich nicht mit dem Inhalt ihrer Arbeit ausgefüllt, eine Tatsache, die insbesondere bei westlich ausgebildeten Geschäftsleuten oder auch ihren Mitbürgern chinesischer und indischer Abstammung oft als Faulheit oder Mangel an Engagement angesehen wird.

Viele Malaien, die für ausländische Unternehmen arbeiten, spüren dies, stoßen sich daran und fühlen sich unfair beurteilt. Im Gegensatz dazu haben andere Malaien diese Vorstellungen akzeptiert und arbeiten hart, um die Anerkennung ihres Vorgesetzten im Unternehmen zu erlangen. Sie sind dann jedoch überwiegend nicht mit dieser Art von Arbeitsumgebung zufrieden. Während der vergangenen Jahre wurden mehr und mehr Malaien dazu stimuliert, sich stärker auf ihre Arbeit zu konzentrieren. Die Malaien erkannten die Notwendigkeit, ihre Wirtschaft expandieren zu lassen, besonders angesichts der Ungleichgewichte, die ihr innewohnen. Sie verabschiedeten ein besonderes Gesetz, in dem sie sich verpflichten, ihren Arbeitsaufgaben mehr Anstrengungen zu widmen.

Anzumerken ist hierbei, daß Menschen, mögen sie Malaien, US-Amerikaner, Deutsche oder anderer Nationalität sein, Bedürfnisse haben, die erfüllt werden müssen. Für US-Amerikaner mag die Notwendigkeit der Arbeit von erstrangiger Bedeutung sein. Die kulturelle Orientierung der Malaien ist jedoch derart beschaffen, daß sich die Notwendigkeiten für den Gruppenzusammenhang fundamentaler darstellen. Ein erfolgreicher Manager, gleich ob Malaie oder nicht, weiß das und führt seine Mitarbeiter auf der Basis von Verständnis. Eine solche Führungskraft versteht und implementiert den malaiischen Arbeitsstil, gerade heute, wo immer mehr Malaien hart für den wirtschaftlichen Fortschritt ihres Landes arbeiten.

3.1 Führerschaft

In der traditionellen malaiischen Gesellschaft wurde ein einzelner weitgehend auf der Basis des Status und der Familie, in die er hineingeboren wurde oder einem anderweitig erworbenen Status, als Führer anerkannt. In einer hierarchischen Gesellschaft, wie im malaiischen Kulturraum, wird der Status einer Person hochgeachtet, gleich ob dieser Status von einem Unternehmen, einer Behörde oder dem Königshaus vergeben wird.

Malaien sind mehr daran interessiert, welche Stellung ihr Führer in der Hierarchie der malaiischen Gesellschaft einnimmt als daran, welche Fähigkeiten der Führer hat. Neben den als sehr wichtig angesehenen persönlichen Qualitäten und Eigenschaften der Führungspersönlichkeiten ist also der Rang und Status des Vorgesetzten von wesentlicher Bedeutung.

Die erwarteten Führungsqualitäten sind von den malaiischen Vorstellungen über das nächste Leben abgeleitet. Um sich selbst für das nächste Leben vorzubereiten, werden sie dazu erzogen, menschliche Qualitäten zu kultivieren – Aufrichtigkeit, Demut, Vertrauenswürdigkeit, Sensibilität, Reinheit, Gruppenorientiertheit und Spiritualität.

Malaien neigen dazu, entsprechende Qualitäten bei ihrem Vorgesetzten zu erwarten. Sie legen mehr Wert auf die persönlichen Einstellungen als auf Fachwissen und professionelle Fertigkeiten. Sie bevorzugen menschlich orientierte vor aufgabenbezogenen Vorgesetzten.

Aufgrund dieser Tatsachen besteht der malaiische Führungsstil in einer personalisierten Führerschaft, wohingegen in vielen anderen Teilen der Welt eine institutionalisierte Führerschaft existiert.

3.2 Entscheidungsfindung

Der Stil der Entscheidungsfindung kann als ein Stil der „Konsensus-Suche" beschrieben werden. Generell werden Diskussionen so lange geführt, bis eine Übereinstimmung erreicht ist. Dahinter steht die Annahme, daß jeder Betroffene weitgehend zufriedengestellt werden muß, da dies die harmonischen Beziehungen bewahrt. Dieser Prozeß mag eine lange Zeit in Anspruch nehmen, doch ist es für Malaien wichtig, jedermann miteinzubeziehen. Dieses Konsensus-Verfahren gibt allen ein Gefühl der Zusammengehörigkeit, das letztlich für sie wichtiger ist als das Gefühl, etwas erreicht zu haben.

Malaien befassen sich außerordentlich stark mit den Konsequenzen einer Entscheidung, weil es für sie bedeutet, daß sie die Verantwortung für positive oder negative Konsequenzen auf sich zu nehmen haben. Weil das so ist, sind sie oft sehr zögerlich bei der Entscheidungsfindung, da sie sich einigermaßen sicher fühlen müssen bezüglich der Folgen ihrer Entscheidung. Sie fürchten sich vor negativen Auswirkungen und verbleiben deshalb während der meisten Zeit unentschieden. Sie versuchen ebenfalls, ihre Entscheidungen als Gruppenentscheidungen zu treffen, so daß keinem Einzelnen der Erfolg oder der Mißerfolg einer Entscheidung zufällt. Diese Einstellung gegenüber dem Entscheidungsfindungsprozeß wird von westlich ausgebildeten Geschäftsleuten als anfechtbar und ineffektiv angesehen. Hier werden wiederum ihre zentralen Wertvorstellungen menschlicher Beziehungen im Stil ihrer Entscheidungsfindung reflektiert.

3.3 Problemlösungen

Malaien sind eher Menschen, die versuchen, Probleme zu vermeiden. Je mehr Probleme vorhanden sind, desto mehr Entscheidungen haben sie zu treffen. Problemsituationen werden nur dann bewußt wahrgenommen, wenn es zwingend nötig ist. Malaien lösen ihre Probleme lieber, indem sie sie umgehen, anstatt sie geradewegs anzugehen.

Auch die Problemlösungsprozesse werden durch die auf Gott und auf ihre Beziehungen bezogene Orientierung der Malaien beeinflußt. Wenn sich ein Problem ergibt, dann glauben die Malaien in der Regel, daß es sich dabei um den Willen Gottes handelt. Eine Schwierigkeit stellt für sie eine Chance dar, etwas zu lernen. Gewöhnlich betrachten sie es als den natürlichen Lauf der

Dinge, beten und handeln entsprechend. Probleme, die Verwicklungen bedeuten oder Frustration nach sich ziehen, sprengen das gesamte Muster der bestehenden menschlichen Beziehungen. Das eigene Verhalten unter Kontrolle zu halten, ist weit wichtiger als Probleme in den Griff zu bekommen.

3.4 Verhandlungen

Malaien bieten ihre Vorschläge generell an, um sie ganz einfach zu äußern. Verhandlungen sind für Malaien nicht wie ein Boxkampf, sie ähneln vielmehr einer Bowling-Partie, bei der die Partner darauf warten, daß sie an die Reihe kommen, um die Kugel zu werfen – das ist auch die Art, in der ein Malaie einen Vorschlag macht. Ein anderer Aspekt der malaiischen Verhandlungskunst ist die „Ganzheitsmethode". Sie neigen dazu, nicht nur mit Konzepten, sondern ihrer gesamten Persönlichkeit zu verhandeln, wobei sie Ideen, Gefühle und Verhalten kombinieren, so daß es für sie schwierig wird, ihre persönlichen Gefühle während der Verhandlung aus dem Spiel zu lassen. Gleicherweise finden sie es schwierig, ihre Ideen von ihrer eigenen Persönlichkeit zu trennen. Wenn ihre Ideen auf Widerstand treffen, neigen sie dazu, sich angegriffen oder gar abgelehnt zu fühlen. Wo zum Beispiel ein Australier eine Person, die kritisch zu seinen Ideen steht, dennoch als Freund behandelt, tendieren Malaien dazu, verbale Attacken oder Opposition zu ihren Ideen persönlich zu nehmen.

Im malaiischen Verhandlungsprozeß spielen Konzessionen eine bedeutende Rolle. Konzessionen werden grundsätzlich nicht als ein Zeichen der Schwäche, sondern der Stärke angesehen. Gegenseitige Konzessionen schaffen somit die Basis für nachfolgende Versöhnung und Zusammenarbeit.

Malaien besitzen eine bemerkenswerte Einstellung zu Verträgen. Sie mögen es, wenn ein Vertrag flexibel gestaltet ist und sie nicht fest gebunden sind. Sie möchten, daß der Vertrag so formuliert wird, daß er ergänzt oder verändert werden kann, wenn sich die Situation verändert. Diese Art Verhandlungsstil macht westliche Leute sehr nervös; aus malaiischer Sicht handelt es sich hier jedoch um Realismus und nicht um Unentschiedenheit.

Schlußfolgerung

Die unter uns, die geschäftlich mit Malaien oder Moslems in anderen ASEAN-Ländern zu tun haben, können sich sehr befriedigender Beziehungen auf der Basis der Anerkennung des theozentrischen Management-Stils erfreuen, vorausgesetzt, daß sie der Annahme widerstehen, nur ein einziges System von Regeln könne überall angewendet werden.

Geschäfte mit Indien: Die Mühe lohnt

Günter Krüger

1. Marktsituation in Indien

„Keine müde Mark nach Indien", „ein viel zu schwieriger Markt": Dies war noch in den siebziger Jahren die gängige Devise unter deutschen Investoren und Händlern. Eine deutliche Wende in der Einstellung zu Indien ist seit Beginn der achtziger Jahre zu beobachten. In dieser Phase der Neubelebung des Indiengeschäfts drohte die Bundesrepublik ins Hintertreffen zu geraten.

Beim Schlagwort „high-tech" dachte man in Indien vor allem an USA, Japan, aber auch an einige europäische Nachbarn wie Frankreich, Italien oder Schweden. „Made in Germany" stand in dieser Phase eher für biedere Handwerkskunst denn für zukunftsweisende Technologien.

Erst kürzlich ist es gelungen, unser traditionell gutes Image wieder aufzupolieren. Entscheidende Faktoren für die Imageverbesserung waren die sehr erfolgreiche TECHNOGERMA, die große deutsche Industrieausstellung, die im März 1988 in New Delhi veranstaltet wurde, der anschließende Besuch des damaligen indischen Premierministers Rajiv Gandhi in der Bundesrepublik, positive Meldungen über die wieder erstarkte Leistungskraft der deutschen Wirtschaft und nicht zuletzt eine deutliche Wende in der Einstellung der deutschen Industrie zum Indiengeschäft. Heute gilt „Made in Germany" neben Technologien aus USA und Japan als wichtigste Stütze für die Modernisierung und den Ausbau der indischen Wirtschaft (siehe Abb. 1).

Stellt man sich die Frage, worauf das neu belebte Interesse der deutschen Industrie am Indiengeschäft zurückzuführen ist, so stößt man im wesentlichen auf zwei Gründe:

- die Attraktivität des asiatischen Wirtschaftsraums und
- Entwicklungen in Indien, die normalerweise unter dem Schlagwort „Liberalisierung" zusammengefaßt werden.

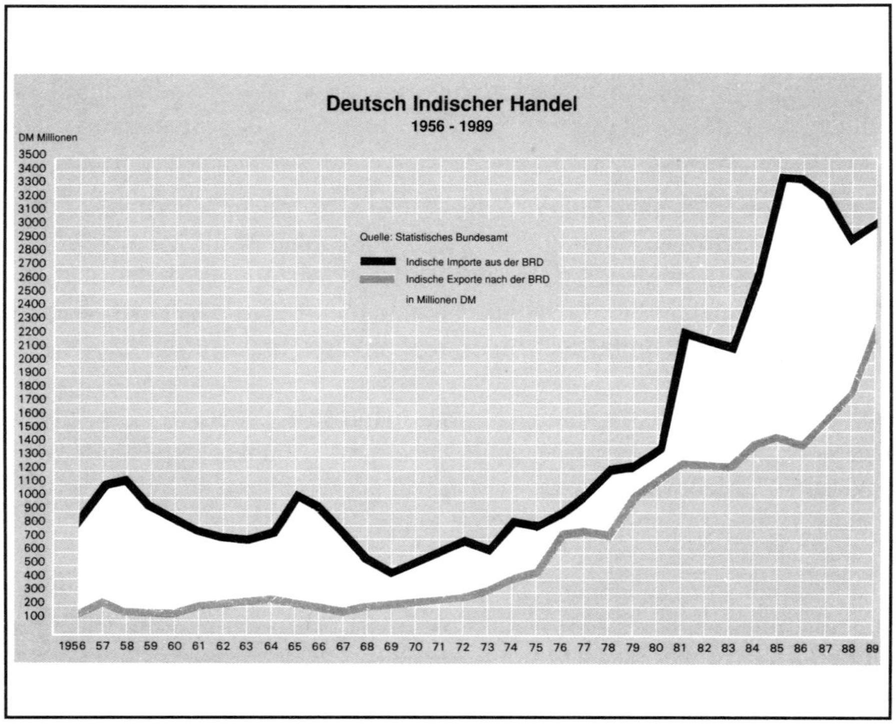

Abb. 1: Deutsch-Indischer Handel (1956–1989)
Quelle: Statistisches Bundesamt

1.1 Liberalisierung

Bei der Beurteilung der vielzitierten Liberalisierungspolitik der indischen Regierung trifft man auf gegensätzliche Meinungen: Während die eine Seite sich in Lobeshymnen über die neue Wirtschaftspolitik ergeht – sie erweckt den Eindruck, Indien stehe im Begriff, sich in eine freie Marktwirtschaft zu verwandeln – so ist das andere Extrem die Meinung „alles beim alten". Daher lohnt es sich einmal nüchtern zu fragen, was sich wirklich verändert hat.

Neben einer Fülle von kleinen Schritten, die der Vereinfachung der administrativen Kontrollen dienen, haben sich seit Beginn der achtziger Jahre sowohl das wirtschaftspolitische Klima als auch die volkswirtschaftliche Entwicklung insgesamt positiv verändert. Augenfällig ist die Dynamisierung im industriellen Bereich. Frappant für jeden Langzeitbeobachter Indiens ist die Entkrampfung der wirtschaftspolitischen Debatte. So wird heute ohne Scheu über die Freigabe von Infrastrukturprojekten für den Privatsektor, Schließung bzw. Privatisierung von Staatsbetrieben oder den Abbau einer der Eckpfeiler der indischen Außenwirtschaftspolitik, der 40% Höchstgrenze für ausländische Beteiligungen, gesprochen. Mindestens in der Diskussion gibt es keine heiligen Kühe mehr.

Spürbar ist auch die Beschleunigung der Entscheidungsprozesse für Auslandskooperationen. Überall sichtbar ist ferner die Modernisierung der indischen Wirtschaft, d.h. die Aufgabe der ambilvalenten Haltung gegenüber modernen – westlichen – Technologien. Dies drückt sich praktisch vor allem in der Importliste und in den Kooperationsgenehmigungen aus. Schließlich wird die Integrierung der indischen Wirtschaft in die Weltwirtschaft zumindest in Teilbereichen durch zielstrebige Exportanstrengungen mit sektoral beachtlichen Erfolgen vorangetrieben.

Stellen wir die Gegenfrage, was beim alten geblieben ist, so ist vor allem zu konstatieren, daß für den Praktiker in den meisten Fällen die Trägheit und die Imperfektion eines eingefahrenen Systems über die Ansätze zur Verbesserung dominieren. Mit anderen Worten: Die Beschleunigung der Entscheidungsprozesse und die Rationalisierung der Kontrollen bedeuten noch nicht die Abschaffung der Verwaltungswirtschaft.

1.2 Neue Trends

Trotz dieser Einschränkungen gibt es für den Praktiker interessante neue Ansätze:

Zu nennen wäre die starke Zunahme von Kooperationen im Konsumgüterbereich, eine Entwicklung, die, wie so häufig in Indien, ohne offizielle Änderung der Politik, einfach durch flexiblere Handhabung existierender Richtlinien erfolgt ist (siehe Abb. 2). Positiver ist auch die Einstellung zu Projekten, für die es bisher kaum Kooperationsgenehmigungen gab, wie der Dienstleistungssektor, Finanzinstitute, Engineering usw.

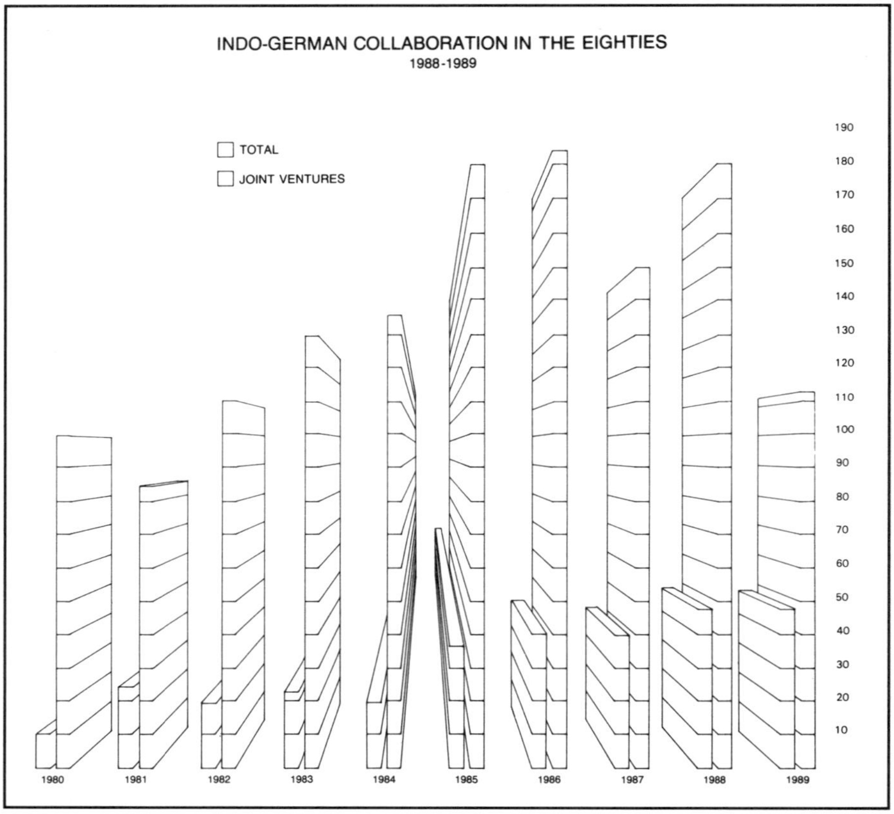

Abb. 2: Indo-German Collaboration in the Eighties (1980–1989)

Interessant ist auch die neu eröffnete Möglichkeit, eine Firma in Indien ohne Einschaltung eines indischen Partners zu gründen. 40% könnten in deutscher Hand gehalten werden, während sich der indische Anteil im Streubesitz befindet. Dies ist, zumindest für größere Unternehmen, eine interessante Alternative.

Bisher galt der Grundsatz, daß ausländische Beteiligungen 40% nicht übersteigen dürfen. Das Stichwort in diesem Zusammenhang ist FERA, der Foreign Exchange Regulation Act. Den Versuch wert ist, angesichts der jetzt betont offenen indischen Haltung gegenüber Auslandsinvestitionen, der Antrag auf eine deutsche Mehrheitsbeteiligung unter Hinweis auf hochwertige Technologie und/oder Exportpotential. Offiziell sind 51% bereits im Tourismus möglich. Die Diskussion zur 40%-Frage hat bisher noch nicht zu greifbaren Ergebnissen geführt, dennoch ist die Bereitschaft erkennbar, Ausnahmen von der 40%-Regel zu machen. Das Interesse an Auslandsinvestitionen und die Bereitschaft zum Abbau administrativer Hürden hat die indische Regierung zuletzt in ihrer neuen Industriepolitik vom 31.5.1990 verkündet, mit der eine „automatische Genehmigung" von Joint Venture Beteiligungen bis zu 40% angekündigt wird.

1.3 Die „schnelle Schiene"

Neu ist auch die Beseitigung einiger Irritationen und die schnellere Lösung von Einzelfallproblemen. Hier spielt der sogenannte „Fast Track" – die „schnelle Schiene" – eine wichtige Rolle: Eine Arbeitsgruppe zur Förderung der Zusammenarbeit, die nach dem Besuch von Rajiv Gandhi in der Bundesrepublik gegründet wurde. In dieser Gruppe treffen sich, unter Leitung eines Joint Secretarys des indischen Finanzministeriums, der Sachbearbeiter zuständiger Ressorts hinzuzieht, Vertreter der Deutschen Botschaft, der Deutsch-Indischen Handelskammer und der deutschen Industrie. Visa-Bestimmungen, Zollgebühren, Devisentransfer, Aufenthaltsgenehmigungen, Kooperationsanträge, Wahl der Fluglinie – dies sind nur einige Bereiche, in denen substantielle Verbesserungen oder Vereinfachung der Verwaltungsrichtlinien erzielt werden konnten. In ihrer Gesamtheit haben diese Verbesserungen nicht nur eine Menge von Irritationen und Störfaktoren der deutsch-indischen Zusammenarbeit beseitigt, sondern zu einem echten Klimawechsel und zu einem Imagewandel der indischen Behörden in den Augen der deutschen Firmen geführt. Die Zahl deutscher Unternehmen, die dieses Instrument nutzt, nimmt ständig zu. Neben der Bundesrepublik verfügt nur Japan über einen Fast Track, was die eingangs dargelegte Sonderrolle der Bundesrepublik als Wirtschaftspartner unterstreicht.

Unter dem Strich läßt sich sagen, daß die Kooperationsszene in Bewegung gekommen ist. Vor allem aber hat sich die Liberalisierung inzwischen als ein dynamischer Prozeß und nicht nur als eine Eintagsfliege erwiesen. Berechtigte Hoffnung besteht auf weitere Verbesserungen in bezug auf den Marktzugang und den Arbeitsablauf in Indien.

1.4 Deutsche Partner beliebt

Die deutsche Industrie stellt sich zunehmend auf die neuen Möglichkeiten im Indiengeschäft ein. Sie kann sich dabei im internationalen Vergleich durchaus sehen lassen. Exzellente Noten verteilen beispielsweise indische Unternehmen deutschen Kooperationspartnern, wie eine kürzlich durchgeführte Umfrage der Deutsch-Indischen Handelskammer ergab. Mehrfach wurde hervorgehoben, daß Partner aus der Bundesrepublik besonders kooperativ sind. Ihre Offenheit, Großzügigkeit und Vertrauenswürdigkeit erleichtern die Zusammenarbeit. Gelobt werden auch die Ernsthaftigkeit, mit der der deutsche Partner auf Qualität achtet und wie geradlinig und resultatorientiert er seine Ziele verfolgt. 60% der Interviewten meinen, deutsche Firmen wären als Geschäftspartner besser als andere in- und ausländische Unternehmer. 38% sehen keinen Unterschied und nur 2% geben deutschen Unternehmern schlechte Noten.

Trotz Liberalisierung und trotz der positiven Einstellung zum deutschen Unternehmer bleiben in der Praxis des Indiengeschäfts immer noch viele Hürden zu nehmen. Der traditionelle Weg, der Handel, ist nach wie vor kompliziert. Die Importpolitik ist auch nach den Liberalisierungsmaßnahmen komplex und wird häufig geändert. Die Zollabwicklung ist umständlich.

1.5 Unser Mann in Indien

Noch in den siebziger Jahren versuchten viele Unternehmer, Indiengeschäfte sozusagen auf dem Stopover nach Fernost zu tätigen. Inzwischen hat sich die Erkenntnis durchgesetzt, daß man zum Aufbau des Indiengeschäfts Zeit benötigt und der Zugang zum indischen Markt in der Regel nur über eine gute Vertretung oder ein Verbindungsbüro möglich ist. Die Erfahrung lehrt, daß gute Vertretungen schwer zu finden sind. Die großen Häuser mit Namen und guten Kontakten sind oft überlastet mit einer Vielzahl von Vertretungen. Den kleineren Händlern bleiben viele Türen verschlossen, und bestenfalls sind sie in einzelnen Regionen Indiens, nicht jedoch landesweit, stark. Die Deutsch-Indische Handelskammer hat sich seit Jahren auf die Vermittlung geeigneter Vertretungen spezialisiert.

In neuerer Zeit entschließen sich immer mehr Unternehmen zur Gründung eines Verbindungsbüros. Die Voraussetzungen hierfür haben sich vereinfacht, seit im Rahmen der Liberalisierungspolitik die Bedeutung von ausländischen Handelsaktivitäten für den Ausbau der indischen Außenhandelsbeziehungen anerkannt wird. In der Regel genügt ein Antrag bei der Reserve Bank of India und die Bereitschaft, die Kosten des Verbindungsbüros in Devisen zu begleichen. Heute stehen der Gründung von Handelsstützpunkten weniger die indischen Behörden als die hohen Kosten entgegen. So sind beispielsweise aufgrund des enormen Wirtschaftsbooms in den wichtigen Industriezentren Bombay und New Delhi die Mietkosten – auch im internationalen Vergleich – extrem hoch.

1.6 Messen in Indien

Als wichtiges Instrument zur Markterschließung entdecken deutsche Unternehmen spätestens seit der TECHNOGERMA die indischen Messeveranstaltungen. Flaggschiff des indischen Messewesens ist nach wie vor die jährlich im November in New Delhi stattfindende India International Trade Fair (IITF). Sie wird jedoch zunehmend in den Schatten gestellt durch eine große Zahl von Fachausstellungen, deren Bedeutung von kleinen Hotelausstellungen bis zu Messeveranstaltungen internationalen Formats reicht. In dem relativ geschlossenen indischen Markt mit geringer Transparenz und einer relativ kleinen Schicht von Geschäftsleuten mit internationaler Erfahrung kommt der Präsenz auf Messeveranstaltungen besondere Bedeutung zu. Die deutsche Industrie nutzt dieses Marketing-Instrument mehr als ihre ausländische Konkurrenz. So hatte beispielsweise die IMTEX 89, die indische Werkzeugmaschinenausstellung mit internationalem Rang, 85 deutsche Aussteller.

2. Kooperationen zur Marktsicherung

Im Indiengeschäft spielen Kooperationen – Lizenzen oder Joint Ventures – eine überdurchschnittlich große Rolle zur Markterschließung und Sicherung, denn

- nach wie vor gilt: Es wird grundsätzlich nur das importiert, was in Indien selbst noch nicht hergestellt wird und
- die eigene Fertigung stärkt die Präsenz in einem Markt, der immer noch in vielen Bereichen weitgehend von der internationalen Konkurrenz abgekapselt ist.

Als sinnvolle Strategie für einen Markt dieser Art hat sich ein flexibles Vorgehen bewährt, bei dem sich Handel und Fertigung ergänzen und auch die Fertigung wiederum flexibel gestaltet ist. So könnte für eine High-Tech-Produktion ein Stammhaus mit Mehrheitsbeteiligung gegründet werden, um das sich Fertigungen mit Minderheitsbeteiligungen oder auch reine Lizenzvergaben gruppieren.

Der Ruf von „Made in Germany“ und die Fähigkeit, sich flexibel den Marktbedingungen anzupassen, hat die Bundesrepublik zum zweitwichtigsten Know-how-Geber Indiens gemacht, hinter den USA aber beispielsweise weit vor Japan. Weit über 50% aller Know-how-Transfers entfallen auf die USA, die Bundesrepublik und Großbritannien.

Die gängigen Kooperationsform ist der Lizenzvertrag. Die Zahl der Joint Venture Gründungen nimmt in den letzten Jahren jedoch wieder zu. Unabhängig von der Wahl der Kooperationsform liegt ein wesentlicher Schlüssel zum Erfolg in der richtigen Partnerwahl. Aufgrund der vorstehend erwähnten Möglichkeit, einen Kooperationsantrag auch ohne indischen Partner einreichen zu können, stellt sich heute auch die Frage, ob man überhaupt einen Partner benötigt.

2.1 Brauche ich einen Partner?

Zur Beantwortung der Fragen „Partner ja oder nein und falls ja, wen“ wäre zunächst zu klären, wozu ein Partner in Indien benötigt wird und dann, wie sich der richtige Partner finden läßt.

Hinsichtlich des Nutzens eines Partners gibt es überkommene Cliches, deren Richtigkeit im heutigen Zusammenhang zu überprüfen ist:

1. Der Partner als Antragsteller und Lobbyist bei den indischen Behörden: Diese Funktion eines indischen Partners hat inzwischen deutlich an Bedeutung verloren. Die Genehmigungsrichtlinien sind klarer, die Genehmigungspolitik ist inzwischen freundlicher geworden. Heute bewährt es sich in der Regel nicht mehr, den Partner ausschließlich aufgrund seiner sog. Kontakte auszuwählen.
2. Der indische Partner als Kapitalgeber: Auch diese Rolle ist in der Regel von relativ geringer Bedeutung. Der indische Kapitalmarkt ist leistungsfähig und steht insbesondere Unternehmen mit ausländischer Beteiligung

sehr freundlich gegenüber. Hinsichtlich des deutschen Kapitaleinsatzes geht die DEG davon aus, daß man in der Regel für ein Beteiligungsengagement an einem deutsch-indischen Joint Venture lediglich rund 3% der gesamten Investitionskosten als eigenen Liquiditätsbeitrag aufzuwenden hat und nennt folgendes Beispiel: Hat ein deutscher Unternehmer die Absicht, 1 Mio. DM in ein Neuprojekt in Indien als eigene Kapitaleinlage zu investieren, so können bis zu $^{3}/_{4}$ dieses Betrags, also 750.000 DM über verschiedene Programme (Beteiligung der DEG, Niederlassungskreditprogramm und Technologiekreditprogramm der Bundesregierung, Investitionsfond der Europäischen Gemeinschaft) refinanziert werden. Mit diesem Betrag kann eine qualifizierte Minderheitsbeteiligung an einem Projekt erworben werden, dessen Kosten sich auf rund 8 Mio. DM belaufen.

3. Erfahrung und Prestige des indischen Partners als Mitgift für die neue Ehe: Dies ist sicherlich eine wichtige Qualität. Andererseits sollte nicht übersehen werden, daß die meisten indischen „business houses" auch heute noch von Familien beherrscht und oft auch wie Familien geführt werden. Dies birgt eine Menge Konfliktpotential.
4. Das Know-how in Produktion und Marketing des indischen Partners: Hier werden sich die Geister scheiden. Während ein großes Unternehmen, das vor allem die personelle Infrastruktur besitzt, Produktion und Vertrieb in Indien nach eigenem Gusto aufzubauen, vermutlich die Chance ergreifen wird, Herr im eigenen Haus zu sein, wird das typische mittelständische Joint Venture kaum auf die Erfahrungen eines branchenkundigen indischen Partners verzichten wollen. Der Ratschlag der Deutsch-Indischen Handelskammer lautet daher: Mittelständler brauchen weiterhin einen Partner, größere Unternehmen sollten die Möglichkeit prüfen, sich in Indien ohne starken Partner zu engagieren. Eine Analyse der bestehenden Joint Ventures zeigt, daß der Start ohne indischen Partner zwar schwieriger ist, mittelfristig jedoch ein Unternehmen ohne starken indischen Partner einfacher zu managen ist.

2.2 Wie finde ich meinen Partner?

Wie findet man den richtigen Partner ist die nächste Frage, die es zu klären gilt.

Leicht findet sich in Indien ein Partner, nur schwer jedoch der richtige. Es gibt wohl kaum ein Land in dieser Welt, aus dem so viele Kooperationsanfragen kommen wie aus Indien. In einem Markt mit Chancen, vergleichbar den Gründerjahren in der westlichen Welt, wird relativ wahllos nach Know-how gesucht, solange sich damit Geld verdienen läßt. In den Verhandlungen wird Indien überaus positiv dargestellt und kritische Fragen mit „no problem" oder „we will manage" beantwortet. Sehr schnell werden persönliche Beziehungen, verbunden mit einer grenzenlosen Gastfreundschaft, aufgebaut. Um in diesem Umfeld den richtigen Partner zu finden, sollten folgende Grundsätze beachtet werden:

1. In Indien werden Geschäfte mit „friends" gemacht. Man sollte daher die Gastfreundschaft akzeptieren, sich aber nicht in der Verhandlungsführung beeinflussen lassen. Verträge spielen in Indien eine wichtige Rolle. Bei den Verhandlungen sollte auf die Beratung durch indische Anwälte und Wirtschaftsprüfer zurückgegriffen werden. Die großen Kanzleien haben internationalen Standard. Auch die Deutsch-Indische Handelskammer ist seit Jahren auf die Partnervermittlung und Kooperationsberatung spezialisiert und bietet Musterverträge an.
2. Vor einer Entscheidung in der Partnerwahl sollte man mit möglichst vielen indischen Unternehmern sprechen, um den Blick für Qualität zu schärfen. Das indische Unternehmertum ist wesentlich vielschichtiger, als dies zunächst erscheint. Auch hier berät die Deutsch-Indische Handelskammer, gestützt auf ihre breite Erfahrung und die Basis von 3900 Mitgliedern in Indien.
3. Man sollte sich selbst einen Eindruck von der Leistungsfähigkeit des potentiellen Partners verschaffen, d.h. vor allem auch seine Betriebsstätten besuchen und sich ein Bild von der Qualität des Management und des technischen Personals machen.
4. Auf die Anfertigung einer Marktstudie sollte nicht verzichtet werden. In der Vergangenheit genügte oft die Regierungsgenehmigung für den Erfolg.

Heute gibt es in vielen Branchen eine leistungskräftige Konkurrenz, die häufig auch aus rein indischen Unternehmen besteht. So ist nicht länger jedem Projekt der Erfolg garantiert. Wichtig scheint auch, daß der Partner das Projekt nicht nach seinen oft begrenzten Möglichkeiten konzipiert, sondern am Marktpotential.

5. Man sollte sich klar darüber sein, was man voneinander erwartet. Die finanzielle Leistungskraft des Partners ist ein wichtiges Kriterium, während der Schwerpunkt des eigenen Beitrags in der Regel auf der Know-how-Vergabe liegt.

Die bereits zitierte Erfahrungsstudie der Deutsch-Indischen Handelskammer, die praktisch alle bestehenden deutsch-indische Joint Ventures erfaßt, kam zu dem überraschenden Ergebnis, daß die Initiative zur Gründung des Joint Venture zu 76% die indischen Gesellschafter ergriffen. Nur 14% bzw. 10% der Gemeinschaftsunternehmen entstanden auf deutsche bzw. gemeinsame Initiative. 43% aller Joint Ventures ging eine schon bestehende Geschäftsbeziehung voraus. In den meisten Fällen war die indische Seite bereits als Vertretung der deutschen Firma tätig. Zu 26% kam der Kontakt über Dritte zustande. 10% lernten sich auf Messen kennen. In den übrigen Fällen entstanden die Kontakte überwiegend durch eine direkte Anfrage. Gespräche mit mehreren potentiellen Partnern führten nur 13% der indischen und 20,5% der deutschen Joint Venture Partner. Diese Ergebnisse verdeutlichen, daß sich die Strategien zum Ausbau des Indiengeschäfts durchaus noch verfeinern lassen.

3. Literatur zum Indiengeschäft

Deutsch-Indische Joint Ventures (1988)
Eine Erfahrungsstudie
Herausgeber: Deutsch-Indische Handelskammer, Bombay, und DEG – Deutsche Investitions- und Entwicklungsgesellschaft mbH, Köln

Steuern in Indien (1989)
Leitfaden für deutsche Investoren, Lizenzgeber und deutsches Personal in Indien
Herausgeber: Deutsch-Indische Handelskammer, Bombay

Licensing and Joint Ventures in India (1988)
Antragsformulare, Musterverträge
Herausgeber: Deutsch-Indische Handelskammer, Bombay

Agency and Representation in India (1988)
Antragsformulare und Musterverträge für Vertretungen und Verbindungsbüros
Herausgeber: Deutsch-Indische Handelskammer, Bombay

Indo-German Double Taxation Agreement (1987)
Text des DBA und Kommentierungen
Herausgeber: Deutsch-Indische Handelskammer, Bombay

Deutsch-Indische Gemeinschaftsunternehmen (1987)
Verzeichnis der Kooperationsverträge (Lizenzen und Joint Venture)
Herausgeber: Deutsch-Indische Handelskammer

Handbuch der deutsch-indischen Wirtschaftsbeziehungen (1990)
4200 DIHT-Mitglieder alphabetisch geordnet und Branchenverzeichnis
Herausgeber: Deutsch-Indische Handelskammer, Bombay

Deutsch-Indische Wirtschaft
Zeitschrift der Deutsch-Indischen Handelskammer
Herausgeber: Deutsch-Indische Handelskammer

Guidelines for Industries (jährlich)
Kurzinformationen zur Situation verschiedener industrieller Branchen einschließlich Angaben zur Trendentwicklung
Herausgeber: Indian Investment Centre, New Delhi

Import & Export Policy (April 1990–March 1993)
Darstellung der indischen Im- und Exportpolitik
Herausgeber: Ministry of Commerce, New Delhi

Wirtschaftsstrukturen und Management-spezifika in Australien und Südpazifik

Hugh E. Kramer

1. Australien

1.1 Wirtschaftsstruktur und Trends

Australien erstreckt sich über eine Fläche von 7,7 Mio. km^2. Das entspricht etwa der anderthalbfachen Größe Europas (ohne UdSSR) oder fast der Größe der USA (ohne Alaska und Hawaii). Canberra ist die Hauptstadt mit einer Bevölkerung von 286.000. Die anderen wichtigsten Städte sind Sydney (3,5 Mio.), Melbourne (3,0 Mio.), Brisbane (1,2 Mio.) und Perth (1,1 Mio.).[1] Man schätzt die Gesamtbevölkerung auf 16,5 Mio. bei einer jährlichen Zuwachsrate von 1,5%. Sie setzt sich zusammen aus 93% europäischer Abstammung, 5% Asiaten und 1,3% Ureinwohnern. 26% bekennen sich zur anglikanischen und 26% zur römisch-katholischen Kirche. Von 7,9 Mio. Arbeitskräften sind 6% in der Landwirtschaft, 26% im Bergbau, in der verarbeitenden Industrie und öffentlichen Versorgungsbetrieben, 63% im Dienstleistungsgewerbe und 5% in der Staatsverwaltung und Verteidigung beschäftigt, das sich auf 2,7% des Bruttoinlandsozialprodukts (GDP) oder 9,3% des Staatsetats von 121,5 Mrd. DM beläuft. 1988 betrug das Pro-Kopf-Einkommen 26.993 DM.[2]

Australien verfügt über immense Mineral- und Energieressourcen. Es ist eines der führenden Exportländer der Welt von Aluminium, Aluminiumoxyd, Bauxit, Kobalt, Kupfer, industriellen Diamanten, Gold, Eisenerz, Blei, Nikkel, Silber und Uranium. Außerdem machen reiche Funde an Kohle, Naturgas, flüssigem Petroleumgas und Uranium Australien zu einem Netto-Ausfuhrland von Energieprodukten.

Der industrielle Fertigungssektor findet seine Grenzen in Australiens verhältnismäßig begrenztem Inlandsmarkt und hohen Arbeitskosten als Ergebnis der Gewerkschaftspolitik. Umfassende Einfuhrzölle und Handelsbarrieren haben jedoch die Entwicklung einer eigenständigen, breit gefächerten Fertigungsindustrie begünstigt.

Die traditionell protektionistische Art, mit der man in Australien bislang Geschäfte abwickelte, unterliegt z.Zt. radikalen Reformbestrebungen. Premier Hawkes Laborregierung hat in den letzten Jahren große Anstrengungen unternommen, um Australiens Wirtschaft zu liberalisieren, die internationale Wettbewerbsfähigkeit zu stärken und freien Zugang zur Wirtschaft zu fördern. Er führte den freien Wechselkurs des australischen Dollars ein, gestattete dessen dramatischen Verfall von 1984–1987 und machte dadurch die australischen Unternehmen international wettbewerbsfähiger. Die Einkommensteuer für Unternehmen wurde gleichzeitig erheblich reduziert. Zur selben Zeit sahen sich die Gewerkschaften gezwungen, fallende Reallöhne zu akzeptieren. 1988 verabschiedete die Regierung ein umfassendes Wirtschaftsprogramm, das den Abbau der hohen Zölle bis 1995 zum Ziel hat. Nur Zölle für Automobile und Textilien werden weiterhin auf einer Höhe von über 15% bleiben. Auch der Finanzsektor wurde liberalisiert und internationalem Wettbewerb ausgesetzt.

Die Vormacht der Gewerkschaften wurde also erheblich eingeschränkt. Lohnerhöhungen auf landesweiter Ebene sind jetzt nur bei echtem Produktivitätszuwachs erlaubt. Die wirtschaftliche Zukunft sieht seither recht günstig aus. Die reale Zuwachsrate des Bruttoinlandsozialprodukts (GDP) zählt seitdem zu den höchsten unter den Mitgliedstaaten der OECD. Sie betrug 3,4% im Fiskaljahr 1988. Im gleichen Zeitraum war die Inflationsrate 7,3% und die durchschnittliche Arbeitslosenrate 7,8%.[3]

1.2 Geschäftspraktiken und strategische Konsequenzen

In Abbildung 1 sind die Unterschiede zwischen dem Verhalten und Wertsystemen repräsentativer deutscher und australischer Geschäftsleute herausgestellt. Sie beruhen auf subjektiven Berufserfahrungen des Autors in Australien und Vergleichen mit Erfahrungen in anderen Ländern wie den USA, der Bundesrepublik Deutschland und den Staaten des asiatisch-pazifischen Raumes. Viele Gespräche mit einheimischen und landeskundigen ausländischen Geschäftsleuten, Studenten und eine Vielzahl anderer Referenzquellen dienten der Verfeinerung oder Bestätigung der kurzgefaßten kontrastierenden Aussagen. Folgende Konzepte und Konsequenzen für den Geschäftsbereich sind aufgeführt: die Bedeutung von Gleichheit, die Anerkennung von Autorität im Staat und im Unternehmen, wie man die Rolle des Unternehmers und Managers in beiden Kulturen sieht, was man vom Materialismus und wirtschaftlichen Gewinnstreben hält, die Rolle des Wettbewerbs im Markt und im Betrieb, Gedanken über Freundschaft im Privat- und Wirtschaftsleben, über Höflichkeit, gesellschaftliche Formalitäten und Tischetikette, Humor in der Rassenfrage, Fragen der Geschäftssprache, der Gleichberechtigung der Geschlechter und der Priorität zwischen Geschäfts- und Familienverpflichtungen. Damit der Leser einen echten Einblick in die Kontraste kulturell geprägter Wahrnehmungen erhält, wurde keine Schönmalerei betrieben, auch wenn dadurch manche verkürzten oder schroffen Darstellungen zum Widerspruch aufreizen mögen. Die wohl wichtigste Methode, die dem Geschäftsmann auf seiner Suche nach einer gemeinsamen Geschäftsbasis in fremden Kulturen zur Verfügung steht, ist über äußerliche Unterschiede oder Ähnlichkeiten hinaus nach den darunterliegenden Ursachen, unterschiedlichen Konzeptionen und Wertesystemen zu suchen. Diesem Versuch gelten die kontrastierenden Aussagen in Abbildung 1.

Repräsentative Aspekte deutscher Kultur	**Repräsentative Aspekte australischer Kultur**	**Einfluß auf Geschäftsbereich und Verhaltensrichtlinien**
Gleichheit Es gibt keine „Gesellschaftsklasse" im Sinne von Karl Marx, wohl aber „Gesellschaftsschichten". Intelligenz, Begabung und Ethik bestimmen den	Weder Geburtsadel, Geld oder Herkunft zählen im Geschäftsleben. Es gibt auf der Bewußtseinsebene keine Gesellschaftsklassen in Australien,	**Verhältnis von Vorgesetzten zu Untergebenen. Personalwesen. Kontaktaufnahme:** Es empfiehlt sich, alle Personen in gleicher

Abb. 1: Deutsch-australische Kulturkontraste im Geschäftsbereich

Repräsentative Aspekte deutscher Kultur	**Repräsentative Aspekte australischer Kultur**	**Einfluß auf Geschäftsbereich und Verhaltensrichtlinien**
Wert eines Menschen.	wohl aber Rassen- und Nationalitätsunterschiede	Weise zu begrüßen und zu behandeln. Männer begrüßen andere Männer zuerst, danach erst die Frauen. Frauen verhalten sich im allgemeinen ähnlich: Frauen begrüßen erst Frauen, danach die Männer.
Autorität Eine faschistische Staatsobrigkeit muß man fürchten. Einer demokratischen Staatsautorität kann man eher vertrauen. Autoritätslosigkeit führt zu Anarchie. Sowohl im Staatswesen als auch im Privatbetrieb ist ein Mindestmaß an Autorität und Verantwortung, Gehorsam und Anpassung unerläßlich.	Jeder Autorität muß man mißtrauen. Das australische Sprichwort „Cutting down tall poppies to size" symbolisiert australische Anti-Autorität.	**Vertikale und horizontale Organisationsstrukturen:** Keine Autorität herausstellen oder zeigen, daß man von Autorität beeindruckt ist.
Hochschulausbildung Eine solide Universitätsausbildung ist Voraussetzung für viele Karrieren in der BRD (als Offizier, für die höhere Beamtenlaufbahn, Arzt, Rechtsanwalt und heute meist auch im Top-Management). Ein Manager verschafft sich die Achtung seiner Mitmenschen mit Erfolg im Beruf, durch Integrität, Wissen und Weisheit.	Nicht das, was man auf der Universität gelernt hat, zählt, sondern das, was man kann.	**Vorbereitungen und Voraussetzungen für eine erfolgreiche Karriere als Manager:** Der deutsche Geschäftsmann sollte im Gespräch und mit der Tat zeigen, daß man seinen Fähigkeiten und seinem Urteil vertrauen kann.

Abb. 1: Deutsch-australische Kulturkontraste im Geschäftsbereich (Fortsetzung)

Repräsentative Aspekte deutscher Kultur	**Repräsentative Aspekte australischer Kultur**	**Einfluß auf Geschäftsbereich und Verhaltensrichtlinien**
Unternehmer oder Manager Der amerikanische Begriff eines „Managers“ umfaßt die nicht unbedingt positive Bedeutung einer Person, die glaubt, alles „managen“ zu können, aber nicht bodenständig und mit dem Schicksal ihrer Firma auf Lebenszeit verbunden ist. Der Begriff des „Unternehmers“ hingegen entspricht mehr dem Idealbild eines Firmengründers, der ein Risiko auf sich nimmt, Arbeitsplätze schafft und erhält und die Seele eines Unternehmens ist.	Ein erfolgreicher Manager ist flexibel und führt sicher sein Unternehmen wie ein Schiffskapitän über die manchmal stürmische, manchmal ruhige See. Firmengründer oder „Unternehmer“ müssen häufig durch Berufsmanager ersetzt werden, um Ordnung und Effizienz in einen Betrieb hineinzubringen.	**Die Rolle des Managers und Unternehmers:** Entscheidungsfähigkeit und -befugnis stellen wichtige Kriterien dar, nach denen ein ausländischer und australischer Geschäftsmann beurteilt wird.
Materialismus Krasser Materialismus und Eigensucht helfen niemandem. Alles im Leben ist auf Gegenseitigkeit aufgebaut.	Gewinne und Wirtschaftsvorteile müssen um jeden Preis erzielt werden. Nicht wie man gewinnt ist wichtig, sondern daß man gewinnt.	**Zielvorhaben und Durchführung:** Jemand, der seine eigenen Interessen klar herausstellt und verfolgt, wird bewundert, nicht aber ein Verlierer oder ein „bleeding heart“.
Wettbewerb Die kapitalistische Wirtschaftsform zwingt uns zum Wettbewerb mit Konkurrenten. Im Wettkampf gibt es nicht nur Sieger, sondern auch	Wettbewerb ist gut für jedermann. Er stärkt die eigenen Kräfte, Fähigkeiten und den Charakter. Wer zurückbleibt, hat sich das selbst zuzuschreiben.	**Die Rolle inner- und außerbetrieblichen Wettbewerbs:** In allen Verhandlungen sollte die marktwirtschaftliche Wettbewerbsfähig-

Abb. 1: Deutsch-australische Kulturkontraste im Geschäftsbereich (Fortsetzung)

Repräsentative Aspekte deutscher Kultur	**Repräsentative Aspekte australischer Kultur**	**Einfluß auf Geschäftsbereich und Verhaltensrichtlinien**
Verlierer. Verlieren bedeutet häufig, die wirtschaftliche Existenzbasis zu verlieren. Halsabschneiderischer Wettbewerb führt zu Verlusten auf beiden Seiten. Da schon genug harter Wettkampf auf den Märkten herrscht, sollte man vermeiden, auch noch den Wettbewerb innerhalb eines Unternehmens künstlich anzuheizen, wie es in amerikanischen Unternehmen ja so häufig der Fall ist.	Im wirtschaftlichen Wettbewerb gibt es keinen Pardon.	keit herausgestellt werden. Ein Hauptanliegen eines jeden Unternehmens ist die Entwicklung und langfristige Sicherstellung des S.C.A., des „sustainable competitive advantage" der Firma im harten Wett-bewerb.
Freundschaft Es ist sehr wichtig im Leben, echte Freunde zu haben. Leider ist nicht genug Zeit im Geschäftsleben vorhanden, um Freundschaften gebührend zu pflegen.	Man sollte klar zwischen Freundschaft im Privat- und Geschäftsleben unterscheiden. Im Geschäftsleben geht es in erster Linie um Profite, deren Erzielung notfalls menschliche Härte erfordert.	**Zwischenmenschliche Beziehungen im Betrieb und mit Kunden:** Es ist besser, im Geschäftsleben keine engeren Freundschaften zu knüpfen. Ausländern wird manchmal von Australiern zur Last gelegt, eine persönliche Freundschaft im Geschäftsleben mißbrauchen zu wollen.
Höflichkeit und Formalität Man sollte stets höflich zueinander sein, aber doch auch deutlich seine	Zu viel Höflichkeit und Formalität sind Zeitverschwendung. Titel werden	**Umgang im Betrieb und mit der Außenwelt:** Möglichst unkompliziert

Abb. 1: Deutsch-australische Kulturkontraste im Geschäftsbereich (Fortsetzung)

Repräsentative Aspekte deutscher Kultur	**Repräsentative Aspekte australischer Kultur**	**Einfluß auf Geschäftsbereich und Verhaltensrichtlinien**
Meinung sagen, wenn es notwendig ist.	nur in Ausnahmefällen benutzt. Fast jeder spricht sich beim Vornamen an. Im Gegensatz zur amerikanischen Tradition werden in der Geschäftskorrespondenz Vornamen nicht ausgeschrieben, auf Visitenkarten aber alle akademischen Grade nach dem Nachnamen aufgeführt.	verhalten und die Benutzung des Vornamens bei der nächsten Gelegenheit anbieten. Wichtige Titel (vor allem Militär- und Richtertitel) oder Berufsbezeichnungen nur bei der Vorstellung anderer das erste Mal erwähnen. Nicht in gebildeter deutscher Art höflich sein („allzu große Höflichkeit ist verdächtig!“), niemals verbeugen, sondern der anderen Person fest in die Augen sehen und einen kräftigen Händedruck erwidern.
Tischetikette Wie man sich am Tisch benimmt, läßt auf die Kinderstube schließen. Jemand, der keine Tischmanieren hat, paßt nicht in feine Gesellschaft.	Was man für ein Kerl ist, wie sportlich und tatkräftig man ist, ist wichtig, nicht ob man Formalitäten am Tisch oder im Umgang mit anderen Personen beachtet. Fisch ißt man mit Gabel und Messer oder der Hand. Eine Hand in der Hosentasche bedeutet keinen Mangel an Respekt oder Höflichkeit.	**Geschäftsetikette und Umgangsformen** sind relativ formlos und ungezwungen.
Humor in der Rassenfrage Das Hitlerreich hat die Idee der Rassenunterschiede und -auslese	Die Deutschen und Amerikaner sind ja so empfindlich in der	**Ethnische Herkunft in Personalfragen:** Nichts lockert zwischen-

Abb. 1: Deutsch-australische Kulturkontraste im Geschäftsbereich (Fortsetzung)

Repräsentative Aspekte deutscher Kultur	**Repräsentative Aspekte australischer Kultur**	**Einfluß auf Geschäftsbereich und Verhaltensrichtlinien**
mißbraucht. Rassenfragen sollte man deshalb nicht diskutieren. Es ist bedauerlich, welch unheilvolle Bedeutung die Rassenzugehörigkeit noch heute in manchen Ländern spielt.	Rassenfrage. Man darf in diesen Ländern nicht einmal einen typisch australischen Witz, der mit dem Unterschied der Rassen zu tun hat, erzählen.	menschliche Beziehungen mehr auf wie ein passender Witz oder Humor, der sich aber aus Fragen des Taktes auf die eigene Person oder Nation beziehen sollte. Als Ausländer sollte man keine Witze erzählen, die sich auf Rassenunterschiede beziehen, auch wenn man den Witz zuvor von einem Australier gehört hat.
Sprache Ein gepflegtes Hochdeutsch läßt auf gute Erziehung und ein gutes Elternhaus schließen. Ein leichter landsmannschaftlicher Akzent ist akzeptabel, ja im örtlichen Geschäftsleben sogar wünschenswert. Perfekte Rechtschreibung und Grammatik sind in der Geschäftskorrespondenz unerläßlich.	„Es ist unser Vorrecht, eine Sprache so auszusprechen, wie wir wollen!" – Niemand scheint zu wissen, aus welchen Wurzeln sich der australische Akzent entwickelt hat. Er wird auf dem ganzen australischen Kontinent gesprochen und besteht aus vielen Verkürzungen, z.B. „Abo" für Aboriginal (Eingeborenen), „Aussie" für Australier oder Australien, „bonzer" für gut, „frig" für refrigerator (Kühlschrank), „bullsh" für Unsinn usw. Am Anfang hat man Schwierigkeiten, Australier zu verstehen.	**Betriebs- und Umgangssprache und Schriftwechsel:** In der Korrespondenz sollte das klassische Englisch benutzt werden. Es schadet aber nichts, wenn man gelegentlich ein typisch australisches Wort einfügt. Man zeigt dadurch, daß man ortskundig ist und die australische Ausdrucksweise respektiert. Im Gespräch empfiehlt es sich, nicht das hochgestochene Oxford-Englisch anzuwenden, sondern das einfachere, weniger nasal klingende Amerikanisch oder gemildertes Australisch zu

Abb. 1: Deutsch-australische Kulturkontraste im Geschäftsbereich (Fortsetzung)

Repräsentative Aspekte deutscher Kultur	Repräsentative Aspekte australischer Kultur	Einfluß auf Geschäftsbereich und Verhaltensrichtlinien
		benutzen. Amerikaner sind seit dem letzten Weltkrieg in Australien lieber gesehen als Briten.
Frauen Die Geschlechter sollten gleichberechtigt im Beruf und in der Bezahlung sein – auch wenn das immer noch nicht überall der Fall ist.	Aller gegenteiligen offiziellen Beteuerungen zum Trotz, ist Australien immer noch die Welt des Mannes. Mehr Frauen als je zuvor arbeiten außer Haus; ein besonders hoher Anteil sind Immigranten, die ihren Lebensstandard durch ein zweites Einkommen verbessern möchten.	**Gleichberechtigung der Geschlechter am Arbeitsplatz** ist ein vorrangiges Anliegen der australischen Regierung. Männer fühlen sich in Australien wohler, wenn sie unter sich sind und auch ab und zu mal einen echten Männerwitz erzählen können. Männer stehen bei Cocktailparties meist nur mit Männern zusammen.
Wochenende und Freizeit Verpflichtungen zwischen Firma und Familie müssen miteinander im Ausgleich stehen. Während des Aufbaus und bei besonderen Gelegenheiten gebührt der Tätigkeit für die Firma höhere Priorität als Familienangelegenheiten.	Ein echter „Aussie" liebt Sport und Geselligkeit unter Männern. Das Wochenende und Freizeit sind zum Feiern da.	**Zeitplan:** Nur in besonderen Not- und Ausnahmefällen darf man vom australischen Arbeitnehmer erwarten, daß er Überstunden macht oder am Wochenende für die Firma arbeitet.

Abb. 1: Deutsch-australische Kulturkontraste im Geschäftsbereich (Fortsetzung)

2. Südpazifik

2.1 Wirtschaftsstrukturen und Trends

Der Südpazifik umfaßt 22 Inselstaaten und Schutzgebiete und erstreckt sich über einen sehr weiten Ozeanbereich (551.000 km^2 sind Land, 331 Mio. km^2 bestehen aus Wasser) unter der Jurisdiktion der daran angrenzenden Länder (Exclusive Economic Zone, EEZ). Papua-Neuguinea ist das größte Land, es umfaßt 462.000 km^2 oder 83% der gesamten Landmasse der südpazifischen Inselstaaten. Tokelau mit 10 km^2, Tuvalu mit 26 km^2, Nauru mit 21 km^2 und die Pitcairn-Inseln mit 5km^2 bilden die kleinsten Staaten (siehe Tab. 1 auf Seite 144). Die Gesamtbevölkerung schätzt man z.Zt. auf 5,3 Mio. Papua-Neuguineas Anteil ist 61%, Fidschis Bevölkerung 13%, der Rest von 1,4 Mio. ist auf alle übrigen 20 Inselländer verteilt. Etwa 3,8 Mio. sind Melanesier, 0,5 Mio. Polynesier, 0,26 Mio. Mikronesier. Alle übrigen (etwa 0,7 Mio.) sind indischer, chinesischer, europäischer oder rassisch-gemischter Abstammung.[4]

Es bestehen auch große Unterschiede in der Topographie der einzelnen Inselgruppen. Die großen Landmassen von Papua-Neuguinea, der Solomon-Inseln, Vanuatu, Fidschi und Neukaledonien kontrastieren mit den kleineren Inseln basaltischen Ursprungs wie Samoa und den Korallenatollen und Riffinseln von Kiribati, den nördlichen Cook-Inseln und Tuvalu. Auch politisch liegen große Unterschiede vor. Tonga war als einzige Inselgruppe niemals eine Kolonie. Erst 1962 wurde West-Samoa politisch unabhängig. Die meisten Inselgruppen haben inzwischen eine eigene Verfassung und Regierung. Mehrere Inselstaaten sind in ihrer Verfassung jedoch noch an ihre Kolonialstaaten gebunden: Amerikanisch-Samoa, das US Trust Territory der Pazifischen Inseln (und Guam) an die USA, Neukaledonien, Französisch-Polynesien, Wallis und Futuna an Frankreich. Bedeutende Unterschiede bestehen auch in der Wirtschaftsentwicklung zwischen den Inselstaaten. Fidschi hat inzwischen die erste Stufe für eine selbständige wirtschaftliche Weiterentwicklung erreicht. Die meisten Inselstaaten sind in ihrer Entwicklung jedoch weit hinter Fidschi zurückgeblieben und sehen sich großen Hindernissenn für eine gesunde Weiterentwicklung ausgesetzt. Die ärmsten Inselgruppen sind Tonga, Tokelau, Kiribati, Tuvalu, die Cook-Inseln und Niue. Sie sind arm an Bodenschätzen und völlig abhängig von Auslandshilfe und technischer Unterstützung. Besonders Kiribati und Tavalu sehen einer dunklen, an Malthus-Prophezeiungen erinnernden Zukunft entgegen. Einer rasch wachsenden Bevölkerung fehlt bebaubares Land und Auswanderungsmöglichkeiten.[5]

Die südpazifischen Inseln weisen eine große Vielfalt nicht nur in topographischer, demographischer und wirtschaftlicher, sondern auch in kultureller Hinsicht auf. Stammessprachen sind sehr unterschiedlich. Sitten und Gebräuche hängen davon ab, wann und wie intensiv die Inseln mit der modernen kapitalistischen Außenwelt in Berührung gekommen sind und in welchem Ausmaß sie deren Werte und Technologien übernommen haben. Trotz aller Vielfalt weisen die Inseln des Südpazifiks auch wichtige Gemeinsamkeiten auf: die Ressourcen eines gemeinsamen Ozeans, meist kargen Boden, keine oder nur wenige andere Ressourcen, eine gemeinsame Kolonialgeschichte und fast unlösbare Probleme, die sich aus begrenztem Raum, entlegenen und fragilen Insellagen und hohem Bevölkerungswachstum ergeben.

Am besten ist es noch um die größeren Inseln des westlichen Südpazifiks bestellt. Neukaledonien besitzt die drittgrößten Nickelreserven der Welt (hinter der UdSSR und Kanada), Kupfer und Gold wird in Papua-Neuguinea und Phosphate in Nauru abgebaut. Forstwirtschaft, Landwirtschaft (Zucker, Palmöl, Kokosnußöl, tropische Früchte und Gemüse, Kakao und Kaffee) und Fischerei wird auf allen größeren Inseln betrieben. Weitere Einnahmen kommen vom Tourismus. Inwieweit die einheimische Bevölkerung an den Einkünften aus Bergwerksproduktionen und Tourismus beteiligt ist, ist eine andere Frage. Die kleineren Inselgruppen haben dagegen nur die sie umgebende See als einzige natürliche Ressource. Lagunen und Riffbereiche sind teilweise aber so überfischt, daß jetzt auch hier neue Lösungen für die Ernährung der Inselbevölkerung, wie Aquakultur und Hochseefischerei, gefunden werden müssen. Tabelle 1 zeigt einen Überblick über Schätzungen der Bevölkerungszahlen, Landgröße, des dazugehörigen Seebereiches und Bevölkerungsdichte für die 22 Inselstaaten des Südpazifiks.

Inselstaat	Politischer Status	Geschätzte Bevölkerungszahl	Landbereich (in qkm)	Seebereich (in 000 qkm)	Bevölkerungsdichte (Pers./ qkm)
Amerikanisch-Samoa	US Territorium	35.200	197	216	179
Belau (offizieller Name ist Palau)	UN Trust Territorium unter US Verwaltung	15.000	509	629	29
Cook-Inseln	Selbstverwaltung in Kooperation mit Neuseeland	17.700	240	2.000	74
Fidschi [1])	Unabhängig	740.000	18.272	1.290	40
Französisch-Polynesien (mit Hauptinsel Tahiti)	Französisches Territorium	160.000	4.000	5.030	40
Guam	US Territorium	120.000	549	218	219
Kiribati (früher Gilbert Inseln)	Unabhängig	59.900	719	3.550	83
Marshall Inseln	Selbstverwaltung in Kooperation mit US	30.900	171	2.061.180	180
Mikronesien, Vereinigte Republiken (FSM: Yap, Truk, Pohnpei & Kosrei)	Unabhängig. Selbstverwaltung in freier Verbindung mit US	94.000	704	3.367	134
Nauru	Unabhängig	8.500	26	320	327
Neukaledonien	Französ. Territor.	145.400	19.103	1.740	8

Tab. 1: Wirtschaftsstruktur der Südpazifischen Inselstaaten: Bevölkerung, Politischer Status, Land- und Seebereich

Inselstaat	Politischer Status	Geschätzte Bevölkerungszahl	Landbereich (in qkm)	Seebereich (in 000 qkm)	Bevölkerungsdichte (Pers./qkm)
Niue	Selbstverwaltung in Kooperation mit Neuseeland	3.300	259	168	13
Nördliche Marianneninseln (Saipan)	US Commonwealth	20.000	478	777	42
Papua-Neuguinea [1])	Unabhängig	3.590.000	462.800	3.120	8
Pitcairn-Inseln	Unabhängig von England	53	4	1	12
Solomon-Inseln	Unabhängig	258.000	27.556	1.340	9
Tokelau	Abhängig von Neuseeland	1.700	12	288	142
Tonga	Unabhängig	98.400	671	700	147
Tuvalu	Unabhängig	8.700	26	900	335
Vanuatu (früher Neue Hebriden)	Unabhängig	128.000	11.880	680	11
Wallis und Futuna	Französisches Territorium	11.300	274	300	41
Western Samoa	Unabhängig	162.400	2.860	120	57
Insgesamt		5.708.453	551.310	28.815	10

Tab. 1: Wirtschaftsstruktur der Südpazifischen Inselstaaten: Bevölkerung, Politischer Status, Land- und Seebereich (Fortsetzung)

Quelle: South Pacific Commission (SPC), South Pacific Economies: Summary. Noumea 1987; 1987 Pacific World Directorry, Saipan 10/1986

1) Asian Development Outlook 1989, Schätzungen der Asian Development Bank für 1988, S. 205.

Export ist immer noch im ersten Stadium der Entwicklung. Unbearbeitete Mineralien, landwirtschaftliche Rohprodukte und Nahrungsmittel bilden den Hauptexportanteil. Auf der anderen Seite ist die Abhängigkeit von Importen hoch. Sie ist die Folge wirtschaftlicher Entwicklungsprojekte und die damit gewachsene Nachfrage nach Konsumwaren. Je nach Inselgruppen sind Chemikalien, Mineralölprodukte, Maschinen und Transportgeräte besonders gefragt. Da der Wert der Importe den der Exporte im allgemeinen übersteigt, weist die Handelsbilanz der meisten Inselstaaten ein chronisches Defizit auf. Als Folge haben viele Regierungen schwerwiegende Korrektivmaßnahmen verhängt, die unter anderem Importkontrollen, Währungsabwertungen und Devisenbeschränkungen einschließen. Das Sprichwort „Der Handel folgt der Fahne“ gilt immer noch für den Verlauf vieler Handelswege im Südpazifik.

Fast 60% aller Exporte gehen nach Europa und Japan. Amerikanisch-Samoa führt 98% des Gesamtexports nach den USA aus, die Cook-Inseln 99% und Niue 94% nach Neuseeland, Kiribati 89% nach England, Neukaledonien 59% und Französisch-Polynesien 72% nach Frankreich. Nach Japan werden Fischprodukte von Amerikanisch-Samoa, Nickel von Neukaledonien, Kupfer und Erze von Papua-Neuguinea und Holzprodukte von den Solomon-Inseln ausgeführt. Mehr Handel wird zukünftig mit Australien und Neuseeland mit dem Ausbau regulärer Schiffahrts- und Fluglinien erwartet.[6]

Die wichtigsten Importkategorien der Inselregion umfassen Maschinen und Transportmittel, Treibstoff, Nahrungsmittel und Fertigprodukte. Australien ist das führende Importland. Frankreich steht an zweiter Stelle, gefolgt von den Vereinigten Staaten, Japan und Neuseeland. Einfuhren aus der BRD sind gering. Sie sind unter der Rubrik „Europa: Sonstige“ erfaßt und werden auf 4,5% des Wertes der Gesamtimporte der Region geschätzt.[7] Papua-Neuguinea importiert hauptsächlich von Australien, Amerikanisch-Samoa von den USA, Neukaledonien und Französisch-Polynesien von Frankreich und das zentralpolynesische Gebiet von Neuseeland. Andere Faktoren sind natürlich auch mitbestimmend, z.B. Verschiffungsmöglichkeiten, Auswahl, Qualität, Preise und Finanzierungsmöglichkeiten, Zollhöhe und Bedingungen der Auslandshilfe für diese Länder.

2.2 Strategien und Gegenstrategien

Es kommt natürlich darauf an, in welche Geschäfte man mit den südpazifischen Inseln eintreten will: Will man exportieren, importieren oder in Rohstoffquellen oder Produktionsstätten investieren? Falls man Strategien auswählt, die einen längeren Aufenthalt im Lande erfordern oder den laufenden Umgang mit der einheimischen Bevölkerung als Geschäftspartner, Angestellte oder Arbeiter vorsehen, so ist es besonders wichtig, daß man sich über alle Dimensionen, die eine Geschäftsverbindung mit Menschen einer fremden Kultur berühren, eingehend unterrichtet. Dies gilt besonders für die Kulturen der südpazifischen Inseln. Geografische, wirtschaftliche und politische Mindestvoraussetzungen wie z.B. nicht zu hohe Transportkosten, keine Handelsbarrieren, angemessenes Marktpotential und Kaufkraft der Bevölkerung, akzeptable Wettbewerbssituation, Eigentumsschutz, politische Sicherheit, Konvertibilität der Währung usw. müssen natürlich vorliegen, ehe eine kulturelle Analyse unternommen werden kann.

Kulturen analysiert man am besten von der systematischen Perspektive der Anthropologie, die folgende Komponenten einer Kultur unterscheidet:

- Materielle Kulturkomponenten (Technologie und Volkswirtschaft)
- Gesellschaftliche Institutionen
- Menschliche Existenzfragen und die übersinnliche Welt
- Ästhetische Aspekte
- Sprache und Dialekte.[8]

Die *materielle Kulturkomponente* umfaßt den technologischen Stand einer Gesellschaft. Bis zu welchem Kompliziertheitsgrad können Insulaner beispielsweise Maschinen bedienen und warten? Können sie die Bedienung von Maschinen innerhalb einer begrenzten Zeitspanne erlernen? Eine weitere Untergruppe der materiellen Kultur bezieht sich auf volkswirtschaftliche Grundfragen, die Art und Weise, in der Güter produziert, verteilt und konsumiert werden, von welchen Quellen Einkünfte erzielt werden, wie Kaufkraft und Eigentum verteilt ist.

Eine andere Kulturkomponente bezieht sich auf *gesellschaftliche Einrichtungen*, auf die Organisation der Gesellschaft und die Beziehungen der Menschen zueinander, Erziehungswesen und politische Verfassung. Die Rolle, die Männer und Frauen in der Gesellschaft einnehmen, das Verhältnis von Jugend zum Alter, Fragen der Arbeitsteilung, der Familien- und gesellschaftlichen Klassenstruktur beeinflussen persönliche Werte, Prioritäten und Moral, Verhaltensweisen und Lebensstil.

Das *Verhältnis zum menschlichen Dasein und der übersinnlichen Welt* stellen eine dritte Komponente einer Kultur dar. Der Einfluß der Religion auf die Lebensauffassung einer Gesellschaft und auf die Wirtschaft kann nicht hoch genug eingeschätzt werden. Was man in westlichen Ländern als Aberglaube abtut, sind kritische Aspekte des Geschäftslebens im südpazifischen Raum, z.B. die Wahl von bildlichen Symbolen und Materialien, der richtigen Zahl und Farbe, passende Himmelsrichtung, Mondphase und Sternenkonstellation.

Die *Ästhetik* der südpazifischen Kulturen sind für den westlichen Geschäftsmann ebenfalls von Interesse, weil sie den Durchschnittsgeschmack eines Volkes ausdrücken, der seinerseits in der Auswahl und Gestaltung von Produkten im Außenhandel offenbar wird. Der Westen ist in Fragen des Geschmackes in diesem Jahrhundert ja recht tolerant geworden. Das gilt aber keinesfalls für den Geschmack südpazifischer Inselbevölkerungen und den Symbolgehalt spezifischer Gegenstände und Materialien. Die ästhetische Kulturkomponente findet ihren Ausdruck in der Architektur, Gebrauchsgegenständen, in Produkten des Kunsthandwerks, Folklore, Musik und dem Tanz eines Volkes.

Die letzte aber deswegen nicht weniger wichtige Komponente einer Kultur stellt die *Sprache* dar. Die vier Grundsprachen im Südpazifik sind Melanesisch, Papuanisch, Mikronesisch und Polynesisch. Hunderte von Dialekten dieser Grundsprachen werden auf den einzelnen Inseln gesprochen. Die Sprache der Geschäftswelt ist Englisch mit Ausnahme von Tahiti, Neukaledonien und Französisch-Polynesien, auf denen Französisch gesprochen wird und Vanuatu, wo Französisch und Englisch gesprochen wird.

2.3 Deutsch-südpazifische Denkkontraste im kulturellen und geschäftlichen Bereich

In Abbildung 2 sind die zum Teil recht erheblichen Kontraste zwischen deutscher Denkart und südpazifischer Auffassung zusammengefaßt. Sie erstrecken sich über die Art, wie man sich auf die Zukunft einrichtet, über den Sinn der Arbeit, Tradition und Fortschritt bis hin zum Verhältnis der einheimischen Bevölkerung zu Einwanderern und Ausländern.

Repräsentative Aspekte deutscher Kultur	Repräsentative Aspekte südpazifischer Kulturen	Einfluß auf Geschäftsbereich und Verhaltensrichtlinien
Zukunftsbestimmung Jedermann kann seine Zukunft mitprägen: „Wo ein Wille ist, da ist auch ein Weg!" Und „Jeder ist seines Glückes Schmied!"	Das Schicksal des Menschen ist im großen und ganzen vorbestimmt und unterliegt dem Willen der Götter. Der Mensch lebt in der Gegenwart und mit seinen Traditionen in der Vergangenheit und nicht in der Zukunft.	**Strategische Planung** sollte man keinem Insulaner übertragen, sondern selbst ausführen.
Verhältnis zur Natur Der einzelne kann und darf die Natur und die Umwelt, in der er lebt, beeinflussen und verändern.	Man soll sich den Erfordernissen und Kräften der Natur anpassen und sich ihr nicht entgegenstemmen.	**Arbeitsplanung und Motivation/ Ökologische Tabus:** Bei wichtigen Entscheidungen und Aktionen sollte man die natürliche Umwelt nicht zerstören, sondern Harmonie zwischen Natur und betrieblichen Notwendigkeiten suchen.

Abb. 2: Deutsch-südpazifische Kulturkontraste im Geschäftsbereich

Repräsentative Aspekte deutscher Kultur	Repräsentative Aspekte südpazifischer Kulturen	Einfluß auf Geschäftsbereich und Verhaltensrichtlinien
Sinn der Arbeit Arbeit macht Spaß und ist Lebenszweck.	Arbeiten, um Geld zu verdienen, ist etwas ganz anderes als für die Familie oder den Stamm zu schaffen. Das erste muß man tun, um etwas für die Familie kaufen zu können, das andere ist eine selbstverständliche Pflicht als Mitglied der Familie und des Clans und macht Spaß.	**Motivation und betriebliches Anreizsystem:** Nicht Eigennutz, sondern Vorteile für die Familie und den Clan sollten als Sinn der Arbeit herausgestellt werden.
Verpflichtungen Verbindlichkeiten, die man eingegangen ist, muß man getreu dem Satz erfüllen: „Pacta sunt servanda“.	Jede Verbindlichkeit ist nur eine Absicht, etwas zu tun oder auszutauschen. Es kann andere Verpflichtungen geben, die höhere Priorität haben.	**Geschäftsverträge und Verhandlungstaktiken:** Arbeitsverträge sollten so abgefaßt sein, daß Verpflichtungen von beiden Seiten bei relativ kurzen Kündigungsfristen aufgelöst werden können, da man sowieso die Einhaltung langfristiger Verpflichtungen nicht erwarten kann.
Zeit „Zeit ist Geld!“	Zeit ist ein freies Gut, das jeder im Überfluß hat. Man kann Zeit mit der unendlichen See vergleichen.	**Effizienz der Arbeit und Terminplanung:** Daß Zeit im Wirtschaftsleben Geld bedeutet, sollte man dadurch zum Ausdruck bringen, daß man die Bezahlung mit der erfüllten Leistung als

Abb. 2: Deutsch-südpazifische Kulturkontraste im Geschäftsbereich (Fortsetzung)

Repräsentative Aspekte deutscher Kultur	Repräsentative Aspekte südpazifischer Kulturen	Einfluß auf Geschäftsbereich und Verhaltensrichtlinien
		Werkslohn koppelt oder nicht zu knapp bemessene Primär- und Sekundärtermine zur Leistungserfüllung im gegenseitigen Einvernehmen setzt, aber nicht unbedingt erwartet, daß Termine eingehalten werden.
Berufszweck Erfolg im Beruf ist das wichtigste und menschlich erfüllende Kriterium im Leben eines Mannes.	Der Hauptsinn menschlichen Daseins liegt in der Familien- und Stammesharmonie.	Die Bewahrung harmonischer zwischenmenschlicher Beziehungen muß um jeden Preis am Arbeitsplatz gewahrt werden und im Mittelpunkt **innerbetrieblicher Zielsetzungen und Planungsprioritäten** stehen.
Lebenszweck Kompromißlose Zielstrebigkeit und harte Arbeit ist lebenserfüllend und führt zu wirtschaftlichem und gesellschaftlichem Erfolg.	Das Leben kann mit einem Boot verglichen werden. Es erfordert ständiges balancieren und Kompromisse.	**Arbeitsteilung und Aufsicht:** Im Arbeitsalltag sollte man ständig auf Kompromisse und Nachsicht vorbereitet sein. Primäraufgabe einer Arbeitsaufsicht ist es, Streit zu schlichten und Arbeit und Entlohnung gerecht zu verteilen.
Materialismus Materieller Erfolg ist in unserer modernen Gesellschaft äußerst wichtig.	Materielles ist unwichtig. Harmonische zwischenmenschliche Beziehun-	**Organisationsentwicklung**: Nicht so sehr Beförderun-

Abb. 2: Deutsch-südpazifische Kulturkontraste im Geschäftsbereich (Fortsetzung)

Repräsentative Aspekte deutscher Kultur	**Repräsentative Aspekte südpazifischer Kulturen**	**Einfluß auf Geschäftsbereich und Verhaltensrichtlinien**
Er führt zu Freiheit und Ansehen auf vielen Bereichen.	gen und gemeinsames Teilen ist der Sinn menschlichen Lebens.	gen oder höhere Löhne und Gehälter, sondern sinnvolle zwischenmenschliche Beziehungen sollten das Hauptinstrumentarium organisatorischer Entwicklung darstellen.
Land- und Eigentumsrechte Eigentums- und Besitzrechte bilden die Grundlage unserer Gesellschafts- und Wirtschaftsverfassung. Ohne sie sind keine wirtschaftlichen Tätigkeiten und Anreize vorstellbar. Für viele ist die Hoffnung auf ein eigenes Häuschen Lebensraum und Lebenszweck.	Das Streben nach Eigentum und Besitz verdirbt den Charakter des einzelnen und die Tradition eines Volkes. Land ist für die Nutzung aller da. Es ist unveräußerlich. Nur die Gemeinschaft kann Land besitzen.	**Eigentums- und Besitzrechte und -strategien:** Im allgemeinen kann man davon ausgehen, daß ausländische Wirtschaftsunternehmen nur die Erlaubnis haben, laufende Geschäfte abzuwickeln. Der Erwerb von Grundstücken und Spekulation mit Immobilien aber ist Ausländern, häufig auch der einheimischen Bevölkerung, nicht gestattet. Nur unter diesen Voraussetzungen empfiehlt es sich, Investitionen zu planen.
Formalitäten Es mag zutreffen, daß der Deutsche formeller im Umgang mit anderen ist als der Australier oder Amerikaner. Das bezieht sich auch auf die Begrüßung, Gesellschaftsetiketten, Kleidung und	Gesellschaftlicher Rang, Formalitäten und Rituale sind im zwischenmenschlichen Verhältnis äußerst wichtig. Jeder gewinnt auf diese Weise. Die Macht und Entscheidungsfreiheit liegt in der Hand des	**Geschäftsetikette, Umgangsformen, Höflichkeit:** Stammestitel sollten so lange benutzt werden, bis einem angeboten wird, eine weniger formelle Anrede zu verwenden.

Abb. 2: Deutsch-südpazifische Kulturkontraste im Geschäftsbereich (Fortsetzung)

Repräsentative Aspekte deutscher Kultur	Repräsentative Aspekte südpazifischer Kulturen	Einfluß auf Geschäftsbereich und Verhaltensrichtlinien
den Gebrauch von Titeln und Nachnamen (statt Vornamen). In fremden Kulturen kann sich der deutsche Geschäftsmann jedoch auch schnell auf fremde Sitten umstellen.	Stammeshäuptlings. Sie sind ihm zum Wohle seines Stammes übertragen.	Dieses Angebot gilt jedoch nicht vor öffentlicher Versammlung. Hier empfiehlt sich der Gebrauch höherer Stammestitel.
Prioritäten Jeder Arbeitnehmer ist in erster Linie seinem Unternehmen verpflichtet. Auch Familienverpflichtungen müssen hinter dringenden Geschäften zurückstehen.	Die erste Verpflichtung eines Mannes hat seiner Familie und seinem Clan zu gelten. Mit dem Betrieb verbindet ihn gegenseitige Loyalität.	**Loyalität dem Unternehmen gegenüber** muß auf gegenseitigen Verpflichtungen und Rechten beruhen und mit anderen Verpflichtungen im Einklang stehen. Loyalität muß immer wieder durch die Tat – auch von der Arbeitgeberseite – bestätigt werden.
Entgelt Jeder ist berechtigt, für geleistete Arbeit ein angemessenes Entgelt zu erhalten.	Derjenige, der Arbeit geleistet hat, darf erwarten, daß der Arbeitgeber auch nach Ablauf des Dienstvertrages für den Lebensunterhalt des ausgeschiedenen Arbeitnehmers und seiner Familie aufkommt. Es ist besser zu geben als zu nehmen!	**Langfristige und kurzfristige Arbeitsverträge, Lohn- und Gehaltssystem:** Man muß davon ausgehen, daß praktisch jeder Arbeitsvertrag ein Dauerverhältnis begründet.
Einstellung und Beförderung Der bestqualifizierten Person gebührt die offene	Rang, Stammeszugehörigkeit, ethnische Herkunft, Familienkontakte	**Arbeitsverträge, Beförderungen, Neueinstellungen und Beloh-**

Abb. 2: Deutsch-südpazifische Kulturkontraste im Geschäftsbereich (Fortsetzung)

Repräsentative Aspekte deutscher Kultur	**Repräsentative Aspekte südpazifischer Kulturen**	**Einfluß auf Geschäftsbereich und Verhaltensrichtlinien**
Stelle bzw. die Beförderung.	und Freundschaft sind die entscheidenden Kriterien für Einstellung und Beförderung.	**nung/Leistungsanreiz:** In der Einstellung und Beförderung von Insulanern muß man sich unbedingt den örtlichen Erwartungen anpassen, weil es sonst zu erheblichen Streitigkeiten kommen kann.
Freie Meinungsäußerungen Freie Meinungsäußerung ist im allgemeinen wünschenswert, besonders wenn Differenzen höflich und mit gegenseitigem Respekt ausgetragen werden.	Der Chef wird es schon besser wissen. Man darf ihm nicht widersprechen. Auch der Gegner darf in keinem Falle in der Debatte „sein Gesicht verlieren!“	Das Vorbringen von **Kritik** oder einer anderen Meinung ist nur in begrenztem Maße erwünscht. Klassenvorrechte in der Gesellschaftshierarchie müssen unbedingt bewahrt werden.
Wettbewerb Wettbewerb am Arbeitsplatz ist wünschenswert. Er trägt zur höheren Leistung bei.	Wettbewerb ist nicht wünschenswert. Er ist der Gegensatz von Kooperation und führt zu Konflikten und Eigensucht. Wettbewerb ist nur für harmlose Spiele akzeptabel.	**Leistungsanreiz:** Kooperation sollte gefördert, innerbetrieblicher Wettbewerb unterbunden werden.
Tradition und Fortschritt Veränderungen und Verbesserungen bedeuten Fortschritt.	Der Beachtung von Tradition und Erhaltung von Gebräuchen kommt eine wichtige gesellschaftsfördernde Funktion in	**Planung, Innovation und Verbesserungen:** Der Beachtung von Stammestraditionen sollte man stets Vorrang vor betrieb-

Abb. 2: Deutsch-südpazifische Kulturkontraste im Geschäftsbereich (Fortsetzung)

Repräsentative Aspekte deutscher Kultur	Repräsentative Aspekte südpazifischer Kulturen	Einfluß auf Geschäftsbereich und Verhaltensrichtlinien
	zwischenmenschlichen Beziehungen und Dasein eines Volkes zu.	lichen Änderungen geben.
Fremde und Ausländer Deutsche reisen gern in fremde und ferne Länder. Ausländer werden deshalb im allgemeinen willkommen geheißen. Es kommt darauf an, woher sie kommen, weshalb sie sich in der BRD aufhalten und wie sie sich benehmen. Die deutsche Bundesregierung hilft kräftig mit: Aus „Fremdarbeitern" wurden „Gastarbeiter".	Fremde und Ausländer sind nur dann willkommen, wenn es nicht zu viele sind und wenn sie sich wie Gäste und nicht wie Herrscher benehmen, sich den einheimischen Gebräuchen anpassen, Traditionen respektieren und einen echten Beitrag zur wirtschaftlichen Entwicklung leisten. Nach Auffassung von Sprechern der einheimischen Bevölkerung dominieren indische und chinesische Kaufleute den Handel und die meisten Gewerbezweige in den Städten, schließen Geschäfte ausschließlich untereinander ab und sind mit ihrer Diskriminierung gegen die Bevölkerung zu einem Problem für die gesunde Wirtschaftsentwicklung und den Sozialfrieden auf zahlreichen Inselstaaten geworden.	**Ausländische Investitionen/Ausländische Manager:** Der deutsche Geschäftsmann muß örtliche Geschäftspartner, Angestellte und Arbeiter außer Fähigkeiten und Berufserfahrung auch nach rassisch-kulturellen Kriterien aussuchen: Mit welcher Bevölkerungszielgruppe soll das örtliche Geschäft erschlossen werden? Wie wichtig sind Behördenkontakte und Beziehungen zum Handel und Lieferanten? Welche Bevölkerungsgruppen kontrollieren welche Wirtschaftszweige? All diese und andere Fragen müssen beantwortet werden, ehe Personalentscheidungen getroffen werden können.

Abb. 2: Deutsch-südpazifische Kulturkontraste im Geschäftsbereich (Fortsetzung)

3. Die Wirtschaftsstruktur von Neuseeland

Neuseeland erstreckt sich über eine Fläche von 269.000 km^2. Das entspricht mehr als der Größe der BRD bei einer Gesamtbevölkerung von nur 3,3 Mio. und einer jährlichen Zuwachsrate von 0,8%. Die Bevölkerung setzt sich aus 88% Europäern, 9% Maori und 3% andersstämmigen Polynesiern zusammen. Von 1,7 Mio. Arbeitskräften sind 12% in der Landwirtschaft und im Bergbau, 41% in Industrie und Handel und 47% im Dienstleistungsgewerbe und Staatsdienst beschäftigt. Der Militärhaushalt beläuft sich auf weniger als 2% des Bruttosozialprodukts.[9] Für 1989 schätzt man das Pro-Kopf-Einkommen auf 19.626 NS$[10] bei einer negativen Realzuwachsrate von -0,3 und einer Inflationsrate von 4,7%.[11]

Neuseeland war seit vielen Jahren ein effizienter Produzent landwirtschaftlicher Erzeugnisse. Neuseeländer waren deshalb noch bis vor drei Jahrzehnten an wirtschaftliche Prosperität mit Hilfe von Exporten ihrer landwirtschaftlichen Produkte, vor allem Wolle, Fleisch- und Milchprodukte, gewöhnt. Mit den Jahren unterhöhlte eine extrem protektionistische Gesetzgebung aber immer mehr den gesunden Wettbewerb. Sie trug zur Entwicklung einer mit hohen Kosten belasteten, international nicht wettbewerbsfähigen Industriestruktur bei. Die Folge war, daß sich Neuseelands Wirtschaftswachstum immer mehr verlangsamte und die Landwirtschaft ihre wirtschaftliche Bedeutung verlor.

Seit den Wahlen von 1984 hat die gegenwärtige Labour-Regierung jedoch ein weitreichendes Programm für die industrielle Restrukturierung in Verbindung mit antiinflationären Maßnahmen durchgeführt. Ziel ist es, Neuseelands wirtschaftlichen Abstieg aufzufangen und die wirtschaftliche Erholung mit Hilfe echter Wettbewerbsfähigkeit anzukurbeln. Bisher war die neue Wirtschaftspolitik aber recht schmerzhafte Medizin für viele Bereiche der Wirtschaft.

Die von der Regierung durchgeführten Reformmaßnahmen haben zu erheblichen Anpassungsschwierigkeiten in zahlreichen Sektoren und zu hoher Arbeitslosigkeit von mehr als 11% geführt. Importrestriktionen wurden gelockert, freie Wechselkurse eingeführt, Kontrollen für Zinsen, Löhne und Preise aufgehoben und die extrem progressiven Sätze der Einkommensteuer gemildert. Zugleich wurde der Einfluß des Staates in vielen Bereichen der Wirtschaft zurückgedrängt. Eine deflationäre Währungspolitik mittels Reduzierung des Staatshaushaltsdefizits und Kreditrestriktionen hat die Inflationsrate von 18,9% (1987) auf 9,0% im folgenden Jahr und 1989 auf 4,8% heruntergedrückt. Obwohl die Arbeitslosenrate inzwischen auf 6% gefallen ist, hat das Problem der Arbeitslosigkeit nun die Inflation als politisches Hauptthema abgelöst. Selbst wenn Neuseelands Wirtschaft sich in den nächsten Jahren erholen sollte, wird jedoch kein weiterer Rückgang der gegenwärtigen Arbeitslosenquote erwartet. Diese negativen Aussichten hatten zur Folge, daß viele hochqualifizierte Neuseeländer ihr Land auf der Suche nach Arbeitsplätzen in den letzten Jahren verlassen haben.

Als Hauptexporteur landwirtschaftlicher Produkte sind Marktpreise und Zugang zu Weltmärkten wichtige Determinanten für Neuseelands wirtschaftliche Zukunft. Der hohe Wechselkurs für den neuseeländischen Dollar beeinträchtigt allerdings die Wettbewerbsfähigkeit des Exportsektors, während er zur gleichen Zeit den Import ausländischer Produkte trotz gesunkener einheimischer Nachfrage anregt. Erweiterte Kieferplantagen für die holz- und papierverarbeitende Industrie, eine in den letzten Jahren in Betrieb genommene Erdölraffinerie, eine modernisierte Eisen- und Stahlindustrie für die Verarbeitung von Neuseelands Eisensand, eine petrochemische Industrie und eine Aluminiumschmelzhütte, die den billigen Elektrizitätsüberschuß der erweiterten hydroelektrischen Kraftwerke ausnutzt, reiche Reserven an Erdgas sowie wachsender Fremdenverkehr[12] werden zu Neuseelands wirtschaftlichen Gesundung beitragen.

Der Gesamtexport Neuseelands beläuft sich auf etwa 22% des Nettosozialproduktes (GDP). England war viele Jahre Neuseelands wichtigster Handelspartner. Seit Ende des Zweiten Weltkrieges, besonders seit Englands Eintritt in den Gemeinsamen Markt 1973, ist der Handel zwischen den beiden Ländern jedoch immer mehr zurückgegangen. Neuseelands Regierung ist sehr darum bemüht, den Zugang zum Gemeinsamen Markt für Neuseelands Milch- und Fleischprodukte zu erhalten. Australien und Japan sind inzwischen Neuseelands wichtigste Handelspartner geworden, gefolgt von den Vereinigten

Staaten und England. Die BRD liegt als Einfuhrland hinter England an fünfter Stelle und als Abnehmer neuseeländischer Waren hinter China an sechster Stelle. Neuseeland importierte 1988 mehr als doppelt so viel von der BRD als es in die BRD exportierte.[13] Australien und Neuseeland sind im Begriff, 1990 einen Gemeinsamen Markt (Closer Economic Relationship) für rund 19 Mio. Konsumenten (Australien 16,5 Mio. und Neuseeland 3,3 Mio.) zu bilden.

Die jetzt wieder von marktwirtschaftlichen Kräften regulierten und von staatlichen Interventionen verschonte Wirtschaft Neuseelands bietet europäischen Exporteuren und Kapitalanlegern zahlreiche Geschäftsmöglichkeiten. Ausgezeichnete Gelegenheiten für Direktinvestitionen bieten sich in den chemischen und lebensmittelverarbeitenden Sektoren, in der Holz- und Papierverarbeitung, im Finanzierungsgeschäft, in der Fremdenverkehrsindustrie und im Franchising.

4. Anmerkungen/Literatur

Anmerkungen

1 *U.S. Department of State, Bureau of Public Affairs*, Background Notes: Australia, Washington DC 3/1989, Schätzungen von 1988

2 ebenda, Statistiken von 1988 oder Dezember 1987, Umrechnungskurse am 14.11.1989 A$ 0,7870 = US$ 1,00; DM 0,5356 = US$ 1,00

3 ebenda

4 Vgl. *U.S. Dept. of Commerce, International Trade Administration*, Overseas Business Reports: Market Profile for South Pacific Islands, Washington DC, April 1983 und *Fairbairn, T.*, Island Economics: Studies from the South Pacific, Suva 1985

5 *South Pacific Bureau for Economic Co-Operation* (SPEC), Closer Economic Co-Operation Among SPEC Island Members (Free Trade Area), Suva 1982

6 Vgl. *Fairbairn*, Tabellen 4.1 und 4.5

7 Vgl. *Fairbairn*, Tabellen 4.6 und 4.8

8 Vgl. *Herskovits, M.*, Man and His Works, New York 1952; *Hall, E.*, Beyond Culture, New York 1976

9 *U.S. Department of State, Bureau of Public Affairs*, Background Notes: New Zealand, Washington DC 7/1989, Schätzungen für 1988

10 NS$ 19.626 entsprechen DM 19.432 bei einem Umrechnungskurs von NS$ 0,99 für DM 1,– (Stand 2.1.1990)

11 *U.S. Department of Commerce, International Trade Administration*, prepared by American Embassy Wellington, Foreign Economic Trends and Their Implications for the United States, Washington DC 1/1989, Schätzungen für 1989

12 Im Fiskaljahr, das am 31.3.1988 endete, hatten 855.000 Personen (einschließlich 651.000 Touristen) Neuseeland besucht. Das entspricht einer Zuwachsrate von 34% gegenüber der Besucherzahl des Vorjahres; Vgl. *Paxton, J.*, editor: The Statesman's Year-Book 1989–1990, New York 1989

13 Einer Einfuhr von der BRD in Höhe von NS$ 598 Mio. standen NS$ 294 Mio. während des Berechnungszeitraumes vom 1.7.1987–30.6.1988 gegenüber. Im gleichen Zeitraum beliefen sich Importe von Australien auf NS$ 2267 Mio., von Japan auf NS$ 1865 Mio., den USA auf NS$ 1683 Mio. und England auf NS$ 1015 Mio., vgl. ebenda

Literatur

Asian Productivity Organization: Tourism Development for the South Pacific: Marketing Strategies and Regional Cooperation, Tokyo 1988

Fairbairn, T. (Hrsg.): Island Entrepreneurs: Problems and Performances in the Pacific, Honolulu HI 1988

Fairbairn, T.: Island Economies: Studies from the South Pacific, Suva, Fidschi 1985

Freeman, D.: Margaret Mead and Samoa: The Making and Unmaking of an Anthropological Myth, Canberra 1983

Hall, E.: Beyond Culture, New York 1976

Herskovits, M.: Man and His Works, New York 1952

South Pacific Bureau for Economic Co-Operation (SPEC): Closer Economic Cooperation Among SPEC Island Members, Suva 1982

U.S. Department of Commerce, International Trade Administration: Overseas Business Reports:
Market Profile for South Pacific Islands, Washington DC, 1983

U.S. Department of State, Bureau of Public Affairs: Background Notes: Australia, Washington D.C. 1989

Paxton, J. (editor): The Statesman's Year-Book 1989–1990, New York 1989

U.S. Department of Commerce, International Trade Administration, prepared by the American Embassy Wellington: Foreign Economic Trends and Their Implications for the United States, Washington DC, 1/1989

U.S. Department of State. Bureau of Public Affairs: Background Notes: New Zealand, Washington DC, 7/1989

Ist ein Yen-Block möglich?

Hiroya Iwasaki

1. Vorbemerkung

Der Präsident der Deutschen Bundesbank, Karl-Otto Pöhl, bemerkte letztes Jahr, daß es einigen der schnell wachsenden asiatischen Volkswirtschaften anzuraten sei, mit ihren Währungen dem Yen anstatt dem Dollar zu folgen.[1] Man spekuliert, daß sich im Pazifischen Becken bereits ein Yen-Block heranbildet.

Der Fortschritt bei dem Abbau der Barrieren auf den Gebieten Handel, Arbeit und Kapital innerhalb Europas war spektakulär, wenn wir ihn mit den sich schwerfällig dahinschleppenden Verhandlungen im Rahmen des GATT über eine Ausweitung des internationalen Handels vergleichen. Auf weltweiter Ebene ereignet es sich allzu oft, daß spezifische nationale Interessen der Beseitigung von restriktiven Tarifen und Praktiken, die Industrie und Handel schützen, im Wege stehen. Neuerdings wächst die Besorgnis, daß der Erfolg der regionalen Handelsblöcke in Europa und Nordamerika dahin führen könnte, daß ein wirklicher Fortschritt bei der Liberalisierung dieses innerstaatlichen Handels immer unwahrscheinlicher wird.

Vorstellungen von einer „Festung Europa" bereiten dem unbeteiligten Außenstehenden sogar noch mehr Sorgen, wenn sich die Möglichkeit ergibt, daß die Europäische Gemeinschaft sich noch erweitert oder die sich bildende Freihandelszone in Nordamerika weiter nach Süden expandieren könnte. Wenn die neuen Herausforderungen in Osteuropa und die Aussicht auf langsameres Wachstum in den USA dazu führen, daß eine Region zunehmend auf sich selbst schaut, dann werden die Handelsaussichten für Asien, Südamerika und Afrika zunehmend schwächer. Diese Besorgnisse bekräftigen Spekulationen darüber, daß große Handelsblöcke in anderen Teilen der Welt, insbesondere in Süd- und Ostasien geschaffen werden.

Obgleich es theoretisch leicht machbar erscheint, die Märkte des Pazifiks zu öffnen, mögen manche doch einen um Japan herum angelegten Handelsblock

1 Dieser Beitrag wurde aus dem Englischen übersetzt.

kaum als etwas anderes als ein Mittel ansehen, der wirtschaftlichen Kraft Japans politische Macht hinzuzufügen. Dies wiederum könnte andererseits Schutz- bzw. Abwehrreaktionen heraufbeschwören, und die Aussicht auf Handelskriege zwischen mächtigen geografischen Handelsblöcken wird auch von merkantilistisch denkenden Politikern befürchtet.

Meine Absicht ist es, in diesem Beitrag einige der wilden Spekulationen über das Heranwachsen eines „Yen Blocks" im Pazifik in einen Zusammenhang zu stellen. Einige dieser unfreundlichen Spekulationen wurden durch die Tatsache genährt, daß - bisher beinahe unbemerkt in Europa - das pazifische Becken die dynamischste Region in der Weltwirtschaft geworden ist und durchaus im 21. Jh. die Führerschaft vom Nordatlantik übernehmen könnte.

Sogar Japan allein wächst gegenwärtig schnell genug, um alle sieben Jahre das BSP einer fiktiven asiatischen Volkswirtschaft von der Größe des heutigen Großbritannien zu produzieren. Dies erst spät bemerkte Wachstum Asiens ließ Befürchtungen entstehen, eine durch Handel oder Währung verbundene Region im Pazifik könne eine protektionistische Bastion werden, von welcher aus der dynamische, hart arbeitende Osten einen unfairen Angriff auf den schläfrigen, gesättigten Westen unternehmen könne. Solche Spekulationen sind aber wenig hilfreich für beide Seiten und werden nicht dazu beitragen, den Fortgang eines gut abgestimmten Fortschrittes zum Wohle aller zu unterstützen.

Da vage Konzepte und weiträumige Spekulationen die Diskussion über eine asiatische Wirtschaftsgemeinschaft oder den „Yen-Block" kennzeichnen, möchte ich damit beginnen, einen genauen Blick auf die betroffenen Regionen und Ideen zu werfen.

2. Regionale Abgrenzung eines „Yen-Blocks"

Die erste Frage lautet: Wie groß ist die in Frage kommende Region? Einige Kommentatoren haben auf die gesamten asiatischen und pazifischen Regionen hingewiesen, die in eine tatsächliche oder potentielle japanische „Einfluß-Sphäre" geraten könnten. Dabei werden Ausdehnungen bis nach Kalifornien im Osten, Australien im Süden, Indien im Westen und bis zur chinesisch-sowjetischen Küstenregion im Norden beschrieben. Solche weitgefaßten Definitionen gipfeln in der Behauptung, daß ein neues innerpazifisches Wachstum zu einer überragenden Position im Welthandel führe. Studien zeigen z.B., daß der Handel über den Pazifik bereits einen größeren Umfang hat, als der Handel über den Atlantik. Einige Prognosen weisen darauf hin, daß der Handel zwischen den Ländern innerhalb Asiens während der neunziger Jahre durchaus den Handel über den Pazifik zu übertreffen vermag. Doch diese Zahlen berichten uns wenig über die Rolle von Japan oder die politischen Möglichkeiten neuer Handelsbindungen. Schließlich haben sich Handelsabschlüsse zwischen Nordamerika und Europa kaum sehr schnell entwickelt, obgleich eine lange Geschichte von engen Handelsbeziehungen über den Atlantik hinweg besteht.

Das bedeutet, daß es wahrscheinlich hilfreicher ist, sich auf eine engere Gruppierung der freien Wirtschaften innerhalb der Reichweite Japans zu konzentrieren: allgemein gesprochen die asiatischen NICs (Newly Industrialized Countries) und die ASEAN-Gruppe. Die asiatischen NICs von Südkorea, Hongkong, Singapur und Taiwan haben in den letzten beiden Dekaden von Japan die Rolle der „am schnellsten wachsenden Volkswirtschaften" übernommen. Die Weiterentwicklung dieser Märkte, auch die „asiatischen Tiger" genannt, zu fortgeschrittenen Stufen der industriellen Entwicklung und der Innovation hat recht genau die früheren Entwicklungen in Japan widergespiegelt. Im hochpolitischen Zusammenhang der Handelsüberschüsse mit den USA werden sie nun ebenfalls wie Japan als „Missetäter" angesehen. Der gesamte Export ihrer Fertigungserzeugnisse kommt fast dem Japans gleich.

Die Tabelle 1 zeigt Niveaus und Wachstumsraten des Bruttosozialproduktes in allen neun betroffenen Ländern sowie Schätzungen ihrer Handelsgrößen. Es ist zu beachten, daß die Daten aus unterschiedlichen Quellen stammen und nicht gänzlich übereinstimmen.

Die dynamische Volkswirtschaften Asiens (im Vergleich mit OECD-Ländern)			
1987 BSP (in Bill. US$)		**1978–1987** durchschn. Realwachstum des BSP	**1988** Handelsexport (in Bill. US$)
Japan	2387	4,0%	265
NICs			
Hong Kong	47	9,5%	63
Singapur	20	7,5%	39
Südkorea	131	7,5%	61
Taiwan	97	8,5%	60
ASEAN-Länder			
Indonesien	70	keine Angaben	19
Malaysia	32	5,5%	21
Philippinen	34	2,0%	7
Thailand	48	5,5%	16
OECD-Länder			
USA	4524	2,50%	322
BR Deutschland	1124	1,75%	323
Großbritannien	679	1,75%	145

Tab. 1: Die dynamischen Volkswirtschaften Asiens
Quelle: Bank von Japan, UBS Phillips, OECD, IMF

Diese „NICs" mögen alle zusammen mit Japan bezüglich ihres Handels rivalisieren, aber sie tun dies eindeutig nicht in der Größenordnung ihres Outputs. Ihre Gesamtausbringung ist relativ gering – insgesamt wohl nur $^1/_8$ der japanischen Ausbringung. Das Wachstum gerade eines Jahres der japanischen Volkswirtschaft ist vergleichbar mit dem gesamten jährlichen Output Taiwans. Das bedeutet, daß – obgleich es vernünftig ist die NICs zusammen mit Japan als Länder, deren Handelsverbindungen ähnliche Probleme, Interessen und Potentiale aufzeigen, zu subsumieren – wir doch jeden Vorschlag zurückweisen müssen, daß sie an einer Wirtschaftsgemeinschaft mit Japan im gleichen Verhältnis partizipieren könnten, wie es in dieser Weise die Hauptländer der Europäischen Gemeinschaft vermögen.

Analytisch betrachtet ist die Identifikation ähnlicher Charakteristika zwischen den vier NICs und Japan ziemlich einfach. Alle vertrauen auf hochentwickelte Produktions- und Dienstleistungssektoren, um den Import von Rohstoffen zu finanzieren. Alle verfügen über lange bestehende Handelsüberschüsse. Alle konzentrieren sich vornehmlich auf die Produktion mit hoher Wertschöpfung, nachdem sie ihre Erfolge ursprünglich auf Massenfertigung mit niedriger Wertschöpfung gestützt hatten.

3. Einflußkriterien bei der Formierung einer asiatischen Wirtschaftsgemeinschaft

Verschiedene Kriterien können angeführt werden, wenn wir uns eine erfolgreiche Formierung einer regionalen Wirtschaftsgemeinschaft vorstellen.

Die Struktur von Handels- und Finanzbeziehungen, die Verteilung der verschiedenen Ressourcen zwischen den potentiellen Mitgliedsländern und der sozio-kulturelle Hintergrund haben immense Bedeutung.

3.1 Länderübergreifende Integration verschiedener Sektoren

Ein Beurteilungskriterium für das Ausmaß, in dem die verschiedenen Volkswirtschaften der Region begonnen haben, auf ähnlichen Entwicklungsniveaus zu operieren, ist der in den verschiedenen Sektoren erreichte Stand einer „horizontalen“, statt einer „vertikalen“ Integration. Allgemein ausgedrückt bedeutet vertikale Integration zwischen zwei Ländern, daß ein Land sich auf Rohstoffe konzentriert und das andere auf den Fertigungsprozeß. Horizontale Integration zwischen zwei Volkswirtschaften schließt den Handel von Fertigungsgütern und Komponenten in beide Richtungen ein. Zwischen den Wirtschaftssektoren in horizontal integrierten Volkswirtschaften kann man auch entweder prozeßabhängige Spezialisierung (verschiedene Stufen werden in unterschiedlichen Ländern produziert) oder produktabhängige Spezialisierung (einige konzentrieren sich z.B. auf Produkte mit niedriger Wertschöpfung und andere auf höherpreisige) erkennen. Die Handelsbeziehungen zwischen Japan und den asiatischen Ländern zeigen zunehmend eine gut entwickelte horizontale Integration bezüglich beidem, prozeß- und produktbezogener Spezialisierung. Mit der Kapitalfreizügigkeit und der wachsenden Bedeutung multinationaler Unternehmen (von denen viele japanischen Ursprungs sind) können Produktionsanlagen überall dort betrieben werden, wo kurzfristige Kostenvorteile dies erforderlich machen – und die Erfahrung zeigt, daß hochtechnologische Produktionsprozesse keine Standortbarrieren darstellen.

3.2 Handelsbarrieren

Die Tatsache von Handel und Integration deuten daher stark in die Richtung eines geschlossenen „Blocks“, der sich im asiatisch-pazifischen Raum auch ohne gesetzliche oder politische Arrangements ergibt. Solch ein Block würde aus Japan, den NICs und Teilen der ASEAN-Gruppe bestehen (siehe dazu Abb. 1). Schon jetzt bringt die Spezialisierung der Produktion höhere Effizienz und niedrigere Kosten für die Region als Ganzes. Solche Vorteile müssen durch die Abschaffung von Handelsbarrieren und die Akzeptanz von allgemeinen Standards und Regeln erweitert werden - was gerade auch für den Prozeß gilt, der innerhalb der Europäischen Gemeinschaft für 1992 verfolgt wird. Freie Beweglichkeit des Kapitals würde die Wirksamkeit des Preismechanismus und der Ressourcenallokation verbessern.

In der nachfolgenden Abbildung 1 wird das Wachstum der dynamischen asiatischen Staaten mit denen des gesamten OECD-Bereichs verglichen. Ein einheitlicher Index (1978 = 100) erlaubt es, die Wachstumsraten zu vergleichen, auch wenn die Niveaus der Bruttosozialprodukte sehr unterschiedlich sind.

Die Erfahrungen innerhalb der Europäischen Gemeinschaft lassen jedoch nicht erkennen, daß solche Prozesse leicht erreichbar wären. Hergebrachte Interessen, insbesondere im landwirtschaftlichen Bereich, können auch Politiker beeinflussen, die sich der freien Marktwirtschaft verschrieben haben. Auf breiter Ebene erkannte nationale Interessen können massive Behinderungen verursachen, die sich wachsender Produktstandardisierung und der Ab-

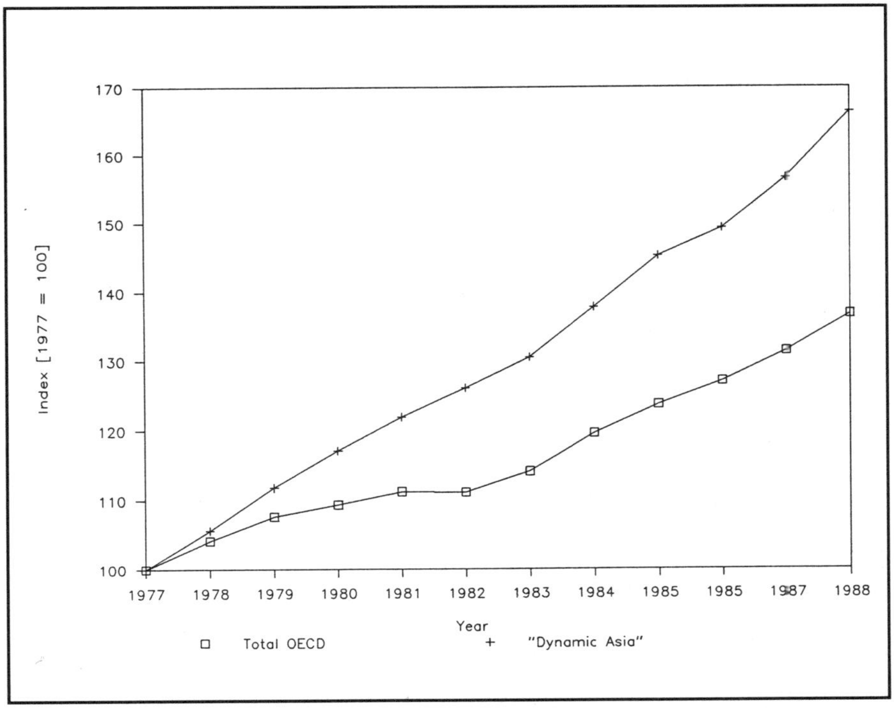

Abb. 1: Das Wachstum des BSP in den dynamischen Staaten Asiens und den OECD-Staaten

schaffung des Protektionismus in den Weg stellen. Wenn man eine größere Mobilität des Kapitals erlaubt, kann dies eine wachsende Furcht vor Kapitalflucht und Anfälligkeit der Wechselkurse bewirken. Im asiatisch-pazifischen Raum sind diese Unterschiede und Befürchtungen besonders groß.

Von der Landwirtschaft abhängige Bevölkerungsschichten haben in jedem Land unterschiedliche Bedürfnisse - und zwar sowohl untereinander als auch gegenüber städtischen Arbeitnehmern. Unterschiedliche Religionen und Traditionen erfordern unterschiedliche Beziehungen und Maßstäbe. Obgleich die Einstellungen der betroffenen Volkswirtschaften zur freien Marktwirtschaft einen „gemeinsamen Markt" ermöglichen, fällt es doch schwer sich vorzustellen, daß entsprechende Fortschritte schnell oder leicht erzielbar sein könnten.

3.3 Kulturelle Einflüsse in der Wirtschaftsregion

Eine ganze Reihe von starken kulturellen Faktoren kann genannt werden, wenn man die Möglichkeit engerer politischer Bindungen in der Region vereiteln wollte. Auch wenn die Länder der Europäischen Gemeinschaften über die Jahrhunderte häufig miteinander im Krieg lagen, so haben sie doch manche gemeinsamen Handlungsweisen, Organisationsstrukturen und Überzeugungen. Eine solche kulturelle Homogenität ist in der asiatisch-pazifischen Region weniger sichtbar. Als einfaches Beispiel: Während Japan sich in religiöser Hinsicht weitgehend mit Shintoismus und Buddhismus identifiziert, sind die Philippinen hauptsächlich christlich, und Indonesien bekennt sich zum Islam und Hinduismus. Ähnlich unterscheidet sich Korea durch den Wert, den es auf den erweiterten Familienverband legt, von der japanischen Kultur. Solche religiösen und kulturellen Unterschiede sowie die fortdauernden Animositäten, die aus Japans schrecklicher militärischer Invasion während des Zweiten Weltkriegs herrühren, scheinen politische Bindungen auszuschließen, es sei denn, sie wären völlig lockerer Art. Darüber hinaus sitzt die Vorstellung einer „Japanischen Co-Wohlstands-Sphäre" noch immer in den

Köpfen der älteren Generation dieser Länder fest. Dies mag jene erleichtern, die das Wachsen eines aggressiven, vereinigten Blocks im Pazifik befürchten, der eine unüberwindliche Schutzbarriere gegenüber dem Westen errichtet. Doch dies behindert in keiner Weise die Vision einer dynamischen Handelsregion, die den Westen in bezug auf Innovation und Output herausfordert. Es bedeutet auch keineswegs, daß Japans Rolle und aktueller Status sowohl in dieser Region als auch in der gesamten Weltwirtschaft nicht weiterhin anwachsen würden.

4. Der Einfluß und die Rolle Japans

Die Bedeutung japanischer Unternehmen für die Entwicklung dieser Region, gestützt durch Japans Finanzkreise und die Behörden, ist klar. Viel von der Flexibilität, die wir in den vergangenen Jahren bei den Produktionsaktivitäten und Standorten erkennen konnten, ist direkt mit der Fähigkeit japanischer Unternehmen verknüpft, Bereiche mit niedrigen Kosten zu erkennen, wichtige Aktivitäten zu ändern und neue Märkte zu entwickeln.

Hilfe durch japanische Agenturen und Regierungsbehörden wird in Form von Regierungsberatung, Koordinierung der Aktivitäten unterschiedlicher Unternehmen und direkter Hilfeleistung durchgeführt. Sie wurde gelegentlich unabhängig, manchmal durch verschiedene internationale Kommissionen angeboten. Das Resultat war, daß einige der Elemente einer breit abgestützten und ineinandergreifenden industriellen Basis, die Japans eigenes „Wirtschaftswunder" bewirkte, auf diese Länder übertragen wurde.

Furcht vor japanischer Dominanz ist natürlich nicht auf die asiatisch-pazifische Region begrenzt. In der letzten Dekade zeigte sich rund um die Welt wachsende Besorgnis über die Auswirkungen japanischer Wirtschaftsmacht, dabei besonders über Japans Investitionen in Anlagevermögen und Grundbesitz. Das Niveau solcher Investitionen mag noch niedriger sein als das bedeutender Westmächte, aber sein Wachstum - gegründet auf Japans enorme Überschüsse und hohe nationale Sparraten – führte zu steigenden Spekulationen über den „allmächtigen Yen".

4.1 Der Yen als asiatische Leitwährung?

Der Gebrauch des Ausdrucks „allmächtiger Yen", nicht nur für den zugrundeliegenden Anstieg der Währung, sondern allgemeiner für den wachsenden Einfluß japanischer Interessen und Methoden, mag auch dazu geführt haben, mit dem Begriff „Yen Block" die mögliche Dominanz japanischer Wirtschaftsmacht über seinen lokalen geografischen Bereich hinaus zu beschreiben. Im Zusammenhang mit der globalen Ausdehnung japanischer Investitionen und Handelsaktivitäten ist es nicht einzusehen, warum die asiatisch-pazifische Region viel anfälliger für einen solchen Einfluß sein sollte als andere Gegenden; doch die wirtschaftlichen Bindungen, die oben beschrieben wurden, erklären, warum sie unlängst zum Brennpunkt der Interessen avancierten.

Was auch immer die Ursprünge des Begriffes sein mögen: Wenn wir uns mit einem möglichen „Yen Block" befassen, ist es förderlich, diesen Ausdruck zunächst als „bare Münze" anzusehen. Könnte der Yen den Dollar als eine Leitwährung in der asiatisch-pazifischen Region ablösen und würde dies letztlich zu einer Anbindung anderer Währungen führen?

Diese Möglichkeit scheint noch weit entfernt zu sein, denn es ist eine Tatsache, daß der Yen dem mächtigeren Dollar im Moment noch untergeordnet ist.

Nach den Währungsverschiebungen in der Mitte der achtziger Jahre, in denen sich der Wert des Yen gegenüber dem des Dollar verdoppelte, mag der Begriff eines untergeordneten Yens bizarr klingen.

Abbildung 2 zeigt die Entwicklung des Yen im Vergleich zum Dollar-Wechselkurs seit 1979. Die umgekehrte Skala erlaubt es, den Wertanwachs des Yen als einen Anstieg in der Abbildung zu erkennen.

Abb. 2: Der Anstieg des Yen

Die Tatsache, daß der Yen nirgendwo dem Dollar als Verrechnungseinheit im Handel, als Reservewährung für Drittländer oder als Investitionswährung nahekommt (siehe dazu Tab. 2, die die neuesten verfügbaren Zahlen für den Währungs-Mix der offiziellen Reserven an Fremdwährungen angibt), bleibt jedoch bestehen. Die Welt gibt ihre Preislisten in Dollar heraus, schützt ihre Währungen in Dollar und hält gegenwärtig ihre Notreserven in Dollar. Man mag – wenn das Land dazu in der Lage ist – in Yen spekulieren und man verschuldet sich zunehmend in Yen, doch der Yen wird nicht für tägliche Transaktionen benutzt.

Dies ist offensichtlich für die asiatisch-pazifischen Länder weniger gültig als für Lateinamerika, aber es bleibt eine Tatsache. Bilateraler Handel mit Japan innerhalb Asiens wird zunehmend in Yen abgerechnet, doch ist dies nicht bei dem Handel mit der Dritten Welt der Fall. Die asiatischen Länder erwerben zunehmend Yen für ihre Währungsreserven, doch bleibt der Dollar dominant (1987 waren insgesamt etwa $^{2}/_{3}$ aller Weltwährungsreserven in Dollar hinterlegt – das entspricht ungefähr dem zehnfachen Volumen der Yen-Reserven). Obgleich der Yen nun bei internationalen Obligations-Ausgaben zum Dollar aufschließt, benötigen Yen-Obligationen Jahre, um die Emissionen von Dollar-Obligationen zu überholen, bevor der neue Fluß ausreichend sein wird, um die gegenwärtig im Markt befindliche riesige Menge an Dollar-Obligationen zu ersetzen. Es muß auch festgestellt werden, daß fast alle Erträge aus Yen-Obligationsemissionen gegenwärtig in US-Dollar oder andere Währungen umgetauscht werden.

Prozentanteile aller Devisen an den offiziellen Reserven	**1980**	**1988**
US Dollar	68,6	63,3
Deutsche Mark	14,9	16,2
Yen	4,3	7,2
Englische Pfund	2,9	3,1
Französische Francs	1,7	1,7

Tab. 2: Währungszusammensetzung der festgestellten offiziellen Reserven an Devisen
Quelle: IMF Annual Report 1989

Die Wurzeln der relativen Rückständigkeit des Yen liegen in den lange bestehenden, strikt regulierten Finanzmärkten Japans. Ein Mangel an gut entwickelten Märkten für den Einsatz kurzfristiger Geldmarktinstrumente der Regierung hat die Versorgung mit potentiellen Reserveposten begrenzt. Das Liquiditätsrisiko bei der Investition in japanische Papiere war einfach zu hoch. Dieser Situation wird jetzt durch Maßnahmen des Finanzministeriums abgeholfen, die die Größe und Reichweite des Marktes kurzfristiger Sicherheiten für die Regierung erweitern. Als Ergebnis wird der Kapitalmarkt in Tokyo ein effektiver Handelsplatz für Yen-Anlagen und Yen-Verschuldungen für die monetären Institutionen in Asien werden. Diese fortwährende Liberalisierung der Finanzmärkte Tokyos ist wichtig für die Entwicklung aller bedeutenden Geldmärkte Asiens – Tokyo, Hongkong, Singapur.

Ein Faktor, der die Gespräche über eine Währungsreform oder eine Währungsintegration in anderen Teilen der Welt angespornt hat, war eine unakzeptabel hohe Inflationsrate bzw. sogar „Hyper-Inflation“. Glücklicherweise spielt dieses Problem in den asiatischen Staaten heute keine Rolle mehr, obgleich einige unlängst wieder eine steigende Inflation verzeichnen. Es wird nicht als notwendig empfunden, Währungskursstützungen einzusetzen, um hohe Inflationsraten an die von Ländern mit niedriger Inflationsrate anzugleichen; dies ermutigte einige europäische Länder zur Entwicklung der europäischen Währungsunion.

Dennoch ist es bemerkenswert, daß es Japan (durch die Bank von Japan) fertiggebracht hat, eine ähnliche Anti-Inflations-Glaubwürdigkeit wie die Deutschlands und der Deutschen Bundesbank zu schaffen. Beide Länder erfuhren vor und nach dem Krieg inflatorische Alpträume; sie beschlossen, daß sich dies niemals wiederholen sollte. Dies sorgte für den Anreiz zu einem klugen Finanzmanagement, das im Gegenzug ihre Währungen stark erhielt. Es ist die daraus resultierende Stabilität des Yen, die ihn zu einer attraktiven Rechnungseinheit gemacht hat, während andere Staaten nach Anbindungen für ihre eigenen Währungen suchten – wenngleich dies zu keiner Zeit die Motivation für die japanischen Entscheidungsträger war.

Unter diesen Umständen würde es für die anderen asiatischen Länder hart werden, einen Prozeß in Gang zu setzen, um ihre Währungen in naher Zukunft formell an den Yen zu binden. Die Bedingungen scheinen daher weder reif für die Gründung eines gemeinsamen Marktes, noch für die eines Währungsblockes. Hieraus zu schließen, daß sich nichts ändern wird, wäre jedoch falsch.

4.2 Investitionen der Japaner in der Wirtschaftsregion

Der Impuls gemeinsamer Entwicklung und des Handels ist so gut unter den asiatischen NICs, den ASEAN-Ländern und Japan verankert, daß gewisse

Veränderungen unausweichlich erscheinen. Die Macht der japanischen Wirtschaft in bezug auf ökonomisches Wachstum, Handel und Investitionsflüsse kann nicht verfehlen, die wirtschaftlichen Entwicklungen anderswo in der Region zu beeinflussen und das Anwachsen von Kooperationen unentbehrlich werden zu lassen. Tabelle 3 zeigt den Handel der NICs und der ASEAN-Staaten mit Japan, Tabelle 4 stellt das Wachstum der japanischen Direktinvestitionen in der Region dar.

Prozentualer Anteil von Export und Import am Gesamtvolumen	**Export**	**Import**
Südkorea	19,5	29,8
Singapur	6,0	18,9
Hong Kong	3,3	18,3
Taiwan	14,5	28,8
Indonesien	48,8	22,6
Malaysia	22,3	18,5
Philippinen	29,1	19,9
Thailand	17,5	26,4

Tab. 3: Handel der NICs und ASEAN-Staaten mit Japan

Japanische Investitionen (in Mio. US$)	**1980**	**1988**
Südkorea	35	483
Singapur	140	747
Hong Kong	156	1662
Taiwan	47	372
Indonesien	529	586
Malaysia	146	387
Philippinen	78	134
Thailand	33	859

Tab. 4: Wachstum der japanischen Investition in der Region

Ein Beispiel für eine neue Kooperation mag das Entstehen einer besser vereinten Front gegen Beschuldigungen wegen unfairer Handelspraktiken sein, die manchmal mehr von heimischen Problemen in Nordamerika und

Europa als vom räuberischen Verhalten asiatischer Exporteure herrühren. Wo jedoch Dumping-Beschuldigungen stärker begründet sind oder wo gegenwärtig Importmärkte zu eingeschränkt sind, mögen sich Missetäter dem Druck von lokalen Partnern ausgesetzt sehen, damit nicht das gesamte Ansehen der Region getrübt wird. Eine weitere Entwicklung, die in einiger Zeit eingeleitet werden muß, ist der mögliche Verlust eines privilegierten Status der asiatischen NICs als „Entwicklungs"-Wirtschaften bei internationalen Verhandlungen. Die Restriktionen freier Kapitalbewegungen zwischen den asiatischen Ländern sollten sich ebenfalls verringern.

5. Fazit

Auch wenn die Währungsverwendung kurz vor einer Yen-Dominanz haltmachte, kann es keine rasche Umkehr der relativen Ströme hin zum Yen und weg vom Dollar geben. Das Tempo der finanziellen Deregulierungen in Japan wird die künftige Rolle des Yen sichern, die es viel enger an Japans gegenwärtigen Status als Handels- und Finanznation bindet. Japans Inflationsentwicklung in der letzten Zeit und die „Gesundheit" des Yen bieten ebenfalls starke Argumente zugunsten des Yen als einer wertvollen Schatzkammer.

Viele Wirtschaftsexperten stimmen darin überein, daß das 21. Jh. sehr wohl das „Jahrhundert des Pazifiks" werden könnte. Wenn das so wäre, dann würde dies hauptsächlich den Kräften zu verdanken sein, die durch die freie Marktwirtschaft und durch deren umfassende und freie Handelsbeziehungen freigesetzt wurden. Es ist der freie Handel, der es den Ländern mit unterschiedlichen historischen, ethnischen, kulturellen und ideologischen Hintergründen erlaubt hat, gegenseitig von den unterschiedlichen Erfahrungen zu profitieren. Den Schlüssel zu diesem Erfolg bildete die uneingeschränkte Anerkennung von Unterschieden ohne die Notwendigkeit, interne Änderungen erzwingen zu müssen. Dies ist die Botschaft, die gegenwärtig in der asiatisch-pazifischen Region vorherrscht und sie muß dies auch weiterhin tun.

Instrumentarium zur Analyse und strategischen Bearbeitung von Auslandsmärkten

Armin Töpfer, Silke Stellmacher

1. Informationen als Voraussetzung erfolgreicher Marktstrategien

Das Problem für ein Unternehmen, das auf einem Auslandsmarkt aktiv werden will, ist die Auswahl des „richtigen" Marktes. Diese Entscheidung muß auf der Grundlage fundierter marktbezogener Informationen getroffen werden, also immer unter dem Aspekt der Kunden- bzw. Bedürfnisorientierung und damit nach den Anforderungen potentieller Zielgruppen.

Bei der Analyse von Auslandsmärkten sind auch Informationen zu Grundsatzfragen des Marketings einzubeziehen:

- Ist das Kundenproblem, das im Heimmarkt gelöst wird, im potentiellen Zielland gleich oder ähnlich strukturiert?
- Wird von den Zielgruppen im Ausland der gleiche oder ein ähnlicher Kundennutzen aufgrund von Einstellungen zum Produkt und vorgesehener Verwendungsarten sowie allgemeiner Lebensstile und Konsumgewohnheiten gefordert?

Die selbstverständliche Übertragung der Annahmen, die für den Heimmarkt gelten, kann zu falschen Analysen oder Planungen führen, wenn beispielsweise die kulturellen Gegebenheiten des Ziellandes eine andere Erlebniswelt in bezug auf die zu vermarktenden Produkte bewirken.

Erforderlich sind Informationen, die bezogen auf die zugrundegelegten Auswahlkriterien sowohl vom Umfang als auch vom Inhalt bzw. der Qualität eine fundierte Entscheidung erlauben.

Es liegt auf der Hand, daß die Inhalte und der Umfang der Marktdatenanalyse und damit die Anforderungen und Probleme der Informationsbeschaffung und -bewertung von den Zielen der Internationalisierung, dem angestrebten Engagement, also der Intensität der Marktpräsenz und damit auch von dem geplanten Ressourceneinsatz auf dem Auslandsmarkt abhängen.

Die hohen Anforderungen an Informationen gelten in eher noch stärkerem Maße für asiatisch-pazifische Märkte, da es einen Satz von Daten und Annahmen, von denen bei mitteleuropäischen Ländern ausgegangen werden kann, in Fernost nicht im gleichen Maße gibt. Die Beurteilung, inwieweit ein Markt erfolgversprechend ist, wird dadurch schwieriger. Dies liegt nicht nur am Problem des Informationszugangs und der vergleichbaren und damit aussagefähigen Statistiken, sondern auch an dem Problem des hohen Risikopotentials in diesen Ländern sowie an sich schnell vollziehenden Marktveränderungen oder auch nicht übersehbaren Entwicklungen.

Gerade für Unternehmen, die in diesem Wirtschaftsraum bislang noch nicht tätig waren, ist es schwierig, bezogen auf die beabsichtigten Marktaktivitäten, spezifische Marktdaten zu erhalten. In dieser Phase des noch nicht vollzogenen Markteintritts ist eine gründliche Analyse aber um so wichtiger. In späteren Phasen, wenn es darum geht, die Aktivitäten auf andere asiatisch-pazifische Länder auszudehnen, sind bereits *regiozentrische* Erfahrungen für relativ homogene Länder gesammelt worden. Darüber hinaus hat das Unternehmen durch seine Präsenz in dieser Region mehr Marktnähe. Auch für einen *geozentrischen* Strategieansatz oder besser eine geozentrische Strategienfolge, die sich damit auf einen ganzen Erdteil bezieht, sind Informationen über ländergruppenbezogene Unterschiede oder Übereinstimmungen herauszuarbeiten. Nur wenn eine geozentrische Orientierung eine auf diesen Wirtschaftsraum bezogene globale Marketingstrategie erlaubt, ist es möglich, nicht nur Marketingprozesse zu standardisieren, sondern auch Marketinginhalte und -programme zu übernehmen, um Synergieeffekte zu nutzen.[1]

Im Rahmen eines Global-Marketings ist eine inhaltliche Strategiestandardisierung nur dann durchführbar, wenn homogene Zielgruppen in allen Ländermärkten identifiziert werden können. Andernfalls ist eine erdteil-, länder- oder sogar regionenbezogene Differenzierung der Marketingstrategie vorzunehmen, um den unterschiedlichen Kunden- und Marktanforderungen gerecht zu werden.

Je einheitlicher die anvisierten Zielgruppen sind, je stärker damit eine Globalisierung der Strategie möglich ist, desto eher ist zugleich eine *ethnozentrische* Orientierung der Auslandsmarktbearbeitung möglich:

Maßgeblich ist dann also das „Stammhaus" bei der inhaltlichen Standardisierung der generell gleichartigen Marketingstrategie.

Ist der Grad einheitlicher Zielgruppen auf unterschiedlichen Auslandsmärkten relativ gering, steigt die Tendenz zu einer *polyzentrischen* Orientierung: Pro Zielland oder Zielregion sind differenzierte Auslandsstrategien zu erarbeiten. Bei differenzierten Marketingstrategien ist es – im Interesse von Synenergieeffekten – um so wichtiger, zumindest eine Standardisierung von Marketingprozessen oder sogar eine Standardisierung der Rahmenbedingungen für die Marktbearbeitung zu realisieren.

Bezogen auf die hier interessierenden Informationsbeschaffungsprobleme gilt: In dem Maße, wie die polyzentrische Orientierung bei der Bearbeitung von Auslandsmärkten zunimmt, in dem Maße wächst auch das Problem der Informationsbeschaffung und die zu bewältigende Informationsmenge.

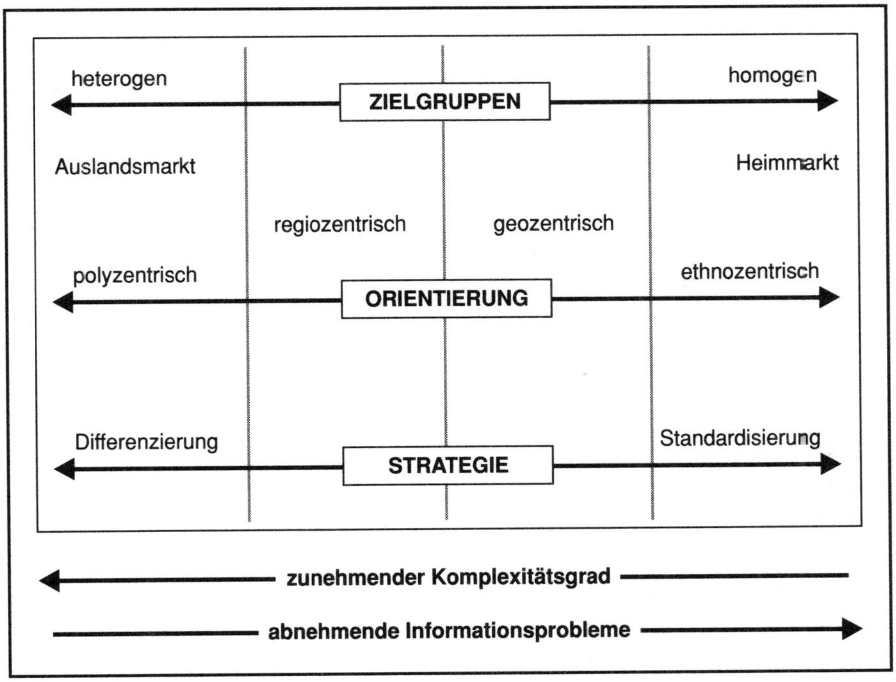

Abb. 1: Elemente internationaler Marketingstrategien

2. Informationsbereiche und Informationsbeschaffung

Ziel internationaler Marktforschung ist es, als sichere Grundlage für Marketingentscheidungen die Chancen und Risiken potentieller Auslandsaktivitäten zu identifizieren. Zur Schaffung von Wettbewerbsvorteilen müssen Erfolgsfaktoren systematisch aufgebaut und weiterentwickelt werden; eine Aufgabe, die auch nach erfolgtem Markteintritt permanente Beobachtungen und Analysen erfordert. Gerade bei der internationalen Marktforschung, die sich in Vorgehensweise bzw. Methodik nicht grundsätzlich von der nationalen unterscheidet, steigt jedoch der Informationsbedarf und damit verbunden die Probleme der Informationsbeschaffung und -bewertung sprunghaft. Somit ergibt sich als Anforderung an das Unternehmen die Entwicklung eines effizienten Informationsmanagement. Dies ist eine der strategischen Stärken der Japaner, die sie in dem Maße auf- und ausgebaut haben, wie sie Märkte in Nordamerika und Europa penetrierten.

2.1 Inhaltlich relevante Marktinformationen

Entscheidend für den Erfolg der Auslandsaktivität ist zunächst die Analyse und Festlegung des unternehmensspezifischen Informationsbedarfs, also die Bestimmung der Informationsbereiche und Faktoren, die Einfluß auf die angestrebte Unternehmensstrategie haben. In der Literatur finden sich eine Vielzahl von Klassifikationsmöglichkeiten entscheidungsrelevanter Umweltfaktoren. Die nachfolgende Abbildung zeigt eine Auswahl von Beurteilungskriterien, deren Relevanz für die zu treffende Entscheidung je nach der spezifischen Ausgangsposition und dem Ziel des Auslandsengagements unterschiedlich beurteilt werden muß.[2] Dabei ist zu berücksichtigen, daß bestimmte Informationen zwar wichtig sind, aber entweder gar nicht oder nur mit einem unvertretbar hohen Aufwand zu ermitteln sind. Entscheidend ist,

INFORMATIONSBEREICHE			
Rahmenbedingungen	**Transferbedingungen**	**Marktbedingungen**	**Wettbewerbsbedingungen**
Gesellschaft / Wirtschaft: ■ Bevölkerungszahl/-wachstum ■ Bruttosozialprodukt ■ Pro-Kopf-Einkommen ■ Einkommensverteilung ■ Spar-/Konsumquote ■ ... **Gesellschaft / Kultur:** ■ Sprache ■ Religion ■ Bildungsstand ■ Normen und Werte ■ ... **Politik / Recht:** ■ politische Stabilität ■ Gesetze ■ Normen ■ Staatsform ■ ... **Umwelt / Technik:** ■ Klima ■ natürliche Ressourcen ■ Infrastruktur ■ Allgemeiner technischer Stand ■ ...	■ Importbedingungen ■ Konvertierungs- und Transferbedingungen beim Zahlungsverkehr ■ Transport ■ Lagerbedingungen ■ Rechtliche Gegebenheiten ■ Local-Content-Vorschriften	■ Zahl der Abnehmer ■ Struktur der Zielgruppen ■ Konsumentenverhalten ■ Technologischer Stand ■ Marktvolumen/-potential ■ Distributions- und Vertriebsbedingungen	■ Zahl der Wettbewerber / Substitutionskonkurrenz ■ Marktgröße ■ Marktanteile ■ Organisation ■ Markteintritts- und -austrittsbarrieren ■ Spielregeln des Marktes ■ Technologie / Stand des Wettbewerbs ■ Preisniveau

Abb. 2: Informationsbereiche der internationalen Marktforschung

sich bestehender und praktisch nicht auszuräumender Informationsdefizite bewußt zu sein. Den Ausweg bietet dann nur folgende Vorgehensweise: Man versucht, Indikatoren zu definieren, die nachvollziehbar sind und in die gewünschte Analyserichtung gehen. Empfehlenswert ist dabei, möglichst verschiedene Indikatoren zu bestimmen und auszuwählen, um das Analyseergebnis so durch eine Cross-impact-Analyse bzw. einen Cross-check überprüfen und erklären zu können.

Die in der Abbildung genannten Informationsbereiche zeigen den Umfang internationaler Marktforschung. Die Fülle zu ermittelnder Daten, deren Bedeutung für den Unternehmenserfolg und die mit dem hohen Informationsbedarf einhergehenden materiellen und zeitlichen Engpässe sowie sprunghaft steigende Informationskosten bestimmen den Aufwand zur Selektion relevanter Informationsbereiche. Dabei gilt, daß der Informationsbedarf um so dringender und detaillierter ist,

- je kritischer der betreffende Faktor für den Markteintritt,
- je forgeschrittener der Prozeß der Marktwahl,
- je differenzierter bzw. intensiver die geplante Strategie und
- je höher das potentielle Risiko ist.[3]

Eine ähnlich hohe Bedeutung kommt auch der Qualität der Informationen zu. Insbesondere bei zukunftsbezogenen Daten muß das Unternehmen einen Kompromiß zwischen der Präzision und der Eintrittswahrscheinlichkeit der Informationen finden.[4]

2.2 Informationsquellen

Nicht immer sind zu den definierten Informationsbereichen harte quantitative Informationen verfügbar. Häufig sind nur „weiche Daten" in Form qualitativer Aussagen zugänglich, die aber generell auch wichtig und aussagefähig sind.

Die Methoden der Primärforschung (Befragung/Beobachtung/Experiment) unterscheiden sich grundsätzlich nicht von den Methoden im Inland, gestalten sich jedoch ungleich schwieriger und kostenintensiver.

Die im Rahmen der Sekundärforschung zur Verfügung stehenden Informationsquellen – mit der Blickrichtung Ostasien/Pazifik – zeigt die obenstehende Abbildung 3, in der eine Reihe von inländischen und ausländischen

Inländische Informationsquellen	**Ausländische Informationsquellen**
■ Bundesanstalt für Außenhandelsinformationen (BfAi) ■ Bundesministerium für Wirtschaft (BMWI) ■ Bundesministerium für wirtschaftliche Zusammenarbeit (BMZ) ■ Amtliche Vertretungen in der BRD (Botschaften, Generalkonsulate, Konsulate) ■ Auswärtiges Amt ■ Statistisches Bundesamt ■ Industrie- und Handelskammern ■ Deutscher Industrie- und Handelstag (DIHT) ■ Fachverbände ■ Banken ■ Ausstellungs- und Messeausschuß der Deutschen Wirtschaft e.V. (AUMA) ■ Ländervereine und wirtschaftswissenschaftliche Forschungsinstitute ■ Institut für Auslandsbeziehungen ■ Institut für Asienkunde ■ Ostasiatischer Verein ■ Ostasiatisches Institut e.V. ■ Deutsch-Japanisches Wirtschaftsförderungsbüro, Düsseldorf ■ Malaysian Industrial Development (MIDA) ■ Büro für Wirtschaftsförderung (BKPM) ■ Deutsche Gesellschaft für Technische Zusammenareit (GTZ) GmbH	■ Amtliche Vertretung der BRD (Botschaften, Generalkonsulate, Konsulate) ■ Deutsche Auslandshandelskammern ■ Inter- und supranationale Organisationen (Weltbank/IMF/UNO) ■ Ministerien ■ MITI (Ministry of International Trade and Industry) -Informationen zur allgemeinen Weltlage, Branchen/Märkte in Japan ■ JETRO (Japan External Trade Organization) -Marketing and Distribution Strategies of Foreign Products in Japan ■ Statistische Jahrbücher ■ „Industrial Groupings in Japan" Dodwell Marketing Consultans ■ Fachzeitschriften ■ Banken ■ Nationale Marktforschungsinstitute ■ Nationale Beratungsgesellschaften/ Unternehmensberatungen ■ Werbeagenturen ■ Datenbanken

Abb. 3: Ausgewählte Quellen der Sekundärforschung

Quellen zusammengestellt sind, die abhängig vom formulierten Informationsbedarf des Unternehmens praxisrelevante quantitative und qualitative Basisinformationen liefern.

2.3 Probleme der internationalen Marktforschung

Zusammenfassend ergeben sich als Problembereiche der internationalen Marktforschung die

- Bestimmung relevanter Informationen (Entscheidungsproblem),
- Beschaffung relevanter Informationen (Quantität und Qualität),
- Analyse und Bewertung der Informationen (Schlußfolgerungen).

Problematisch ist grundsätzlich die Bewertung von Informationen, die vor dem Hintergrund der eigenen Kultur und Sozialisation erfolgt. Auf diese Weise fehlen dem fremdländischen Betrachter manchmal die notwendigen länderspezifischen Kenntnisse, um Ereignisse einzuordnen und in den Konsequenzen auf das Marketing beurteilen zu können.

Aufgrund der Fülle entscheidungsrelevanter Informationen muß gelten: keine Paralyse durch Analyse. Auf Auslandsaktivitäten bezogene Entscheidungen beinhalten in noch stärkerem Maße als auf den Heimmarkt bezogene Entscheidungen ein unternehmensspezifisch kalkuliertes Risiko und erfordern somit unternehmerisches Fingerspitzengefühl. Dennoch machen die gerade durch die Fülle vorhandener Informationen entstehenden Vernetzungsprobleme die Entwicklung eines Informationsrasters erforderlich. Das Problem ist weniger der Zugang zu Informationen, sondern mehr die Vielzahl von vorhandenen Bruchstücken, die in möglichst kurzer Zeit zu einem Mosaik, also einem ganzheitlichen Bild, zusammengefügt werden müssen.

Eine falsche Beurteilung der vorhandenen Informationen führt zur „falschen“ Strategie und damit zum Mißerfolg der Auslandstätigkeit. Hinzu kommt unter anderem auch, daß Erhebungsergebnisse aus verschiedenen Ländern nicht vergleichbar sind, wenn sie auf der Grundlage unterschiedlicher Methoden erhoben werden. Die Informationen sollten deshalb immer durch die Verwendung verschiedener Quellen aus unterschiedlicher Sicht beleuchtet, geprüft und bestätigt werden, um eine der Bedeutung der Entscheidung entsprechende Qualität der Informationen zu garantieren.

3. Instrumente zur Analyse von Ländermärkten

Da aus ökonomischen Gründen nicht alle Länder detailliert analysiert werden können, kann die Auswahl von Auslandsmärkten bzw. Ländermärkten nur ein abgestufter Prozeß sein, in dem sukzessiv zunächst alle potentiellen Zielländer identifiziert werden. Dabei steht der Prozeß der Marktwahl in engem Zusammenhang zur Marktsegmentierung, auf die im nächsten Kapitel eingegangen wird. Einzelne Länder- bzw. Ländermarkt-Alternativen sollen im Hinblick auf ihre Zielerfüllung bewertet und ausgewählt werden.

In der ersten Stufe des Analyseprozesses, der Grobauswahl, werden vor allem solche Beurteilungskriterien herangezogen, die im Rahmen einer allgemeinen Länderanalyse eine Bewertung der politischen und wirtschaftlichen Situation bzw. die Erfassung und Bildung von Marktsegmenten ermöglichen. Bei der Feinauswahl, der zweiten Stufe des Selektionsprozesses, werden solche Beurteilungskriterien untersucht, die Aussagen über den ökonomischen Zielerreichungsgrad zulassen und somit die Bewertung und Auswahl von Marktsegmenten ermöglichen.

Dabei lassen sich die zur Verfügung stehenden Analyseverfahren unterscheiden nach:

- Heuristischen Verfahren, die zur Grobauswahl geeignet sind und im Verhältnis geringere Anforderungen an die Informationsbeschaffung stellen.

– Analytische Verfahren, die zur Bestimmung der „optimalen“ Alternativen unterstellen, daß eine Quantifizierung der relevanten Alternativen, Umweltsituationen und Handlungskonsequenzen möglich ist.

Im Rahmen des vorliegenden Beitrags sollen die Analyseverfahren nicht ausführlich erläutert, sondern lediglich kurz vorgestellt werden, um dem Leser einen Gesamtüberblick über die Vielzahl an Analyseinstrumenten zu ermöglichen.[5]

Bevor eine Grobauswahl potentieller Zielländer erfolgen kann, ist auf der Grundlage einer formulierten Zielsetzung unter Berücksichtigung der Ressourcen und Potentiale des Unternehmens zu entscheiden, welche Länder bzw. Regionen grundsätzlich in Frage kommen. Dabei ersetzt die Grobauswahl von Zielländern nicht die Entwicklung eines spezifischen, strategischen Marketingkonzeptes.

Bei den nachfolgend angesprochenen Verfahren werden die bereits in Abbildung 2 aufgezeigten Informationsbereiche analysiert. Zusammenfassend soll noch einmal verdeutlicht werden, daß dabei insbesondere

- die allgemeinen Rahmenbedingungen,
- das politische und wirtschaftliche Risikopotential,
- die Importbedingungen,
- die Absatzbedingungen,
- der Stand der Technologie,
- die Konkurrenzsituation/der Branchenwettbewerb,
- die Bedarfs- und Nachfragesituation und
- das Kundenverhalten

untersucht werden müssen.

3.1 Allgemeine Länderanalysen

- **Checklist-Verfahren**

Beim Checklist-Verfahren handelt es sich um ein Instrument zur Aussonderung derjenigen Länder, die als potentielle Zielländer grundsätzlich nicht in Frage kommen. Die Beurteilungskriterien beschränken sich auf einige Grundvoraussetzungen für das zukünftige Auslandsengagement, wie z.B. Import- und Absatzbedingungen und die Angebots- und Nachfragesituation. Durch diese erste Begrenzung der Länderalternativen können die zur Verfügung stehenden knappen Ressourcen des Unternehmens zielgerichtet bei weiteren, dann jedoch detaillierten Analysen von einer dann nur noch geringeren Anzahl Länder eingesetzt werden.

- **Punktbewertungsverfahren**

Mit Hilfe des Punktbewertungsverfahrens können durch differenzierte und gewichtete Beurteilungskriterien verschiedene Länder bzw. Ländermärkte beurteilt werden.

Die Gewichtung der Beurteilungskriterien erfolgt anhand der unterschiedlichen Bedeutung für das Auslandsengagement. Als Ergebnis des Punktbewertungsverfahrens ergibt sich ein Gesamtpunktwert für jedes analysierte Land, der einen Ländervergleich und die Auswahl der erfolgversprechendsten Länder anhand einer vorher bestimmten Entscheidungsregel ermöglicht.

Ein entscheidender Nachteil des Punktbewertungsverfahrens ist die implizierte Annahme, daß die Beurteilungskriterien – unabhängig vom analysierten Land und der anzustrebenden Markteintrittsstrategie – in jedem Land von gleicher Bedeutung sind. Eine unterschiedliche Gewichtung der Beurteilungskriterien – z.B. eine unterschiedliche Bedeutung des Kriteriums „Importbeschränkungen" bei der Planung von Exportstrategien oder Produktionsstätten – ist nicht möglich. Weiterhin ist anzumerken, daß die Beurteilungskriterien und deren Gewichtung sowie die Entscheidungsregeln subjektiv formuliert sind, die zugrundegelegten Kriterien häufig nicht überschneidungsfrei und nicht in vollem Umfang erfaßt sind.

Wesentliche Beurteilungskriterien	Gewichtungs-faktor	Potentielle Zielländer/-märkte: Land A – Ausprägung*	Land A – gewichtete Ausprägung	Land B – Ausprägung*	Land B – gewichtete Ausprägung
Rahmenbedingungen	(30)				
⇨ Gesellschaft / Wirtschaft	6	3	18	2	12
⇨ Gesellschaft / Kultur	5	3	15	2	10
⇨ Politik / Recht	8	1	8	4	32
⇨ Umwelt / Technik	3	3	9	4	12
⇨ ...	.	.	.	.	.
Transferbedingungen	(10)				
⇨ Importbedingungen	4	4	16	2	8
⇨ Local-Content-Vorschriften	2	1	2	2	2
⇨ ...	.	.	.	.	.
Marktbedingungen	(40)				
⇨ Zahl der Abnehmer	12	3	36	3	36
⇨ Marktvolumen/-potential	15	2	30	3	45
⇨ Konsumentenverhalten	4	2	8	3	12
⇨ ...	.	.	.	.	.
Wettbewerbsbedingungen	(20)				
⇨ Zahl der Wettbewerber	12	4	48	3	36
⇨ Spielregeln des Marktes	2	4	8	2	4
⇨ ...	.	.	.	.	.
Summe der Gewichte / Positionswert	(100)	198		209	
Reihenfolge der Positionswerte		2		1	

*Die Ausprägungen der konkreten Eigenschaften werden nach einer Skala von 0 (sehr ungünstig) bis 4 (sehr günstig) für den Markteintritt des eigenen Unternehmens eingestuft

Abb. 4: Beispiel für die Länderbewertung mit einem Scoring-Modell

Die Gewichtung der Beurteilungskriterien gibt die Bedeutung für den Unternehmenserfolg an, die Ausprägung eines Kriteriums kennzeichnet den Grad der Vorteilhaftigkeit der durch dieses Kriterium definierten Situation im jeweiligen Land. Ist die Marktbearbeitung in verschiedenen Ländern unabhängig voneinander vorgesehen und sind damit die möglichen Markteintrittsstrategien nicht alternativ, dann kann es zweckmäßig sein, auch die Gewichtung der Kriterien im Hinblick auf das verfügbare Strategiespektrum zu variieren. Zum Beispiel können bei dem Aufbau einer eigenen Produktionsstätte und damit einer höheren Kapitalbindung in einem Land die (günstigen) Wettbewerbsbedingungen dort mit einer höheren Bedeutung angesetzt werden als bei einem nur beabsichtigten Export in dieses Land.

Grundsätzlich ist das Punktbewertungsverfahren ein geeignetes Instrument zur Vorprüfung der potentiell geeigneten Länder, da die Auswahl, Gewichtung und Bewertung der Kriterien eine systematische Einarbeitung in die Thematik erfordert und somit der Blick für die anstehende Entscheidung geschärft wird.

- **Sequentielle Bewertungsverfahren**

Bei sequentiellen Bewertungsverfahren handelt es sich um abgestufte Punktbewertungsverfahren, die eine sukzessive Reduzierung potentieller Auslandsmärkte ermöglichen. Dabei wird der Kriterienkatalog für die Bewertung der Länder am Ende jeder Stufe erhöht, d.h. es werden bei den verbleibenden Ländern zunehmend detailliertere Informationen analysiert.

Neben den bereits bei der Beurteilung von Punktbewertungsverfahren aufgezeigten kritischen Aspekten ist bei der sequentiellen Vorgehensweise insbesondere die große Anzahl in begrenzter Zeit zu beschaffenden und zu analysierenden Informationen problematisch. Da aus den weltweit geeigneten Zielländern nur nach und nach die nicht in Frage kommenden ausgeschlossen werden, sollten die Beurteilungskriterien sekundärstatistisch erfaßt werden können und von relativ geringer Anzahl sein.

Dabei gilt grundsätzlich: Ein robustes Bewertungs-/Entscheidungs- und Auswahlverfahren, das sich auf eine geringere Anzahl aussagefähiger Kriterien stützt, ist eher besser oder zumindest genauso gut geeignet wie ein sehr differenziertes Verfahren. Beim letzteren kommt hinzu, daß Überschneidungen zwischen einzelnen Kriterien oder Kriteriengruppen nicht auszuschließen sind und mit einer „Scheingenauigkeit“ gearbeitet und argumentiert wird.

3.2 Risikoanalysen

Nach der allgemeinen Länderanalyse ist die Bewertung der länderspezifischen ökonomischen und „nicht-ökonomischen“ Risiken eine entscheidende Beurteilungsgrundlage zur Auswahl potentieller Auslandsmärkte. Dabei genügt es nicht, z.B. politische Risikofaktoren zu erkennen, sondern das Unternehmen muß im Hinblick auf eine langfristige Strategie in der Lage sein, das Eintreten politischer Ereignisse mit negativen Auswirkungen für das eigene Unternehmen zu prognostizieren.

Gleiches gilt für die Risiken, die sich ergeben aus extern determinierten Markteintrittsbarrieren – aufgebaut von Wettbewerbern, z.B. durch das „Blockieren“ von Absatzkanälen, vom Staat z.B. durch Gesetze, oder von Umweltfaktoren, beispielsweise durch die Infrastruktur. Zusätzliches Risiko kann auch entstehen aus Marktaustrittsbarrieren durch ökonomische und nicht-ökonomische Folgekosten, wie z.B. eine Fixkostenerhöhung oder ein gravierender Imageverlust. Werden diese Risiken nicht gesehen, bewertet und in das Kalkül gezogen, dann resultiert für das Unternehmen hieraus eine „strategische Falle“, die es im nachhinein nur schwer überwinden kann.

Es existieren eine Reihe von Länderrisikokonzepten, die in der Regel als Scoring-Modelle auf quantitativen, qualitativen oder auch kombinierten Verfahren basieren (siehe dazu Abb. 5). Ziel dieser Konzepte ist es, die Erfolgsträchtigkeit von z.B. Auslands-, Kredit-, Investitions- oder Exportgeschäften zu beurteilen. Zum Vergleich der Länder werden dabei risikorelevante Faktoren zu einem globalen Risikoindex aggregiert.

LÄNDERRISIKOKONZEPTE			
Konzept	**Zielgruppe**	**Oberkriterien**	**Methodik**
Beri-Informationssysteme (48 Länder)	Investoren	■ Operation Risk Index ■ Political Risk Index ■ R-Faktor ■ Profit Opportunity Recommendation	Scoring-Modell: ■ Expertenbefragung ■ Statistische Daten
BI-Country Ratings (57 Länder)	Exporteure und Investoren	■ politische, gesetzliche und soziale Entwicklung ■ Wirtschafts-, Finanz- und Währungssituation ■ Energieversorgung	Scoring-Modell: ■ Expertenbefragung ■ Statistische Daten
Konzept der Commerzbank	Commerzbank selbst	■ Wirtschaft ■ Management-Qualität ■ Politische Stabilität	■ Expertenbefragung
Economic System International (IFO, 50 Länder)	Unternehmen	■ Keine Gesamtbeurteilung pro Land, sondern Aggregation der Länderwerte pro Kriterium	■ Expertenbefragung
Euromoney-Index (88-117 Länder)	Banken	■ 3 Oberkriterien	Scoring-Modell: ■ Expertenbefragung ■ Statistische Daten
FORELEND- Informationssysteme (50 Länder)	Banken	■ LRquant ■ LRqual ■ LRenvir	Scoring-Modell: ■ Expertenbefragung ■ Statistische Daten
Institutional Investor-Contry Rating (105-109 Länder)	Banken	■ 1 Kriterium (Bonität)	■ Qualitatives Kriterium (Expertenbefragung)
mm-Ländertest (53-55 Länder)	Exporteure und Investoren	■ Politische Stabilität ■ Binnenwirtschaft ■ Außenwirtschaft	Scoring-Modell: ■ Expertenbefragung ■ Statistische Daten
World Political Risk Forecast (50 Länder)	Investoren	■ Das Modell baut auf dem Prince-Modell von Choplin und O'Reary auf	■ Qualitative Kriterien (Experten beurteilen politische Personen und Gruppen) ■ Quantitative Kriterien

Abb. 5: Ausgewählte Länderrisikokonzepte

- **Risiko-Punktbewertungsverfahren**

Das wohl bekannteste Beispiel für die Quantifizierung länderspezifischer Risiken ist der „BERI-Index“ (Business Environment Risk Index) vom BERI-Institut S.A., Genf. Bei diesem Punktbewertungsverfahren werden dreimal jährlich politische und wirtschaftliche Risiken in 48 Ländern der Welt durch ein Experten-Panel bewertet. Der BERI-Index enthält Prognosen für

- Geschäftsklima (Operation Risk Index = ORI)
- politisches Risiko (Political Risk Index = PRI)
- Rückzahlungsfaktor (R-Faktor)
- Empfehlungen zur Gewinnerzielung (Profit Opportunity Recommendation = POR)

Der BERI-Index ist ein für die Grobanalyse von Ländern geeignetes und schnell verfügbares, jedoch auch stark kritisiertes Analyseinstrument. Abgesehen von den „verfahrenstheoretischen“ Kritikpunkten einer Expertenbefragung (z.B. die subjektive Auswahl und Gewichtung der Kriterien sowie die Festlegung des kritischen Wertes bei den Risikoklassen) ist ein weiterer wesentlicher Nachteil, daß keine

- Branchen-/Länderkategorien,
- Markteintrittsstrategien oder
- firmenspezifische Gegebenheiten

berücksichtigt werden. Durch die beim BERI-Index vorgenommene Pauschalierung kann der länder- bzw. unternehmensspezifischen Bedeutung und Gewichtung einzelner Beurteilungskriterien nicht Rechnung getragen werden.

Demgegenüber haben selbstentwickelte Risikokonzepte den Vorteil, die unterschiedlichen Gegebenheiten und Zielsetzungen zu berücksichtigen.

- **Portfolio-Analyse**

Auch die Portfolio-Analyse, eine bereits aus der Strategischen Unternehmensplanung bekannte Analysemethode, ist ein Instrument zur Auswahl von

Ländermärkten. Dabei kommen unterschiedlich kombinierte Dimensionen in Betracht.

Als Entscheidungsgrundlage für den langfristigen Ausgleich von Risiken und Chancen der Auslandsaktivitäten, aber auch z.B. bei geplanten Direktinvestitionen, bietet sich die Kombination von Marktattraktivität und Risiko (in verschiedenen Ländern) an. Weiterhin kommen Portfolios mit zwei (oder drei) multifaktoriellen Dimensionen wie z.B. Marktattraktivität-Wettbewerbsvorteils-Portfolios als Grundlage für die Auswahl des erfolgversprechenden Landes bzw. Ländermarktes in Frage.

In der Abbildung 6 sind noch einmal detailliert Faktoren und Kriterien der Marktattraktivität und der Wettbewerbsposition als Dimensionen aufgezeigt, die jeweils für die potentiellen Zielländer zu ermitteln und zu prognostizieren sind.[6]

- **Weitere Verfahren**

Nach der Grobauswahl können im Rahmen einer Feinauswahl aus der Anzahl der selektierten potentiellen Zielländer weiterhin diejenigen herausgefiltert werden, in denen der Markteintritt aufgrund ökonomischer, also nun stärker quantitativer Beurteilungskriterien erfolgversprechend scheint. Dabei ergibt sich ein enger Zusammenhang zum Prozeß der Marktsegmentierung, da zum einen länderspezifische, zum anderen segmentspezifische Erfolgschancen identifiziert werden sollen.

Neben investitionstheoretischen Verfahren (z.B. Pay-Off-Verfahren oder Bewertungsverfahren) können die nachfolgenden beispielhaft genannten Analyse- und Bewertungsverfahren als weitere Instrumente zur Auswahl von Länder- bzw. Ländersegmenten herangezogen werden:

- Entscheidungsbaumverfahren
- Break-even-Analyse
- Cash-Flow
- multivariate Analysemethoden
  (Clusteranalyse, Multidimensionale Skalierung).

Bestehende und zu erwartende Marktattraktivität

- **Marktgröße / -dynamik**
  - Mengen- und wertmäßige Entwicklung der Produktion
  - Mengen- und wertmäßige Entwicklung der Verfügbarkeit (Marktvolumen)
  - Mengen- und wertmäßige Entwicklung des Marktpotentials pro Geschäftseinheit
  - Marktgröße
- **Marktqualität (Ertragskraft und Gewinnstabilität eines Marktes)**
  - Umsatzrendite der Branche
  - Gewinnsituation in möglichen Zeiten der Überkapazität
  - Wertschöpfung der Produkte
  - Stellung im Markt-Lebenszyklus
  - Preispolitischer Spielraum
  - Importdruck
  - „Exportventil"
  - Technologisches Niveau und Innovationspotential
  - Substitutionskonkurrenz
  - Schutzfähigkeit der Produkte und des Know-how
- **Marktbesetzung (Untersuchung der Anbieterseite)**
  - Wettbewerbsintensität / Anzahl der Wettbewerber
  - Wettbewerber- / Marktstruktur
  - Leistungsfähigkeit der Wettbewerber
  - Aufkommen neuer Wettbewerber in den letzten 3 Jahren / Wettbewerbsdynamik
  - Anforderungen der Absatzmittler an die Herstellerseite
  - Nachfragemacht und Konzentrationstendenzen der Absatzmittler
- **Exogene Einflußfaktoren (Rahmenbedingungen)**
  - Verfügbarkeit und Ausstattung mit den erforderlichen Ressourcen im Zielland zur Erstellung und Vermarktung von Leistungen
  - Abhängigkeit von der Gesetzgebung bei Produktion und Vermarktung
  - Risiko staatlicher Eingriffe
  - Konjunkturabhängigkeit
  - Inflationsauswirkungen
  - Außenwert der Währung

Wettbewerbsist-/Wettbewerbszielposition

- **Geschäftsposition**
  - Angestrebter mengen- und wertmäßiger Marktanteil
  - Angestrebter mengen- und wertmäßiger Anteil am relevanten Export des Gastlandes
  - Angestrebter Umsatz
  - Prognostizierte Erlössituation
  - Geplante Renditeentwicklung
  - Kapitalstruktur / Kapitalbeschaffungsmöglichkeiten
  - Geplante Unternehmensgröße (Umsatz und Beschäftigtenzahl im Gastland)
- **Forschungs- und Entwicklungsposition**
  - Angestrebte Anzahl und Qualifikation der Beschäftigten in FuE
  - Angestrebte Anzahl und Art der Patente
  - Geplanter FuE-Aufwand in % vom Planumsatz
  - Flexibilität / Schnelligkeit von FuE
  - Grundlagenforschung, angewandte Forschung
- **Beschaffungs- und Fertigungsposition**
  - Zugang zu Beschaffungsquellen
  - Anzahl alternativer Beschaffungsmöglichkeiten
  - Kostenvorteile aufgrund der vertikalen Tiefe des Unternehmens
  - Kostenvorteile aufgrund der Beschaffungsmengen
  - Kapazität und Qualität der Fertigungsanlagen
  - Angestrebte Kapazitätsauslastung
  - Spezifische Verfahrensvorteile
  - Standortvorteile
- **Marketingposition**
  - Unternehmens- und Markenimage
  - Bekanntheitsgrad
  - Zugang zu Absatzkanälen / -struktur
  - Produkt-Plus / -Vorsprung
  - Innovationsgrad der Produkte
  - Produkt- / Sortimentsbilanz hinsichtlich Einordnung in das Lebenszykluskonzept
  - Verhältnis markierter zu anonymer Ware
  - Angestrebtes Durchschnittspreisniveau der Produkte
  - Art, Anzahl und Qualität des Vertriebs
  - Angestrebte Distributionsschwerpunkte
  - Leistungsfähigkeit im Marketing-Service
  - Geplante zeitliche Lieferbedingungen
- **Management- und Personalposition**
  - Professionalität des Managements / der Managementmethoden
  - Geplante Organisationsstruktur
  - Qualität / Aktualität der Informations-, Planungs- und Kontrollsysteme
  - Geplante Anzahl und Qualifikationen der Mitarbeiter

Abb. 6: Kriterien und Faktoren der Portfolio-Dimensionen

Besonders im Hinblick auf die strategischen Auswirkungen der zu treffenden Entscheidungen ist zu berücksichtigen:

Die durch die aufgezeigten Verfahren ermittelten Ergebnisse können – aufgrund der nur zum Teil erfüllten Anforderungen auf Vollständigkeit, Quantität und Qualität der Informationen – nur grobe Anhaltspunkte für die unternehmerische Entscheidung sein. Es ist daher zum einen wichtig, daß man Sensitivitätsanalysen durchführt. Dabei wird nach einem Bewertungsvorgang eine erneute Bewertung, jedoch mit anderen Alternativenausprägungen (optimistische/pessimistische/realistische Einschätzungen) durchgeführt. Ziel ist es, zu überprüfen, wie stabil oder sensitiv eine Bewertung ist, also festzustellen, ob auf der Grundlage der unterschiedlichen Einschätzungen das Bewertungsergebnis für einen Ländermarkt relativ schnell „kippt".

Zum anderen kann es sinnvoll sein, eine Expertenbefragung durchzuführen, bei der die einzelnen Experten die Informationen zunächst getrennt analysieren. Anschließend sollten diese Experten die möglicherweise unterschiedlichen Analyseergebnisse gemeinsam aufarbeiten – eine Vorgehensweise, die in der Regel zu einem qualitativ höherwertigen Gesamtergebnis führt.[7]

4. Auswahlinstrumente und Art der strategischen Marktbearbeitung

Aus einer Grob- und Feinanalyse ergeben sich Länder bzw. Ländermärkte, die aus unternehmerischer Sicht erfolgversprechend sind und der jeweiligen Zielsetzung Rechnung tragen. Dabei wird sich meistens eine Rangfolge potentieller Zielländer/-märkte herauskristallisieren. Das Unternehmen muß auf der Grundlage der analysierten Ergebnisse Entscheidungen über den Ort, den Zeitpunkt und die Reihenfolge des Markteintritts, über die Markteintritts- und die Marktbearbeitungsstrategie treffen.

Auf der Grundlage der nachfolgend dargestellten Instrumente bietet sich dem Unternehmen die Möglichkeit, einen Cross-Check der bisher vorgenommenen Bewertung durchzuführen, also zu überprüfen, ob die Schlußfolgerungen, bezogen auf die Strategie, in die gleiche Richtung gehen wie das Ergebnis der bisherigen Analyseverfahren.

4.1 Segmentierung als Grundlage für eine unterschiedliche oder einheitliche Marktbearbeitung

Grundsätzlich ist die Marktsegmentierung ein Hilfsmittel zur Detaillierung und Auswahl von Ländermärkten und steht damit in einem engen Zusammenhang mit den bereits vorgestellten Analysemethoden. Ausgehend davon, daß im Rahmen der Grobanalyse bereits eine Reihe von potentiellen Zielmärkten identifiziert wurden, stellt die Segmentierung von Auslandsmärkten in dem mehrstufigen Prozeß der Marktwahl ein verfeinertes Analyseinstrument dar, bei dem insbesondere die Einstellungen, der Lebensstil und die Kaufgewohnheiten der Abnehmer untersucht werden.

Gleichzeitig zur Auswahl von Ländern bzw. Ländermärkten ist die Segmentierung auch die Grundlage für eine Wahl zwischen Standardisierungs- und Differenzierungsstrategien. Auf der Basis eines vorhandenen Produktes bzw. Strategischen Geschäftsfeldes (SGF) werden die Länder unter dem Aspekt ihrer Eignung für die bereits vorhandenen Marktleistung segmentiert – grundsätzlich also eine Vorgehensweise in Richtung Standardisierung. Ein anderer Ansatz ist die Segmentierung nach erfolgsträchtigen Märkten mit hohen Abnehmerpotentialen – eine Vorgehensweise in Richtung Differenzierung.

4.1.1 Marktsegmentierung

Um die Marktleistung eines Unternehmens, also ein Produkt oder eine Dienstleistung, im Auslandsmarkt erfolgreich zu positionieren, sind Kenntnisse über die abnehmerspezifischen Merkmale von hoher Bedeutung. Erst diesese Wissen ermöglicht dem Unternehmen eine zielgruppenorientierte, den Kundenbedürfnissen entsprechende Marktbearbeitung.

Bei Marktsegmentierungsstrategien werden Länder oder Märkte anhand von bestimmten Kriterien zu Segmenten gruppiert. Ziel ist dabei, möglichst homogene Zielgruppen zu bilden, die untereinander weitgehend heterogen sind. Die dazu herangezogenen Segmentierungskriterien sollten zeitlich stabil und gut meßbar sein sowie ein für das Unternehmen ausreichend großes Segment bilden.

Abhängig von den zugrundeliegenden Segmentierungskriterien können diese als Zielgruppen definierten Segmente dann den jeweiligen Erfordernissen entsprechend, also segmentspezifisch, bearbeitet werden. Die segmentspezifischen Gegebenheiten sind die Grundlage für die Entwicklung der Marktbearbeitungsstrategie und bestimmen das vorhandene Standardisierungspotential.

Welche Segmentierungskriterien eingesetzt werden sollen, hängt ab von den konkret anstehenden Unternehmensentscheidungen. Dabei ist die Auswahl der Segmentierungskriterien das zentrale Entscheidungsproblem. Sozio-demografische Kriterien wie Bildungsstand und Einkommen sind insbesondere bei den für Europäer so „fremden" sowie stark theozentrisch beeinflußten und unterschiedlichen Kulturen der asiatisch-pazifischen Wirtschaftsregion zu wenig aussagefähig. In viel stärkerem Maße muß – für die Marktbearbeitung – zusätzlich nach psychografischen Kriterien segmentiert werden, also nicht nur nach generellen Indikatoren wie Einkommensverteilung und Kaufkraft, sondern auch nach abnehmerbezogenen Indikatoren wie Mentalität, Lebensstil, Konsum- und Verbrauchsgewohnheiten. Darüber hinaus sind kulturell geprägte Mentalitätsunterschiede – für die Art und Intensität des Auslandsengagements – bei den Kriterien Managementverhalten, Führungs- und Verhandlungsstil anhand geeigneter Segmentierungskriterien zu analysieren.

Segmentierungsansätze im internationalen Marketing unterscheiden sich nach internationaler und intranationaler Marktsegmentierung.[8]

- **Internationale Marktsegmentierung: Homogene Ländergruppen**

– Bildung von Ländergruppen nach Ländermerkmalen anhand geeigneter Kriterien wie z.B. BSP, Kaufkraft, Sprache, Klima, politische Stabilität usw.
– Die internationale Marktsegmentierung steht in direktem Zusammenhang mit dem Prozeß der Grobselektion grundsätzlich in Frage kommender Länder.

- **Transnationale Marktsegmentierung: Homogene Abnehmergruppen**

– Identifizierung homogener Abnehmergruppen (z.B. Teenager) innerhalb eines Landes, in mehreren Ländern oder weltweit. Die Segmentierung erfolgt anhand demografischer Kriterien, wie z.B. Einkommen, Alter, Geschlecht, und psychografischer Kriterien, wie z.B. Einstellungen, Verhaltensmerkmale.
– Dabei können Zielgruppen in Ländern mit gleichen Kulturen (Cross-National-Groups) und in Ländern mit unterschiedlichen Kulturen (Cross-Cultur-Groups) zu homogenen Segmenten zusammengefaßt werden.
– Die transnationale Marktsegmentierung steht in direktem Zusammenhang mit der Entwicklung von standardisierten Marktbearbeitungsstrategien für länderübergreifend oder weltweit homogene Abnehmersegmente wie beispielsweise Motorrad- oder Musikfans.

4.1.2 Strategien der Differenzierung, Standardisierung und Globalisierung

Standardisierungsstrategien bieten dem Unternehmen beim Markteintritt und bei der Marktbearbeitung eine Reihe von Vorteilen wie z.B. die Nutzung von Synergie- und Ausstrahlungseffekten sowie von Rationalisierungs- und

Kostendegressionseffekten. Mit diesen Vorteilen ist die Möglichkeit verbunden, die Erfolgsgröße und Wahrscheinlichkeit der Marktaktivitäten zu erhöhen. Es liegt daher auf der Hand, bei der Erschließung von Auslandsmärkten eine möglichst weitgehende Standardisierung anzustreben. Grundsätzlich können dabei die Planungsprozesse, die Marketingkonzepte und/oder die Marketing-Mix-Bereiche des Unternehmens, bezogen auf die bearbeiteten Länder, vereinheitlicht werden. Da das Ausmaß der realisierbaren Standardisierung bzw. der Standardisierungsgrad von den unternehmensspezifischen und den länderspezifischen (Markt-)Gegebenheiten abhängt, gilt grundsätzlich: Je ähnlicher die Marktverhältnisse sind, desto größer ist das Ausmaß der realisierbaren Standardisierung in der Strategie. Produktbezogene Elemente lassen sich dabei stärker standardisieren als marktbezogene Inhalte der Strategie.

Auch wenn aufgrund der unterschiedlichen Marktverhältnisse keine Standardisierungsstrategie möglich ist, wird das Unternehmen trotz einer differenzierten Marktbearbeitung zur Erzielung von weiteren Wettbewerbsvorteilen – z.B. durch die Reduzierung von Kosten und durch Zeitersparnis –

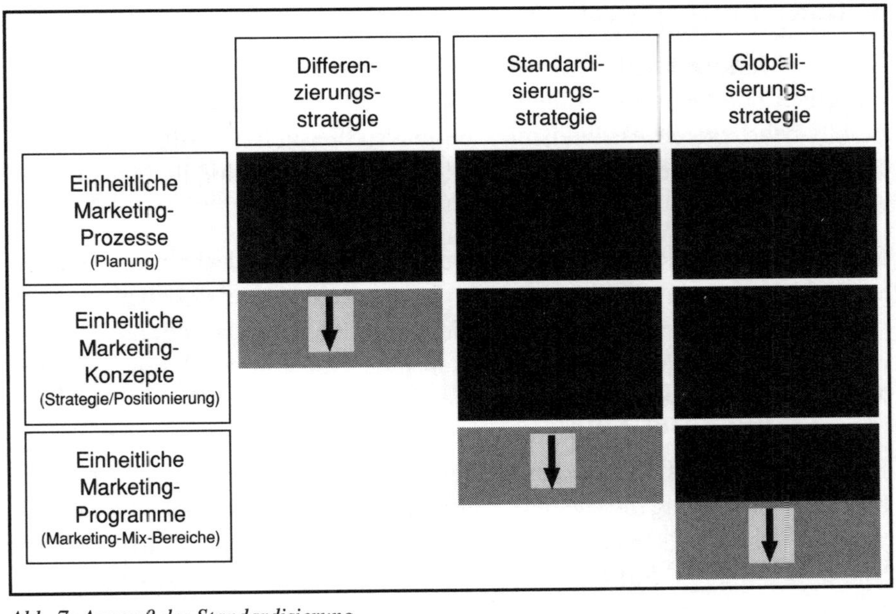

Abb. 7: Ausmaß der Standardisierung

eine Vereinheitlichung der Marketing-Planungsprozesse anstreben. Dabei gilt: Je stärker die inhaltliche Differenzierung, desto wichtiger ist zumindest die Vereinheitlichung der Marketing-Planungsprozesse.

In dieser Weise ist die „klassische" Diskussion über die Differenzierung oder Globalisierung des internationalen Marketing, wie sie zwischen Kotler und Levitt geführt wird, zu präzisieren.[9]

Abbildung 7 zeigt die unterschiedlichen Abstufungen des Standardisierungsgrades bei der Differenzierungs-, der Standardisierungs- und Globalisierungsstrategie. Bei allen Strategien liegt eine Vereinheitlichung der Planungsprozesse vor. Zusätzlich zur Prozeßstandardisierung sind bei der Standardisierungs- und Globalisierungsstrategie auch die Marketingkonzepte vollständig und die Marketingprogramme teilweise standardisiert.

- **Differenzierungsstrategie**

Sind die Marktbedingungen, also Käuferverhalten, Kundenbedürfnisse bzw. das eigentliche Kundenproblem im Vergleich zum Inland oder zu anderen bereits bearbeiteten Auslandsmärkten unterschiedlich, so stiften die Marktleistungen des Unternehmens in der Regel einen unterschiedlichen Kundennutzen.

Eine optimale Befriedigung der Kundenbedürfnisse kann deshalb nur gelingen, wenn die Unternehmensaktivitäten an die jeweiligen Gegebenheiten angepaßt werden. Bei Differenzierungsstrategien sind daher Marketingkonzepte und damit auch die Marketing-Mix-Bereiche auf die länderspezifischen Marktgegebenheiten auszurichten.

Im Fall extremer Differenzierung heißt das: Das Unternehmen entwickelt eine Problemlösung, die speziell auf die Bedürfnisse der Kunden im Zielland abgestimmt ist. Dies beinhaltet auch für diesen Markt eine neue, differenzierte Marketingstrategie mit entsprechender Ausgestaltung der Marketing-Mix-Instrumente.

Eine differenzierte Vorgehensweise ist durch die Entwicklung eines speziellen Marketingkonzeptes und einer neuen Marktbearbeitungsstrategie mit erheblichen Kosten verbunden. Daher ist die Identifikation von Segmenten mit hohem Marktpotential ein Erfolgskriterium beim Einsatz von Differenzierungsstrategien.

Gegenüber Standardisierungsstrategien liegt der Vorteil von Differenzierungsstrategien vor allem darin, daß eine Konzentration auf erfolgsträchtige und gewinnbringende Segmente erfolgen kann, die aufgrund ihrer unterschiedlichen Marktverhältnisse eine gezielte, differenzierte Marktbearbeitung erfordern. Bei Differenzierungsstrategien werden die internationalen Aktivitäten des Unternehmens somit nicht nur auf solche Auslandsmärkte begrenzt, die im Vergleich zum Inland oder untereinander „ähnlich" sind.

- **Standardisierungsstrategie**

Bei internationalen Standardisierungsstrategien werden länderübergreifend die jeweiligen Auslandsmärkte mit einheitlichen Marketingkonzepten, d.h. also mit einheitlicher Marktleistung und Positionierung, bearbeitet. Darüber hinaus streben die Unternehmen grundsätzlich auch eine weitgehende Standardisierung der Marketingprogramme an.

Ausgangspunkt für die standardisierte Auslandsmarktbearbeitung kann z.B. die Übertragung einer erfolgreichen Inlandskonzeption sein. Ein anderer Ansatz ergibt sich bei der länderübergreifenden Identifikation von homogenen Ländermärkten bzw. Zielgruppen. Diese Märkte können – unabhängig von der Inlandskonzeption – entsprechend den segmentspezifischen Marktverhältnissen standardisiert bearbeitet werden. Bei Standardisierungsstrategien ist der Standardisierungsgrad der eingesetzten Marketing-Mix-Instrumente ebenfalls abhängig von den spezifischen Gegebenheiten des potentiellen Ziellandes. Dabei werden die vorhandenen Unterschiede zwischen einzelnen Ländern oder Regionen häufig eine Anpassung der Marketingprogramme bzw. einiger der eingesetzten Marketing-Mix-Instrumente erforderlich machen. In diesem Falle werden dann nur Teile der Marketing-Mix-Bereiche, z.B. das Produkt oder der Produktname, standardisiert. Die übrigen Bereiche, z.B. die Kommunikations- und die Preispolitik oder der Vertriebsweg, werden differenziert eingesetzt.

Der Standardisierungsgrad der Marketingprogramme reicht dabei von einem nur teilweise standardisierten Einsatz der Marketing-Mix-Instrumente bis hin zu einer vollkommenen inhaltlichen Standardisierung der Mix-Bereiche.

Neben den im Vergleich zu Differenzierungsstrategien größeren Kostensenkungspotentialen ermöglichen Standardisierungsstrategien positive Ausstrahlungseffekte, beispielsweise beim Produkt- und Unternehmensimage, zu nutzen. Gleichzeitig birgt diese Vorgehensweise jedoch auch das Problem, daß das gesamte Produktprogramm bzw. das Unternehmen von einem möglichen negativen Produktimage beeinträchtigt wird.

Die Gefahr einer Standardisierungsstrategie liegt darin, daß bei der Strategieentwicklung grundsätzlich von der Übertragbarkeit der „heimischen" Marketingkonzeption ausgegangen wird. Damit kann der Blick für notwendige oder sinnvolle Anpassungen an Spezifika des ausländischen Marktsegments verstellt werden.

- **Globalisierungsstrategie**

Globalisierungsstrategien sind extreme Ausprägungen der Standardisierung, da zusätzlich zu Standardisierungsstrategien auch die Marketing-Mix-Bereiche vereinheitlicht und somit standardisiert auf die Auslandsmärkte übertragen werden (siehe dazu Abb. 8).

Damit ergeben sich nicht nur Erfahrungskurveneffekte in der F+E und der Produktion, sondern auch in allen anderen Teilen der Wertschöpfungskette, z.B. in der Beschaffung und Werbung.

Eine weitere Komponente von Globalisierungsstrategien ist der geografische Bezug: Globale Marketingstrategien beziehen sich grundsätzlich auf eine weltweite oder zumindest auf die Länder der Triade ausgeweitete Unternehmensaktivität. Grundlage ist dabei in der Regel die Positionierung einer Weltmarke, die bei der Zielgruppe vor allem im eigentlichen Produktnutzen und im angemuteten Zusatznutzen – wie beispielsweise das mit dem Produkt verbundene Image und der Lebensstil – weltweit einheitlich angeboten – und dann auch einheitlich wahrgenommen – wird.

Inzwischen läßt sich eine zunehmende Tendenz in Richtung weltweit einheitlicher Zielgruppen erkennen. Immer mehr Menschen, vor allem die jüngere Generation, zeichnet sich – von den Medien beeinflußt – durch eine gleiche Lebenseinstellung, gleichen Lebensstil und gleiches Konsumverhalten aus.

Beispiele für auf weltweit homogene Kundenbedürfnisse abgestimmte Globalisierungsstrategien sind die Produkte Coca Cola, Camel, Nivea, Moet & Chandon als Prestige-Produkt oder Löwenbräu als ein Produkt mit „country of origin"-Effekt.

Bei Coca-Cola geht die Standardisierung der Marketing-Mix-Instrumente in Richtung einer Globalisierungsstrategie soweit, daß nicht nur die Kommunikationspolitik weltweit einheitlich gestaltet wird, sondern auch die vermittelte Kernbotschaft in den ausgestrahlten Werbespots auf die Verwendung der Landessprache verzichtet.

Grundsätzlich basieren Globalisierungsstrategien auf einer geozentrischen Orientierung des Unternehmens, also einer Orientierung, die auf die Herausarbeitung von Wettbewerbsvorteilen bzw. der Verbesserung der Position auf dem Weltmarkt abzielt.

Die folgende Abbildung 8 basiert auf den Inhaltsbereichen der Abbildung 7 und zeigt insgesamt den Zusammenhang zwischen dem Strategieansatz und der Ausgestaltung der Marketing-Programme als Bestandteile der Marketingkonzepte.

Die Differenzierungsstrategie erfordert – bei generell standardisierten Marketingplanungsprozessen – für unterschiedliche Länder/Regionen, Zielgruppen und Einstellungen/Bedürfnissen, differenzierte Marketingkonzepte zu entwickeln. Bei Homogenität von zwei oder mehreren Zielländern kann ein Standardisierungsgrad realisiert werden. Er findet seine Entsprechung auch in der Vereinheitlichung von einzelnen Marketing-Mix-Instrumenten. Die Globalisierungsstrategie geht von der Homogenität der Marktbedingungen in allen potentiellen Zielländern aus: Also ist nur noch ein Marketingkonzept mit einheitlich gestalteten Marketing-Mix-Bereichen erforderlich.

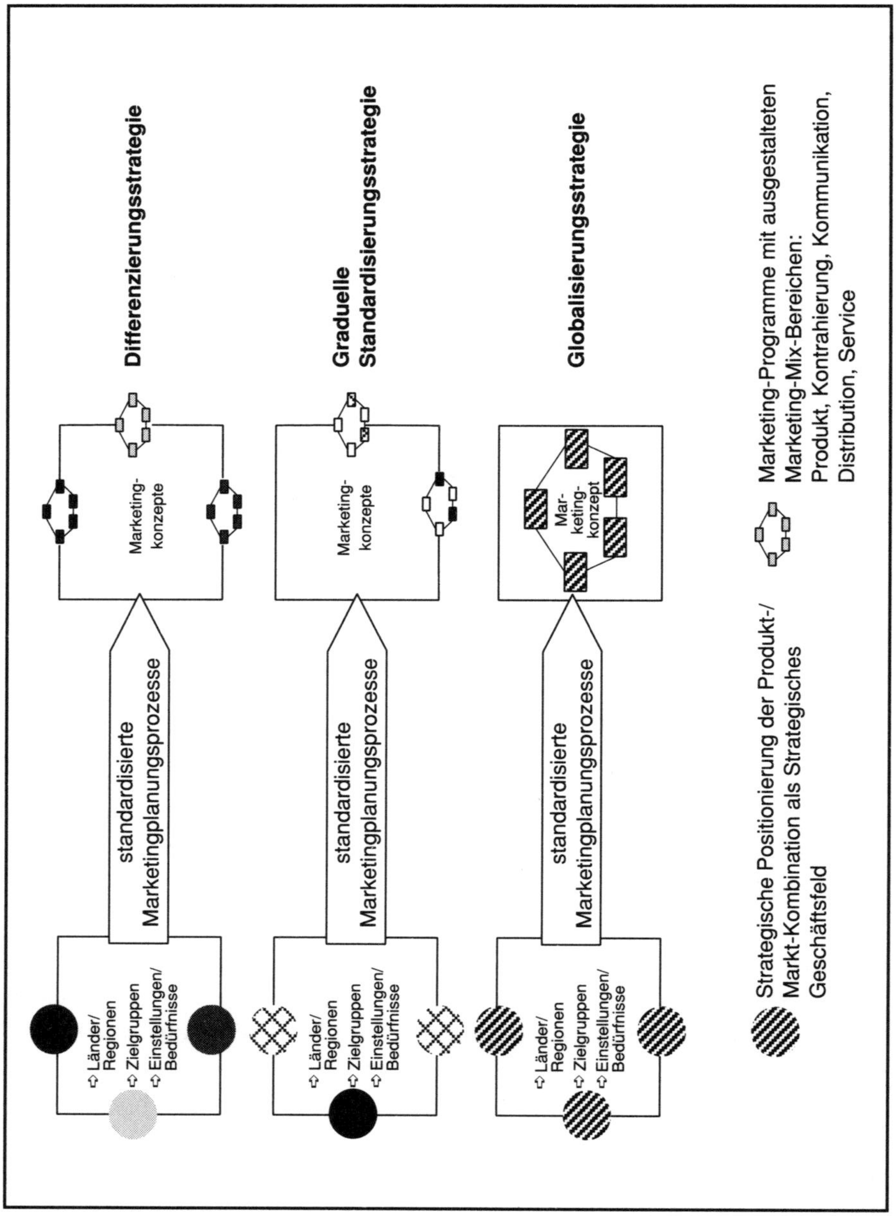

Abb. 8: Differenzierungs- und Standardisierungsinhalte

4.2 Portfolio-Mapping für den Markteintritt und die Marktbearbeitung

Portfolio-Mapping basiert auf der in den vorangegangenen Phasen der Informationserhebung und -analyse ermittelten Zielposition (vgl. dazu Kapitel 3.2) des Produkts bzw. des Strategischen Geschäftsfeldes. In einer Matrix mit den Dimensionen „zu erwartende Marktattraktivität" und „Wettbewerbszielposition" wird dabei für jedes potentielle Zielland die angestrebte und einer Plausibilitätskontrolle unterzogene Position des Produktes/SGF abgetragen.

Wie das Beispiel in Abbildung 9 zeigt, werden mit Hilfe des Portfolio-Mapping die zwischen den einzelnen Zielländern vorhandenen Unterschiede der Marktentwicklung und der eigenen Marktchancen im Wettbewerbsfeld visualisiert. Die unterschiedliche Größe des SGF kennzeichnet unterschiedliche erreichbare Marktanteile in den jeweiligen Ländern. Aufgrund der Positionierungen des SGF in den verschiedenen Ländern kann das Unternehmen nun zunächst eine Entscheidung über den Zeitpunkt und Ort sowie damit eine mögliche Reihenfolge des Markteintritts treffen.

Häufig werden Unternehmen zuerst in den Markt eintreten, in dem das Produkt bzw. SGF über eine gute Cash-cow-Position einen positiven Beitrag zum Cash-flow und zum Deckungsbeitrag leistet (Land C). Das schafft die finanzielle Ausgangssituation, nun mit einem höheren Eigenfinanzierungsanteil – sowie häufig auch höherem Risiko – in weitere Länder einzutreten, die aufgrund der potentiellen Wachstumschancen zwar überdurchschnittlich erfolgsträchtig sind, jedoch zunächst einen höheren Investitionsbedarf erfordern bzw. nur einen geringen Deckungsbeitrag erzielen (Land A).

Beim Portfolio-Mapping geht es nicht nur darum, Produkte bzw. SGF zu positionieren, sondern auch zu entscheiden, welche Produkte/SGF für die zukünftige Entwicklung des Unternehmens wichtig sind und welche ausgesondert bzw. verkauft werden können. Bezogen auf alle internationalen Aktivitäten des Unternehmens gilt es, ein insgesamt „ausgewogenes" Portfolio zu erzielen. D.h., die SGF in den verschiedenen Ländern müssen zusammen eine gute Mischung zwischen „Cash-cows", „Newcomern" und „Stars" ergeben.

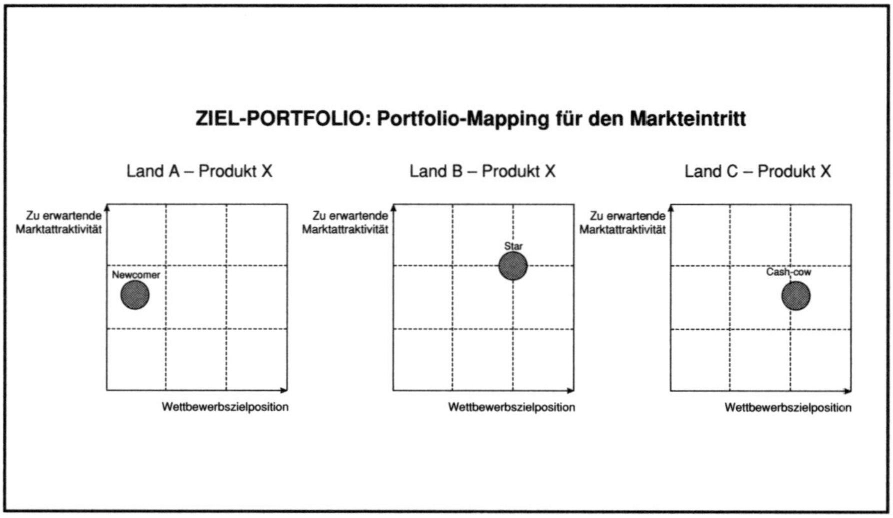

Abb. 9: Portfolio-Mapping

4.3 Analyse der Wertschöpfungskette: Intensität des Auslandsengagements

Bei der Entscheidung über die Intensität des zukünftigen Auslandsengagements steht das Unternehmen vor der strategischen Frage, welche Bereiche der Wertschöpfungskette ins Ausland verlagert werden sollen. Dabei bedeutet eine stärkere Verlagerung mehr Risiko für das Unternehmen. Eine höhere Stufe des Auslandsengagements bedeutet dabei häufig neben größerer Einflußmöglichkeit auch einen höheren finanziellen Aufwand. Dabei ist in Rechnung zu stellen, daß in den Ländern der asiatisch-pazifischen Region eine Direktinvestition u.U. einfacher durchzuführen ist (z.B. ein Joint Venture in Indien) als der mit tarifären und nichttarifären Handelshemmnissen erschwerte Export. Besondere Risiken liegen, abhängig von der Intensität des Engagements, auch in den länderspezifischen Markteintritts- und Marktaustrittsbarrieren, die bei der Verlagerung der Wertschöpfungskette zu berücksichtigen sind.

Aus der Entscheidung für eine bestimmte Stufe des Auslandsengagements bzw. der Verlagerung bestimmter Bereiche der Wertschöpfungskette ergibt sich direkt eine Entscheidung über die Art, den Inhalt und die Intensität der strategischen Auslandsmarktbearbeitung.

In Abhängigkeit von länder- und unternehmensspezifischen Gegebenheiten (z.B. Marktzugang und vorhandenen Ressourcen) sowie den Zielsetzungen sind dabei für jede Stufe des Auslandsengagements verschiedene Ausprägungen möglich:

Bei einem Joint Venture kann der ausländische Partner – aufgrund seiner Marktnähe – z.B. die Beschaffung und den Vertrieb/Service, das eigene Unternehmen – aufgrund seiner technologischen Stellung – das Produktions- und Fertigungs-Know-how zur Verfügung stellen.

In der nachfolgenden Abbildung 10 werden für jede Stufe des Auslandsengagements beispielhaft Ausprägungen mit der damit verbundenen Aufteilung der Wertschöpfungskette zwischen Auslandspartner und eigenem Unternehmen aufgezeigt.

Weitere Formen der Auslandsmarktbearbeitungen ergeben sich aus der Berücksichtigung der zeitlichen Perspektive eines Auslandsengagements:

So kann eine Produktionsstätte abgestuft zunächst nur Vorprodukte aus dem Mutterland zum Reimport montieren. Danach ist zur Penetration des Auslandsmarktes eine Ausweitung der Vertriebsaktivitäten denkbar.

Eine Exportstrategie in der Phase des Markteintritts könnte sukzessiv durch eine jeweils intensivere Form des Auslandsengagements (z.B. Verkaufsniederlassung) abgelöst werden, um letztlich in die höchste Stufe der Internationalisierung, also eine ausländische Tochtergesellschaft, zu münden.

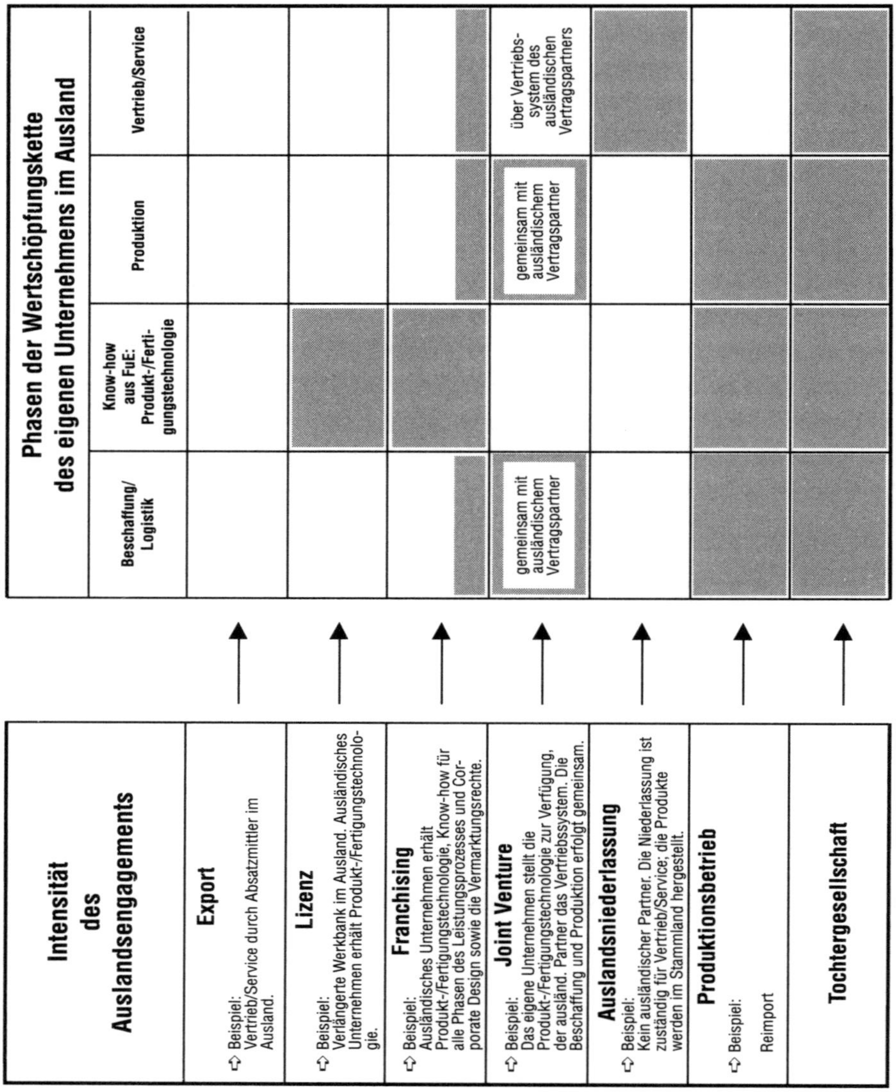

Abb. 10: Zusammenhang zwischen Wertschöpfungsstufen und Intensität des Auslandsengagements

4.4 Zeitliche Abfolge und Kombination von Ländermarktstrategien

Wie Abbildung 11 noch einmal im Überblick verdeutlicht, ist nach den Zielsetzungs-, Analyse- und Strategiebildungsphasen mit gleichem konzeptionellen Einsatz die länderbezogene Umsetzung der Marktstrategien zu planen.

Dies ist deshalb wichtig, um sicherzustellen, daß der Markteintritt in den asiatisch-pazifischen Wirtschaftsraum aus Sicht des Unternehmens in *dem* Markt beginnt, der unter strategischen Gesichtspunkten der Marktentwicklung und unter operativen Gesichtspunkten der Ergebnissteuerung den höchsten Nutzen verspricht. Danach stellt sich die Frage, in welcher Weise – ausgehend von diesem Markt – weitere Märkte und damit die Weltmarktregion penetriert werden.

Neben der „einfachen" Ein-Land-Strategie werden die Nukleus- und Stufenstrategie als Mehr-Land-Strategien im asiatisch-pazifischen Raum dargestellt. Das letzte Kapitel zeigt spezielle Strategiemuster ostasiatischer Unternehmen für den Markteintritt in USA und Europa als Triademärkte.

4.4.1 Ein-Land-Strategie in Oastasien-Pazifik

In diesem Falle ist das Ergebnis der strategischen Analyse des Unternehmens, daß nur *ein* Zielland ausgewählt wird und auch in absehbarer Zeit keine Erweiterung des Marktgebietes angestrebt wird.

In Abhängigkeit von der Marktausgangssituation und entsprechend der unternehmerischen Zielsetzung sowie der ausgewählten Strategie kann das Unternehmen in diesem Land von vornherein mit einem unterschiedlichen Engagement auftreten. Sind die Faktorkosten erheblich geringer als im

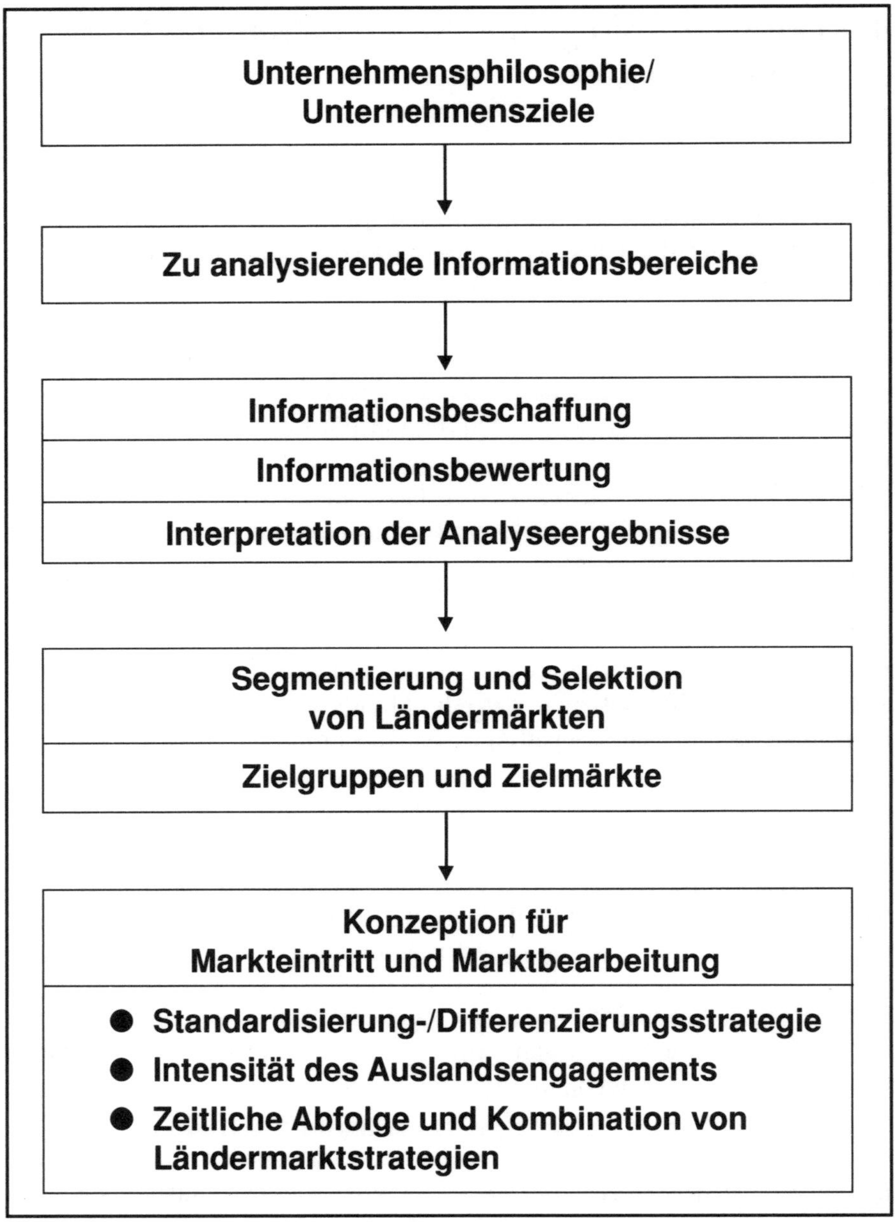

Abb. 11: Phasen für die Erarbeitung von Ländermarktstrategien

Stammland und führt auch der Vergleich der eingesparten Produktionskosten mit den zusätzlichen Transportkosten zu einem positiven Ergebnis, ist als strategischer Ansatzpunkt in der Wertschöpfungskette der Aufbau einer Produktionsstätte sinnvoll. In diesem Falle können von diesem Land aus Reimporte in das Stammland durchgeführt werden. Die Höhe des Marktpotentials in diesem Produktions-Land spielt dabei keine ausschlaggebende Rolle. Der Aufbau von Produktionsstätten deutscher Unternehmen beispielsweise in Malaysia geht genau in diese Richtung. Allerdings wird dann in strategischer Hinsicht zu überlegen sein, wie lange eine derartige Ein-Land-Strategie zweckmäßig ist oder ob von diesem Produktionsstandort auch andere Regionen und Weltmärkte beliefert werden können respektive sollen.

Eine andere Zielsetzung der Ein-Land-Strategie liegt beispielsweise in der Verlängerung von Produktlebenszyklen und damit in einer Kapazitätsauslastung der Werke im Stammland. Dies läßt sich nur erreichen, wenn Exporte in das asiatische Zielland durchgeführt werden und in diesem Land ein ausreichendes Marktpotential und ein relativ stabiles Preisniveau gegeben sind.

Wie oben bereits angesprochen, ist eine auf ein Land bezogene Strategie nur in dem Maße sinnvoll, wie die Marktattraktivität aller anderen Länder dieser Weltmarktregion für einen Markteintritt auch zu einem späteren Zeitpunkt zu gering ist. Gerade in einem stark wachsenden Wirtschaftsraum, wie der asiatisch-pazifischen Region, erscheint deshalb eine solche Strategie längerfristig nicht sinnvoll, da sie den sich hier bietenden Chancen auf Dauer nicht gerecht wird. Deshalb wird der Markteintritt in der oben skizzierten Weise mit einer längerfristigen Perspektive erfolgen, nämlich als grundsätzliche Eintrittsentscheidung in die Wirtschaftsregion. Das Ziel besteht dann darin, in einer ersten Phase spezifische Erfahrungen zu sammeln und einen Ausgangspunkt für weitere Marktaktivitäten in der Region aufzubauen.

4.4.2 Mehr-Länder-Strategie in Ostasien-Pazifik

Neben dem oben bereits angesprochenen Strategieansatz bieten sich zwei weitere strategische Konzepte an:

– Zum einen die Nukleusstrategie und
– zum anderen die Stufenstrategie

- **Nukleusstrategie**

Bei der Nukleusstrategie werden Stützpunkte in verschiedenen Teilen der gesamten Wirtschaftsregion errichtet, nämlich überall dort, wo der Markteintritt aus Sicht des Unternehmens günstig ist und ein späterer Markteintritt – vor allem unter Wettbewerbsgesichtspunkten – für das Unternehmen zusätzliche Probleme bringt. Der Markteintritt in diese Region kann dabei gleichzeitig oder in einer bestimmten zeitlichen Abfolge durchgeführt werden (siehe Abb. 12). Ziel ist, in relativ kurzer Zeit durch diese Stützpunkte wichtige Teile des Wirtschaftsraumes zu penetrieren.

Entweder nachdem diese „Keimzellen" aufgebaut wurden oder – aufgrund der Marktentwicklung und Strategieziele – in bestimmten Zeiträumen parallel dazu, werden durch operative Maßnahmen der Marktbearbeitung die um einen Stützpunkt liegenden Märkte erschlossen. In der Regel wird für die Abgrenzung dieser Marktgebiete wiederum der Grad der Homogenität wesentlich sein, der beispielsweise durch die Zugehörigkeit zu einem bestimmten Kulturkreis, politischen System oder durch ähnliche Wirtschaftsstrukturen gekennzeichnet ist. Das Engagement der Unternehmen ist auf dem ersten Stützpunkt grundsätzlich intensiver als auf den konzentrisch darumliegenden geografischen Märkten. So kann in einem Stützpunkt z.B. ein Joint Venture oder eine Produktionsstätte aufgebaut werden, von wo aus in die nahegelegenen homogenen Zielmärkte exportiert wird. Wie Abbildung 12 skizziert, werden beispielsweise vom Nukleus Hongkong (2) ausgehend Taiwan, ein Teil Chinas und die Philippinen abgedeckt.

Es liegt auf der Hand, daß für ein derartiges strategisch und operativ sowie geografisch und regional vernetztes Vorgehen eine klare mehrstufige Konzeption im Vorfeld erstellt werden muß. Sie ist im Zeitablauf während der konkreten Umsetzung periodisch erneut auf ihre Sinnhaftigkeit zu überprüfen. Änderungen in der zeitlichen und geografischen Reihenfolge der Markterschließung können sich dadurch ergeben, daß

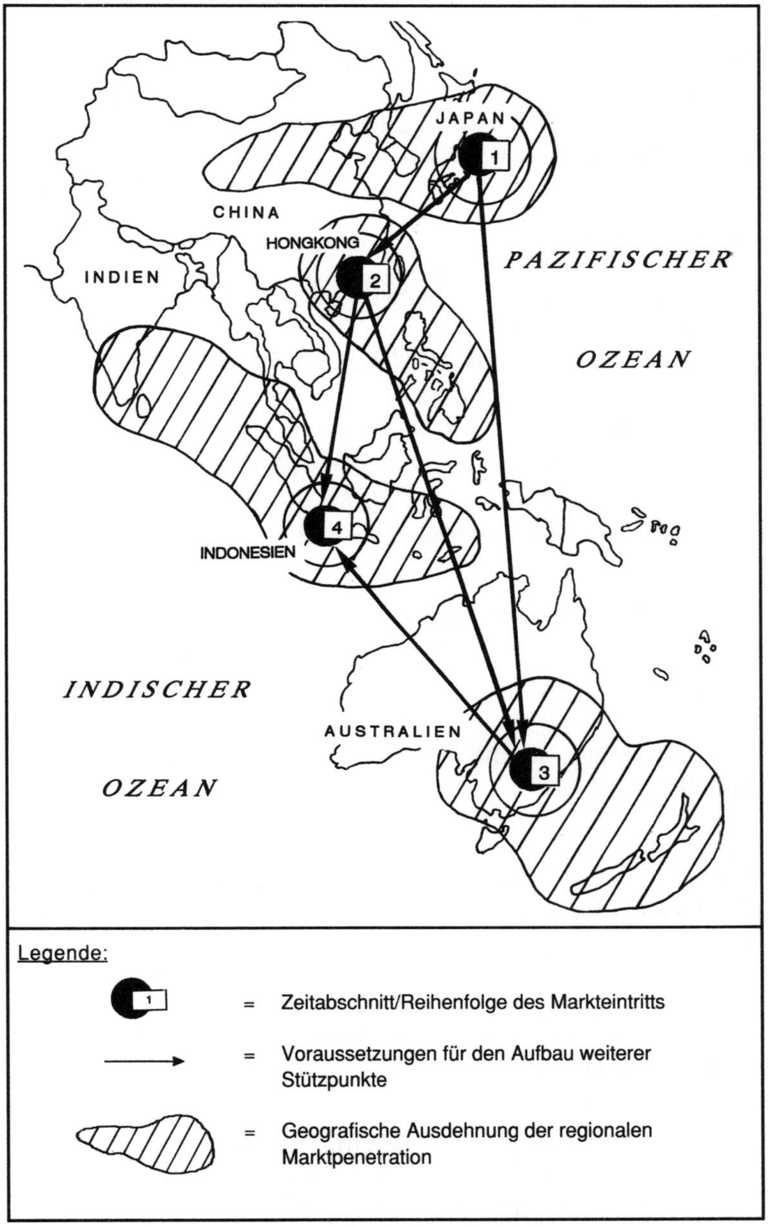

Abb. 12: Nukleusstrategie

- durch den Erfahrungszuwachs Informations- und Planungsdefizite aufgedeckt werden,
- durch die Marktbearbeitung synergetische Chancen sichtbar werden, die es in kurzer Zeit zu realisieren gilt, oder aber
- sich die Marktdaten in der Zwischenzeit wesentlich verändert haben.

● **Stufenstrategie**

Die Stufenstrategie legt eine graduell andere Zielsetzung und Vorgehensweise zugrunde. Gleich ist wiederum der zeitlich und geografisch sequentielle Ablauf der Markterschließung. Im Unterschied zur Nukleusstrategie wird bei der Stufenstrategie allerdings nach der grundsätzlichen Eintrittsentscheidung und damit der Wahl des ersten Zielmarktes das restliche Marktgebiet nur ausgehend von diesem Brückenkopf penetriert. Hinzu kommt, daß die Intensität des Auslandsengagements in den einzelnen Zielmärkten stufenweise im Zeitablauf verstärkt, zumindest aber variiert wird.

Wie in Abbildung 13 beispielhaft dargestellt, erfolgt der Markteintritt in den Wirtschaftsraum in Japan. Nachdem der Markteintritt über Export mit einem lokalen Vertriebspartner erreicht wurde, ist in der zweiten Stufe eine eigene Vertriebsniederlassung und – mit zunehmendem Grad der angestrebten Marktdurchdringung – anschließend z.B. der Aufbau einer Tochtergesellschaft zweckmäßig.

Wichtig ist dabei, nach welchen Kriterien der Eintritt in das erste Zielland, im Beispiel Japan, erfolgt. Zwei Extrempositionen sind bei der Marktauswahl möglich:

- Zum einen das Land, in dem in relativ kurzer Zeit ein ausreichend großer Marktanteil errungen werden kann, der mit einem positiven Cash-Flow und mit Gewinn verbunden ist.
- Zum anderen ist auch denkbar, den Markteintritt auf dem oder einem der schwierigsten Märkte zu versuchen. Wenn dies gelingt, dann ist die Wahrscheinlichkeit einer erfolgreichen Erschließung anderer Zielmärkte des Wirtschaftsraumes um so größer.

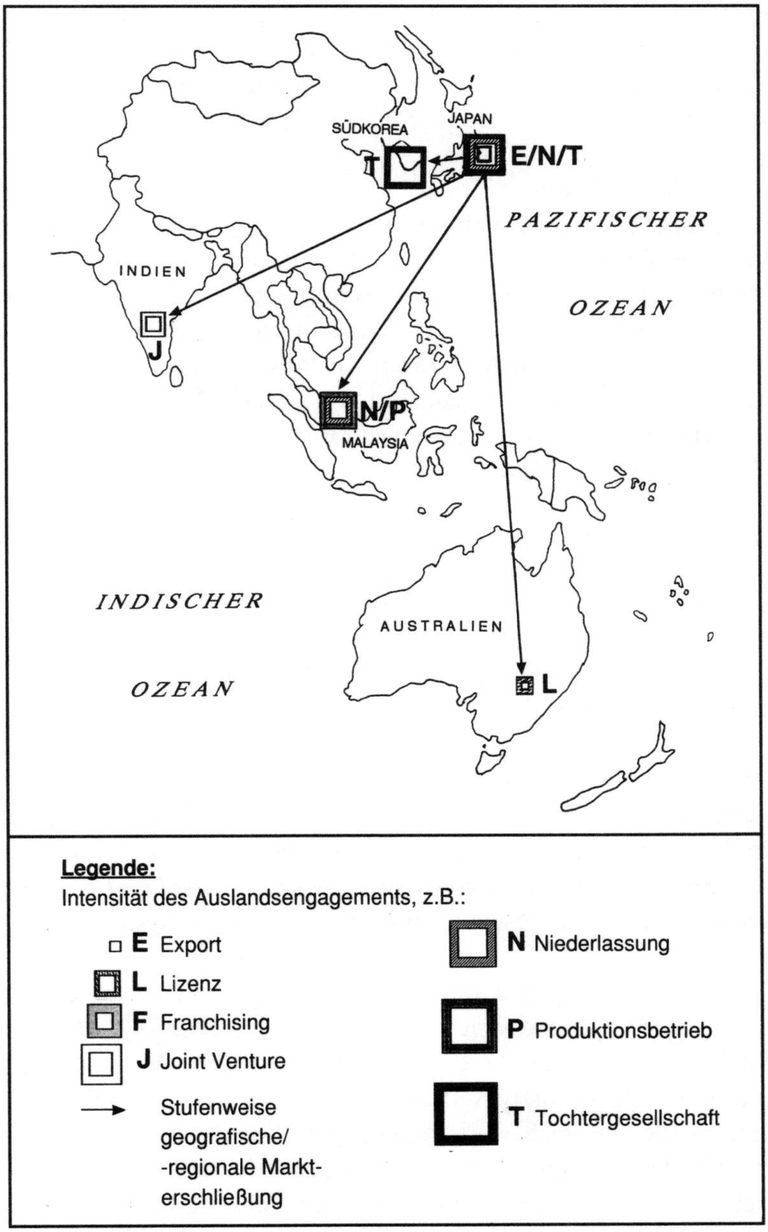

Abb. 13: Stufenstrategie

In der Regel wird der ersten Alternative der Vorzug gegeben werden, denn dadurch ist das Investment für den Markteintritt in die Region überschaubar und aufgrund der frühen Amortisation begrenzt; außerdem läßt sich das Markt- und Finanzrisiko beim Eintritt in andere Zielmärkte reduzieren.

Die graduelle Erhöhung der Intensität des Auslandsengagements in diesem ersten Zielland erfolgt beispielsweise mit der Zielsetzung, hier eigenständige Marktleistungen mit einem hohen Kundennutzen für die Zielgruppen dieser Region bzw. des gesamten Wirtschaftsraumes zu schaffen. Die stufenweise Markterschließung kann (im Beispiel) so vonstatten gehen, daß – von Japan ausgehend – in den ASEAN-Staaten, nämlich in Malaysia, eine eigene Vertriebsniederlassung aufgebaut wird. Dies wird in der Regel dann erfolgen, wenn in Japan die Produktion angelaufen ist. Anschließend oder teilweise parallel hierzu kann beispielsweise

- eine Lizenz nach Australien gegeben werden, mit der Absicht, dies später in ein Joint Venture zu überführen,
- in Indien ein Joint Venture eingegangen werden,
- in Südkorea aufgrund der niedrigen Faktorkosten und guten Infrastruktur eine Tochtergesellschaft gegründet werden und
- in Malaysia eine Produktionsstätte aufgebaut werden.

Die strategische Zielsetzung kann dahin gehen, den nördlichen Teil des Wirtschaftsraumes über die Tochtergesellschaft in Südkorea zu erschließen und zu bedienen sowie den südlichen Teil über die Vertriebsniederlassung und Produktionsstätte in Malaysia abzudecken. Generell ist der Export in weitere Zielmärkte des gesamten Wirtschaftsraumes vorgesehen.

Diese Mehr-Stufenstrategie kann weiterhin darin gipfeln, daß bei – absehbar – steigenden Faktorkosten in Japan eine weitgehende Verlagerung der Produktion nach Südkorea erfolgt und der japanische Markt von dort aus bedient wird. Die Tochtergesellschaft in Japan kann dann z.B. neben dem Vertrieb in alle vergleichsweise homogenen Zielmärkte auch zum Schwerpunkt aller Forschungs- und Entwicklungsaktivitäten für den gesamten Wirtschaftsraum ausgebaut werden. Der Grund liegt darin, daß zum einen die benötigten Fachkräfte hier rekrutiert werden können und zum anderen technologisch hoch entwickelte Unternehmen als Partner oder Lieferanten zur Verfügung stehen.

Zwischen den graduell abgestuften Aktivitäten des eigenen Unternehmens auf den verschiedenen Zielmärkten kann im Zeitablauf bei dieser Stufenstrategie also nicht nur eine einseitige, sondern auch wechselseitige Vernetzung aufgebaut werden. Sie hat zum Ziel sowohl Know-how als auch physische Marktleistung und Personal zu transferieren.

4.4.3 Triade-Strategien ostasiatischer Unternehmen für USA und Europa

Im Vergleich zu den beschriebenen Strategiekonzepten deutscher respektive europäischer Unternehmen im asiatisch-pazifischen Raum unterscheiden sich die Strategien fernöstlicher Unternehmen auf den Triademärkten USA und Europa in Art und Intensität erheblich. Ausgehend vom Heimmarkt Ostasien werden diese beiden Weltmarktregionen mit generalstabsmäßigen Strategiekonzepten systematisch aufgerollt.

Diesen Strategien liegen folgende Erfolgsfaktoren zugrunde:

- In verschiedenen Ländern bzw. Regionen des Weltmarktes wird eine differenzierte Preispolitik betrieben.
- Durch hohe Stückzahlen standardisierter Produkte sollen über umfassende Erfahrungskurveneffekte erhebliche Kostendegressionen erreicht werden.
- Priorität besitzt nach dem Markteintritt zunächst die Marktpenetration vor der Marktabschöpfung.

In der ersten Strategiephase ist deshalb der Marktanteil, der mit einer eher aggressiven Preispolitik erobert wird, wichtiger als hohe Deckungsbeiträge und ein hoher Cash-Flow. Aufgrund der hohen Skaleneffekte in der Produktion ist hierbei jedoch eine Kostendeckung nach relativ kurzer Zeit erreichbar.

- **Drei-Phasen-Strategie**

Das Grundmuster der längerfristig ausgerichteten Drei-Phasen-Strategie sieht in der zeitlichen Abfolge folgendermaßen aus (siehe Abb. 14):

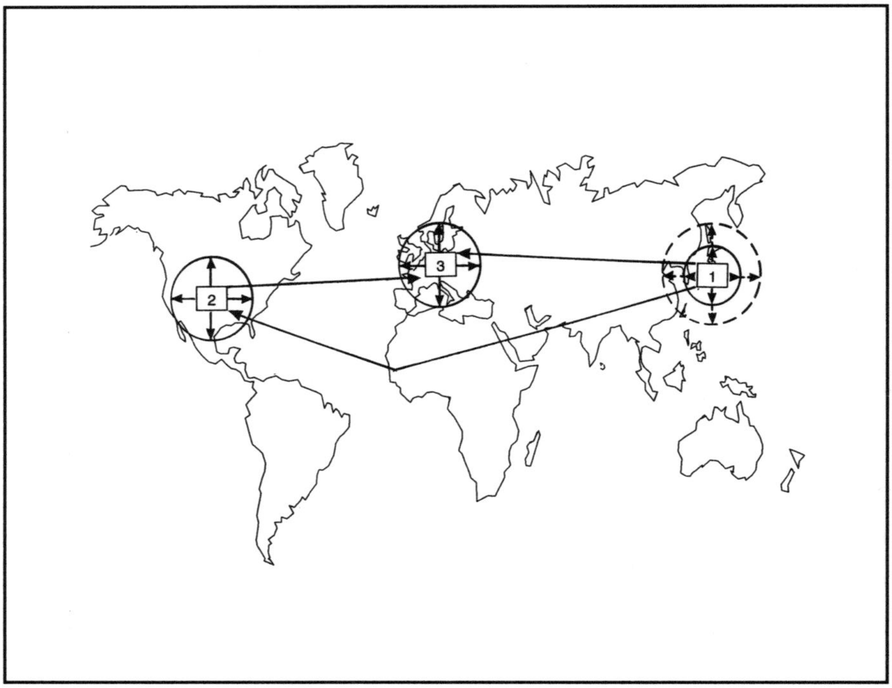

Abb. 14: Drei-Phasen-Strategie in der Triade

In der ersten Phase besteht die Zielsetzung darin, im Heimmarkt Ostasien eine starke Marktstellung aufzubauen. Restriktive Marktbedingungen, die ausländische Konkurrenten eher fernhalten und eine Politik höherer Preise erlauben, unterstützen die Zielerreichung. Diese Marktsituation und die hier insgesamt erreichbaren Stückzahlen schaffen strategische Freiheitsgrade für den nachhaltigen Markteintritt in andere Triaderegionen.

In der zweiten Phase erfolgt die Marktauswahl in der Regel nach den Kriterien der Größe und Einheitlichkeit des Marktes sowie einer relativ großen Vertrautheit mit den Marktspielregeln. Deshalb wird im allgemeinen zunächst der

US-amerikanische Markt penetriert. Auch bei einer Niedrigpreispolitik kann hier über hohe Stückzahlen die Kostendegression vorangetrieben und die Ertragssituation verbessert werden.

Erst danach werden – in der dritten Phase – üblicherweise die noch fragmentierten europäischen Märkte systematisch angegangen. Vorarbeiten des Markteintritts und der Markterschließung können dabei bereits in der zweiten Phase der Triade-Strategie erfolgen. Im Zeitablauf wird unter strategischen Gesichtspunkten die Intensität der Marktbearbeitung verstärkt, also vom reinen Export über Joint Ventures oder Niederlassungen bis zu Produktionsstätten oder Tochtergesellschaften. Die Steuerung der Marktaktivität in einer Triadenregion erfolgt von einem vor Ort eingerichteten Hauptquartier, was noch einmal die langfristige Ausrichtung der Strategie unterstreicht.

Beispiele hierfür sind in den Branchen Unterhaltungselektronik, Bürotechnik, Foto/Kamera, Computer und Automobile durch japanische Unternehmen und in Zukunft durch das südkoreanische Unternehmen Hyundai, zahlreich zu finden.

- **Sechs-Stufen-Strategie**

Speziell für die Automobilindustrie zeichnet sich unter dem Blickwinkel des Europäischen Binnenmarktes eine noch weiter entwickelte Triade-Strategie fernöstlicher Unternehmen ab: Die „Sechs-Stufen-Strategie“, die zum Teil sukzessiv und zum Teil parallel abläuft (siehe Abb. 15)[10].

Nach der Penetration des Heimmarktes in der ersten Stufe erfolgt in der zweiten Stufe ein direkter Export japanischer Automobile nach Europa und den USA. Aufgrund noch bestehender Importrestriktionen einiger EG-Staaten, z.B. Frankreich, Italien und Spanien, werden von den ostasiatischen Unternehmen – im Zuge der Markteroberung – in den USA, als Stufe drei, Produktionsstätten als sog. „Transplants“ aufgebaut. Von diesen werden, in der vierten Stufe, „amerikanische Produkte“ nach Europa exportiert. Als fünfte Stufe werden durch Direktinvestitionen auch in europäischen Ländern Produktionsstätten gegründet. Aufgrund der günstigen Rahmenbedingungen bei der Unternehmensbesteuerung und der Mitbestimmung wird dabei Großbritannien bevorzugt.

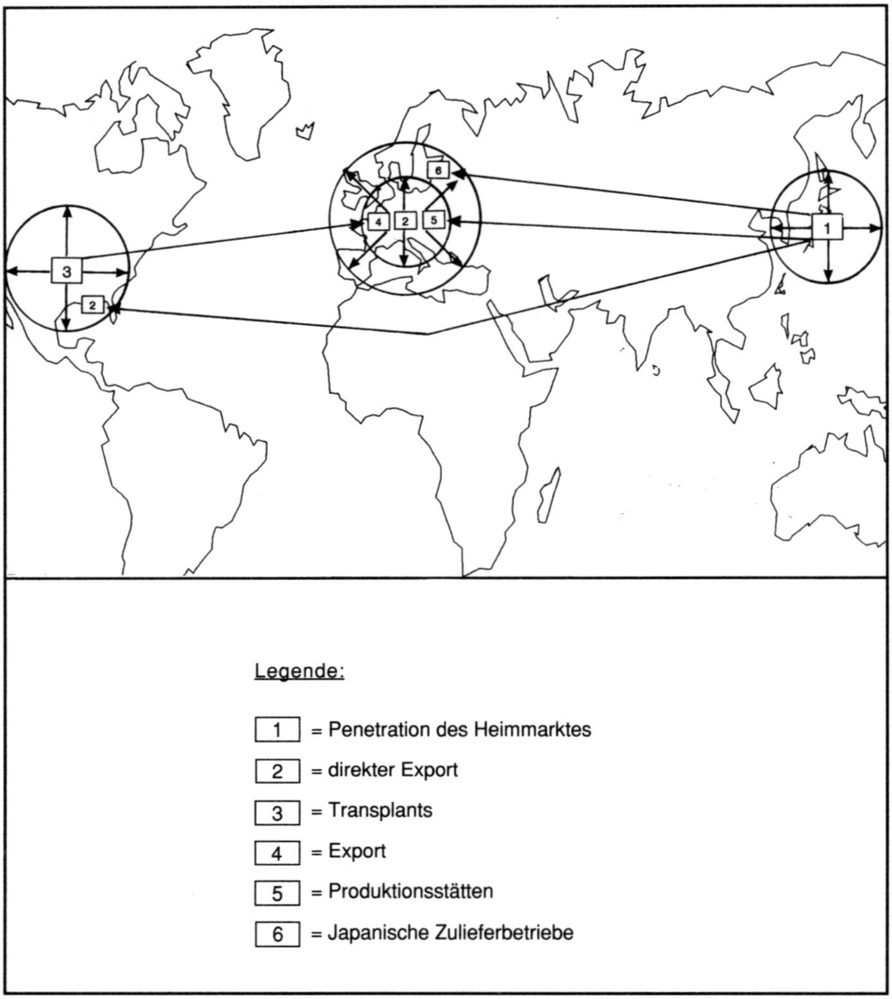

Abb. 15: Die Sechs-Stufen-Strategie (Automobil-Markt)

Durch die noch bestehenden Local-Content-Vorschriften, die den im Inland gefertigten Anteil der Wertschöpfung am Endprodukt festlegen, ist ein unbeschränkter Import von Teilen aus Japan nicht möglich. Deshalb ziehen diese in Europa produzierenden Unternehmen mittelfristig häufig auch ihre

Zulieferbetriebe – mit dem Ziel eines Single-Sourcing – nach, so daß in der sechsten Stufe sich nicht nur die Wettbewerbsstruktur im eigentlichen Automobilmarkt, sondern auch in der Zulieferindustrie verändern werden. Es ist abzusehen, daß die in Europa etablierten asiatischen Zulieferer neben diesen rein japanischen Marktbeziehungen auch europäische Unternehmen akquirieren werden.

Zu berücksichtigen ist, daß im Zuge einer Deregulierung im Europäischen Binnenmarkt diese Importrestriktionen nur noch für einige Jahre Gültigkeit besitzen werden. Wie die Vorgaben dann aussehen werden, läßt sich heute noch nicht absehen. Aber es ist klar, daß alle Entscheidungen in dieser Richtung (wirtschafts-)politischen Charakter haben.[11] Ebenso eindeutig ist, daß die ostasiatischen Unternehmen hierauf frühzeitig und nachhaltig reagieren werden.

- **Strategie der Weltmarktführerschaft in ausgewählten Branchen**

Abschließend wird noch kurz auf erkennbare Strategieansätze ostasiatischer, insbesondere japanischer Unternehmen oder besser gesamter Industrien eingegangen.[12]

Grundlage einer Strategie der angestrebten Weltmarktführerschaft ist eine detaillierte Analyse von Industriezweigen, um bereits in einem frühen Stadium nicht nur die Situation, sondern vor allem auch die globalen erfogschanzen zu identifizieren. Neben den vorstehend bereits angesprochenen Branchen gilt dies beispielsweise auch für den Bankensektor. Von den zehn größten Banken der Welt stammen neun aus Japan.[13] In der Stahlindustrie und im Schiffsbau hat Japan seine Führungsrolle allerdings inzwischen an Südkorea aufgrund der dort günstigeren Kostenstrukturen verloren.
Anders sieht die Situation im Industriezweig der Halbleiter aus: Diese Branche ist ein Paradebeispiel für die langfristige Strategie Japans, um die Position der Weltmarktführerschaft aufzubauen. Nach einer Analyse des Economist[14] ist nach dem Eintritt japanischer Unternehmen in den Weltmarkt für DRAM-Chips im Jahre 1974 ihr Marktanteil kontinuierlich auf ca. 80% gestiegen. In der gleichen Zeit ist der Marktanteil von US-Unternehmen, die 1974 100% in der Produktion lieferten, auf weniger als 20% gefallen. Der

Marktanteil westeuropäischer Unternehmen beträgt insgesamt nur wenige Prozent. Bei den gegenwärtig leistungsfähigsten Chips, den 4-Megabit-Chips, beherrschen Unternehmen wie Toshiba, NEC und Hitachi sogar 90% des Weltmarktes. Neben den Japanern haben auch die Südkoreaner inzwischen bei der Chip-Produktion stark aufgeholt.

Im Bereich Halbleiter befanden sich 1989 unter den zehn größten Anbietern sechs japanische Unternehmen.[15] In der Tendenz waren die Umsätze dieser Hersteller fast doppelt so groß wie die der amerikanischen Konkurrenten. Berücksichtigt man die Sonderrolle von IBM, das nur für den Eigenbedarf produziert und an dritter Position liegt, dann wird der Weltmarkt von NEC und Toshiba an den ersten beiden Positionen und Hitachi an der vierten Position angeführt. Die weiteren amerikanischen Unternehmen, Motorola und Texas Instruments, liegen auf Position fünf und sechs, Intel erst auf Position neun.

Die Grundstruktur der japanischen Erfolgsstrategie, die in dieser Branche die US-amerikanischen Unternehmen weitgehend vom Markt, zumindest aber auf nachrangige Weltmarktpositionen verdrängt haben, sieht – nach dem bekannten einheitlichen Muster – folgendermaßen aus: Nachdem der Branchenmarkt in seiner strategischen Bedeutung erkannt worden war, wurden hohe Produktionskapazitäten auf neuestem technologischen Stand aufgebaut. Bei der Auslastung der Kapazitäten konnten über Erfahrungskurveneffekte hohe economies of scale erzielt werden. Durch die günstigeren Kostenstrukturen einerseits, aber auch durch die hohe Kapazität andererseits, wurden die Computerchips mit einem starken Preisverfall verkauft. Dabei geht die Strategie nur deswegen auf, weil bei dieser Basistechnologie ein hohes Marktwachstum vorhanden ist.

Amerikanische Unternehmen, die mit der Produktionskapazität und dann auch mit den reduzierten Preisen nicht mithalten konnten, wurden dadurch vom Markt verdrängt. Die oben referierten Prozentzahlen der Marktanteile führen jedoch unweigerlich dazu, daß die gesamte Weltproduktion dieser Basistechnologie in die unmittelbare Abhängigkeit der japanischen Industrie gerät. Zwei Gründe machen es wahrscheinlich, daß die Preise für diese Produkte wieder steigen werden: Zum einen, wenn der nicht selten erhobene Vorwurf von Dumpingpreisen der Japaner hierdurch entkräftet werden soll, und zum anderen, wenn nach dem Verdrängen von Wettbewerbern die marktbeherrschende Stellung hierzu die Chance einräumt. Nicht amortisierte F+E-Investitionen sowie andere Kostenteile können auf diese Weise nachträglich abgedeckt werden. Zugleich wird so das finanzielle Polster für eine andere Markteroberung geschaffen.

Daneben läßt diese Marktposition noch eine andere Strategievariante zu: Bei dem hohen Anteil an der Weltmarktproduktion können – gewollt oder ungewollt – Lieferschwierigkeiten dieser Produkte eintreten. Dies trifft, wie die Erfahrung zeigt, auch für andere Branchen zu, die mikroelektronische Bauteile aus Fernost beziehen. Im Ergebnis werden die amerikanischen und europäischen Industrien auf diese Weise steuerbar. Es liegt auf der Hand, daß es sich hier um die höchste Stufe eines „Konkurrenz-Management" handelt.

Die westlichen Industrienationen und -branchen haben erkannt, daß hier – unabhängig von der wirtschaftlichen Ausgangssituation und einem erzielbaren Markterfolg – Vorsorge getroffen werden muß. Als Folge hiervon wird es unerläßlich sein, Investitionen in bestimmten Branchen vorzunehmen, um Kapazitäten für eine ausreichende Eigenproduktion zu sichern und nicht in ein unkalkulierbares Abhängigkeitsverhältnis zu geraten. Da die Realisierungsvoraussetzung und die Erfolgschance in dieser Hinsicht bei standardisierten High-Tech-Produkten nicht im Zwang zur Nische, sondern im Zwang zur Größe liegt, sind die erforderlichen Gegenmaßnahmen Strategische Allianzen. Obwohl IBM und Siemens Wettbewerber auf dem Markt für Computertechnik sind, haben sie sich zur Entwicklung des 64-Megabit-Chips zu einer Kooperation zusammengeschlossen. Denn anders ist dieser elektronische Baustein von der Höhe des Investments her nicht zu finanzieren. Die strategische Allianz beschränkt sich auf die gemeinsame Entwicklung, die Vermarktung wird aber weiterhin getrennt durchgeführt.

5. Anmerkungen/Literatur

Anmerkungen

1 Vgl. zum Begrifflichen *Kreutzer, R.*: Global Marketing – Konzeption eines länderübergreifenden Marketing, Wiesbaden 1989, S. 12 ff

2 *Vgl. Meffert, H./Althans, J.*: Internationales Marketing, Stuttgart 1982, S. 36 ff; *Segler, K.*: Basisstrategien im internationalen Marketing, Frankfurt 1986, S. 34 ff; *Simon, H.*: Informationsquellen zum Markteintritt in Japan, in: *Simon, H.* (Hrsg.): Markterfolg in Japan, Wiesbaden 1986, S. 211–241

3 Vgl. *Meffert, H./Althans, J.*, a.a.O., S. 42 f

4 Vgl. *Töpfer, A.*: Marketing-Audit als Grundlage für den Unternehmenserfolg, in: *Haberland, G./Preißler, P. R./Meyer, C. W.* (Hrsg.): Handbuch Revision – Consulting, Landsberg 1987, 16. Nachlieferung, Nr. 2.11

5 Vgl. dazu weiterführend *Meffert, H./Althans, J.*: a.a.O., S. 69 ff; *Segler, K.*: a.a.O., S. 41 ff; *Stahr, O.*: Auslandsmarketing, Band I, Stuttgart 1979, S. 32 ff

6 Ähnlich bei *Wieselhuber, N.*: Phasen und Prozeß der strategischen Planung, S. 61 ff, in: *Töpfer, A./ Afheldt, H.* (Hrsg.): Praxis der strategischen Unternehmensplanung, 2. Aufl., Landsberg/Lech 1987, S. 55–82

7 In Anlehnung an die Vorgehensweise bei der Delphie-Methode, vgl. *Hansmann, K. W.*: Kurzlehrbuch Prognoseverfahren, Wiesbaden 1983, S. 22; *Hüttner, M.*: Markt und Absatzprognosen, Stuttgart u.a. 1982, S. 29 ff; *Welters, K.*: Delphi-Technik, in: *Szyperski, N.* (Hrsg.): Handwörterbuch der Planung, Band 9, Stuttgart 1989, S. 262-270

8 Vgl. dazu weiterführend und zum Teil abweichend *Kreutzer, R.*: a.a.O., S. 203 ff; *Meffert, H./Althans J.*: a.a.O., S. 61 ff; *Porter, M.E.*: Der Wettbewerb auf globalen Märkten: Ein Rahmenkonzept, S 51 ff., in: *Porter, M.E.* (Hrsg.): Globaler Wettbewerb, Wiesbaden 1989, S. 17-68; *Segler, K.*: a.a.O., S. 203 ff

9 Vgl. weiterführend *Kotler, P.*: The Ad Biz Glous onto „Global“, in: Fortune, November 1984, S. 64; *Levitt, T.*: The Globalization of Markets, in: Harvard Business Review, 61. Jg., 1983, Nr. 3, S. 92-102

10 Vgl. *Kacher, G.*: Die zweite Angriffswelle rollt, in: Industriemagazin, März 1990, S. 138–142

11 Vgl. *Hirn, W.*: Fünf Jahre Schonfrist, in: Wirtschaftswoche, 44. Jg., 1990, Nr. 25, S. 179–182

12 Vgl. dazu weiterführend *Wright, R. W./Pauli, G. A.*: Die zweite Welle, Wien 1988, S. 116 ff; *Kotler, P./Fahey, L./Jatusripitak, S.*: Die asiatische Herausforderung: Antwort auf neue Marketingstrategien, Landsberg/Lech 1986

13 O.V.: Supermacht Japan, in: iwd, 15. Jg., 1989, Nr. 33, S. 4

14 O.V.: Better a Quibbling than Galloping, in: The Economist, 1989, No. 16, S. 45ff

15 O.V.: Chips: Gewicht in der Schale, in: Der Spiegel, 1990, Nr. 5, S. 89

Literatur

Hansmann, K. W.: Kurzlehrbuch Prognoseverfahren, Wiesbaden 1983

Hirn, W.: Fünf Jahre Schonfrist, in: Wirtschaftswoche, 44. Jg., 1990, Nr. 25, S. 179–182

Hüttner, M.: Markt- und Absatzprognosen, Stuttgart u.a. 1982

Kacher, G.: Die zweite Angriffswelle rollt, in: Industriemagazin, März 1990, S. 138–142

Kotler, P.: The Ad Biz Glous onto „Global“, in: Fortune, November 1984, S. 64

Kotler, P./Fahey, L./Jatusripitak, S.: Die asiatische Herausforderung: Antwort auf neue Marketingstrategien, Landsberg/Lech 1986

Kreutzer, R.: Global Marketing – Konzeption eines länderübergreifenden Marketing, Wiesbaden 1989

Levitt, T.: The Globalization of Markets, in: Harvard Business Review, 61. Jg., 1983, Nr. 3, S. 92–102

Meffert, H./Althans, J.: Internationales Marketing, Stuttgart 1982
O.V.: Chips: Gewicht in der Schale, in: Der Spiegel, 1990, Nr. 5, S. 88-90
O.V.: Supermacht Japan, in: iwd, 15. Jg., 1989, Nr. 33, S. 4–5
Segler, K.: Basisstrategien im internationalen Marketing, Frankfurt 1986
Simon, H.: Informationsquellen zum Markteintritt in Japan, in: *Simon, H.* (Hrsg.): Markterfolg in Japan, Wiesbaden 1986, S. 211–241
Stahr, O.: Auslandsmarketing, Band I und II, Stuttgart 1979
Töpfer, A.: Marketing – Audit als Grundlage für den Unternehmenserfolg, in: *Haberland, G./Preißler, P. R./ Meyer, C. W.* (Hrsg.): Handbuch Revision – Consulting, Landsberg 1987, 16. Nachlieferung, Nr. 2.11
Welters, K.: Delphi-Technik, in: Szyperski, N. (Hrsg.): Handwörterbuch der Planung, Band 9, Stuttgart 1989, S. 262-270
Wieselhuber, N.: Phasen und Prozeß der strategischen Planung, in: *Töpfer, A./Afheld, H.* (Hrsg.): Praxis der strategischen Unterhemensplanung, 2. Aufl., Landsberg/Lech 1987, S. 55-82
Wright, R. W./Pauli, G. A.: Die zweite Welle, Wien 1988

Europäische Investitionsstrategien in Südostasien

Reinhard Hünerberg, Tim Allen

1. ASEAN als Wirtschaftsraum

1.1 Basisdaten

Im folgenden werden die sechs Mitgliedsländer der „Association of Southeast Asian Nations (ASEAN)“, Brunei, Indonesien, Malaysia, Philippinen, Singapur, Thailand, betrachtet. Eines von ihnen, Singapur, gehört gleichzeitig zu den vier „kleinen Tigern“ Asiens, den „newly industrial countries (NICs)“, zu denen neben Singapur noch Hongkong, Taiwan, Südkorea zählen.

Die 1967 gegründete Staatengemeinschaft ist auf wirtschaftliche Kooperation und politische Stabilität in der Region ausgerichtet. Zwar fallen heute nur etwa 3% des innergemeinschaftlichen Handels unter die vereinbarten Vorzugszölle („Preferential Trading Arrangement“, PTA), und nur wenige gemeinsame Großprojekte im Rahmen industrieller Kooperationen waren bisher erfolgreich, dennoch ist in den letzten Jahren ein engerer Zusammenhalt der Mitgliedsländer trotz aller Dissense und Unterschiede nicht zu verkennen. Von besonderer Bedeutung dürfte das Gewicht dieser Staatengruppe in einer sich abzeichnenden Kooperation der Staaten des pazifischen Beckens sein.[1]

Die ASEAN-Staaten stehen heute vielfach im Mittelpunkt globaler Unternehmensstrategien, wobei insbesondere japanische, amerikanische und australische Firmen zu nennen sind. Entsprechende Wachstumsrekorde werden daher auch für das Jahr 1988 gemeldet. Thailand steigerte sein Bruttosozialprodukt um 11%, Singapur um 10%, Malaysia um 8,2%, die Philippinen um 6,2%, Indonesien um 5%, und für 1989 wird mit ähnlichen Ergebnissen gerechnet.[2]

Die Unterschiede zwischen den sechs Staaten sind allerdings erheblich. Tabelle 1 verdeutlicht das anhand einiger Indikatoren.

LAND	FLÄCHE / qkm		BEVÖLKERUNG		BEV.	% BEV.	BSP / MRD. US $		BSP / KOPF	AUTOS	TELEFONE	INFLATIONS-
	abs./Tsd.	%	abs./Mio.	%	DICHTE / qkm	< 15 JAHRE	abs.	%	IN US $	per 1000 Ew.	per 1000 Ew.	RATE IN %
Brunei	6,0	0,20	0,2	0,08	38,00	47,2	3,3	1,43	14.473,68	350	150	1,3
Indonesien	1.905,0	62,36	173,0	57,11	90,81	40,8	92,0	39,97	531,79	6	5	ca. 10,0
Malaysia	330,0	10,80	16,1	5,31	48,79	39,6	33,0	14,34	2.049,69	45	66	4,0
Philippinen	300,0	9,82	57,0	18,82	190,00	42,0	34,9	15,16	612,28	7	16	7,5
Singapur	0,6	0,02	2,6	0,86	4.475,04	27,1	21,0	9,12	8.076,92	90	377	1,0
Thailand	513,0	16,79	54,0	17,83	105,26	40,4	46,0	19,98	851,85	11	13	2,5
ASEAN	3.054,6	100,00	302,9	100,00	99,17	40,8	230,2	100,00	759,92	10	15	

Tab. 1: Basisdaten ASEAN (1988)

Quelle: Eigene Berechnungen auf Grundlage von Angaben der statistischen Behörden der ASEAN-Staaten

1.2 ASEAN und EG

Die EG steht in der Bedeutung des Warenverkehrs der ASEAN-Staaten hinter Japan und den USA (siehe Tab. 2):

	Exporte 1986 gesamt: 74 Mrd. US $	Importe 1986 gesamt: 63 Mrd. US $
zwischen den ASEAN-Ländern	19,9%	18,2%
mit Japan	21,2%	22,0%
mit USA	21,2%	16,2%
mit der EG	13,5%	14,0%
mit anderen	24,2%	29,6%

Tab. 2: Warenverkehr der ASEAN-Staaten

Quelle: o.V.: Ein weiterer Schritt auf dem Weg zur engen regionalen Wirtschaftskooperatin, in: Handelsblatt v. 15.12.1988, S. 20

Der Handel zwischen EG und ASEAN wuchs allerdings von 1980–1987 um 55%. Im Jahre 1988 stieg der Warenverkehr um weitere 20%. Die Bundesrepublik Deutschland ist von den EG-Staaten mit 30% Anteil der wichtigste EG-Handelspartner. Ihre Importe aus der Region erhöhten sich im ersten Quartal 1989 nochmals um 33%, ihre Exporte dorthin um 52%. Dennoch liegen die einzelnen ASEAN-Länder in ihrer Bedeutung als Handelspartner für die EG-Länder an nachgeordneter Stelle. 1987 stand z.B. Singapur als wichtigstes ASEAN-Ausfuhrland und -Einfuhrland für die Bundesrepublik Deutschland unter 195 ausgewiesenen Ländern an 36. bzw. 35. Stelle, gefolgt von Thailand (41. bzw. 37. Stelle), Indonesien (45. bzw. 47. Stelle), Malaysia (50. bzw. 36. Stelle) und Philippinen (53. bzw. 45. Stelle).[3]

Insbesondere bei den Exporten der ASEAN-Staaten in die EG ist ein Strukturwandel von Agrarerzeugnissen und Rohstoffen zu Industriegütern festzustellen (siehe Abb. 1):

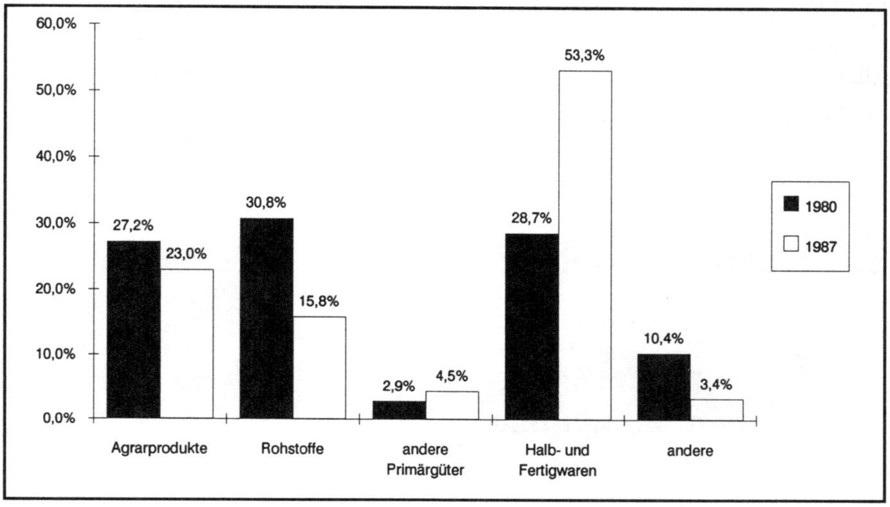

Abb. 1: ASEAN-Exporte in EG

Quelle: o.V.: Buisness Climate, in: Asean Business Review, Nr. 1, November 1988, S. 7

Bei den Direktinvestitionen fällt das Bild noch eindeutiger zuungunsten der EG aus. Verläßliche Angaben sind schwer zu erhalten, denn bei der Veröffentlichung entsprechender Zahlen wird große Zurückhaltung geübt, und es gibt komplexe Vorgänge wie Reinvestition von Gewinnen und indirekte Investitionen über Drittländer, aber auch erhebliche Unterschiede bei den Erfassungsmethoden.[4] Schätzungen, daß gegenwärtig Japan mit etwa 33%, die USA mit 25% und die EG mit 12% an den gesamten Auslandsinvestitionen im ASEAN-Raum beteiligt sind, dürften die Situation verhältnismäßig zutreffend wiedergeben.[5]

Die relative Bedeutung europäischer Direktinvestitionen nimmt gegenüber der expansiven Strategie anderer Länder stetig ab, insbesondere im Hinblick auf Japan, das ca. 20% seiner gesamten ausländischen Direktinvestitionen im ASEAN-Raum angelegt hat (Bundesrepublik Deutschland weniger als 4%) und in einem Jahr (1987) die Zahl seiner Investitionen dort fast verdoppelte.[6]

Das Beispiel Singapurs – in vieler Hinsicht ein Schlüsselland – ist eindrucksvoll: US-amerikanische Unternehmen investierten dort zwischen 1980 und 1987 allein im Produktionsbereich jährlich 500 Mio. DM, die Japaner 1980 135 Mio. DM, 1987 600 Mio. DM, während die Europäer 1980 360 Mio. DM, 1987 286 Mio. DM investierten. Speziell der deutsche Anteil an den Auslandsinvestitionen ist in den meisten ASEAN-Ländern in den letzten Jahren erheblich zurückgegangen.[7]

2. Investitionspolitik

2.1 Rahmenbedingungen

Alle ASEAN-Staaten mit Ausnahme der Philippinen haben in den letzten Jahren eine außergewöhnliche wirtschaftliche Aufschwungphase erlebt. Unter anderem die Rezession von 1984/85 hat jedoch gezeigt, daß die einseitige Abhängigkeit von Agrarerzeugnissen und Rohstoffen – z.B. Palmöl, tropisches Holz, Kopra, Kautschuk, Zinn, Bauxit, Erdöl – eine besondere Bedrohung der Stabilität in Zeiten von Überproduktion und sinkender Nachfrage auf den Weltmärkten darstellt. Besonders die Abhängigkeit von der Landwirtschaft – etwa 60% der Bevölkerung im ASEAN-Raum war bis 1980 in diesem Sektor tätig – soll daher in allen ASEAN-Staaten zugunsten einer Industrialisierung drastisch verringert werden.

Schritte auf diesem Wege sind die Entwicklung der Infrastruktur, Substitution von Importgütern, Exportförderung, Technologie-Import. Der Staat übt in diesem Rahmen starken Einfluß aus, entweder durch staatliche Betriebe für kapitalintensive Produktion und Infrastrukturmaßnahmen oder durch entsprechende gesetzliche und administrative Regelungen. Ein wesentlicher Punkt ist auch die Ermunterung ausländischer Investoren, um den Industrialisierungsprozeß zu beschleunigen.

Zu diesem Zweck gibt es in allen ASEAN-Staaten ein spezifisches Förderprogramm für Auslandsinvestoren, das insbesondere Zoll- und Steuerbefreiungen bzw. -kürzungen unter bestimmten Bedingungen – z.B. hinsichtlich Art, Ort, Umfang, Branche der Investition – vorsieht. Wichtige Voraussetzung für viele Steuervorteile ist dabei die Zuerkennung eines „Pionierstatus“.[8]

Weitere staatliche Investitionsanreize können auch Garantien (z.B. gegen Nationalisierungsmaßnahmen, für unbeschränkten Kapitalverkehr), Schutzmaßnahmen im Lande (z.B. Zölle, Kontingentierung), liberale Genehmigungspraxis (z.B. bei Landerwerb, Beschäftigung nicht-einheimischer Mitarbeiter) sein.[9]

Zentrale Bedeutung kommt schließlich der Kontrollmöglichkeit durch den europäischen Investor zu. Hier ist eine generelle „fade-out-Strategie“ der ASEAN-Staaten – mit Ausnahme Singapurs – festzustellen, die 100%ige Beteiligungen zur Ausnahme werden läßt.[10] Joint Ventures sind daher heute der Normalfall, in sehr viel geringerem Maße Lizenzverträge. Selbst Joint Ventures sind Einschränkungen unterworfen, das thailändische „Alien Business Law“ von 1973 sieht z.B. als Regel eine thailändische Mehrheit vor, wenngleich es für den ausländischen Investor viele Wege gibt, dennoch eine faktische Kontrolle auszuüben.

Die Politik der ASEAN-Staaten bei der Schaffung von Rahmenbedingungen ist eine konsequente Umsetzung der dargestellten Industrialisierungspolitik. So basiert die Bevorzugung von Joint Ventures auf der Annahme, daß der Investor bei dieser Form der Auslandsinvestitionen dem Erfolg der Unternehmung stärker verpflichtet ist und auch Know-how transferiert. Demgegenüber soll Aktivitäten, die nicht dem Aufbau einer eigenen Industrie dienen, insbesondere nur billige Rohstoffe und Arbeitskräfte nutzen wollen und nicht zur qualifizierten Ausbildung einheimischer Arbeitskräfte beitragen, entgegengewirkt werden. Dahinter steht auch die Überzeugung, daß der z.Zt. als so wichtig angesehene Faktor der Arbeitskosten, wie er in Abb. 2 dargestellt ist, als Investitionsmotiv keine dauerhafte Grundlage darstellt, da mit der wirtschaftlichen Entwicklung, die auch zur Stimulierung der Binnennachfrage und der Erhöhung des Lebensstandards führt, mit einem Ansteigen von Löhnen und Lohnnebenkosten zu rechnen ist.

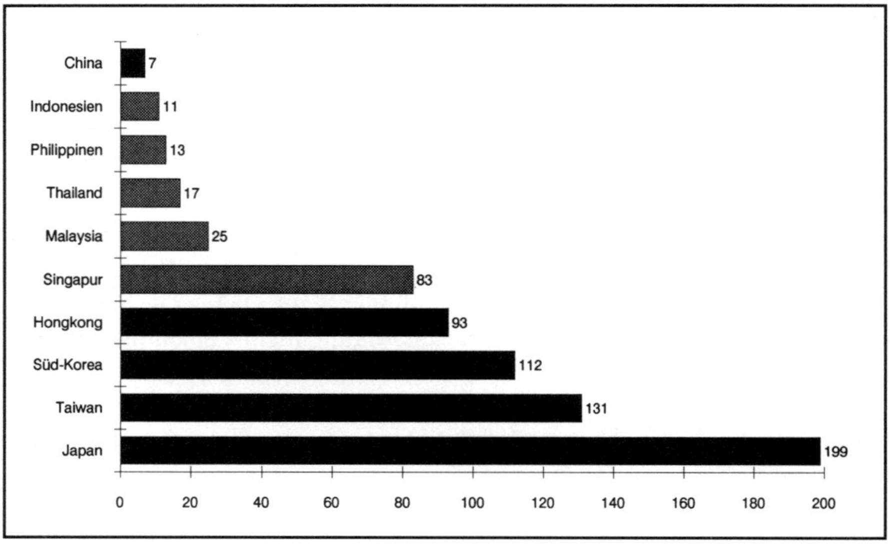

Abb. 2: Lohndurchschnittskosten (US$ pro Woche)

Quelle: Nitzsche + Partner: EC-ASEAN Industrial Cooperation, Wolfratshausen, 1988, S. 24

Aufgrund der Dynamik der ASEAN-Region ändern sich also nicht nur wirtschaftliche Rahmenbedingungen, wie Markt- und Konkurrenzsituation, sondern auch Infrastruktur und staatliche Investitionspolitik. Es bleibt zu fragen, inwieweit europäische Investoren diese aktuellen Entwicklungen in den Rahmenbedingungen ihren Entscheidungen zugrunde legen.

2.2 Investitionsverhalten europäischer Firmen

E.A.P.-Untersuchungen, in deren Verlauf seit 1984 ca. 1700 Unternehmen in den sechs ASEAN-Staaten und eine etwa gleich große Anzahl in Europa befragt wurden, betrafen u.a. auch das Investitionsverhalten europäischer Firmen und seine Hintergründe.[11] Eine Stichprobe von 750 Firmen in allen

ASEAN-Staaten, die 1987/88 interviewt wurden, repräsentierte 15 Industriesektoren und sieben EG-Länder.

Die überragende Bedeutung von Joint-Ventures wurde darin dokumentiert, daß 78% zu dieser Kooperationsform zählten und nur jeweils 11% vollständig bzw. überwiegend im europäischen Besitz waren. Die relativ große Bedeutung der siebziger Jahre kam darin zum Ausdruck, daß die knappe Hälfte der befragten Firmen in diesem Zeitraum gegründet worden waren, nur 27% vorher und 25% danach. Bei über 40% der Firmen handelte es sich um relativ geringe Investitionssummen unter 5 Mio. US$, nur 17% lagen über 50 Mio. US$. Auch daraus wird deutlich, daß Investitionen im ASEAN-Raum von Europäern eine weniger weitreichende strategische Bedeutung zugemessen wird. So lag denn auch das Hauptinteresse der europäischen Unternehmen in den ASEAN-Ländern im jeweiligen lokalen Markt (62,5%) und in weit geringerem Maße im gesamten ASEAN-Raum (22,7%) oder ging gar darüber hinaus (14,8%). Der Aufschwung der Region ab 1985 spiegelte sich nicht in europäischen Investitionen wider. Wie auch aus anderen Untersuchungen bekannt, sank die absolute Zahl der Neuinvestitionen.

Aus den Erhebungen ergab sich zudem recht eindeutig, daß europäische Firmen in besonderer Weise an der Minimierung des Investitionsaufwandes und der Kapitalrückflußdauer interessiert sind und weitaus weniger etwa an Exportvorteilen auf Grundlage von Präferenzabkommen oder an Zollschutz im jeweiligen Land. In einer Rangfolge der Bedeutung, die Investitionsanreizen zugemessen wird, standen z.B. Pionierstatus/Steuervergünstigungen an erster Stelle, gefolgt von Kontrollrechten, Zollschutz dagegen an letzter Position. Aus anderen Antworten ergibt sich für europäische Investoren insgesamt die Vermutung einer relativ starken Abhängigkeit vom lokalen Partner, der die Zeitplanung der Investitionsentscheidung häufig stark beeinflußt und oft weitaus besser über die Marktverhältnisse informiert ist. Zu diesem Bild paßt die sehr hohe Rate der Zufriedenheit bei den europäischen Partnern (70%); wurde Unzufriedenheit zum Ausdruck gebracht, waren es dann aber in fast der Hälfte der Fälle nicht erfüllte Markterwartungen.

Diese Ergebnisse scheinen auch auf eine nicht immer optimale Vorbereitung der Investitionsentscheidung hinzudeuten. Verhandlungen mit staatlichen

Stellen in den ASEAN-Ländern werden oft als überraschend erlebt. Mehr als die Hälfte der befragten Firmen stellte fest, daß sie in Europa keine wesentliche Unterstützung erhalten hätten. Informationen über potentielle Partner vor Ort und über den Umgang mit Behörden, Interesse europäischer Stellen, Finanzierungshilfen wurden als Folge davon als unzureichend empfunden.

Die Situation stellt sich bei japanischen Firmen grundlegend anders dar. Auf Basis von ca. 150 Befragungen japanischer Firmen zeigte sich, daß Präferenzbehandlung, Zollschutz, Kontingente nicht nur langfristig analysiert, sondern auch zu den Hauptfaktoren der Investitionsanreize gerechnet werden, da man sie als Ausgangspunkt für potentielle Wettbewerbsvorteile sieht. Fast die Hälfte der befragten Firmen gab an, GATT-Verhandlungen und Zollvorteile im Rahmen von Präferenzabkommen vor der Entscheidung berücksichtigt zu haben. Aus markt- und wettbewerbsstrategischen Überlegungen heraus wurde die Stellung des Yen, billigere Produktionsstätten und niedrigere Produktionskosten als wesentlich angesehen.

Ein entscheidender Unterschied zum europäischen Investitionsverhalten liegt wohl darin, daß sich japanische Investoren in viel höherem Maße auf staatliche Unterstützung verlassen, insbesondere werden vorherige Regierungsabkommen zwischen Japan und dem jeweiligen ASEAN-Land mit positiven Konsequenzen für das jeweilige Projekt als wichtig erachtet. Schon in Untersuchungen anderer Institutionen wurden weitere Gründe für die japanische Überlegenheit erkannt, u.a.:

- bessere Kombination von Direktinvestitionen und Exporten aus dem eigenen Land
- durchschlagkräftigere Präsenz durch Generalhandelshäuser und Kooperation mehrerer japanischer Unternehmen
- bessere Implementierung der Investitionsentscheidung, z.B. im Bereich von Personalstrategien.[12]

3. Die Zukunft europäischer Direktinvestitionen in der ASEAN-Region

3.1 Unterstützungsmaßnahmen der EG

Den europäischen Staaten und der Europäischen Gemeinschaft ist die Bedeutung der ASEAN-Region bewußt. So wird die im Vergleich zu Japan und USA geringe Präsenz beklagt. Aber auch Repräsentanten der ASEAN-Staaten bedauern diese Tatsache.[13] Zwar wird die japanische Wirtschaftskraft und deren Wirkung auf die Entwicklung der Region allgemein positiv eingeschätzt, dennoch kam in allen Gesprächen, die die Verfasser mit Vertretern von einheimischen Unternehmen, Wirtschaftsorganisationen und staatlichen Stellen führten, die Sorge vor einer zu starken Abhängigkeit von Japan zum Ausdruck. Europa wird gleichzeitig als ein Partner angesehen, der eine solche Abhängigkeit vermindern könnte.

Aus dieser Sicht heraus werden die Befürchtungen verständlich, denen man im Zusammenhang mit der Realisierung des Europäischen Binnenmarktes allenthalben begegnet. Mangelnde Information, unklare Prognosen über die zu erwartenden Auswirkungen und widersprüchliche Äußerungen europäischer Stellen haben das Schreckgespenst von der „Festung Europa" auch in diesem Teil der Welt zu einem der am häufigsten gebrauchten Schlagworte im Zusammenhang mit der EG werden lassen.

Inzwischen gibt es auf EG-Ebene allerdings eine Reihe von Aktivitäten zur Unterstützung der gegenseitigen Wirtschaftsbeziehungen.[14] Der Zusammenarbeit zwischen EG und ASEAN dienen z.B. Ministertreffen (u.a. vom 2./3.5.1988 in Düsseldorf; ein zweites Treffen der Wirtschaftsminister der beteiligten Staaten ist nach 1985 für 1990 geplant). Das zweite Außenministertreffen führte am 7.3.1980 zum Abschluß eines Kooperationsabkommens, das auch für die Förderung von europäischen Direktinvestitionen in den ASEAN-Staaten Bedeutung hat.

Auf Grundlage dieses Kooperationsabkommens erarbeitet ein Kooperationsausschuß („EC-ASEAN Joint Consultative Committee") konkrete Vorschläge für die Zusammenarbeit. So wird z.Zt. geprüft, wie europäische Firmen an einem Programm teilnehmen können, das zur Förderung von Joint Venture-Vorhaben innerhalb der ASEAN-Staaten geschaffen worden war („ASEAN Industrial Joint Venture Scheme"). Im Auftrag der EG-Kommission ist hierzu eine Untersuchung erstellt worden, die in diesem Rahmen 76 Produktgruppen (davon 25 in besonderem Maße; siehe Abb. 3) für entsprechende multilaterale Joint Ventures empfiehlt und darüber hinaus eine Reihe weiterer für bilaterale Projekte.[15]

Produktgruppen	Auswahlkriterien
1. Weichgummiwaren	1. Lokale Rohstoffe
2. Fischereiprodukte	2. Lokale Wertschöpfung / Währungsgewinne
3. Spielzeug	3. Losgröße
4. Obst- und Gemüseverarbeitung	4. Leistung von EG-Herstellern (Markt-Technologie)
5. Korbmöbel	5. Lokaler Fertigungsanteil / Produktionstiefe
6. Technische Hartgummiwaren	6. Nachfrage in den ASEAN-Staaten
7. Bautenschutz	7. Exportnachfrage
8. Elektrische Werkzeuge bis 2 KW	8. Beschäftigungswirkung
9. Schrauben, genormte Drehteile aus Stahl und NE-Metallen	9. Möglichkeiten der Technologiesubstitution
10. Büromaschinen	10. Produktlebenszyklus
11. Elektrische Schweiß- und Lötanlagen	11. Transportempfindlichkeit
12. Elektrische Regel- und Steueranlagen	12. Technologieniveau
13. Maschinen- und Präzisionswerkzeuge	13. Stückkostenhöhe in der EG (Wettbewerbssintensität)
14. Automatische Datenverarbeitungsanlagen	14. Verfügbarkeit zusätzlicher Dienstleistungen
15. Hydraulikpumpen	15. Lokale Verfügbarkeit von Restanteilen und Material
16. Holzbearbeitungsmaschinen	16. Investitionsvolumen
17. Anlagen für Ölhydraulik und pneumatische Kontrolle	17. Bedeutung von Montagekosten
18. Elektrische Meßgeräte	18. Lokales Know-How (Erfahrung, ausbildete Arbeitskräfte)
19. Kompressoren und Vakuumpumpen	19. Automatisierungsgrad
20. Metallschneidemaschinen	
21. Gummi- und Kunststoffverarbeitungsmaschinen	
22. Sinterprodukte	
23. Maschinen für Lebensmittelverarbeitung u. -verpackung	
24. Spanlose Metallbearbeitungsmaschinen	
25. Lebensmittelverarbeitung (ohne Fisch, Obst u. Gemüse)	

Abb. 3: Im Nitzsche + Partner-Report besonders empfohlene Produktgruppen für multilaterale Joint Ventures im Rahmen des ASEAN Industrial Joint Venture Schema (Beteiligung von Unternehmen aus mindestens zwei ASEAN-Staaten) und zugrundeliegende Auswahlkriterien.

Quelle: Nitzsche + Partner: EC-ASEAN Industrial Cooperation, Wolfratshausen, 1988, S. 3 ff.

Die EG hat des weiteren einen EG-ASEAN Investitionsberater (K. F. Klaje) ernannt und gemeinsame Investitionskomitees in den ASEAN-Staaten mit

Vertretern aus Wirtschaft und Politik der EG und der ASEAN-Staaten geschaffen („Joint Investment Committees“). Diese sollen Investitionsvorhaben in der ASEAN-Region fördern, bei der Definition entsprechender Wirtschaftssektoren helfen, bei der Partnersuche vermitteln und die Realisierung von Projekten unterstützen.

Ein gemeinsamer Wirtschaftsrat („ASEAN-EC Business Council“) ist Ergebnis der Zusammenarbeit zwischen den Verbänden der ASEAN- und der EG-Industrie- und Handelskammern. Er dient als Forum für Geschäftsleute aus den beiden Regionen, das zweimal jährlich zusammentritt und Seminare, Ausbildungsprogramme und ähnliches organisiert.[16]
Konkrete Finanzhilfe für Investitionsprojekte ist schließlich im Rahmen der sog. „Cheysson Facility“ (EC Investment Partners Fund) vom Juli 1988 auch für Vorhaben in den ASEAN-Staaten möglich.[17]

Es stellt sich die Frage, inwieweit Förderungsmaßnahmen seitens der EG ausreichen bzw. den erwünschten Erfolg haben. Die Zahl der Initiativen ist sicher nicht gering. Dazu kommen die einzelstaatlichen Anreizsysteme, für die Bundesrepublik Deutschland insbesondere die Hilfen durch die „Deutsche Finanzierungsgesellschaft für Beteiligungen in Entwicklungsländern GmbH (D.E.G.)“, die „Kreditanstalt für Wiederaufbau (KfW)“, die „Bundesstelle für Außenhandelsinformationen (BfAi)“ sowie die Außenhandelskammern bzw. sonstige Wirtschaftsvertretungen und die diplomatischen und konsularischen Auslandsvertretungen. Insgesamt ergibt sich so eine teilweise schon verwirrende Vielfalt von Institutionen und Maßnahmen.

Die Effizienz der einzelnen Aktivitäten ist dagegen teilweise nicht sehr hoch. So deckt das Informations- und Beratungsangebot aufgrund seiner Zersplitterung – z.B. im Vergleich mit der japanischen halbstaatlichen JETRO – nicht immer den Bedarf von Unternehmen. Aus einer neuen, z.Zt. laufenden Untersuchung der E.A.P. ergibt sich als erste Tendenz wiederum, daß Informationen durch den (potentiellen) Partner vor Ort eine überragende Bedeutung zukommt und eine weitere Überprüfung durch den europäischen Investor oft nicht stattfindet. Kenntnis von und Vertrauen zu europäischen Unterstützungsmaßnahmen sind relativ gering. Konkurrenzdenken zwischen den einzelnen nationalen Stellen in den ASEAN-Staaten und in Europa sowie den europäischen Organisationen existiert durchaus, Abstimmung und Koordination, manchmal auch Verständnis lassen zu wünschen übrig.

Als Hauptproblem läßt sich jedoch feststellen, daß Firmen aus Europa als deutsche, französische, britische Unternehmen usw. auftreten, die europäische Dimension spielt im Geschäft mit den ASEAN-Staaten eine eher untergeordnete Rolle. Alle europäisch orientierten Hilfen sind daher starkem innereuropäischem Wettbewerbsdenken unterworfen und in ihrer Wirkung eingeschränkt.

Sollen europäische Direktinvestitionen in der ASEAN-Region wirksam gefördert werden, scheint es aus diesen Gründen notwendig, die Unterstützungsmaßnahmen zu konzentrieren und Wege zu finden, daß Unternehmen europäische Strategien entwickeln. Mit der Schaffung des gemeinsamen Binnenmarktes bietet sich hierzu ein guter Ansatzpunkt, der insbesondere auch umgekehrt dazu dienen kann, die EG als interessanten Wirtschaftsraum für die ASEAN-Region darzustellen und die existierenden Befürchtungen vor dem Wirtschaftsblock Europa abzubauen.

3.2 Unternehmerische Entscheidungen

Zusammenfassend ergeben sich aus strategischer Sicht für europäische Unternehmen u.a. folgende grundsätzliche Entscheidungsalternativen (siehe Abb. 4).

Die Entscheidung zwischen den aufgezeigten Alternativen hängt von zahlreichen internen und externen Faktoren des individuellen Falles ab; generell läßt sich aufgrund der dargestellten Situation und der genannten empirischen Untersuchungen feststellen:

a) Zwar sind Risiko und finanzieller Einsatz bei reinem Export geringer, und der Erfolg ist schneller sichtbar, dennoch sollte im Hinblick auf Konkurrenzvorteile eine Präsenz vor Ort auf Grundlage von Direktinvestitionen bei aussichtsreichen Produktgruppen erwogen werden. Solche Investitionen können gleichzeitig der Exportabsicherung dienen. Man

a.	Export in ASEAN-Länder	——	Direktinvestition in ASEAN-Ländern
b.	Eigenständige Aktivitäten im ASEAN-Land	——	(echte) Partnerschaft mit ASEAN-Unternehmen
c.	Nationale Strategie	——	Europäische Strategie (Kooperation mit Unternehmen aus anderen europäischen Ländern)
d.	Ausrichtung auf ein ASEAN-Land	——	Abdeckung der gesamten ASEAN-Region
e.	(rein) Kostenorientierte Strategie (Niedrige Produktionskosten als Entscheidungskriterium)	——	Marktorientierte Strategie (Auf- bzw. Ausbau von Marktpositionen im asiatisch-pazifischen Raum)
f.	Kurz-/mittelfristiges Engagement im ASEAN-Raum	——	Langfristiges Engagement im ASEAN-Raum

Abb. 4: Wesentliche strategische Optionen für europäische Unternehmen im ASEAN-Geschäft

muß sich allerdings darüber im klaren sein, daß wohl eine Reihe von Märkten im ASEAN-Raum, gerade für „einfache" Produkte, aufgrund japanischer bzw. asiatischer Dominanz heute bereits verloren und auch durch Investitionsanstrengungen kaum wiederzugewinnen sind.

b) Abgesehen von gesetzlichen Erfordernissen ist die Entscheidung für eigenständiges Vorgehen oder für eine Kooperation mit einheimischen Partnern eine Frage bisheriger Erfahrung und des Vorhandenseins finanzieller und personeller Ressourcen. Eine (echte) Partnerschaft wird häufig unumgänglich sein und birgt auch ein hohes positives Ergebnispotential in sich. Dessen tatsächliche Realisierung erfordert allerdings von der Partnerwahl bis zur täglichen Geschäftsabwicklung die Lösung zahlreicher Probleme (siehe Abb. 5).

c) Auf europäischer Seite könnten grenzüberschreitende Kooperationen am ehesten ein Gegengewicht zur überragenden japanischen Marktstellung bewirken. Neben der Lösung des bei jeder Kooperation vorhandenen Konfliktpotentials durch die Unternehmen sind hierfür jedoch im besonderen Maße wirksame Initiativen der Europäischen Gemeinschaft vonnöten. In dieser Hinsicht und im Anschluß an die obigen Ausführungen in 3.1 gilt immer noch der Satz: „In contrast to the political ‚over-representation' of the EC there is economic underrepresentation of the EC in ASEAN"[18]. Effektive europäische Maßnahmen könnten dabei auf dem insgesamt positiven Europabild der ASEAN-Unternehmen aufbauen.
d) Zwar legen die großen Unterschiede zwischen den ASEAN-Staaten und deren relativ geringe Integration die Ausrichtung auf bestimmte Länder nahe, dennoch muß eine globale Unternehmensstrategie den gesamten ASEAN-Raum bzw. das pazifische Becken schon deswegen einbeziehen, weil asiatische, amerikanische und andere Wettbewerber in diesen Dimensionen agieren.
e) Kostenvorteile in Form von Investitionsanreizen und niedrigen Faktorkosten können zwar Grundlage zur Erzielung von Wettbewerbsvorteilen sein, werden aber auch von nicht-europäischen Wettbewerben genutzt und sind überdies im Zeitablauf ungewiß und werden sich eher vermindern. Der eigentliche strategische Vorteil einer Investition im ASEAN-Raum dürfte daher vielmehr darin liegen, daß in ausgewählten Produktbereichen Marktpositionen durch entsprechende Marktpräsenz gesichert werden.
f) Kurz- und mittelfristiges Denken kann kurz- und mittelfristig von Erfolg gekrönt sein. Gerade in asiatischen Ländern ist allerdings häufig der lange Atem und Verzicht auf schnellen Erfolg ausschlaggebend. Die japanische Konkurrenz hat das eindrücklich bewiesen. Globale Strategien erfordern daher langfristiges Engagement in den wichtigen Weltregionen, und der ASEAN-Raum gehört eindeutig dazu. Der europäische Binnenmarkt beherrscht zwar heute die Diskussion, darüber darf von europäischen Unternehmen jedoch nicht der Rest der Welt vergessen werden. Ohne Investitionen wiederum ist ein solches langfristiges Engagement kaum vorstellbar.

In praxi verdecken vielfach Probleme bei der Implementierung von Investitionsentscheidungen die strategischen Optionen. Es ist jedoch nicht zu ver-

PROBLEMBEREICHE	HINWEISE AUF LÖSUNGSMÖGLICHKEITEN
1. Schwierigkeit, Kompetenz für alle sechs ASEAN-Staaten zu entwickeln	Kooperation mit anderen Firmen, Mitarbeiterschulung
2. Kulturelle Differenzen zwischen Europa und den ASEAN-Staaten (z.B. fehlendes gegenseitiges Verständnis für jeweilige Management- und Führungstechniken sowie Basiskonzepte – z.B. Marketing)	Erfahrungsaustausch, Mitarbeiterschulung, Inanspruchnahme externer Berater, Akzeptanz anderer Wertsysteme
3. Überbetonung der politischen Stabilität und Vernachlässigung der Marktchancen und -risiken durch europäische Unternehmen	Umfassende Informationssammlung, Neugewichtung von Entscheidungskriterien
4. Schwierige Identifizierung kompetenter, zuverlässiger Partner in den ASEAN-Staaten	Inanspruchnahme aller Informationsquellen auf einzelstaatlicher und europäischer Ebene sowie vor Ort, Entsendung von Mitarbeitern, schrittweiser Ausbau der Zusammenarbeit mit Partnern
5. Unvollständige, unzutreffende Marktinformationen	Ansprache aller verfügbaren Informationsquellen, insbesondere in den ASEAN-Staaten selbst; Nachprüfung aller Informationen
6. Unterschiedliches Potential des europäischen und des ASEAN-Partners (Finanzen, Personal, Erfahrungen etc.)	Vorsicht bei Partnerwahl, gegenseitige Definitionen des vom Partner erwarteten Beitrages
7. Mangelnde Erfahrung beim Umgang mit staatlichen Stellen und einheimischen Mitarbeitern	Erfahrungsaustausch, Mitarbeiterschulung
8. Mangelnde Sprachkompetenz der Europäer	Mitarbeiterschulung
9. Ungeduld des europäischen Partners im Hinblick auf die Amortisation der Investitionen, insbesondere bei Rückschlägen in der Anlaufphase	Änderung des strategischen Denkens, klare Definition von Zielen und Erwartungen vor der Investitionsentscheidung, realistische Erwartungshaltung
10. Zerstörung der Vertrauensbasis zwischen europäischem und ASEAN-Partner aufgrund unzureichender Kommunikation	Laufender rechtzeitiger Informationsaustausch, Training des Kommunikationsverhaltens
11. Entscheidungsfindung und -realisierung der europäischen Partner zu schwerfällig	Umstrukturierung von Organisations- und Entscheidungsprozessen, Zeitvorgaben
12. Unzureichendes Verständnis bei der europäischen Muttergesellschaft (Probleme hinsichtlich Entscheidungsdurchführung, Flexibilität, Kenntnis des relevanten Umfeldes)	Kommunikation zwischen Entscheidungsträgern in Muttergesellschaft und Auslandsniederlassung, Änderung von Organisationsstrukturen, häufigere persönliche Anwesenheit von Vertretern der Muttergesellschaft vor Ort
13. Motivationsprobleme bei den in den ASEAN-Staaten tätigen europäischen Mitarbeitern	Einführung/Änderung von Personalentwicklungsplänen (z.B. für Wiedereingliederung in Stammhaus), Verbesserung des Kontaktes zwischen Muttergesellschaft und Auslandsniederlassung
14. Probleme mit Qualität und Qualitätskontrolle	Ausbildung einheimischer Mitarbeiter, Anreizsysteme für Mitarbeiter, Bereitstellung finanzieller Mittel für entsprechende Kontrollen
15. Distributions- und Logistikprobleme	Kooperation mit entsprechenden Partnern, Informationserhebung vor Investitionsentscheidung

Abb. 5: Implementierungsprobleme bei Investitionsentscheidungen europäischer Unternehmen in den ASEAN-Staaten und generelle Lösungsansätze

kennen, daß die beste strategische Festlegung ohne ständige adäquate Umsetzung in operationale Entscheidungen nicht erfolgreich sein kann.

Am Schluß soll daher eine kurze Zusammenfassung der Hauptproblemkreise im Zusammenhang mit der Realisierung von Investitionsentscheidungen stehen, welchen die Verfasser immer wieder begegnet sind und die vorrangig von jeder europäischen Unternehmung, die in den ASEAN-Staaten investiert, zu lösen sind. Gleichzeitig werden einige generelle Ansätze zur Lösung dieser Probleme aufgezeigt (siehe Abb. 5).

4. Anmerkungen/Literatur

Anmerkungen

1 Vgl. *Pilz, Ch.*: Europäer laufen ins Abseits, in: Handelsblatt v. 12.7.1989, S. 7; zu Zielsetzung und Struktur des ASEAN vgl. u.a. *Suh, M.B.M.*: ASEAN-Zielsetzungen und Probleme, und *Rieger, C.*: Die wirtschaftliche Zusammenarbeit der ASEAN-Staaten; beide in: ASEAN und Europäische Gemeinschaft, (Hrsg. v. B. Dahm/W. Harbrecht), Hamburg 1988

2 Vgl. o. V.: Die Staatengemeinschaft erlebt ein Investitionshoch, in: Handelsblatt v. 17.1.1989, S. 8

3 Vgl. o. V.: Business Climate, in: ASEAN Business Review, Nr. 1, November 1988, S. 6 ff; o. V.: Wirtschaftsbeziehungen der Bundesrepublik Deutschland zu den ASEAN-Staaten, in: BMWI Tagesnachrichten v. 17.8.1989; *Pilz, Ch.*: Die deutsche Wirtschaft nutzt die ihr gebotenen Chancen zu wenig und verliert als Exporteur Marktanteile, in: Handelsblatt v. 15.12.1988, S. 23

4 Vgl. *Jungnickel, R./Gerberding, A./Maenner, U.*: Investitionsbedingungen in der ASEAN-Region, Hamburg 1986, S. 38 ff

5 Eigene Berechnungen aufgrund von Angaben der Investitionsbehörden der ASEAN-Staaten; vgl. auch Asean Business Review, Nr. 2, Februar 1989, S. 6

6 Vgl. *Pilz, Ch.*: Die deutsche Wirtschaft ist im Wettbewerb um die Märkte der Region weit hinter Japan zurückgefallen, in: Handelsblatt v. 27.9.1988, S. 10; *Nitzsche + Partner*: EC-ASEAN Industrial Cooperation, Wolfratshausen 1988, S. 30

7 Vgl. o. V.: Singapur will das Image eines Billiglandes loswerden, in: Blick durch die Wirtschaft, 10.8.1989, S. 2; *Pilz, Ch.*: Die deutsche Wirtschaft ist im Wettbewerb um die Märkte der Region weit hinter Japan zurückgefallen, a.a.O., S. 10

8 Als Mindestanforderung wird hierfür z.B. in Singapur definiert: „1. The project introduces technology, know-how or skills into an industry which is substantially more advanced than that of the average level prevailing in that industry; and 2. There are no companies in Singapore performing a similar activity without being awarded the pioneer status.“ *Singapore International Chamber of Commerce*: Investors Guide, Singapore 1989, S. 26

9 Vgl. z.B. *Jungnickel, R./Gerberding, A./Maenner, H.*: a.a.O., S. 72 ff, 128 ff, 190 ff, 227 ff, 269 ff, 296 ff und Klaje, K. F., Investments from Europe to ASEAN (Paper for 3rd Plenary Meeting of ASEAN-EEC Business Council), Brüssel, 21.10.1987; zur jeweils aktuellen Situation geben die nationalen Investitionsbehörden Auskunft (Thailand: Board of Investment, Malaysia: MIDA; Singapur: Economic

Development Board; Indonesien: BKPM; Philippinen: Board of Investment; Brunei: Economic Planning Unit)

10 Vgl. *Wagner, W./Stier, B./Haas, U.*: Deutsche und japanische Investitionsstrategien in Südostasien, Hamburg 1985, S. 181

11 Vgl. die E.A.P.-Reihe „South East Asian Business Guides" bei Pergamon Press Oxford sowie *Cordier, C.* u.a.: Thailand: Guide to Business and Investment, Aldershot 1986; weitere Veröffentlichungen in Vorbereitung; vgl. in diesem Zusammenhang auch die Untersuchung deutscher Investitionen in Malaysia von *Eggerstedt, H.* u. a.: Malaysian German Industrial Cooperation, Berlin 1989

12 Vgl. *Wagner, W./Stier, B./Haas, U.*: a.a.O., S. 93 ff

13 Vgl. z.B. *Singer, H:* Closer Economic Cooperation ASEAN/EC – A Challenge – und *Dato' Noor Adlan:* Future Perspectives of ASEAN/EC Economic Relations beide in: ASEAN Business Review, Nr. 2 (Februar 1989), S. 3 f

14 Vgl. zum folgenden u.a. *Harbrecht, W.*: Die Entwicklung der Zusammenarbeit zwischen der EG und ASEAN aus europäischer Sicht, in: Asean und Europäische Gemeinschaft, a.a.O.

15 *Nitzsche + Partner*: a.a.O.

16 So führt die E.A.P. mit den Eurokammern jährlich ein „European Business Familiarization Programme" für Manager aus den ASEAN-Staaten durch

17 Vgl. zu den verschiedenen Maßnahmen der Investitionsförderung die Ausgaben der ASEAN Business Review ab November 1988

18 *Ching Hai Ding*: Asean-EC Relations: An ASEAN View, in: ASEAN und Europäische Gemeinschaft, a.a.O., S. 117

Literatur

Ching Hai Ding: Asean-EC Relations: An ASEAN View, in: ASEAN und Europäische Gemeinschaft, (*Hrsg. v. B. Dahm/W. Harbrecht*), Hamburg 1988

Cordier, C. u.a.: Thailand: Guide to Business and Investment, Aldershot 1986

Dato' Noor Adlan: Future Perspectives of ASEAN/EC Economic Relations, in: ASEAN Business Review, Nr. 2 (Februar 1989)

E.A.P. (Hrsg.): Southeast Asian Business Guides, Oxford et al., ab 1988

Eggerstedt, H. u. a.: Malaysian German Industrial Cooperation, Berlin 1989

Harbrecht, W.: Die Entwicklung der Zusammenarbeit zwischen der EG und ASEAN aus europäischer Sicht, in: Asean und Europäische Gemeinschaft (Hrsg. v. B. Dahm/W. Harbrecht), Hamburg 1988

Jungnickel, R./Gerberding, A./Maenner, U.: Investitionsbedingungen in der ASEAN-Region, Hamburg 1986

Klaje, K. F.: Investments from Europe to ASEAN (Paper for 3rd Plenary Meeting of ASEAN-EEC Business Council), Brüssel, 21.10.1987

Nitzsche + Partner: EC-ASEAN Industrial Cooperation, Wolfratshausen 1988

Ostasiatischer Verein e.V. (Hrsg.): Asien-Pazifik, Wirtschaftshandbuch 1987/88, Hamburg 1988

O. V.: Business Climate, in: ASEAN Business Review, Nr. 1, November 1988

O. V.: Die Staatengemeinschaft erlebt ein Investitionshoch, in: Handelsblatt v. 17.1.1989

O. V.: Ein weiterer Schritt auf dem Weg zur engen regionalen Wirtschaftskooperation, in: Handelsblatt, 15.12.1988

O. V.: Singapur will das Image eines Billiglandes loswerden, in: Blick durch die Wirtschaft, 10.8.1989

O. V.: Wirtschaftsbeziehungen der Bundesrepublik Deutschland zu den ASEAN-Staaten, in: BMWI Tagesnachrichten v. 17.8.1989

Pilz, Ch.: Die deutsche Wirtschaft ist im Wettbewerb um die Märkte der Region weit hinter Japan zurückgefallen, in: Handelsblatt, 27.9.1988

Pilz, Ch.: Die deutsche Wirtschaft nutzt die ihr gebotenen Chancen zu wenig und verliert als Exporteur Marktanteile, in: Handelsblatt, 15.12.1988

Pilz, Ch.: Europäer laufen ins Abseits, in: Handelsblatt, 12.7.1989

Rieger, C.: Die wirtschaftliche Zusammenarbeit der ASEAN-Staaten, in: *Dahm v. B/Harbrecht, W.* (Hrsg.): ASEAN und Europäische Gemeinschaft, Hamburg 1988

Schneider, D. J. G. (Hrsg.): Das Südostasien-Geschäft, Wiesbaden 1988

Singer, H.: Closer Economic Cooperation ASEAN/EC – A Challenge –, in: ASEAN Business Review, Nr. 2 (Februar 1989)

Suh, M.B.M.: ASEAN-Zielsetzungen und Probleme, in: *Dahm v. B/Harbrecht, W.* (Hrsg.): ASEAN und Europäische Gemeinschaft, Hamburg 1988

Wagner, W./Stier, B./Haas, U.: Deutsche und japanische Investitionsstrategien in Südostasien, Hamburg 1985

Strategische Allianzen mit japanischen Firmen

Hellmut Schütte

1. Industrielle Kooperation und internationaler Wettbewerb

1.1 Japans wachsende Rolle im internationalen Wettbewerb

Zwei Themen prägen die Diskussion über Japans wirtschaftliche Rolle in der Welt.

Zum einen fasziniert Japan als Markt für Güter und Dienstleistungen mit seiner enormen, stetig weiter wachsenden Kaufkraft und seinen attraktiven Margen. Zum anderen wirkt die schnelle Expansion der japanischen Firmen ins Ausland als Herausforderung etablierter Konkurrenten.

Die hohen Markteintrittsbarrieren haben das Land in den Mittelpunkt handelspolitischer Streitigkeiten gerückt, die geprägt sind von einer immer emotionsgeladeneren Sprache speziell von seiten der Amerikaner, aber auch einem ausgesprochenen Mangel an neuen Argumenten. Für die Ausländer gilt der Markt nach wie vor als geschlossen. Nach Meinung der Japaner ist ihr Markt jedoch offen, wird aber von den Ausländern in ungenügender Weise bearbeitet. Diese Standpunkte, in ständig variierender Form vorgetragen, scheinen unüberbrückbar zu sein.

Japans Einfluß ist aber nicht auf die Öffnung des zweitgrößten Marktes der Welt beschränkt. In immer stärkerem Maße machen japanische Unternehmen westlichen Firmen als Wettbewerber außerhalb Japans zu schaffen. Dies ist das zweite große Thema, dessen Bedeutung in den nächsten Jahren im gleichen Maße zunehmen wird, wie sich das Interesse am angeblichen Protektionismus Japans verflüchtigen wird.

Noch vor wenigen Jahren als Anbieter minderer Qualitätsware zu niedrigen Preisen angesehen, haben sich die japanischen Firmen in einer ständig wachsenden Anzahl von Märkten erfolgreich mit innovativen Produkten und erfolgreichen Marketingstrategien durchgesetzt. Fast sämtliche in den letzten zehn Jahren neu eingeführten Weltmarken sind japanischen Ursprungs. Kaum eine Branche scheint sicher zu sein vor dem Ansturm japanischer Wettbewerber mit ihren langfristig angelegten Strategien. In Anbetracht der vielfältigen Erfolge ist es in der Tat schwierig, fehlgeschlagene Kampagnen japanischer Anbieter im Ausland zu finden.

Die wachsende Rolle Japans als Industriemacht und der japanischen Wettbewerber am Weltmarkt hat im Westen einerseits zum Ruf nach einer industriefreundlicheren Wirtschaftspolitik, andererseits zur Forderung nach einer härteren, protektionistischen Haltung gegenüber Japan geführt.

Auf der Firmenebene reagieren die alteingesessenen westlichen Unternehmen auf die „neue" japanische Konkurrenz mit einer entweder defensiven Einstellung (Rationalisierung, Schrumpfung, Nischenpolitik, geografische Konzentration, Auslagerung bestimmter Firmenaktivitäten, Investitionen in Billiglohnländern usw.) oder einer expansiven Politik (Erweiterungsinvestitionen, Forschungsausbau, Globalisierung, Technologieaustausch, Unternehmenszukauf usw.). Kooperationen mit japanischen Firmen können sowohl Teil einer defensiven als auch einer expansiven Firmenstrategie sein.

1.2 Kooperation und internationaler Wettbewerb

Noch bis vor wenigen Jahren galten Kooperationen, speziell über Grenzen hinweg, als Ausnahmen. Heute vergeht kaum ein Tag, an dem die Wirtschaftspresse nicht über neue Partnerschaften berichtet. Sie sind das Resultat einer für die Firmen immer komplexeren und anspruchsvolleren Umwelt. Selbst Großfirmen können nicht überall auf der Welt mit allen Produkten gleichmäßig vertreten sein, können nicht auf allen für sie wichtigen Gebieten umfangreiche Forschung betreiben, können nicht mehr in allen Teilen der Wertschöpfungskette wettbewerbsfähig sein.

In Branchen, in denen Abnehmer verstärkt nach Lösungen/Systemen statt nach Einzelprodukten fragen, bietet es sich an, die eigene Stärke mit der eines anderen Partners zu verbinden, ohne die Selbständigkeit aufzugeben (technologische Konvergenz). Eine entsprechende Zusammenarbeit im Rahmen der Triade[1] kann zur Erreichung, Sicherung bzw. zum Ausbau einer globalen Wettbewerbsfähigkeit führen (geografische Konvergenz) (siehe Abb. 1).

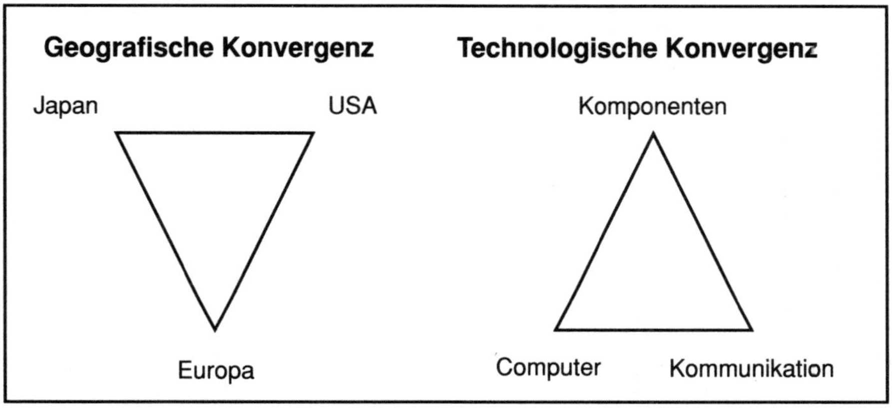

Abb. 1: Technologische und geografische Konvergenz (Beispiel Informationstechnologie)

Die Notwendigkeit zur Kooperation hat in vielen Branchen zu einer Vielfalt von Verbindungen zwischen den einzelnen Wettbewerbern geführt (siehe Abb. 2). Der Grundsatz „Kooperieren – um zu konkurrieren" gilt dabei genauso für Großfirmen wie Siemens und Volkswagen wie auch für kleinere und mittlere Unternehmen.

In Kooperationen können die Partner ihre Stärken zusammenführen und aufaddieren, um so gemeinsam eine größere Durchschlagskraft zu haben. Sie können aber auch ihre unterschiedlichen Stärken so nutzen, daß eigene Schwächen ausgeglichen werden und somit die Wettbewerbsfähigkeit hergestellt ist.

Westliche und japanische Firmen haben in vieler Hinsicht sehr unterschiedliche Stärken und Schwächen. Daraus ergibt sich, daß Kooperationen zwischen japanischen und westlichen Unternehmen eigentlich als ideal gelten müßten. In Wirklichkeit zeigt sich jedoch ein völlig anderes Bild: Europäische Firmen

Beispiel: Automobilindustrie	Honda	Isuzu	Mazda	Mitsubishi	Nissan	Subaru	Suzuki	Toyota
Citroen			●					
Daimler-Benz				●				
Fiat					●			
Opel		●						
Peugeot			●			●		
Renault								●
Rover	●	●					●	
Volkswagen					●			●
Volvo					●	●		●

Beispiel: Computerindustrie	Fujitsu	Hitachi	NEC	Toshiba
BASF	●	●		
Bull			●	
ICL	●			
Olivetti				●
Siemens	●			

Abb. 2: Europäisch-japanische strategische Allianzen am Beispiel der Automobil- und Computerindustrie

bevorzugen andere europäische oder amerikanische Partner. Amerikanische Partner bevorzugen europäische gegenüber japanischen Partnern. Abkommen zwischen Japanern und Amerikanern sind nicht sehr häufig, zwischen Europäern und Japanern sogar relativ selten. Im Rahmen der pan-europäischen Bemühungen um „1992" und der weiterhin engen Verbindungen zu den USA ist eine Veränderung dieser Situation nicht zu erwarten.

1.3 Strategische Allianzen als Kooperationsform

Kooperationen umfassen alle Arten von wirtschaftlicher Zusammenarbeit von selbständigen Firmen über einen längeren Zeitraum hinweg. Sie schließen damit alle Aktivitäten ein, die mehr sind als Abschlüsse von Einzelgeschäften, aber weniger darstellen als der vollständige Zusammenschluß von Partnern bzw. die Akquisition eines Partners durch den anderen. Kooperationen in diesem Sinne sind an keine rechtliche Form gebunden. Sie können aus gemeinsamen FuE (Forschung und Entwicklung) Projekten bestehen, aus Abkommen über den Transfer von Technologie, langfristigen Liefer- und Distributionsverträgen oder auch dem klassischen Fall einer Kapitalbeteiligung an einer gemeinsam betriebenen Firma (Joint Venture).

Strategische Allianzen werden hier als die höchste Form von Kooperationen angesehen. Sie sind für die Partner von derartiger Bedeutung, daß ihr Erfolg bzw. Mißerfolg die generelle Wettbewerbsfähigkeit der Partner direkt beeinflußt.

Durch die Bedeutung des japanischen Marktes sowie der japanischen Wettbewerber am Weltmarkt haben viele Kooperationsabkommen mit japanischen Firmen fast automatisch strategischen Charakter. Auch geht es bei gemeinsamen Forschungs- und Entwicklungsprojekten häufig um Zukunftstechnologien, die kritisch sind für den langfristigen Erfolg der beteiligten Unternehmen. Eine derartige Konstellation ergibt sich bei Kooperationen mit Partnern in Südostasien in der Regel nicht.

Eine klare Abgrenzung zwischen „echten" Kooperationen und Einzelgeschäften besteht nicht, da sie von der Bereitwilligkeit der Partner abhängt, aktiv zusammenzuarbeiten. Ebenso ist nicht immer für den Außenstehenden deutlich, welche Abkommen tatsächlich strategische Bedeutung haben. Die flexible Handhabung der rechtlichen Regelungen macht auch eine statistische Erfassung aller internationalen Kooperationen bzw. strategischen Allianzen unmöglich. Die folgende qualitative Analyse ist von derartigen Erfassungsproblemen jedoch nur geringfügig berührt.

Aufgrund der Bedeutung für die Partner wird den strategischen Allianzen große Aufmerksamkeit innerhalb der beteiligten Firmen, aber auch von ihren Wettbewerbern und der breiten Öffentlichkeit geschenkt. Hondas Zusammenarbeit mit British Leyland bzw. Rover, das gemeinsame NUMMI-Projekt von General Motors und Toyota und die langjährige Verbindung von Siemens mit Furukawa gehören zu den bekanntesten Kooperationen der Welt. Der Einsatz von Ressourcen (Personal, Kapital, Technologie) und damit auch das Erfolgsrisiko sind groß. Da häufig nur direkte Konkurrenten über die benötigten Fähigkeiten, Kapazitäten oder Technologien verfügen, kommen als Partner in strategischen Allianzen in hohem Maße nur Mitbewerber in Frage. Dies macht das Management von derartigen „Konkurrenz-Allianzen" extrem problematisch.

Die Beiträge der Partner zu einer strategischen Allianz kommen aus den Bereichen Produktion, FuE und Marketing. Sieht man einmal von gemeinsamen Forschungsprojekten ab, wird in der Regel der Beitrag eines Partners kompensiert durch einen andersartigen Beitrag des anderen Partners. Kommt ein fairer Ausgleich durch Sachleistungen nicht zustande, ist auch ein finanzieller Ausgleich möglich. Abbildung 3 zeigt mögliche Konstellationen in japanisch-europäischen Allianzen.

Europäischer Beitrag / **Japanischer Beitrag**	Technologie	Produktion	Marketing	Finanzielle Kompensation
Technologie				Siemens
Produktion				
Marketing	Nivea			
Finanzielle Kompensation				

Abb. 3: Beiträge zur Allianz aus unterschiedlichen Bereichen

Im Falle des Joint Ventures von Beiersdorf mit Kao in Japan bringt der deutsche Partner das Produkt-Know-how für Nivea mit (FuE), während der japanische Partner die Vermarktung übernimmt. Wenn umgekehrt deutsche Unternehmen Konsumelektronik unter ihren Namen von Partnern in Japan kostengünstig herstellen lassen, bringen letztere Produktionskapazitäten ein, während der Beitrag im Bereich Marketing auf deutscher Seite geleistet wird.

Der Technologietransfer für den Megachip von Toshiba zu Siemens wurde andererseits finanziell ausgeglichen und mit einer Verpflichtung zum Bezug von Rohmaterialien aus Japan verbunden.

Das Ziel der Verstärkung der Wettbewerbsfähigkeit durch eine strategische Allianz kann in unterschiedlicher Weise erreicht werden. Kostenersparnisse bzw. Ertragserhöhungen sind selten das einzige Ziel der Partner. Das Erwerben von technologischen bzw. organisatorischen Fähigkeiten mag wie auch der Zugang zu technischem Know-how bzw. Marktkenntnissen wesentlich wichtiger sein. Auch gibt es Situationen, in denen das Überwinden von Marktbarrieren oder der Zugang zu öffentlichen Geldern nur mittels eines lokalen Partners erreicht werden kann. Werden erhebliche Mittel eingesetzt, dient eine strategische Allianz auch zur Reduzierung des Risikos für den einzelnen Partner.

In dynamischen Industrien kann eine Partnerschaft einen erheblichen Zeitgewinn einbringen. Bei Abkommen zwischen Wettbewerbern gilt es auch häufig, gewisse Konkurrenten, zumindest für einen begrenzten Zeitraum, an sich zu binden. Dies trifft vor allem dann zu, wenn Normen zur Diskussion stehen oder ein dominierender Wettbewerber geschwächt werden soll (Siemens, Comparex, ICL, Bull und Olivetti – sämtlich in Kooperation mit japanischen Partnern – im Stellvertreterkrieg mit IBM).[2]

2. Erfolg und Mißerfolg von strategischen Allianzen

2.1 Erfolgseinschätzung und Erfolgsmessung

Firmen treten in eine strategische Allianz ein, weil sie sich von den gemeinsamen Aktivitäten einen größeren Nutzen versprechen als von einem Alleingang. Nicht immer wird der größere Nutzen erzielt. Enttäuschungen sind die Folge.

Im Falle strategischer Allianzen von westlichen Firmen mit Japanern wird in immer stärkerem Maße die Meinung vertreten, daß nur die japanische Seite einen Nutzen aus der Kooperation zieht. Dies wird am deutlichsten in der Artikelüberschrift „Joint ventures with Japan give away our future“, in der Harvard Business Review ausdrückt.[3] Die Zahl derer, die vor einem Zusammengehen mit japanischen Firmen warnen, ist seitdem weiter gewachsen.

Es ist in der Tat einfach, Beispiele von strategischen Allianzen anzuführen, in denen die westliche Seite offensichtlich weniger erfolgreich ist als die japanische. So führte die Koproduktion des Volkswagens Santana mit Nissan nicht zur erwarteten Durchdringung des japanischen Marktes. Umgekehrt ermöglichte das Abkommen zwischen Honda und British Leyland bzw. Rover den Japanern einen relativ einfachen Einstieg in den europäischen Markt.

Siemens' langjährige Verbindung zu Furukawa/Fuji Electric und zu Fujitsu hat die Marktpräsenz der deutschen Firma in Japan eher verhindert als gefördert. Die technologische Zusammenarbeit mit Fujitsu ist mitverantwortlich für den Aufstieg dieses Computerherstellers zu einem führenden Anbieter in der Welt in den letzten 10 bis 15 Jahren. Während dieser Zeit wuchs die Abhängigkeit von Siemens von Zulieferungen aus Japan ständig.

Unter den in Japan erfolgreichsten ausländischen Unternehmen rangieren in erster Linie Firmen, die sich zu 100% im Auslandsbesitz befinden.[4] IBM ist die mit Abstand profitabelste Auslandsfirma in Japan, Nestle das erfolgreichste europäische Unternehmen. Beide haben keinen japanischen Partner. Andererseits beweist Fuji-Xerox mit hervorragenden Ergebnissen, auch in anderen asiatischen Ländern, daß eine strategische Allianz, basierend auf einem 50/50 Joint Venture, zum Erfolg führen kann.

Die Methode, aufgrund einzelner Fallbeispiele bzw. ausgesuchter Statistiken zu Schlußfolgerungen zu kommen, weist allerdings Mängel auf:

a) Betrachtungen von außen beziehen möglicherweise wichtige Aspekte (etwa die Befruchtung anderer Geschäftszweige durch die Kooperation) nicht mit ein. Andererseits ist das Urteil der direkt an der Kooperation Beteiligten subjektiv gefärbt.
b) Eine klar definierte Meßgröße gibt es in der Regel nicht. Erfolg und Mißerfolg können am Umsatz, Marktanteil, Gewinn, Technologiezuwachs, Image und vielen anderen Kriterien gemessen werden.
c) Es ist nicht unbedingt der Erfolg des gemeinsamen Projektes ausschlaggebend, sondern die Auswirkungen des Projektes auf die jeweiligen Partner. Diese können den Erfolg als absolute Größe für sich selbst abschätzen oder ihn am Erfolg des Partners messen.
d) Viele strategische Allianzen laufen über lange Zeiträume und haben wenig konkrete Zielvorgaben für begrenzte Perioden. Hohe Anfangsverluste können sich langfristig auszahlen. Ein Denken in unterschiedlichen Zeitdimensionen kann zu differenzierter Erfolgseinschätzung zwischen den Partnern führen.
e) Selbst eindeutig definierbare, objektiv feststellbare Erfolge bzw. Mißerfolge des einen oder anderen Partners müssen nicht unbedingt für bzw. gegen Kooperationen sprechen. Japanische Firmen in bestimmten Branchen sind u.U. nur deshalb die „erfolgreicheren" innerhalb einer strategischen Allianz, weil sie generell am Weltmarkt erfolgreicher sind. Insofern mögen sich in den strategischen Allianzen zwischen westlichen und japanischen Unternehmen lediglich die neuen Konstellationen im Hinblick auf die globale Wettbewerbsfähigkeit widerspiegeln.

2.2 Strukturelle Unterschiede der Partner

Wenngleich Kooperationen von Firmen immer problematisch sind, vor allem, wenn die Partner gleichzeitig Mitbewerber sind, konzentrieren sich die Klagen der Industrie vorwiegend auf Kooperationen mit japanischen Firmen. Das soll nicht heißen, daß in der großen Zahl existierender strategischer Allianzen europäischen bzw. US-europäischen Ursprungs keine Spannungen bestehen. Die Friktionen haben jedoch in der Regel ihren Ursprung im operativen Bereich und können ausgeglichen werden.

Im Hinblick auf strategische Allianzen mit japanischen Firmen scheinen dagegen häufig strukturelle Unterschiede zu Verstimmungen zu führen. Diese sind zurückzuführen auf die verschiedenartigen Ausgangspositionen der jeweiligen Partner im Wettbewerb (explizite Unterschiede), ihren unterschiedlichen Zielsetzungen zur Verbesserung ihrer Position (implizite Unterschiede) sowie auf die verschiedenartigen Managementkulturen von japanischen und europäischen/westlichen Firmen.

2.2.1 Unterschiede in der Ausgangssituation

Partner können ihre Ressourcen poolen, um so gestärkt bessere Ergebnisse etwa durch Kostendegressionseffekte oder Sortimentsabrundungen zu erzielen. Die Gewichtung des Beitrages zur Partnerschaft mag unterschiedlich sein, die Art des Beitrages ist jedoch identisch. Solche Fälle sind jedoch relativ selten. Selbst im Bereich der FuE besteht eine Zusammenarbeit in der Regel nicht aus einem Austausch von Know-how, sondern aus dem Transfer von Technologie von einem Partner zum anderen gegen Entgelt.

Am häufigsten anzutreffen in japanisch-europäischen Allianzen sind Fälle, in denen der eine Partner dem anderen den Zugang zu seinem Markt ermöglicht, ohne daß im Gegenzug eine Marketingunterstützung im anderen Markt vereinbart wird. Derjenige, der den Marktzugang offeriert, verspricht sich zusätzliche Gewinne aus der Abrundung seiner Produktpalette. So verkaufen sämtliche in Abbildung 2 gezeigten europäischen Computerhersteller unter ihrem Namen Großcomputer japanischer Herkunft als ihre Spitzenprodukte. Keine der japanischen Firmen vertreibt jedoch in nennenswertem Rahmen europäische Computerprodukte. Die umgekehrte Situation, in der japanische Firmen europäische Produkte in Japan vertreiben, ist, außer in der pharmazeutischen Industrie, relativ selten anzutreffen.

Dies bringt den europäischen Vermarktern japanischer Produkte leicht den Vorwurf ein, Handlanger ihrer eigenen Konkurrenten zu sein.[5] Allerdings ergibt sich in der Praxis selten die Möglichkeit zum gegenseitigen Vermarktungsabkommen, da nur in Ausnahmefällen beide Partner über Produkte verfügen, die sich auf dem Markt des anderen absetzen lassen.

Selbst wenn dies der Fall wäre, ist es zweifelhaft, daß sich über einen längeren Zeitraum hinweg eine echte Reziprozität ergibt. Internationale Vertriebsabkommen sind ihrer Natur nach zeitlich begrenzt. Hat der ausländische Partner genügend Kenntnisse über den Markt erworben, sich ein gewisses Image verschafft und ein bestimmtes Verkaufsvolumen erreicht, ist er geneigt, den Vertrieb selbst direkt zu übernehmen. Japanische Firmen sind diesen Weg in europäischen Märkten häufig gegangen bzw. bereiten ihn noch vor. Eine derartige Vorgehensweise ist für den europäischen Partner in einer Vertriebskooperation für Japan jedoch wesentlich problematischer bzw. unmöglich.

Der Verkauf in Japan basiert in erster Linie auf sehr langfristig aufgebauten Verbindungen zwischen den einzelnen Handelsstufen und bedarf eines hohen Einsatzes von Personal. Sollte ein Bruch der alten Verbindungen gewagt und der Aufbau neuer Beziehungen in Angriff genommen werden, fehlen dazu in der Regel die geeigneten erfahrenen Verkäufer, die auch heute noch nur unter großen Schwierigkeiten rekrutiert werden können. Da auch die Akquisition des Partners oder anderer Distributionsorgane in Japan praktisch unmöglich ist, verbietet sich der Ausstieg aus der Partnerschaft entweder von selber oder ist extrem teuer, langwierig und nur aus einer Position der Stärke heraus zu riskieren (Beispiele: BMW, Sandoz, Bayer).

K. Ohmaes Theorie der Triade[6] besagt, daß Anbieter, die nicht gleichzeitig in den Schlüsselmärkten Europa, den USA und in Japan vertreten sind, langfristig aus dem Wettbewerb ausscheiden werden. Dabei muß man bedenken, daß es für die japanischen Firmen einfacher ist, sich ohne einen Partner in Europa oder den USA zu etablieren, als es für westliche Unternehmen in Japan der Fall ist. Für sie ist eine Globalisierung häufig verbunden mit einer Allianz mit einem Konkurrenten in Japan, der weltweit entsprechenden Einfluß auf den unternehmerischen Erfolg des westlichen Partners nehmen kann. Entsprechend wichtig ist es, in strategischen Allianzen nicht nur Marktzugang zu gewähren, sondern auch zu verlangen und zu erhalten.

Den Vertriebsaktivitäten des europäischen Partners steht die Lieferung von Produkten bzw. Komponenten aus Japan gegenüber. Die Entscheidung zum Bezug dieser Güter beruht auf der Erkenntnis, daß diese am Markt abgesetzt werden können, ihre Produktion im eigenen Hause aber entweder nicht möglich ist oder zu teuer wäre. Insgesamt verspricht man sich einen Gewinn aus dem Zukauf vom Partner.

Die Lieferung an seinen europäischen Partner versetzt das japanische Unternehmen in die Lage, die Kosten weiter zu senken, die Qualität weiter zu verbessern und insgesamt die Produktionsfähigkeiten auszubauen. Dies kommt auch anderen Produkten zugute, die damit für den europäischen Partner entsprechend attraktiver werden und evtl. ebenfalls aus Japan bezogen werden können. Eine wachsende Abhängigkeit vom Partner ist die logische Konsequenz. Da die enge Verbindung zur Produktion verlorengeht und die Mittel zur eigenen FuE zunehmend fehlen, liegt es nahe, auch diese Aktivitäten auf den japanischen Partner zu übertragen. Die Aushöhlung des Partners ist damit erreicht.[7] Statt die eigene Wettbewerbsfähigkeit langfristig zu fördern, führt die kurzfristige Nutzung günstiger Einkaufsmöglichkeiten zur Verbesserung der Position des Partners in der strategischen Allianz. Hat er bisher nur indirekt in Konkurrenz gestanden, wird er durch die Auftragsproduktion geradezu dazu angeleitet, einen immer größeren Teil des gesamten Wertschöpfungsprozesses zu übernehmen, und damit in die Rolle des direkten Wettbewerbers gedrängt.

2.2.2 Unterschiede in der Zielsetzung

Die japanischen Partner in einer strategischen Allianz sind in der Regel äußerst zentral gesteuert und versorgen mit extrem effizienten Produktionsanlagen den Weltmarkt. Organisatorisch sind die Auslandsniederlassungen lediglich „verlängerte Werkbänke" bzw. Verkaufsbüros. Die Anpassung an die jeweiligen Marktbedürfnisse ist entsprechend schwierig. Europäische Partner dagegen sind in der Regel multinationaler ausgerichtet und geben ihren Auslandsvertretungen mehr Freiheit zur selbständigen Entwicklung.[8] Diese mehr den unterschiedlichen Märkten angepaßte Politik hat eine Zersplitterung der Aktivitäten zur Folge und führte insbesondere in Industrien mit Massenproduktions-Kostenvorteilen zu Verlusten der Europäer gegenüber ihren japanischen Konkurrenten (vgl. insbesondere Philips gegenüber Matsushita).

Technologischer Wandel macht heute jedoch eine dezentrale Fertigung von an die Marktbedürfnisse angepaßten Güter möglich, ohne daß größere Kostenerhöhungen in Kauf genommen werden müssen. Dies kommt den japanischen Unternehmen zugute, die im Rahmen ihrer weltweiten Expansion immer mehr dazu gezwungen sind, näher am Kunden zu operieren. Eine strategische Allianz mit einem europäischen Partner kann dabei von großem Nutzen sein, nicht nur im Hinblick auf Markt-Know-how, sondern auch zur lokalen Herstellung von zumindest anfänglich kleinen Mengen.

Ein derart auf Expansion eingestellter japanischer Partner trifft dabei häufig auf europäische Firmen, deren Bereitwilligkeit zur Kooperation entweder auf einer stagnierenden Entwicklung oder auf einem Zwang zur Nutzung brachliegender Kapazitäten im Rahmen von Rationalisierungsmaßnahmen basiert. Ihre Motivation unterscheidet sich damit deutlich von der ihrer expansiv ausgerichteten japanischen Partner und hat eher defensiven Charakter. Allein aufgrund dieser unterschiedlichen Dynamik sind Schwierigkeiten in der Kooperation zu erwarten.

Zudem mag die Situation, die europäische Unternehmen in eine Kooperation zwingt, sogar ihren Ursprung haben im Vordringen gerade japanischer Konkurrenten auf ihre traditionellen Märkte. Eine derartige Konstellation trägt damit das Risiko einer unterschwelligen Ablehnung einer Partnerschaft bei den Beteiligten, selbst wenn sie offiziell willkommen geheißen wird. Derartige Antagonismen sind jedoch nicht auf Zeiträume rapider Internationalisierung der Japaner beschränkt. Sie basieren auf einer grundsätzlich unterschiedlichen Auffassung vom Zweck und von der Zielsetzung eines Unternehmens.

So kann argumentiert werden, daß der Zweck eines japanischen Unternehmens das Management von Technologien ist, welches zur Wohlstandsvermehrung aller mit ihm Verbundenen führt. Technologien in diesem Sinne beziehen sich nicht nur auf den technischen Bereich, sondern umfassen auch Marketingtechniken und Markt-Know-how. Diese Zweckbestimmung unterscheidet sich deutlich von der eines westlichen Unternehmens, welches Gewinne für seine Anteilshaber erzielen will[9] und entsprechend den Erfolg am Profit mißt. In japanischen Unternehmen spielt der Gewinn dagegen eine relativ untergeordnete Rolle. Primär zählen erreichte Marktanteile, Umsatzzahlen bzw. die gesamte Wertschöpfung des Unternehmens.

Daraus ergibt sich eine unterschiedliche Interpretation des Zweckes einer strategischen Allianz: Für den japanischen Partner geht es darum, sich Technologien (im weitesten Sinne) anzueignen. Für den europäischen Partner geht es um die Maximierung von Gewinnen im Verhältnis zum eingesetzten Kapital.

Auch in der Zielsetzung der Partner zeigen sich grundsätzliche Unterschiede. Die strategischen Intentionen bzw. die häufig recht vage ausgedrückte „Vision" japanischer Firmen ist sehr langfristig angelegt und ausgesprochen ambitiös. Dabei geht es der Firmenleitung darum, Ziele bewußt hoch anzusetzen, um damit die Mitarbeiter anzuspornen. Nicht das Machbare ist Maßstab, sondern ein unrealistisches Ideal, das in weiter Ferne schwebt und an dem sich zukünftiges Handeln auszurichten hat. Westliche Firmenstrategien dagegen basieren auf einer als realistisch angesehenen Fortschreibung der Vergangenheit. Marktchancen werden analysiert, mit den vorhandenen Ressourcen abgewogen und zu konkreten Markt- und Produktvorgaben für relativ kurze Planungszeiträume umformuliert. Niederschlag finden sie in konkreten Budgets, an denen die Leistung der verantwortlichen Manager gemessen wird.[10]

Die anspruchsvolle Zielsetzungspolitik der japanischen Unternehmen, verbunden mit einer schon seit Jahren anhaltenden Wachstumsdynamik sowie einer andersartigen, breiter angelegten Zweckbestimmung, lassen langfristig wenig Raum in einer Allianz für einen europäischen Partner, der den Herausforderungen des globalen Wettbewerbs zaghafter, kurzatmiger und weniger optimistisch begegnet.

2.2.3 Unterschiede im Management

In eine strategische Allianz werden von den Partnern klar definierbare und bewertbare Ressourcen wie z.B. Land, Maschinen, Personal und/oder Befähigungen wie Marktwissen, Organisation und technisches Know-how eingebracht. Diese Befähigungen ruhen in den mit dem Projekt verbundenen Menschen, sind sehr schwer zu definieren und abzugrenzen und haben in der Regel keinen Marktwert. In einer dynamischen Allianz sind es jedoch gerade diese „unsichtbaren Aktiva", die entscheidend sind. Dies gilt besonders, wenn einer oder beide Partner die Kooperation lediglich als Zwischenschritt auf dem eigenen Weg der Entwicklung sehen und entsprechend bemüht sind, die eigenen Befähigungen mittels der Allianz zu erweitern. Derartige Bemühungen sind für japanische Firmen charakteristisch, jedoch selten bei westlichen Firmen anzutreffen.

Zwei Aspekte kommen den japanischen Partnern hierbei zur Hilfe. Zum einen sind die Japaner, ganz gleich ob als Schüler, Touristen, Ingenieure oder Manager, extrem wißbegierig und auf Lernen ausgerichtet – als Privatpersonen wie auch im beruflichen Leben. Zum anderen werden in japanischen Firmen Informationen und Know-how als strategisch wichtiges Mittel zur Erreichung bzw. Verstärkung der Wettbewerbsfähigkeit angesehen. Entsprechend werden Informationen systematisch gesammelt, analysiert und innerhalb des Unternehmens weitergeleitet.

Die enge Zusammenarbeit von Mitarbeitern in Großraumbüros und Großlabors, die informellen Kontakte zwischen ihnen außerhalb der regulären Arbeitszeit, der ständige Kontakt zwischen Auslandsniederlassungen und Zentrale über Telefon, Fax und gegenseitige Besuche, all diese Mechanismen machen das japanische Unternehmen zu einem wahren Umschlagsplatz firmenrelevanter Informationen.

Da die Leistung des einzelnen an seinem Beitrag zur Gruppe gemessen wird, ist das Einbringen von Neuigkeiten für jeden Mitarbeiter eine Notwendigkeit. Das Streben nach Harmonie innerhalb der Gruppe macht es geradezu unmöglich, den Kollegen Informationen vorzuenthalten. Die Loyalität zur Gruppe und damit indirekt zum Unternehmen, die stets von neuem unter Beweis zu stellen ist, verpflichtet quasi alle Mitarbeiter, Informationen von Außenstehenden zu extrahieren und diese innerhalb des eigenen Unternehmens weiterzuleiten. Dies führt nicht nur zu einem hohen Wissensstand des einzelnen, sondern der gesamten Organisation.

Westliche Unternehmen verfügen über kein vergleichbares „Nachrichtensystem“. Falls es überhaupt den Willen zu einer halbwegs systematischen Erfassung von Informationen gibt, überläßt man die Aufgabe meist Spezialisten.

Mitarbeiter werden motiviert, bestimmte Ziele zu erreichen, an denen sie gemessen werden. „Lernen“, auch nicht in der Form von Lernen über den Wettbewerber bzw. Partner, ist kein eigenständiges Ziel, bestenfalls ein Nebenprodukt einer anderweitigen Tätigkeit. Aber selbst dies kommt selten zum Tragen. Nach wie vor gilt in vielen westlichen Unternehmen der Grundsatz, daß es von anderen wenig zu lernen gibt, von den Japanern schon gar nicht – eine von japanischer Seite her vollkommen unbegreifliche Einstellung.

Selbst wenn der Wille zum Lernen vorhanden ist, fehlt Europäern, die mit Japanern in einer Allianz zusammenarbeiten, häufig einfach die Zeit und die Möglichkeit zur Informationssammlung und -analyse. Ist ihr Arbeitgeber aus defensiven Gründen eine Kooperation eingegangen, stehen Kosteneinsparungen häufig an der Spitze der Prioritäten. Entsprechend knapp ist die Allianz auf der europäischen Seite mit Personal versorgt.[11] In Gesprächen sitzen ein oder zwei europäischen Vertretern fünf oder acht Japaner gegenüber, die gut vorbereitet sind, eifrig Notizen machen und sich nach dem Treffen gerne die Fabriken und die Labors anschauen. Die europäische Seite, vom Terminkalender gehetzt, hat sich längst anderen, „dringenderen“ Problemen zugewandt. Ein endloser Fluß von Besuchern aus Japan ergießt sich über den europäischen Partner, während Reisen nach Japan Ausnahmen bleiben und von kostenbewußten Vorgesetzten als Tourismus abgewertet werden.

Selbst wenn die Möglichkeit und der Wille besteht, relevante Informationen von den direkt in der Allianz tätigen Mitarbeitern an das Hauptunternehmen zu transferieren, findet dort ein Lernprozeß nur selten statt. Was nicht direkt ermittelt worden ist, findet erfahrungsgemäß nur schwer das Interesse und die Aufmerksamkeit von Entscheidungsträgern in der Zentrale.

Der „einsame Rufer" gerät sehr schnell in den Ruf, Japan bzw. die japanischen Konkurrenten und Partner als zu wichtig zu nehmen und nicht zu verstehen, worum es am Weltmarkt wirklich geht. Die vielfach zu verspürende Frustration der Entsandten in Japan über ihre Ansprechpartner in der Zentrale ist daher verständlich. Werden sie abgelöst, erwarten sie Aufgaben, die mit Japan häufig nichts mehr zu tun haben. Ihre Erfahrungen sind nicht gefragt. Eine Wissensbereicherung der Organisation findet nicht statt.

Das oben beschriebene Problem ist jedoch nicht nur ein organisatorisches. Da das Wissen des einzelnen in unserem Kulturkreis seinen Einfluß und seine Macht definiert, zahlt es sich für diesen nicht aus, sein Wissen zu teilen und damit Machteinbußen in Kauf zu nehmen. Das individuelle Streben steht hier in krassem Widerspruch zum Gesamtwohl des Unternehmens. Der langdienende „Stammesfürst" in Japan wird über seine Aktivitäten und seinen Partner nur berichten, daß in Japan die Geschäfte vollkommen anders abgewickelt werden als im Rest der Welt, aber sonstige Informationen eher zurückhalten. Sein Expertenrat und er selbst werden damit unentbehrlich. Ein höheres Gehalt und eine größere Autonomie gelten als angebracht. Kündigt er oder geht in Pension, entsteht ein Informationsvakuum.

Die unterschiedliche Weise, in der Informationen gesammelt und an andere Unternehmensteile weitergegeben werden, macht es dem japanischen Partner in der Regel leichter, Nutzen aus einer strategischen Allianz zu ziehen. Dies ist besonders deshalb problematisch, weil sich der Abfluß von Informationen und damit der Aufbau von Befähigungen beim Partner langsam vollzieht und schwer kontrollierbar ist. Die Kommunikation mit dem Partner muß aus einem Dialog bestehen, ansonsten ist mit einer Kräfteverschiebung innerhalb der Partnerschaft zu rechnen.

3. Konsequenzen für europäische Unternehmen

3.1 Vorbereitung und Management für eine Allianz

Die oben beschriebenen Unterschiede der japanischen und europäischen Partner machen deutlich, daß die Vereinbarung einer strategischen Allianz für Unternehmen ohne Kenntnisse über Japan oder die Arbeitsweise japanischer Firmen nicht empfehlenswert ist.

Strategische Allianzen sind kein Übungsfeld für die Auseinandersetzung mit japanischen Konkurrenten.

Im Begriff „strategisch" ist eingeschlossen der direkte Einfluß auf die Wettbewerbsfähigkeit, und diese setzt man nicht ohne ausreichende Vorbereitung auf das Spiel. Dennoch gibt es eine ganze Anzahl von Fällen, in denen eben dieses gemacht wurde. Entweder wurde im Zuge der ersten Schritte in den japanischen Markt ein lokaler Partner als notwendig empfunden, oder es bot sich im europäischen Markt die Chance, zusammen mit einem japanischen Partner eine Abwehrfront gegenüber einem aggressiven Anbieter (häufig ebenfalls japanischer Herkunft) zu bilden. Kurzfristig mögen derartige Gelegenheiten zur Kooperation attraktiv sein. Sie werden jedoch grundsätzlich aus einer Situation der Schwäche heraus abgeschlossen; mit den entsprechenden Konsequenzen für die Verhandlungsposition.

Auch ist der erste sich anbietende Partner nicht unbedingt der ideale. „Drum prüfe, wer sich ewig bindet", ist ein Sprichwort, das zur sorgfältigen Auswahl des Ehepartners auffordert. Der Vergleich zu einer strategischen Allianz ist nicht unbedingt von der Hand zu weisen. Eine relativ unverbindliche Testphase ohne strategischen Wert sollte in Erwägung gezogen werden. Gleiches gilt für die Erfahrungen von anderen Partnern, Kunden, Lieferanten, Banken usw. mit dem potentiellen Partner. Wem dies zu aufwendig oder zu zeitraubend ist, der solle sich die Vorgehensweise japanischer Firmen vor Augen halten. Für sie sind die Kosten eines Düsseldorfer „Verbindungsbüros" über eine Periode von drei Jahren durchaus tragbar für die Vorbereitung eines Markteintrittes und einer evtl. Partnerschaft.

Europäische Firmen können nicht erwarten, gegenüber japanischen Wettbewerbern erfolgreich zu sein, wenn sie nicht dasselbe Interesse an Japan aufbringen wie die Japaner an Europa.

Das Aufsetzen eines detaillierten Vertrages ist notwendig, aber weniger wichtig. Dies liegt nicht daran, daß in Japan das Rechtswesen eine sekundäre (aber dennoch nicht zu unterschätzende) Rolle spielt, sondern daran, daß erst die eigentliche Ausfüllung des Vertrages mit Leben die wahren Beziehungen des Projektes zu den Partnern regelt. So ist ein Joint Venture, an dem der deutsche Partner einen Anteil von weit über 50% hat, absolut nicht „sein" Projekt, wenn die Geschäftslokalitäten direkt beim japanischen Partner angesiedelt sind und das Personal von diesem (oder von einem von dem Partner abgestellten Personalchef) rekrutiert wird. Eine solche Allianz wird immer eine Tochtergesellschaft des japanischen Partners bleiben, mit allen Konsequenzen für die so wichtige Loyalitätsausrichtung der Arbeitnehmer und die Kunden- und Lieferantenbeziehungen.

Rechtliche Regelungen sind auch relativ unwirksam gegenüber dem Abfluß von Technologien. Sie können weder die Kommunizierfreudigkeit der eigenen Mitarbeiter wirksam bremsen, noch die Wißbegierigkeit und Lernfreudigkeit der Partner. Dennoch sollten Kontrollmechanismen eingesetzt werden, nicht nur im Hinblick auf den Transfer von Know-how, sondern auch hinsichtlich des Fortschritts der gemeinsam begonnenen Aufgaben. Ein Nachverhandeln ist besonders dann notwendig, wenn sich die Allianzen im Bereich der von Forschung und Entwicklung auf Neuland begeben.

In manchen strategischen Allianzen erzwingen rasch wechselnde Umweltbedingungen eine ständige Korrektur der Unternehmensziele und der entsprechend einzusetzenden Ressourcen. Daraus ergibt sich ein ständiger Verhandlungsprozeß, der viel Flexibilität und Standvermögen erfordert. Höflichkeit darf dabei nicht mit Nachgiebigkeit verwechselt werden. Ein gutes Einvernehmen der Partner in einer strategischen Allianz ist kein Beweis dafür, daß sie als solche funktioniert und den Partnern den erhofften Nutzen bringt.

Letztendlich sind es aber die von beiden Seiten in die Kooperation entsandten Mitarbeiter, die über den Erfolg und Mißerfolg entscheiden. Ist die Allianz wirklich von strategischer Bedeutung, kommen nur erstklassige Mitarbeiter in Frage, und zwar nicht nur an der Spitze der Allianz, sondern je nach Kräftebedarf auch auf untergeordneten Hierarchiestufen. Im Hinblick auf die Schwierigkeit in der Auseinandersetzung mit japanischen Partnern und Wettbewerbern, dem enormen physischen und psychischen Arbeitseinsatz und den langen Planungs- und Umsetzungsperioden sind Aufgaben in strategischen Allianzen wenig populär bei Managern mit ehrgeizigen Karriereplänen, die sich nicht lange in einer Position aufhalten wollen. Ihr Profil mag jedoch ohnehin nicht zu dem ihrer japanischen Kollegen passen, die zum Teil über Jahre hinaus durch Auslandsaufenthalte mit Sprachstudien oder dem Besuch von Business Schools auf ihre Aufgaben vorbereitet wurden.

Den in Allianzen entsandten Mitarbeitern dürfen aber aus der Übernahme dieser durchweg schwierigen Funktionen, die häufig weniger im Blickpunkt stehen als Aufgaben im Hauptunternehmen oder in vergleichbaren Projekten in den USA, keine Nachteile erwachsen.

Die volle Anerkennung der Leistung durch einflußreiche Positionen nach der Rückkehr in das entsendende Unternehmen ist absolut notwendig zur vollen Nutzung der gewonnenen Erfahrung sowie zur Motivation zukünftiger Manager derartiger Allianzen. Nur wenige europäische Vorstandsmitglieder haben ihren Weg in Japan gemacht, viele hingegen in den USA. Dies mag einer der Gründe dafür sein, daß es Europa so schwerfällt, sich gegen Japan erfolgreich durchzusetzen.

3.2 Kooperation als Form des Wettbewerbs

Jede Kooperation erfordert Kompromisse, und jeder Kompromiß bedeutet die Akzeptanz eines Nachteils in Erwartung eines anderen Vorteils. Durch gemeinsames Handeln versuchen die Partner Ziele zu erreichen, die sie allein nicht oder nur unter großen Mühen erreichen könnten. Dabei bringt jeder die eigenen Ressourcen und Befähigungen ein. Deren Wert für den anderen Partner verändert sich im Laufe der Zeit. Daher ist das Abwägen von Vor- und Nachteilen kein einmaliger Vorgang, der mit der Vertragsunterzeichnung abgeschlossen ist, sondern ein dynamischer. Er erfordert ein ständiges Überdenken der Allianz und muß den Fall einer vorzeitigen Beendigung der Kooperation als Möglichkeit mit einbeziehen.

Die Erreichung eines gemeinsamen Zieles ist aber nur ein Aspekt einer strategischen Allianz. Speziell für japanische Firmen ist die Erreichung etwa eines respektablen Gewinnes in einem Joint Venture nur von untergeordneter Bedeutung. Vielmehr gilt es, Befähigungen aus dem Partner bzw. der Partnerschaft zu ziehen, sich anzueignen und diese im eigenen Unternehmen bzw. Unternehmensverband zur Verbesserung der eigenen Befähigungen zu nutzen.

Westliche Partner schenken diesem zweiten, indirekten Aspekt weit weniger Aufmerksamkeit. Dies ist eine gefährliche Vernachlässigung der Tatsache, daß diese indirekten Ergebnisse extrem negative Folgen für die langfristige Wettbewerbsfähigkeit des eigenen Unternehmens haben können. Führende europäische Mitarbeiter führen selbstkritisch das negative Abschneiden ihrer eigenen Firmen eher auf leichtfertiges Handeln ihrer Seite zurück als auf unfaires oder gar böshaftes Verhalten der japanischen Seite.

Dabei ist auf der europäischen Seite nicht zu erkennen, daß Großfirmen in strategischen Allianzen besser abschneiden als kleine oder mittlere Unternehmen. Vielmehr scheint das Bewußtsein der Entscheidungsträger eine Rolle zu spielen, daß es bei Allianzen mit japanischen Firmen nicht nur darum geht, mit diesen am gleichen Strang zu ziehen, sondern um eine indirekte Form des Wettbewerbs gegeneinander.

Potentielle japanische Partner für eine Allianz sind getrieben vom Wunsch, Marktanteile gegenüber ihren Wettbewerbern zu gewinnen, und dem Traum, den Rangplatz Nr. 1 in ihrer Branche einzunehmen. Ob dieses Verhalten nur soziologisch-kulturell erklärbar oder ökonomisch nachvollziehbar[12] ist, ist irrelevant. Es ist ein Phänomen, welches das Denken der gesamten japanischen Gesellschaft beeinflußt und abzulesen ist am Streben nach einem Studienplatz an der Universität von Tokyo als Universität Nr. 1, wie auch dem Ehrgeiz der Politiker, die japanische Wirtschaft oder die japanische Nation als Nr. 1 in der Welt zu etablieren. Niemand sollte den Willen der Japaner unterschätzen, diese Ziele durchzusetzen. Strategische Allianzen tragen in diesem Sinne primär dazu bei, das Größenwachstum der japanischen Partner gegenüber ihren Konkurrenten zu fördern.

Sind unter diesen Umständen strategische Allianzen mit japanischen Unternehmen empfehlenswert? Oder führen sie lediglich an den Rand des Abgrunds?[13]

Eine abschließende Antwort ist nur unter dem Aspekt der eigenen Wettbewerbsfähigkeit zu geben. Kann diese gestärkt werden, sollte eine Allianz – nach sorgfältiger Vorbereitung und mit ausreichendem Management – eingegangen werden. Besteht die Gefahr der Aushöhlung der eigenen Wettbewerbsfähigkeit durch einen expansiv auf Marktführung eingestellten Partner, ist Vorsicht geboten.

Strategische Allianzen stellen keine Abkürzung dar auf dem Weg durch den Weltmarkt.

4. Anmerkungen/Literatur

Anmerkungen

1 Vgl. *Ohmae, K.*: Triad Power, New York 1985
2 Vgl. *Schütte, H.*: Euro-Japanese Cooperation in Information Technology, INSEAD Working Paper No. 89/55, Fontainebleau 1989
3 Vgl. *Reich, R. B./Mankin, D. D.*: Joint Ventures with Japan give away our Future, in: Harvard Business Review, 1986, No. 3/4, S. 78–83
4 Eine Ausnahme stellen die Ölfirmen dar, die äußerst profitabel arbeiten, allerdings lokale Partner haben müssen.
5 Vgl. *James, B. G.*: Trojan Horse, London 1989
6 Vgl. *Ohmae, K.*: a.a.O.
7 *Reich/Mankin* sprechen in diesem Zusammenhang von einem „extended dance of death"
8 Vgl. *Bartlett, C. A./Ghoshal, S.*: Managing Across Borders, Boston 1989
9 Vgl. *Gregory, G.*: The Logic of Japanese Enterprise, Tokyo 1982, aber auch japanische Autoren wie *Nishida, K.*: Toward the „Genuine" Globalization of Japanese Companies, in: Oikonomika, Vol. 25, Nr. 3–4, 1989, S. 37–83
10 Vgl. *Hamel, G./Prahalad, C. K.*: Strategic Intent, in: Harvard Business Review, 1989, Nr. 5/6, S. 63–76
11 Vgl. *Pucik, V.*: Strategic Alliances, Organizational Learning and Competitive Advantage: The HRM Agenda, in: Human Ressources Management, 1988, Vol. 27, Nr. 1, S. 77–93
12 Vgl. *Nakane, C.*: Japanese Society, New York 1977
13 Vgl. *Reich, R.B./Mankin: D.D.:* a.a.O.

Literatur

Bartlett, C.A./Ghoshal, S.: Managing Across Borders, Boston 1989

Gregory, G.: The Logic of Japanese Enterprise, Tokyo 1982

Hamel, G./Prahalad, C.K.: Strategic Intent, in: Harvard Business Review, 1989, Nr. 5/6, S. 63-76

James, B.G.: Trojan Horse, London 1989

Nacane, C.: Japanese Society, New York 1977

Nishida, K.: Toward the „Genuine" Globalization of Japanese Companies, in: Oikonomika, Vol. 25, 1989, Nr. 3-4, S. 37-83

Ohmae, K.: Triad Power, New York 1985

Pucik, V.: Strategic Alliances, Organizational Learning and Competitive Advantage: The HRM Agenda, in: Human Ressources Management, Vol. 27, 1988, Nr. 1, S. 77-93

Reich, R.B./Mankin, D.D.: Joint Ventures with Japan give away our Future, in: Havard Business Review, 1986, No. 3/4, S. 78-83

Schütte, H.: Euro-Japanese Cooperation in Information Technology, INSEAD Working Paper No. 89/55, Fontainebleau 1989

Die deutsch-japanischen Wirtschaftsbeziehungen werden enger: Deutscher Mittelstand nach Japan

Siegfried Böttcher

1. Einleitung

Die Wirtschaftsbeziehungen zwischen Deutschland und Japan waren in der Vergangenheit durch sektorale Exportoffensiven der japanischen Wirtschaft, durch einen ziemlich abgeschlossenen Binnenmarkt für Fertigwaren in Japan und durch unzureichende deutsche Exportbemühungen um Japan gekennzeichnet. Hohe strukturelle, seit Mitte der siebziger Jahre bis 1987 stetig ansteigende Handelsungleichgewichte waren die Folge. Die Handels- und Investitionsbeziehungen blieben, gemessen an dem Wirtschaftspotential beider hochentwickelter Industrieländer, gering. Diese Sachlage traf im übrigen auch auf die Beziehungen Japans mit anderen westlichen Industrieländern zu. Japan paßte noch nicht in das Handelsmuster westlicher Industrieländer mit sehr hohen gegenseitigen Exporten wie Importen von Fertigwaren hinein.

Deutschland ist – ausgehend von seiner weltweit liberal ausgerichteten Handelspolitik – auch gegenüber Japan stets für eine expansive Lösung der Handelsungleichgewichte, d.h. für einen Defizitabbau über mehr Marktöffnung und Marktdurchdringung in Japan statt protektionistischer Abschließungsmaßnahmen eingetreten. Diese deutsche Linie konnte auch in den vergangenen Jahren gegen erhebliche Widerstände in Brüssel weitgehend durchgesetzt werden.

Wichtige Wendepunkte

Erfreulicherweise sind seit Beginn der achtziger Jahre einige bedeutende Änderungen zu verzeichnen.

- Die *erste* Wende setzte Anfang 1982 ein, als die japanische Regierung erstmals das Vorhandensein nichttarifärer Handelshemmnisse (NTB's) als Zugangsbarrieren anerkannte und deren Abbau auf Druck von außen hin einleitete. Diese Marktöffnung führte in den Folgejahren zu insgesamt acht sog. Marktöffnungspaketen.
  Von deutscher Seite wurden hierfür in bilateralen Gesprächen und über verschiedene EG-Forderungslisten wiederholt NTB-Fälle vorgebracht, denen von japanischer Seite in zunehmendem Maße entsprochen worden

ist. Dies ist ausdrücklich anzuerkennen. Unsere Zielvorstellung bei diesem Vorgehen war und ist, ein Gleichgewicht der Rahmenbedingungen für den Wettbewerb hüben wie drüben zu erreichen, um damit unseren Firmen den Start und die Marktdurchdringung in Japan zu erleichtern.

- Ein *zweiter* wichtiger Wendepunkt war zweifellos die Deutsche Leistungsschau in Tokyo 1984. Über diese Industrieausstellung prägte ein deutscher Wirtschaftsvertreter ein treffendes Wort: „Die Japaner sind gut – wir aber auch." Damit war ein psychologischer Durchbruch in der gegenseitigen Einschätzung erreicht. Die deutsche Industrie hat sich seitdem zunehmend diese Einstellung zu eigen gemacht. Dies hat sich in steigenden deutschen Exporten nach Japan niedergeschlagen.
- Eine *dritte* Wende setzte nach den Währungsgesprächen zwischen den großen Industrieländern im Herbst 1985 ein. Danach begann eine überfällige Korrektur der Währungen, die vor allem zu einer ganz beachtlichen Yen-Aufwertung, besonders gegenüber dem US$, weniger gegenüber anderen westlichen Währungen geführt hat. Die Kursanpassung hat notwendige Strukturanpassungen in Japan in einem erheblichen Ausmaß vorangetrieben, Produktionen oder Teileproduktionen wurden ins Ausland verlagert. Eine steigende Konsumgüternachfrage löste Importzunahmen aus. Dadurch wurde ein, allerdings noch nicht ausreichender Druck auf die japanischen Inlandspreise* ausgelöst. Damit wurde die viel zitierte und geforderte „Kokusaika", d.h. eine Internationalisierung Japans, zumindest eingeleitet.
- Eine *vierte* Wende zeichnet sich immer deutlicher ab: Japan hat, bedingt durch die heftigen handelspolitischen Auseinandersetzungen mit den USA und fasziniert durch den herannahenden EG-Binnenmarkt 1992, heute Europa (wieder-)entdeckt. Die Handels- und Wirtschaftsbeziehungen in beiden Richtungen intensivieren sich erfreulicherweise. Westeuropa – Deutschland ist hier der wichtigste Wirtschaftspartner Japans – hat im alten Dreieck: USA, Japan, Gemeinschaft oder aktueller ausgedrückt im heutigen „Viereck": USA, Japan, asiatische Schwellenländer und Gemeinschaft erheblich an Gewicht und „Gesicht" gewonnen.

* Die Verbilligung von Auslandsware durch die Yen-Aufwertung schlägt nämlich wegen der überproportionalen Verteuerung durch das japanische Vertriebssystem auf die Verbraucherpreise noch zu wenig durch. Durch geringer wachsende japanische Exporte bzw. mehr Hinwendung auf den heimischen Markt und insbesondere durch zunehmende Direktimporte entsteht aber ein zunehmender Druck auf die Preise.

Die neuerdings erfreuliche Exportentwicklung nach Japan ist auf die – gerade auch durch deutsche Forderungen zustande gekommene – Marktöffnung Japans in den achtziger Jahren bei nichttarifären Handelshemmnissen (Anpassung von Standards, Vereinfachung/Fortfall von Prüfverfahren etc.) und auf zunehmende Verkaufsanstrengungen unserer Wirtschaft drüben zurückzuführen. Die steigenden Automobil- und Chemieausfuhren nach Japan sind ein Musterbeispiel für die gute Zusammenarbeit zwischen den Marktöffnungsbemühungen der Bundesregierung und den Marktanstrengungen unserer Wirtschaft.

Die beiderseitigen Handels- und Investitionsbeziehungen sind aber, trotz aller Fortschritte und gemessen am hohen Wirtschaftspotential beider Länder, insgesamt immer noch gering und können sicherlich gesteigert werden.

Die weiterhin unbefriedigende Lage ist auf zwei Faktoren zurückzuführen:

- Der japanische Markt bleibt im Strukturbereich schwierig. Dies betrifft vor allem das komplexe Verteilungssystem, u.a. die starke Vernetzung japanischer Produzenten mit japanischen Verteilern. Es ist auch nach wie vor fast unmöglich, japanische Firmen aufzukaufen, um einen leichteren Zugang zum japanischen Markt zu haben. Ziel der Bundesregierung ist es aber, den strukturellen Marktzugang zu erleichtern. Man muß dabei anerkennen, daß sich in diesem Bereich Änderungen in Japan vollziehen, die von der japanischen Regierung unterstützt werden.
- Nicht zuletzt wegen des schwierigen japanischen Marktes hat es die deutsche Wirtschaft lange versäumt, sich angemessen um diesen Markt zu bemühen. Ziel muß es sein, daß unsere Wirtschaft den japanischen Markt künftig weitaus intensiver zu durchdringen versucht, um die mittlerweile verbesserten Marktzugangsmöglichkeiten in Japan voll auszuschöpfen.

Es ist zwar nicht zu übersehen, daß sich die deutsche Wirtschaft heute vornehmlich auf den EG-Binnenmarkt und auf die neuen Entwicklungen in Osteuropa, insbesondere im östlichen Teil Deutschlands, einstellt. Längerfristig ändern diese „Chancen vor der Haustür“ jedoch nichts an der Notwendigkeit, daß sich die deutsche Wirtschaft im Rahmen der immer globaler werdenden

Beziehungen im Dreieck USA–Japan–Europa stärker auf den fernöstlichen Bereich einstellen muß. Es wäre eine Illusion anzunehmen, daß der europäische Wirtschaftsraum allein genügen könnte. Die eigentliche Herausforderung für unsere Wirtschaft sind das High-Tech-Land Japan und auch die immer wichtiger werdenden asiatischen Schwellenländer. Die Wachstumsraten und damit auch die Absatzchancen sind in Ostasien in den letzten Jahren sehr viel höher als in Europa und den USA gewesen. So lagen im Durchschnitt der Jahre 1986–1988 die realen Wachstumszuwächse in Hongkong, Taiwan und Südkorea über 10%, in Japan über 4%, in den USA um 3,5% und in der EG bei 3%.

Große deutsche Firmen sind zwar schon seit vielen Jahren in Japan tätig. Diese reichen jedoch zusammen mit den wenigen, in Japan vertretenen mittleren Firmen für die notwendige stärkere Verflechtung und für die Durchdringung des japanischen Marktes nicht aus. Das große Potential des deutschen Mittelstandes sollte auch nach Auffassung der Bundesregierung mehr genutzt werden. Die Produktvielfalt und der hohe F&E-Stand des deutschen Mittelstandes tragen ja bereits ganz wesentlich zu den deutschen Ausfuhrerfolgen in anderen Ländern bei; nur in Japan ist dies bislang wenig der Fall.

Auch in Japan gibt es mittlere Betriebe, die sich aus den traditionellen engen Beziehungen zu heimischen Großfirmen lösen und an Kooperationen mit anderen, auch ausländischen Partnern interessiert sind. Auf diese Entwicklung hat das MITI bzw. die Small and Medium Enterprise Agency (SMEA) erst kürzlich hingewiesen. Es ist deshalb durchaus an der Zeit zu versuchen, diese Wirtschaftsbereiche beider Länder einander näherzubringen. Natürlich schließt dies „Alleingänge" deutscher Firmen drüben und auch Kooperationen deutscher Mittelstandsfirmen mit großen japanischen Produktionsunternehmen/japanischen Handelsfirmen keineswegs aus. „Viele Wege können nach Tokyo führen." Ein besonderes Aktivum deutscher Mittelstandsfirmen sind ihre umfangreichen F&E-Bemühungen und -Kenntnisse im Vergleich zu japanischen Firmen.

Das Bundesministerium für Wirtschaft hat ein aktives Interesse daran, derartige Bemühungen nach drüben voranzubringen und in Gesprächen mit der japanischen Seite zu versuchen, bessere Informationen bereitzustellen und die Rahmenbedingungen zu verbessern. Deshalb haben auch Bundeswirtschaftsminister Dr. Haussmann und StS Dr. von Würzen 1989 und 1990 eine Reihe von Gesprächen mit der japanischen Regierung (MITI) und der Wirtschaft geführt. Die japanische Seite hat darauf mit großem Interesse an einem weiteren Ausbau der Wirtschaftskontakte und -verbindungen reagiert. Wichtig in diesem Zusammenhang sind auch die regelmäßig alle zwei Jahre stattfindenden Deutsch-Japanischen Wirtschaftsgespräche zwischen BDI/ DIHT/DIHKJ/OAV auf deutscher Seite und dem KEIDANREN/ KANKEIREN (beide japanische Wirtschaftsverbände) /NISSHO (japanische Kammerorganisation) auf japanischer Seite. Diese Gespräche ermöglichen ein besseres Sichkennenlernen und vertiefen die gegenseitige Vertrauensbasis.

2. Wichtige Fakten zur Marktöffnung Japans

- Abbau von Zöllen
  Die japanischen Zölle sind heute, abgesehen von hohen und noch hinderlichen Belastungen bei einzelnen Produkten, im Durchschnitt niedriger als die der Gemeinschaft und der USA und stellen generell kein Einfuhrhindernis mehr dar. Auch die (bislang sehr hohe) Besteuerung großvolumiger (Import-)Autos wurde beispielsweise ab 1. April 1989 erheblich gesenkt.

- Abbau nichttarifärer Handelshemmnisse
  Durch Anpassungen japanischer Standards an internationale Normen und durch Vereinfachung oder Abschaffung komplizierter und auch obsoleter Prüfungsverfahren ist der „Vorhang der nichttarifären Handelshemmnisse“ durchsichtiger und erheblich durchlässiger geworden. So konnten z.B. drei wichtige bilaterale Good Laboratory Practice-Vereinbarungen über die gegenseitige Anerkennung nationaler Prüfungszeugnisse im Chemie-

bereich abgeschlossen werden, was für unsere, am Export nach Japan besonders interessierte Chemieindustrie Einsparungen in Millionenhöhe bedeutet.

Auch künftig bleibt bei den nichttarifären Handelshemmnissen noch einiges zu tun. Insgesamt kann man jedoch feststellen, daß diese Beschränkungen an Bedeutung verloren haben und im Zuge künftiger Deregulierungen und Anpassungen weiter zurückgehen dürften. Die japanische Praxis, im Einzelfall die Bestimmungen sehr strikt einzuhalten und nicht ohne weiteres auf ähnliche, gleichgelagerte Fälle auszudehnen, könnte auch künftig „kleinere" Schwierigkeiten bereiten und ggf. ein Einschalten beider Regierungen von Fall zu Fall verlangen.

Die verbleibenden Probleme sind aber überwindbar und sollten deutsche Firmen auf gar keinen Fall von einem Markteintritt in Japan abhalten. Im Gegenteil, die in den letzten Jahren erreichten Verbesserungen sollten jetzt intensiv genutzt und getestet werden. Erfreulicherweise geschieht dies auch in zunehmendem Umfang. Gerade die Exportzunahmen deutscher Autos nach Japan in der jüngsten Vergangenheit sprechen eine deutliche Sprache.

– Anpassung von Wirtschaftsstrukturen
  Strukturelle Faktoren waren und sind jedoch für den Marktzugang in Japan im Vergleich zu Zöllen und nichttarifären Handelsbeschränkungen weitaus bedeutsamer. Notwendige Strukturanpassungen haben deshalb zu Recht die beiden Maekawa-Berichte seit 1985 gefordert. In den Jahrbüchern (White Paper) von MITI und EPA wird eine Fortsetzung dieser Bemühungen angekündigt.

Heute ist in der Tat ein erheblicher Umstrukturierungsprozeß im Gange, was sehr zu begrüßen ist. Viele Strukturaufgaben bleiben allerdings noch zu lösen, um eine wirklich durchgehende Internationalisierung Japans zu erreichen. Diese Anpassungen setzen auch Einstellungsänderungen voraus. So sollte z.B. bei der technologischen Zusammenarbeit das Prinzip des „do ut des" und damit eine befriedigende und fruchtbare Zusammenarbeit stärker zum Tragen kommen.

Auch wenn eine Anpassung Zeit braucht, so überrascht es doch immer wieder, wie relativ schnell solche Prozesse trotzdem in Japan verlaufen, wenn die Notwendigkeit dafür besteht und dies eingesehen wird. Derartige Entwicklungen sind in Japan von einer „konservativ-progressiven" Einstellung getragen, mit der zwar als notwendig erachtete Grundelemente beibehalten, aber ansonsten durchaus kühne Schritte gemacht werden können.

Aufschlußreich ist in diesem Zusammenhang, daß das MITI z.B. angekündigt hat, künftig das „Large Retail Store Law" flexibler zu handhaben, was den Aus- und Neubau größerer Supermärkte erleichtern dürfte. Diese könnten über größere Order- und Dispositionseinheiten wiederum mehr Importe als die vielen kleinen Groß- und Einzelhändler tätigen und damit zum Abbau der hohen Handelsungleichgewichte beitragen. Durch eine gemeinsame deutsch-japanische Vergleichsstudie über die unterschiedlichen Verteilungssysteme beider Länder, die das BMWi vor einigen Jahren angeregt hatte, haben wir zu dem Prozeß der Problematisierung und zu den einsetzenden Reaktionen beigetragen. In dem im Sommer 1990 abgeschlossenen US-japanischen Strukturbericht ist, neben anderen Strukturhindernissen in Japan, gerade auch dieser Punkt aufgegriffen worden. Zugesagte Umstrukturierungen bleiben abzuwarten.

Fazit:

Der japanische Markt ist in den achtziger Jahren wesentlich offener geworden. Dieser Prozeß wird sich auch künftig fortsetzen.

Konsequenz:
Die Markterschließung Japans als Aufgabe für die neunziger Jahre

Es ist außerordentlich wichtig, daß die deutsche Wirtschaft diese erheblichen Änderungen in Japan mehr und mehr erkennt und nutzt. Der japanische Markt ist groß und wachstumsträchtig. Informationsdefizite über das „neue" Japan müssen beseitigt und noch bestehende Schwellenängste abgebaut werden.

Erfreulicherweise sind seit Mitte der achtziger Jahre die deutschen Exporte nach Japan im Aufwind, was die zunehmende Einstellung auf Japan zeigt. Unsere Exporte nach Japan reichen jedoch bei weitem nicht an die japanischen Exporte nach Deutschland heran, was nicht so bleiben muß. Unsere

Ausfuhr nach Japan beruht noch auf zu wenigen Produkten, was immer die Gefahr in sich birgt, daß der „Exportmotor“ wieder ins Stottern geraten könnte. Gerade unser überaus differenziertes Güterangebot sollte – wie es weltweit schon der Fall ist – auch in Japan zum Zuge kommen.

Bislang konzentrieren sich die deutschen Ausfuhren nach Japan hauptsächlich auf spezielle Investitionsgüter, während wir bei Konsumgütern wenig vertreten sind. Gerade dies sollte sich ändern lassen, da der japanische Verbraucher immer mehr Gefallen an ausländischen, möglichst prestigeträchtigen Produkten findet und die deutsche Wirtschaft hier vieles anzubieten hat.

Wir müssen aus den heutigen, noch relativ kleinen Exportnischen herauskommen und uns in den Versorgungsstrom von draußen einschalten, um damit wirklich auch zu Massenlieferungen nach Japan zu kommen (wie dies von Japan nach Deutschland bereits der Fall ist).

Eine solche Entwicklung ist um so notwendiger, als sich südostasiatische Schwellenländer, aber auch Großbritannien und die USA mit gezielten Exportprogrammen immer stärker um den japanischen Markt bemühen. Bei diesem Wettbewerb dürfen wir keine Chancen außer acht lassen!

3. Deutscher Mittelstand in Japan – erfolgversprechendes Engagement

Bei den weiteren Marktbemühungen in Japan gilt es neben der Intensivierung bisheriger Geschäftsverbindungen noch ein nahezu unerschlossenes Potential in Deutschland, nämlich den deutschen Mittelstand, zu nutzen. Gerade dieser ist das Rückgrat der deutschen Wirtschaft und bietet eine große Vielfalt von Produkten an, die in Japan fast überhaupt nicht vertreten sind. In Japan besteht der weitaus größte Teil der Wirtschaft ebenso aus kleinen und mittleren Unternehmen, die allerdings im Vergleich zu uns häufig – etwa bei Komponentenlieferungen – jeweils von „zugeordneten“ japanischen Großfirmen abhängig sind.

Deutsche Mittelstandsfirmen sind heute in einem hohen Maße vom Export ihrer technologisch anspruchsvollen Produkte, Systeme und Leistungen abhängig. In einigen Branchen beträgt die Exportquote mehr als 60%.

Eine Analyse dieser Exportstruktur zeigt, daß der bei weitem größte Exportanteil auf Westeuropa entfällt. Zunehmend erkennen aber vor allem wachstumsstarke und innovative Unternehmen die Notwendigkeit, sich nicht ausschließlich auf den europäischen Markt, der zudem im Zuge seines Zusammenwachsens zu einem einheitlichen Binnenmarkt auch sonst stark umworben ist, zu konzentrieren. Der pazifische Raum mit seinen überdurchschnittlichen Wachstumsraten ist durchaus ein Marktbereich, der zunehmend in das Blickfeld deutscher Unternehmen gerät und intensiver erschlossen werden sollte.

Deutsche Mittelstandsfirmen bieten eine Vielzahl, z.T. sehr anspruchsvoller Produkte sowohl auf dem Konsumgütersektor als auch im Bereich industrieller Zu-(Lieferungen) an, die tel quel oder modifiziert für den japanischen Markt von hohem Interesse sein könnten. Zugegebenermaßen wirft ein Tätigwerden von Mittelstandsfirmen im fernen Japan besondere, zusätzliche Personal- und Finanzprobleme auf.

Zunächst ist es nötig, Schwellenängste vor Japan zu überwinden, daß man z.B. drüben technologische Kenntnisse einbüßen und damit verlieren könnte. Dem muß nicht so sein, denn „Erfolgsbeispiele" großer und mittlerer deutscher Firmen zeigen durchaus, daß der japanische Markt auf Dauer sehr gewinnträchtig ist und auch „anhänglich" sein kann. Hinzu kommt, daß eine Firma, die international und global „am Ball bleiben will", die wichtige japanische Adresse gar nicht mehr vernachlässigen kann, zumal auch die Basis in Japan sehr hilfreich für die Erschließung weiterer südostasiatischer Märkte sein kann. Nicht zuletzt ist die Präsenz in Japan wichtig, um „Auge und Ohr" am hochinnovativen japanischen Markt zu haben.

4. Ansatzmöglichkeiten in Japan

Eine Reihe von Schritten ist denkbar, die das o.a. angesprochene Handicap mittlerer Firmen bei einem „Alleingang“ und/oder über Kooperationen mit japanischen Partnern zumindest reduzieren kann:

- Bei einer reinen *Lizenzvergabe* als zunächst „leichtestem“, aber losem Ansatz (wie von deutschen Firmen in der Vergangenheit öfter praktiziert) ist die Patentabsicherung sehr wichtig. Ansonsten ist sie weniger einträglich als andere Formen der Beteiligung drüben.
- Eine *Marketing-Analyse* ist eigentlich immer Voraussetzung, um ins Japan-Geschäft einzusteigen. Sie muß für Japan auf jeden Fall sorgfältiger und längerfristig angelegt sein als für hiesige Märkte. Japan ist kein Bereich für gelegentliche Geschäfte.
- Man kann sich für den Markteintritt auch *deutscher Handelshäuser* oder *japanischer mittlerer Handelsfirmen* bedienen. Große Generalhandelshäuser sind dagegen wegen des erheblichen Größenunterschiedes und der riesigen Produktpalette sicherlich nicht die erste Wahl.
  Allerdings sind die kleinen deutschen Handelshäuser zumeist ausgebucht. Man muß sich aber fragen, ob die bestehenden Handelshäuser ausgebaut bzw. zusätzliche Handelshäuser etabliert werden könnten.
- Um die hohen Kosten in Japan zu reduzieren, ist auch an ein Tätigwerden im Rahmen deutscher *Industrieparks* zu denken. Der Industriepark in Hakusan (Nähe Yokohama) ist heute besetzt. Die Deutsche Bank sondiert aber z.Zt. einen weiteren Industriepark, ebenfalls nahe Yokohama, zu errichten. Auch deutsche Landesbanken überlegen, zusätzliche Industrieparks z.B. im Kansai-Gebiet (Osaka-Kobe) zu etablieren, womit die zweitwichtigste Wirtschaftsregion Japans abgedeckt wäre. Industrieparks kommen für den Vertrieb, für Ausstellungen, aber auch für Zwecke kleinerer Produktionsstätten in Frage.
- Es ist ferner zu überlegen, ob man nicht einen japanerfahrenen *Werks- und Vertriebsagenten* (Deutscher oder Japaner) gewinnen kann, der den Ansatz (vielleicht zusätzlich beraten durch einen Konsultant) in eigene Hand nimmt. Eine solche Konstruktion ist zumindest eine in der Praxis schon erprobte Alternative zu Kooperationen mit japanischen Firmen.

- Mittelständische Firmen mit *komplementären Produkten* könnten *gemeinsam* ein *Verkaufsbüro* eröffnen, was ebenfalls Synergieeffekte bei der Werbung, dem Absatz sowie erhebliche Kosteneinsparungen für die Verwaltung mit sich bringen könnte. An ein solches Vorgehen könnte z.B. bei Heimtextilien, Möbeln, Elektrogeräten und Beleuchtungskörpern gedacht werden.
  Natürlich ist es nicht einfach, „selbständige" Unternehmer „unter einem derartigen Hut" zusammenzubringen. Aber andere Märkte erfordern manchmal auch andere Vorgehensweisen!
- Deutsche Großfirmen könnten über ihr Handelsnetz den Vertrieb von Produkten mittlerer Firmen mit ähnlichen (wenn auch nicht direkt konkurrierenden) Produkten im *„Huckepackverfahren"* übernehmen.
- *Kooperationen* mit japanischen Partnern *drüben wie hüben* können vom Vertrieb über eine spätere gemeinsame Produktion bis hin zu einzelnen Forschungsvorhaben gehen. Eine Befragung der europäischen Handelskammern und der amerikanischen Handelskammer in Japan vor wenigen Jahren kam allerdings zu dem Ergebnis, daß – zumindest für größere Auslandsfirmen in Japan – die Zeit von Kooperationen/Joint Ventures vorbei sei. „Alleingänge" seien für den großen japanischen Markt vorzuziehen. Zu einem ähnlichen Ergebnis kommt eine im Auftrag des BMWi durchgeführte Studie des Ifo-Institutes über japanische Investitionen in Europa. Danach haben japanische Firmen für ihr Auslandsengagement in Nordeuropa eine „Allein-Präferenz" zu erkennen gegeben.

Diese Aufzählung ist nicht als erschöpfend anzusehen. Sie enthält nur Hinweise, keine Handlungsrezepte.

5. Logistische Unterstützung des Markteintritts

Es ist an der Zeit, von dem Bild eines isolierten Japans Abschied zu nehmen und sich weltweit zum beiderseitigen Nutzen auf die wachsenden Interdependenzen einzustellen. Das „neue“ Japan-Bild mit steigenden Exportmöglichkeiten muß bei der deutschen Wirtschaft mehr und mehr Eingang finden. Leider wissen deutsche Firmen, gerade aus dem Mittelstand, immer noch zu wenig über das, was sie für ihren Bereich über Japan und seine Möglichkeiten und Besonderheiten wissen sollten. Dies ist für eine erfolgreiche Marketingstrategie unserer Firmen im globalen Zusammenhang unerläßlich.

Für die Vermittlung von Informationen und für die Anbahnung von Kontakten stehen eine Reihe von geeigneten Stellen zur Verfügung. (Sicherlich erreichen diese bei weitem nicht das Ausmaß dessen, was auf japanischer Seite von Regierung und Wirtschaft zur Verfügung steht. Dieser Unterschied ist auf eine andere „Wirtschaftsphilosophie“ bzw. Aufgabenaufteilung zwischen Regierung und Wirtschaft zurückzuführen.)

Eine wichtige Informationsübertragung setzt zunächst an auf der Grundlage des bewährten *„Drei-Säulen-Konzeptes“*: Generelle Berichterstattung durch die Botschaft Tokyo, konkrete Informationen durch die deutsche Industrie- und Handelskammer (DIHKJ) mit dem angeschlossenen Marktberatungsinstitut und durch die beiden BfAI-Korrespondenten.

Seit über 25 Jahren ist die *DIHKJ* vor Ort als eine der größten deutschen Auslandshandelskammern mit Zweigstelle in Osaka zur Unterstützung unserer Wirtschaft tätig. Seit Anfang der achtziger Jahre ist ihr als eine Abteilung ein Institut für Marktberatung angegliedert. Dieses ist vor allem für Marktanfragen mittlerer Firmen tätig und von der deutschen Wirtschaft gut angenommen worden. Beide Stellen werden über den DIHT maßgeblich vom BMWi finanziell unterstützt.

Die DIHKJ hat ferner neben sog. „Sprechtagen" bei einzelnen deutschen Handelskammern für deutsche Firmen ein umfassendes *Serviceangebot* (Angebot eines Schreibtisches in der Kammer) zur Erleichterung ihres Markteintritts drüben entwickelt, das interessierten Verbänden, Organisationen und Firmen offensteht. Als bislang letzte Dienstleistung bietet die Kammer die Vor- und Nachbereitung für die Teilnahme deutscher Firmen an japanischen Messen an.

Dieser Service ist besonders wichtig, da das japanische Messegeschäft anders ist (grundsätzlich keine Ordermessen) und deswegen die richtige Kontaktauswahl und -aufnahme zu japanischen Firmen überaus wichtig sind. Die DIHKJ hat als Pilotprojekt auf eigene Rechnung eine umfassende Analyse über „Heimtextilien in Japan – wichtiger denn je" mit vielen Hinweisen auf geeignete Distributionswege etc. erstellt und bietet diese Analyse Interessenten gegen Bezahlung an. Weitere Sektoren werden folgen. Die deutsche Wirtschaft ist aufgefordert, dieses Angebot aufzugreifen.

Neben der DIHKJ erarbeiten zwei BfAI-Korrespondenten Branchen- und Querschnittsberichte, die von der Bundesstelle für Außenhandelsinformation in Köln bezogen werden können.

Auf Wirtschaftsebene bietet vor allem der Deutsch-Japanische Wirtschaftskreis (DJW) in Zusammenarbeit mit der Jetro in Düsseldorf und Tokyo deutschen Firmen Markt- und Produktionsinformationen über den japanischen Markt und nennt japanische Unternehmen, die für eine Kooperation mit deutschen Unternehmen in Betracht kommen. Für weitergehende Individualberatung mit Erstellung und Umsetzung maßgeschneiderter Marketingstrategien steht auf Wunsch die angegliederte Japan Markt Service GmbH (JMS) mit Büros in Düsseldorf und Japan gegen Bezahlung zur Verfügung. Natürlich können hierfür auch andere private Consultantsbüros, wie z.B. European-Asian Trade Service JEP, Illies und Vaubel, Ostasien-Beratung Rive oder Dr. Krüger Unternehmensberatung eingeschaltet werden. (Diese Liste ist nicht als erschöpfend anzusehen.)

6. Ausblick auf den EG-Binnenmarkt 1992

Die deutsch-japanischen Wirtschaftsbeziehungen vertiefen sich zusehends. Deutschland hat als wichtigster Wirtschaftspartner Japans in Europa bei der Marktöffnung Japans eine wichtige Rolle gespielt und sollte jetzt auch bei der Marktdurchdringung drüben eine Vorreiterrolle übernehmen. Japan und Ostasien als Wachstumsmärkte lohnen sich. Es ist an der Zeit, von dem Bild eines isolierten Japans Abschied zu nehmen und sich auf die zunehmenden Interdependenzen zum beiderseitigen Nutzen einzustellen.

Dies gilt um so mehr, als die Gemeinschaft sich anschickt, den Binnenmarkt 1992 zu verwirklichen. Dieser Binnenmarkt darf nicht zu einer Abschottung gegenüber Drittländern führen. Insbesondere die Bundesregierung setzt sich nachdrücklich für diese Offenhaltung ein. Japan wird von den wachstums- und kaufkraftsteigernden Wirkungen des großen europäischen Wirtschaftsraumes durchaus Nutzen ziehen können. Damit dies erreicht wird und vorhandene protektionistische Bestrebungen abgewehrt werden können, ist es überaus wichtig, daß Japan seine Märkte weiter öffnet und seine Bereitschaft zu Kooperationen und Investitionen in beiden Richtungen erheblich verstärkt.

Gerade Deutschland und Japan als wichtige Handelsnationen tragen hier besondere Verantwortung.

Auslandsstrategien asiatisch-pazifischer Unternehmen und Verteidigungs- oder Kooperationsstrategien deutscher Unternehmen in der Triade

Otto Kalthoff

1. Der asiatisch-pazifische Wirtschaftsraum auf dem Vormarsch

Die asiatisch-pazifische Wirtschaft erscheint unaufhaltsam auf dem Vormarsch. Japanische Unternehmen haben sich Spitzenplätze in nahezu allen Branchen erobert. Industrien, wie die Unterhaltungselektronik, die Kameraindustrie oder auch der Schiffsbau werden von ihnen bereits weltweit dominiert, in Schlüsselbereichen wie der Elektronik oder dem Fahrzeugbau erhöhen sie permanent ihren Marktanteil.

Korea und Taiwan schicken sich an, die Schwelle zum modernen Industrieland zu überschreiten und expansiv Schlüsselindustrien wie den Schiffsbau, den Automobilbau oder auch die Konsumelektronik auszubauen, um damit aggressiv neue Märkte zu erobern.

Auch andere südostasiatische Länder wachsen im Vergleich zu den traditionellen Industrieländern weit überproportional (siehe Abb. 1 und 2).

Kein Wunder also, daß bereits seit geraumer Zeit vom südostasiatischen Raum als dem Schwerpunkt der Weltwirtschaft der Zukunft gesprochen wird.

Das Wachstum dieses Raumes ist dabei natürlich grundsätzlich positiv zu sehen, bedeutet es doch zunächst mehr Wohlstand für die Menschen in dieser Region. Darüber hinaus aber bringt es zusätzliche Impulse auch für die Weltwirtschaft insgesamt mit sich.

Der beunruhigende Aspekt liegt in einem anderen Bereich: Das überproportionale Wachstum in dieser Region und auch einzelner Unternehmen war bislang ausgesprochen ungleichgewichtig. Es ist in zum Teil extremem Maß auf hohen Exporten aufgebaut. Einem hohen und wachsenden Handelsbilanzüberschuß stehen entsprechende Defizite insbesondere der USA gegenüber (siehe Abb. 3). Die aggressiven Marktanteilsstrategien und Kapazitätserweiterungen führten zum Teil zu ausgeprägten weltweiten Branchenkrisen (z.B. Werften, Kameras, Konsumelektronik).

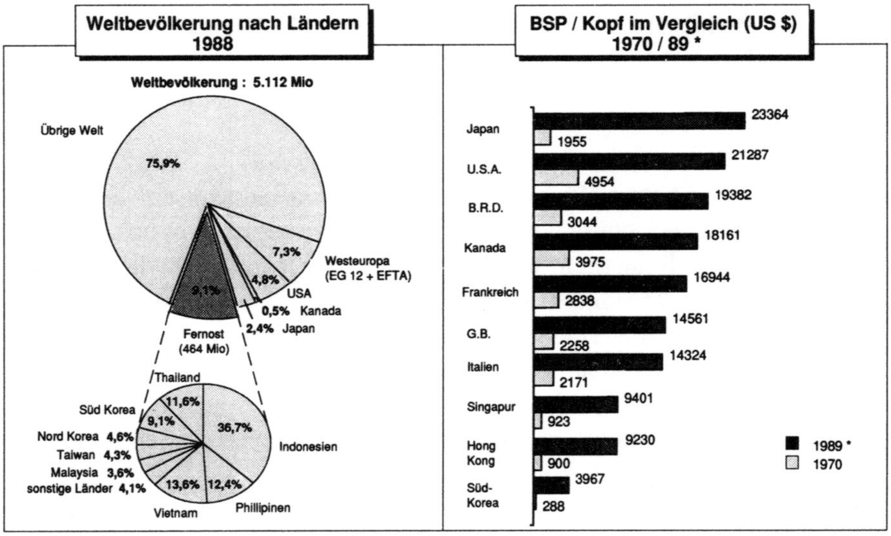

Abb. 1: Der asiatisch-pazifische Raum:
Ein bedeutender Wirtschaftsraum mit Japan an der Spitze

Quelle: World Tables, UNO, Roland Berger & Partner Berechnungen
**) Bundesrepublik, USA, Japan; alle anderen Länder 1988*

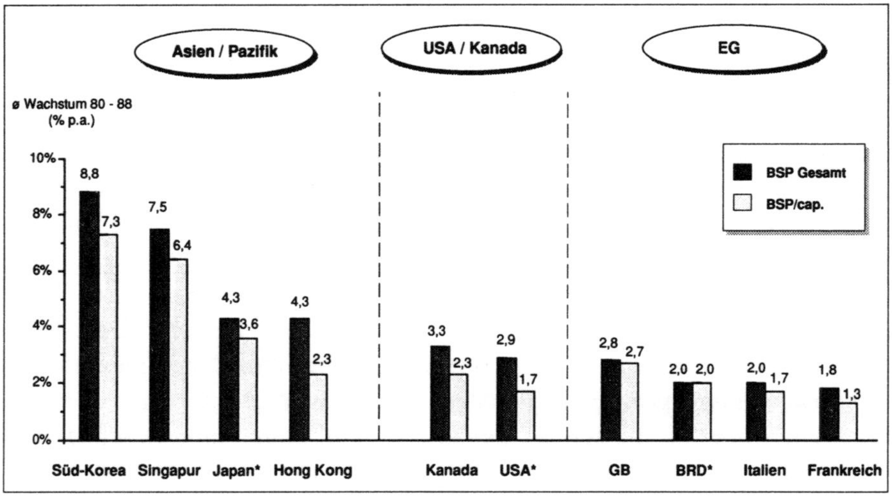

Abb. 2: Wachstumsraten im Vergleich: Der asiatisch-pazifische Raum vorne
**) 1989 – Daten für Japan, USA und die Bundesrepublik*

Quelle: World Tables, UNO, Roland Berger & Partner Berechnungen

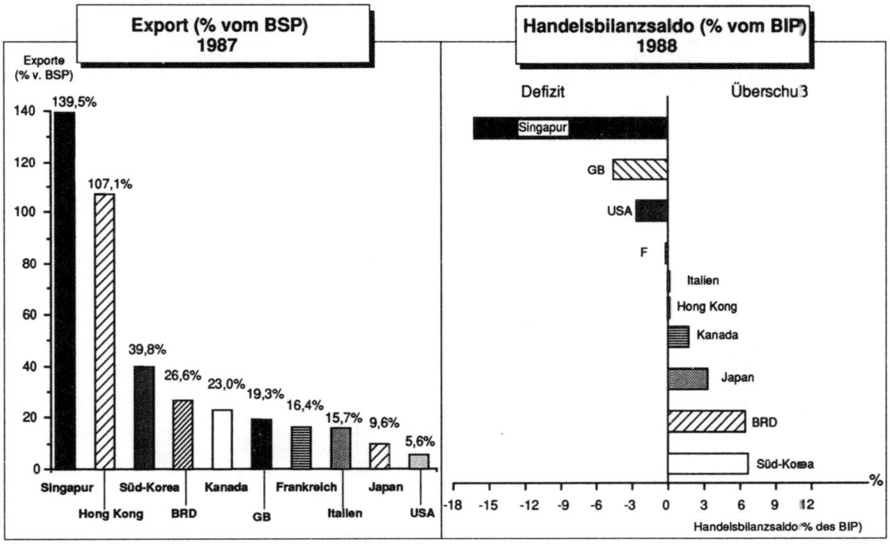

Abb. 3: Das überproportionale Wachstum der Region baut auf hohen Exporten auf – mit teilweise extremen Ungleichheiten
Quelle: World Tables, Keizai Koho Center

Heute finden sich unter den 500 größten Industrieunternehmen bereits über 100 aus Japan und weitere 12 aus anderen Ländern des asiatisch-pazifischen Raumes, unter den 100 größten Banken der Welt finden sich allein 30 aus Japan (siehe Abb. 4).

Gegen diese Expansion suchen die traditionellen Industrieländer sich auf unterschiedliche Weise zu wehren:

- durch handelspolitische Maßnahmen und Absprachen wie z.B. die USA
- durch klaren Protektionismus wie z.B. die lateinischen Länder Europas
- durch selektive „Zusammenarbeit“, wie z.B. die Engländer in der Kfz-Industrie.

Nur wenige Länder – so wie weitgehend die Bundesrepublik – überlassen ihre Industrien dem freien Wettbewerb in ihren nationalen Märkten. Die generell

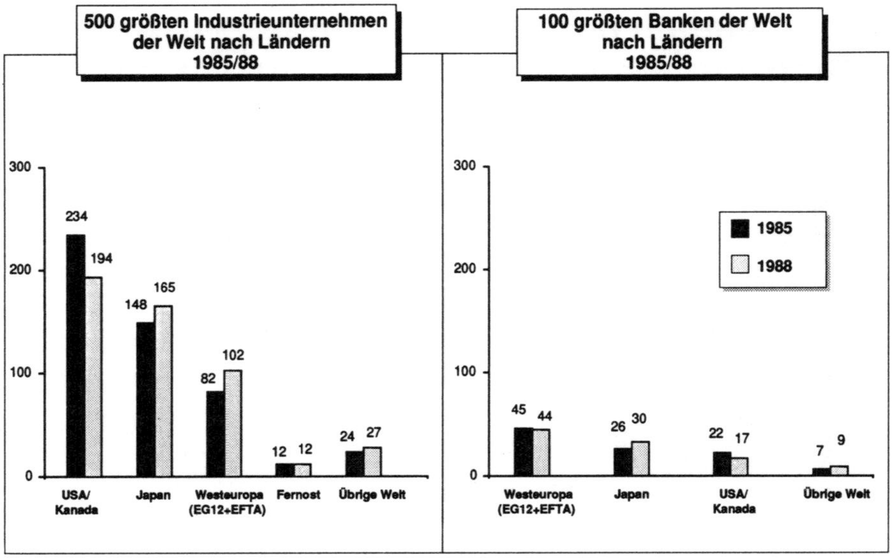

Abb. 4: Japanische Unternehmen zuhehmend unter den größten der Welt.
Quelle: Fortune International

eher protektionistische Grundhaltung wird allerdings durch ähnliche Einstellungen in Südostasien eher gefördert. Sie geht dabei häufig einher mit einem geringen oder gar Unverständnis der fernöstlichen Unternehmen, Kulturen und Handlungsweisen. Gleichzeitig erspart diese Einstellung, daß man sich mit diesem neuen Wettbewerb auseinandersetzt und rechtzeitig wirkungsvolle Gegenstrategien entwickelt. Nur: Protektionismus wird auf Dauer nicht aufrechtzuerhalten sein.

Damit aber stehen die Fragen im Raum:

- Wie werden in Zukunft die Rahmenbedingungen aussehen, unter denen die Auseinandersetzung mit dem Wettbewerb japanischer und anderer Unternehmen aus dem asiatisch-pazifischen Raum stattfindet?
- Welches sind dabei die Strategien dieser Unternehmen?
- Wie kann diesen Strategien rechtzeitig und wirkungsvoll begegnet werden?

2. Die globalen Rahmenbedingungen ändern sich

Die letzten 50 Jahre waren eine Zeit erheblicher Turbulenzen: Dem Krieg und der Verwirrung der vierziger Jahre, nach denen Europa am Boden lag, folgte der Wiederaufbau in den fünfziger Jahren, unterstützt von einem starken Amerika. Die sechziger Jahre waren eine Periode hohen Wachstums und steigenden Wohlstands, der als gesellschaftliches Ziel akzeptiert war. Die siebziger brachten gesellschaftliche und ökonomische Erschütterungen: In Europa wurde die Belastbarkeit der Wirtschaft durch „Umverteilung" erprobt, staatliche Programme sollen Wachstum bringen. Die USA wurden durch Watergate erschüttert, und weltweit wurden die Wirtschaften durch die Ölkrisen durcheinandergebracht (siehe Abb. 5.1–5.3).

Die achtziger Jahre bedeuteten einen Neu-Anfang:

- Ausgehend von Ronald Reagans Reformen in den USA wurde die Rolle des Staates zurückgedrängt, die Privatinitiative kommt weltweit zu neuer Akzeptanz.
- Das europäische Ziel der Schaffung eines gemeinsamen Binnenmarktes bis 1993 als Plattform zur Verbesserung der Wettbewerbsfähigkeit europäischer Unternehmen in einem globaler werdenden Markt legt den Grundstein für neues Wachstum.
- In den GATT-Runden von Uruguay wird eine weltweite Liberalisierung des Handels vor allem auch mit Drittländern angestrebt.

Aber es gibt auch Risiken und Instabilitäten:

- In den USA haben sich enorme Defizite aufgebaut, sowohl im Budget als auch in der Handelsbilanz. Dem steht ein bald ebenso großer Überschuß der Japaner, aber auch der Bundesrepublik Deutschland gegenüber.
- In Osteuropa hat der Bankrott des Sozialismus und Kommunismus die Unfähigkeit dieser Systeme bewiesen. Mit der Öffnung der osteuropäischen Länder tun sich neue Märkte auf, die zwar zunächst hohe Investitionen erfordern, langfristig aber überproportional hohe Chancen bieten.

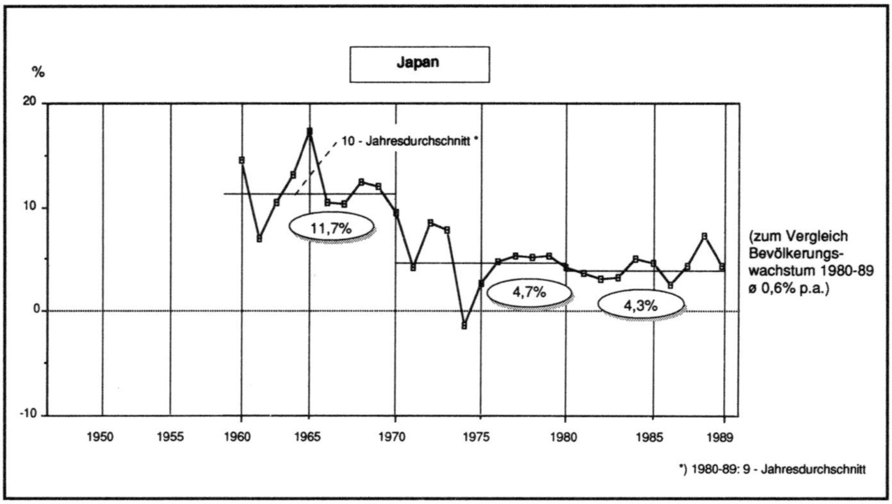

Abb. 5.1: Wachstum des BSP in Japan (in Preisen von 1980, 1960 – 1989)

Quelle: UNO

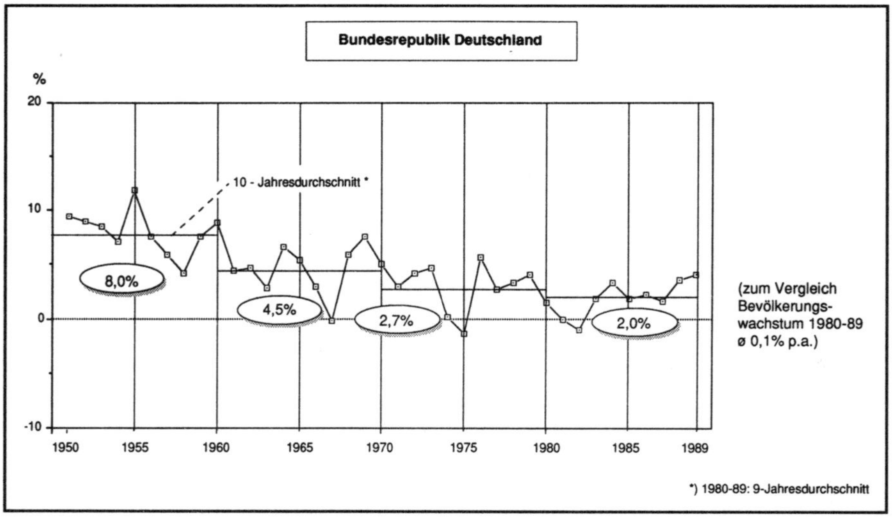

Abb. 5.2: Wachstum des BSP in der Bundesrepublik Deutschland (in Preisen von 1980, 1951 – 1989)

Quelle: Bundesministerium für Wirtschaft

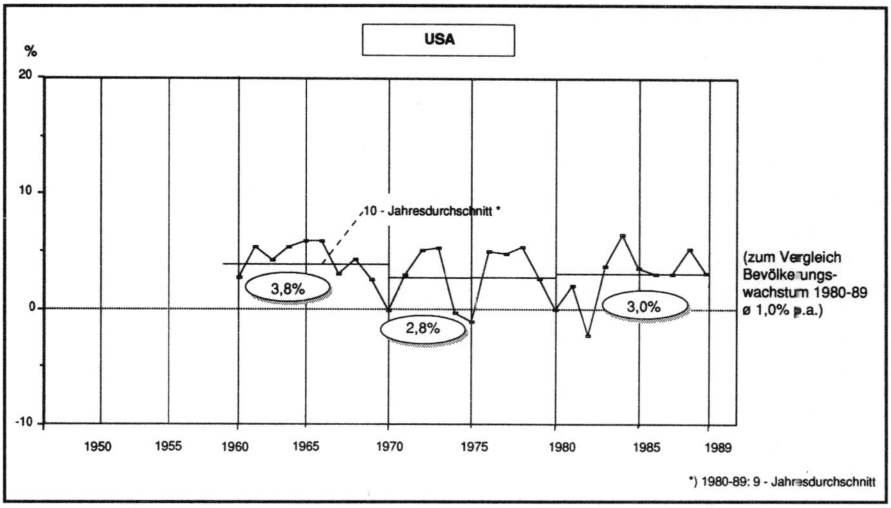

Abb. 5.3: Wachstum des BSP in den USA (in Preisen von 1980, 1960 – 1989)
Quelle: UNO

Die Reformen Osteuropas und deren Hinwendung zum Wachstum geschehen allerdings vor dem Hintergrund einer geschwächten und labilen UdSSR und den damit verbundenen Risiken.

Was werden die neunziger Jahre bringen, und unter welchen Rahmenbedingungen wird die wirtschaftliche Auseinandersetzung zwischen den industrialisierten Ländern des Westens und dem asiatisch-pazifischen Raum weitergehen?

Aus meiner Sicht wird das nächste Jahrzehnt – sofern nicht unvorhersehbare Störungen eintreten – geprägt sein von neuem Wachstum und zunehmendem Wohlstand, aber auch von einem härter werdenden weltweiten Wettbewerb. Dies wird einhergehen mit einem erheblichen Strukturwandel sowohl für die Unternehmen selber als auch für die Stellung der großen Wirtschaftsregionen in der Weltwirtschaft, mit Konsequenzen für das Investitionsverhalten und die Wettbewerbsstrategien jedes international tätigen Unternehmens.

Die Industriestrukturen dürften vor allem durch drei Momente verändert werden:

1. durch eine sich auch weiterhin fortsetzende überproportionale Entwicklung der im Dienstleistungssektor erbrachten Wertschöpfung,
2. durch die immer wichtiger werdende Frage der Innovationsfähigkeit in einem Umfeld, in dem neue technologische Entwicklungen zu weitgehenden Veränderungen führen, und in dem Innovation zu einem immer wichtiger werdenden Instrument zur Verbesserung der Produktqualität und Kostenposition im Wettbewerb wird,
3. durch den Konzentrationsprozeß in einer Reihe von Branchen, in denen „Scale", d.h. Kostendegression durch Volumen, einerseits (nicht zuletzt angesichts zum Teil exorbitant steigender F+E-Kosten) nach wie vor ein entscheidender Erfolgsfaktor im Wettbewerb ist und andererseits durch eine immer kundennähere Ausrichtung mit Konsequenzen auf die Flexibilität der Strukturen und auf das Informationsmanagement.

Gleichzeitig werden sich die Positionen der großen Wirtschaftsräume in der Welt verschieben:

Dabei bestehen gute Chancen, daß das nächste Jahrzehnt das Jahrzehnt Europas wird. Europa hat zwar von den siebziger Jahren bis Anfang der achtziger Jahre eine Reihe von Krisen durchgemacht, die mit dem Begriff „Eurosklerose" belegt wurden. Seit etwa 1983/84 aber, als das immer noch anhaltende Konjunkturhoch begann, hat Europa eine beispiellose Restrukturierungsleistung vollbracht. Ganz vorne steht dabei die Herbeiführung des Europäischen Binnenmarktes mit Zieltermin 1.1.1993, der nicht zuletzt die Plattform schaffen soll, von der aus europäische Unternehmen erfolgreich in dem globalen Wettbewerb mit japanischen oder auch amerikanischen Unternehmen bestehen können. Dieses Zusammenwachsen der nationalen europäischen Wirtschaften zu einem einheitlichen großen Binnenmarkt ohne Grenzen für Arbeit, Kapital, Waren, Informationen und Know-how hat bereits jetzt ein weit höheres Maß an wirtschaftlicher Dynamik freigesetzt, als zu erwarten war. Ein zusätzliches Wachstum in Europa und in der Bundesrepublik von ca. 1% p.a. dürfte auf diese Impulse zurückgehen. Hinzu kommt die seit knapp einem Jahr andauernde politische und wirtschaftliche Öffnung

Osteuropas, die das Wachstum noch einmal um rund 0,5–1,0 p.a. verstärken sollte. Von daher ist es keineswegs mehr unrealistisch, für Europa für die neunziger Jahre ein Normalwachstum anzunehmen, das bei 3,5–4,0% p.a. liegt, gegenüber bislang prognostizierten 2,0–2,5% p.a. Dies ließe Europa – neben Fernost – wieder zum dynamischsten Wirtschaftsraum der Erde werden.

Demgegenüber werden die USA noch wenigstens über die nächsten fünf Jahre mit erheblichen Problemen zu kämpfen haben, um ihre Schwierigkeiten zum einen aus dem Handelsbilanz-Ungleichgewicht und zum anderen aus der hohen Verschuldung zu lösen. Diese beiden Faktoren dürften zu einem relativ geringeren Wachstum führen, in dem auch der Dollar seine Position kaum verbessern wird. Hinzu kommt ein Verlust der weltweiten Wettbewerbsfähigkeit vieler Wirtschaftszweige. Dies gilt nicht nur in den traditionellen Industrien, sondern zum Teil auch in den High-Tech-Bereichen und in den Dienstleistungssektoren, wie beispielsweise bei Banken, wo sie zunehmend durch Japaner, aber auch durch einige Europäer bedrängt werden. Ab vielleicht Mitte der neunziger Jahre sollten diese Probleme in den USA sich aber allmählich klären, und auch die amerikanische Industrie sollte ihre internationale Wettbewerbsfähigkeit wiedergefunden haben. Dann wird die relativ junge und dynamische Bevölkerung in den USA und die dort vorhandene unternehmerische Einstellung dazu führen, daß dort wieder ein überproportionales Wachstum realisiert wird.

Im asiatisch-pazifischen Raum bildet sich die dritte Säule der Weltwirtschaft heraus. Südkorea und Taiwan stehen dort an der Schwelle zum modernen Industrieland. Die Region insgesamt hat die höchsten Wachstumsraten in der Welt. Dieses Wachstum dürfte sich auch weiterhin fortsetzen, wobei allerdings zwei gegenläufige Bewegungen denkbar sind:

Einerseits könnte Japan als die dominierende dortige Wirtschaftsmacht selbst möglicherweise an Wirtschaftsdynamik einbüßen als Konsequenz einer allmählichen Überalterung seiner Bevölkerung, kostspieliger Umweltprobleme und auch eines allmählich wachsenden Wunsches nach mehr Freiheit und Konsum in der Bevölkerung. Andererseits ist klar erkennbar, daß eine zunehmend enge Verflechtung Japans mit den umliegenden Volkswirtschaften stattfindet, wobei japanische Unternehmen die Führung behalten. Durch diese Verflechtung wird Japan aber auch an der Wachstumsdynamik der gesamten Region teilhaben, einer Dynamik, die wiederum aus einem starken Nachholbedarf resultiert.

Insgesamt also ein doch recht zuversichtliches Bild der volkswirtschaftlichen Rahmenbedingungen für die neunziger Jahre. Dennoch ist dies für die Unternehmen eine Entwicklung, in der der Wettbewerbs- und Kostendruck zunimmt und in der die europäische ebenso wie die amerikanische Industrie mit einem weltweit auf Expansion eingestellten Wettbewerb der Unternehmen aus dem asiatisch-pazifischen Raum mit Japan an der Spitze fertig werden muß.

Die Rolle japanischer Unternehmen in dieser kommenden Dekade beschrieb Katsuo Takenaka, Chairman of the Board des Research Instituts on the national Economy anläßlich eines Seminars am 5.12.1989 in Tokyo jedenfalls wie folgt: „Japan muß der größte Kapitalgeber der Welt werden und dann der größte Technologielieferant. Japanische Technologie und deren Umsetzung in Produkte, die Vermarktung und die Produktion von Gütern könnte an der Spitze der Welt stehen. Durch Joint Ventures, Auslandsgesellschaften und Direktinvestitionen könnte Japan der größte Exporteur der Welt von Management Ressourcen werden. Ich glaube, daß die neunziger Jahre eine Dekade werden, in der die japanische Wirtschaft, als ein multinationales Unternehmen, sogar größer sein wird als die Amerikaner es in der Vergangenheit waren.“ Dies ist die Herausforderung, der es zu begegnen gilt.

3. Strategien fernöstlicher Unternehmen

Die Wirtschaft im asiatisch-pazifischen Raum ist dominiert durch Japan. Auch wenn Südkorea, Taiwan oder auch die anderen asiatisch-pazifischen Länder sowohl kulturell als auch wirtschaftlich absolut eigenständig zu sehen sind, so folgen sie in wesentlichen Aspekten doch den Strategien, die durch Japan vorgezeichnet sind. Nachfolgend sollen daher diese exemplarisch aufgezeigt werden.

3.1 Das Streben nach Vorherrschaft – kultureller Hintergrund

In der Diskussion um den Erfolg japanischer Unternehmen werden oft für die meisten westlichen Analytiker weniger greifbare Faktoren herangezogen wie kulturelle Unterschiede, die sich z.B. in einer Aufopferung der Mitarbeiter für ihr Unternehmen äußern, oder auch eine unternehmensübergreifende staatliche Lenkung über das MITI, das geschickt die weltweite Verdrängungsstrategie japanischer Unternehmen koordiniert. Solche Theorien übersehen, daß auch für den Erfolg japanischer Unternehmen letztlich die gleichen betriebswirtschaftlichen Grundgesetze maßgeblich sind wie für ihre westlichen Konkurrenten, mit denen sie ebenso in einem harten Wettbewerb stehen, wie sie es untereinander tun.

Dennoch ist ein Verständnis der unterschiedlichen Kulturen als ein System von Wertvorstellungen, Normen, Verhalten und Ausdrucksweisen wichtig, um die Hintergründe wesentlicher Elemente der eingeschlagenen strategischen Stoßrichtungen zu verstehen.

Die Kultur eines Volkes resultiert entscheidend aus der Geschichte einer Gesellschaft. Für Japan ist dies u.a. die Geschichte der Samurai und das Leben auf einer Insel abseits vom Kontinent. Dabei vollzog es die Entwicklung von einer eher mittelalterlichen Ständegesellschaft zu einem demokratisch regierten Hochtechnologie-Staat in nur rund 200 Jahren, so daß bis heute in der Gesellschaft diese Strukturen teilweise erhalten blieben. Einige typische Merkmale und deren heutige Ausprägungen sind:

3.1.1 Das Gruppendenken

Das ausgeprägte Gruppendenken wird auf die starke bäuerliche Tradition mit der noch bis vor zwei, drei Generationen überlebensnotwendigen gemeinsamen Bearbeitung der Reisfelder zurückgeführt. Die relevanten Gruppen sind

- die Familie
- die Arbeitsgruppe
- das Unternehmen
- der Staat,

auf die sich Gruppenideologie und Denken beziehen. Der Bezug richtet sich dabei nach dem jeweiligen Gegenpart: Im Vergleich zu anderen ist es das eigene Unternehmen, im Vergleich zum Ausland der Staat Japan. Dies stellt nicht zuletzt den Hintergrund für das relativ geschlossene Auftreten japanischer Unternehmen auf Märkten außerhalb Japans dar, ebenso wie für die Zusammenarbeit japanischer Firmen mit dem Staat und insbesondere mit dem Handelsministerium, dem MITI.

Innerhalb des Unternehmens bedeutet das Gruppendenken, daß sich Mitarbeiter mit herausragenden Fähigkeiten als Individualisten schwertun, sie könnten das Klima stören. Umgekehrt verringert die Gruppe, die als Ganzes z.B. eine Entscheidung trägt, aber auch das Risiko für den einzelnen erheblich. Zu dem Gruppendenken gehört auch die Verpflichtung des Unternehmens gegenüber dem Mitarbeiter, die sich z.B. bei fast allen japanischen Großkonzernen in einer lebenslangen Beschäftigung äußert. Nach außen aber führt diese Einstellung nicht zuletzt zu der ausgeprägten Wachstumsphilosophie vieler japanischer Unternehmen, um dieser Verpflichtung gerecht werden zu können. Müssen einmal Mitarbeiter abgebaut werden, strebt das Unternehmen danach, neue Aktivitäten mit neuen Arbeitsplätzen aufzubauen. Dies ist nicht zuletzt eine der starken treibenden Kräfte nach Diversifikation für solche japanischen Unternehmen, die in tendenziell rückläufigen Märkten tätig sind. Es werden aber auch die einem Konzern „familiär" verbundenen Zulieferer aufgefordert, ausscheidende Mitarbeiter zu übernehmen – eine Bitte, der sie sich als Mitglied der erweiterten Gruppe kaum entziehen können.

3.1.2 Die Konsensgesellschaft

Die Konsensgesellschaft wirkt auf der einen Seite politisch stabilisierend und hilft, starke politische Ausschläge ebenso wie Probleme, die aus der ausgeprägten Klassengesellschaft resultieren, zu vermeiden bzw. zu mindern. In dieser Hinsicht ist die Konsensgesellschaft im japanischen Kaiser, dem Tenno, personifiziert. Auf der anderen Seite wirkt sich diese Konsensgesellschaft aber auch in den Unternehmen aus. Sie führt z.B. oft zu einem recht langwierigen Entscheidungsprozeß, in dem zuerst der Konsens in der Gruppe gefunden werden muß, bevor Vorschläge weitergegeben und dann Entscheidungen getroffen werden können. Andererseits können einmal getroffene Entscheidungen dann aber relativ schnell und konsequent umgesetzt werden, weil die Betroffenen nicht nur informiert sind, sondern durch ihre Einbindung in den Entscheidungsprozeß und in die Gruppe sich auch zu deren Realisierung verpflichtet fühlen.

3.1.3 Die Samurai-Tradition

Eine entscheidende Einflußgröße japanischer Kultur, die das Verhalten noch heute prägt, ist die Samurai-Kultur. Sie wirkt sich beispielsweise aus:

- in der Geduld und dem Langfristdenken japanischer Lebensphilosophie;
- im Streben nach Perfektion;
- im Senpai-Kohai-(Meister-Schüler-)Prinzip, nach dem jede Gruppe von einem älteren Mitarbeiter geführt wird, der zu dem jüngeren Mitarbeiter ein Meister-Schüler-ähnliches Verhältnis hat;
- im Ringi-Prinzip, was in etwa dem innerbetrieblichen Vorschlagswesen entspricht, aber viel ausgeprägter als z.B. in Europa ist, wobei Mitarbeiter wie selbstverständlich Verbesserungsvorschläge und innovative Ideen „nach oben“ weitergeben.

Insgesamt ist also die japanische Kultur und Gesellschaft geprägt durch das Denken in Gruppen und ein Harmonie- und Konsensbestreben. Dies steht scheinbar im Widerspruch zu dem, wie japanische Unternehmen als Wettbewerber oft empfunden werden: Nämlich als aggressiv auf Marktanteilsgewinne und um die globale Vorherrschaft in ganzen Industrien bedacht, bis hin zu der „Vernichtung“ des „Gegners“.

Generell wird das Ausland nicht in das japanische Gruppendenken als eigene Gruppe einbezogen. Hier gilt „Japan“ als die Gruppe, die „gegen den Rest der

Welt" steht. Auch das Konsensdenken wird nicht auf das Ausland übertragen. Vielmehr gibt es immer noch einflußreiche Gruppen, die an die Überlegenheit und ein „Auserwähltsein" des japanischen Volkes glauben – auch wenn dies derzeit heftig diskutiert wird.

Verdrängungswettbewerb – sei es über den Preis oder über andere Wege – und das Streben nach Vorherrschaft auf ausländischen Märkten ist damit nicht nur erlaubt, sondern sogar gefordert. Umgekehrt erschwert diese Kultur ausländischen Unternehmen das Engagement in Japan selber, vor allem, sobald es japanische Unternehmen gefährdet.

Die unterschiedlichen Kulturen lassen den Unternehmen selber aber auch ganz unterschiedliche interne Freiheitsgrade, die sich im internationalen bzw. globalen Wettbewerb langfristig auswirken. Vergleichend und verkürzt und sicher auch vereinfacht lassen sich diese internen Wirtschaftskulturen wie folgt charakterisieren:

- „Unternehmens-Kapitalismus" in Japan/Fernost, der auf das langfristige Wachstum und den Vorrang der Firma als solcher ausgerichtet ist, woraus alles andere folgt.
- „Aktionärs-Kapitalismus" in den angelsächsischen Ländern, insbesondere den USA, der die kurzfristige Maximierung der Rendite auf das eingesetzte Kapital im Vordergrund sieht.
- „Sozial-Kapitalismus" in Europa, mit einem Vorrang der Mitarbeiter und des einzelnen vor dem Unternehmen als Ganzes.

Unabhängig davon, welche dieser Formen die „beste" sein mag: Es liegt auf der Hand, daß in der globalen Auseinandersetzung japanische Unternehmen die günstigeren kulturellen Voraussetzungen haben.

3.2 Der Weg zur Weltspitze

Der Weg Japans zur Weltspitze muß zunächst vor dem Hintergrund der im Inland geltenden wettbewerblichen Faktoren gesehen werden. Hier ist insbesondere eine in weiten Bereichen ausgesprochen oligopolistische Struktur mit einer sehr hohen Wettbewerbsintensität kennzeichnend. In diesem Umfeld kommt für japanische Unternehmen dem Marktanteilsdenken und der intensiven Wettbewerbsbeobachtung ebenso wie der sofortigen Reaktion auf wettbewerbliche Vorgehensweisen und Maßnahmen ein weit höherer Stellenwert zu als z.B. für europäische oder US-Unternehmen.

Die Konsequenz, mit der japanische Firmen dabei vorgehen, um ihre Positionen zu verteidigen und nach Möglichkeit auszubauen, zeigt sich nicht zuletzt in den aggressiven Investitionsstrategien. Eine Reihe von beeindruckenden Beispielen werden u.a. von Abegglen und Stalk in ihrem Buch „Kaisha: Das Geheimnis des japanischen Erfolges, Düsseldorf 1986“ aufgeführt. Ebenso aggressiv zeigen sie sich aber auch, wenn es darum geht, mit neuen Produkten Märkte rasch zu penetrieren und führende Marktanteile aufzubauen – denn derjenige, der zu spät kommt, wird seine Investitionen kaum noch amortisieren können.

Diese Einstellung ist es letztlich, die japanische Firmen zunehmend veranlaßt, nun auch international und weltweit führende Positionen aufzubauen. Der primäre Zielmarkt ist hierzu zunächst die USA. Der Schritt nach Europa aber ist vorprogrammiert.

Die Mittel und Wege Japans zu einer der führenden Wirtschaftsmächte der Welt lassen sich über folgende Stadien charakterisieren, die sich in ähnlicher Form auch in den Strategien Südkoreas oder Taiwans oder auch anderer Unternehmen im asiatisch-pazifischen Raum wiederfinden:

Preisstrategie und Aufbau auf niedrigen Lohnkosten

Japan lag, ebenso wie Europa, nach dem Zweiten Weltkrieg am Boden. In dieser Phase nutzte die japanische Wirtschaft – ebenso wie übrigens die westdeutsche – die niedrigen Reallöhne und die hohe Bewertung des US-Dollar bei festen Wechselkursen zum Ausbau insbesondere solcher Industrien, in denen unter diesen Rahmenbedingungen eine hohe Arbeitsintensität im internationalen Wettbewerb wesentliche Vorteile brachte (siehe dazu Abb. 6 und 7). Vor allem in der Textilindustrie, aber auch z.B. im Schiffsbau, konnten

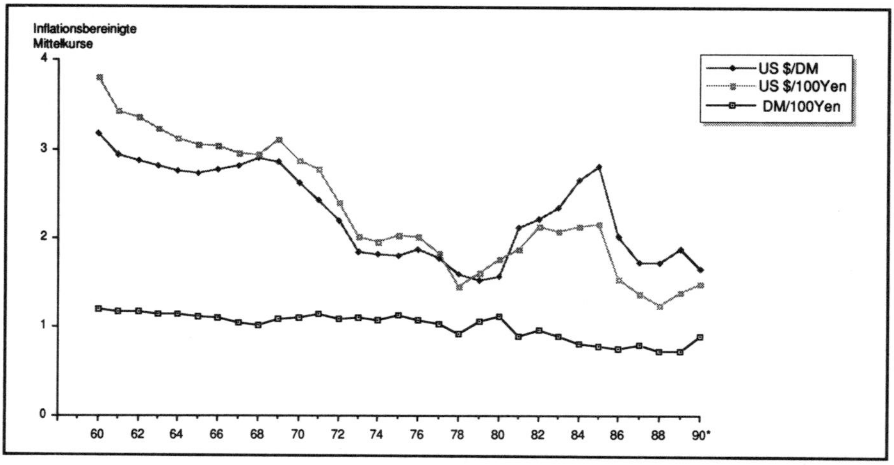

*Abb. 6: Inflationsbereinigte Mittelkurse US$/DM, US$/100 Yen, DM/100 Yen Preise von 1989, 1960 – 90**

Quelle: DB, RB & P–Berechnungen **) vorläufige Werte*

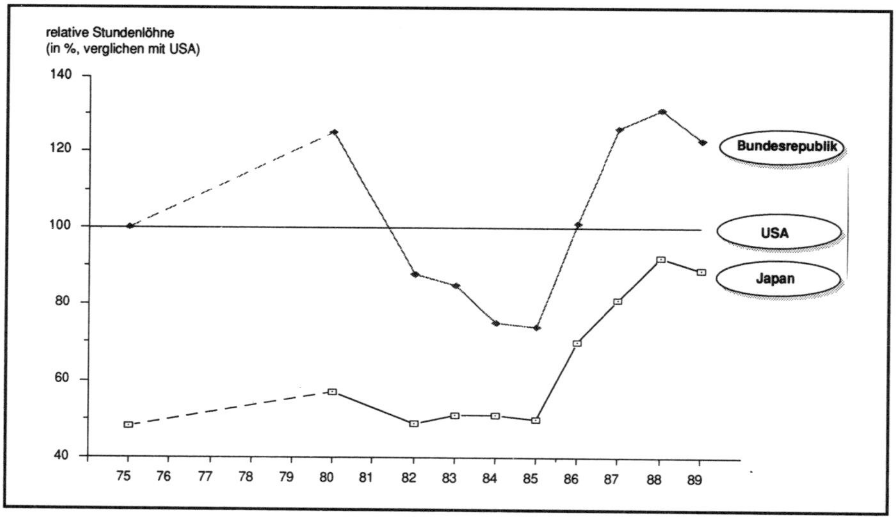

Abb. 7: Stundenlöhne im Vergleich: Japan weiterhin mit Lohnkostenvorteilen

Quelle: US, Department of Labor

so in den fünfziger und sechziger Jahren bedeutende Positionen aufgebaut werden.

Fokussierung und überlegene Produktivität

Unter der Zielsetzung, ein Volk von heute rund 120 Mio. Menschen in einem Land ohne natürliche Rohstoffe zu Wohlstand zu führen, d.h. letztendlich Einkommen zu ermöglichen, die denen führender Industrieländer vergleichbar waren, konnte diese Politik allerdings nicht lange fortgesetzt werden.

Mit steigenden Lohnkosten setzten japanische Unternehmen – „angeregt" durch das MITI – zunehmend auf kapital- und technologieintensive Produkte wie beispielsweise Stahl oder Automobile. In diesen Branchen konnten rasch enorme Produktivitätsverbesserungen erzielt werden, so daß die steigenden Lohnkosten mehr als kompensiert wurden und der Kostenvorteil im internationalen Wettbewerb trotz laufender Aufwertungen des Yen insbesondere gegenüber dem Dollar weiter ausgebaut wurde. Dies wurde zunächst dadurch erreicht, daß gerade in kapitalintensiven Bereichen wie der Stahlindustrie konsequent auf Volumen und die dadurch erzielbaren Degressionseffekte für die Stückkosten („Scale") gesetzt wurde. Dies gilt dabei nicht nur für das Gesamtvolumen, sondern auch für einzelne Produktionseinheiten. So produzieren z.B. japanische Stahlwerke in den im Durchschnitt größten Hochöfen der Welt. Ähnliches galt für die japanische Werftindustrie, bis deren Vormachtstellung durch einen gewaltigen Kapazitätsaufbau der Koreaner abgelöst wurde – wobei deren Vorgehen ziemlich dem der Japaner in der Aufbauphase ähnelt.

Natürlich müssen solche Kapazitäten ausgelastet werden. Auf der Marktseite entsprach dieser produktionsseitigen Volumenstrategie daher eine Fokussierung auf die Volumensegmente. In diesen Segmenten wurden die amerikanischen und europäischen Wettbewerber gezielt über niedrigere Preise mit relativ wenigen Produktvarianten angegriffen. Die hohen spezifischen Volumina und die geringere Komplexität ermöglichten dabei klare Kostenvorteile, die ebenso konsequent zum Aufbau weiterer Marktanteilsgewinne im Preis weitergegeben wurden. Zusammen mit den sich im Laufe der Zeit deutlich verbessernden Qualitäten führte dies dazu, daß auf den Weltmärkten bedeutende Positionen aufgebaut werden konnten.

Qualität und Technologie

In der nächsten Phase wurden die erreichten Positionen ausgebaut durch eine laufende Verbesserung der Produktqualität und durch eine größere Marktnähe und Verbreiterung der Produktpaletten. Das aufgebaute hohe Volumen erlaubte dabei die gleichzeitige Beibehaltung der Fokussierung des Vertriebs ebenso wie der Produktion durch eine klare Fertigungssegmentierung. Damit konnte auch weiterhin kostengünstiger als viele Amerikaner oder Europäer mit ihren häufig zersplitterten Fertigungen produziert werden. Aber auch darüber hinaus vermochten die Japaner ihre Produktivität weiter zu steigern. Erinnert sei hier nur an Themen wie das Zusammenspiel mit den Zulieferanten und die Just-in-time-Fertigung, die es ermöglicht, Kapitalbindungs- und Lagerhaltungskosten deutlich zu reduzieren, oder auch an die zunehmende Flexibilisierung und Automatisierung, in der die Japaner führend sind.

Ein Produktivitätsvergleich mit den USA zeigt (siehe Tab. 1), wie drastisch Japan in vielen Industrien auf- und überholen konnte:

Produktivitätsvergleich Japan/USA auf Basis Mannstunden, Japan = 100)			
	1970	1978	1981
Eisen und Stahl	143	86	63
Automobile	223	120	87
Elektro	246	115	93
Chemie	156	121	108
Präzisionsmaschinen	316	197	139
allg. Maschinenbau	196	137	118
Textil	194	144	138
Papier, Papierprodukte	169	193	165
Druck	163	225	221
Nahrungsmittel	263	214	225
Bekleidung	207	241	272

Tab. 1: Produktivitätsvergleich Japan/USA

Quelle: Japan Productivity Center, Keizai Koho Center

3.3 Japans Strategien heute: Globalisierung und neue Spielregeln

Japanische Unternehmer haben, aufbauend auf den aufgezeigten Kostenvorteilen und einer vor allem gegenüber amerikanischen Produkten zunehmend überlegenen Qualität, bedeutende Marktpositionen auf den Weltmärkten errungen. Bevorzugter Zielmarkt waren dabei die Vereinigten Staaten als der größte homogene Wirtschaftsraum überhaupt.

Inzwischen aber haben die in den letzten zehn Jahren drastisch angestiegenen Exporte und das damit einhergehende hohe Handelsbilanzdefizit der USA gegenüber Japan zu ernsthaften politischen Verstimmungen geführt. Zunehmend werden Forderungen nach protektionistischen Maßnahmen einerseits und einer weitergehenden Öffnung des japanischen Marktes andererseits lauter. Gleichzeitig hat sich der US-Dollar gegenüber dem Yen weiter abgeschwächt, während das Lohnniveau in Japan allmählich mit dem der USA gleichzieht.

In ihrem Bemühen, den Kostenvorsprung der Japaner aufzuholen, verfolgen europäische wie amerikanische Unternehmen intensive Restrukturierungsprogramme: kaum ein Unternehmen, das nicht die Fertigung flexibilisiert und automatisiert, just-in-time – oder ähnliche Konzepte einführt und intensive Qualitätsverbesserungsprogramme verfolgt.

Doch auch die Japaner bleiben nicht stehen:

- Schaffung flacherer und flexiblerer Organisationsstrukturen,
- Rationalisierung und Qualitätsmanagement in allen Funktionsbereichen und
- Diversifikation vor allem in Richtung neuer, wertschöpfungsintensiver Geschäftsbereiche

sind Aktionsbereiche, mit denen sich die meisten führenden Unternehmen für die neunziger Jahre rüsten.

Vor diesem Hintergrund geht die derzeitig und absehbare Strategie der Japaner schon wieder einen Schritt weiter. Folgende drei Elemente sind kennzeichnend:

3.3.1 Technologie- und Innovationsstrategie

Insbesondere in Europa wurde Unternehmen aus dem asiatisch-pazifischen Raum gern vorgehalten, daß sie zwar zu niedrigeren Preisen verkaufen, ihre Produkte aber letztlich in Qualität und Technologie doch unterlegen seien. Hinsichtlich der Qualität gelten japanische Produkte heute aber bereits in vielen Fällen als vorbildlich und führend. Die technologische Führung ist das nächste erklärte Ziel. Schon heute investieren japanische Unternehmen deutlich mehr in FuE als ihre europäischen oder amerikanischen Wettbewerber. Dies gilt in bezug auf den Umsatz, noch mehr aber angesichts der zersplitterten europäischen Strukturen in absoluten Größen oder in bezug auf ein konkretes Entwicklungsvorhaben.

Früher – und zum Teil auch noch heute – wurde Japanern wie auch anderen Asiaten nachgesagt, sie kopierten nur. Dies hat sicherlich auch seine Berechtigung. Betrachtet man z.B. einmal den neuen Toyota Lexus, so kann man darin, je nach Blickwinkel, tatsächlich einen Audi, BMW oder Mercedes wiederfinden. Technologische Beispiele ließen sich ebenso finden. Dennoch: Einmal abgesehen davon, daß „Nachmachen" in Japan absolut nicht als ehrenrührig, sondern als Grundlage für die Entwicklung eigener, besserer Konzepte gesehen wird, sind die japanischen Unternehmen aus dieser Phase des Nachvollziehens meist heraus. Ja, in vielen Bereichen der Produkt- wie der Produktionstechnologie liegen sie heute an der Weltspitze.

Gleichzeitig haben japanische Unternehmen ein neues Wettbewerbselement eingeführt: Sie haben die Produktlebenszyklen vieler Produkte deutlich verkürzt und „aus-innovieren" ihre westlichen Konkurrenten: Waren es in den letzten Jahren vor allem Preis und Qualität, mit denen sie ihre Marktanteile auf Basis überlegener Fertigungskosten aufbauten, so sind es jetzt häufigere Produkt-Neueinführungen und technische Weiterentwicklungen. Beträgt beispielsweise der Lebenszyklus für ein deutsches Automodell derzeit noch rund sieben Jahre (und mehr), so liegen japanische Modelle bei vier bis fünf Jahren. In der Konsumelektronik werden laufend neue Produkte und Features auf den Markt geworfen.

Natürlich kostet ein verkürzter Produktlebenszyklus erst einmal Geld, müssen doch die FuE-Anforderungen in kürzerer Zeit zurückfließen. Diese Mehraufwendungen werden durch vor allem zwei Ansätze tragbar:

a) Operativ gesehen haben japanische Unternehmen, ähnlich wie bereits in der Fertigung, auch in der Entwicklung eine hohe Effizienz entwickelt. Durch z.B. simultane Entwicklung und den frühzeitigen Einbezug der Zulieferanten wurden beispielsweise Entwicklungszeiträume drastisch verkürzt, womit gleichzeitig auch die Aufwendungen deutlich zurückgehen. Natürlich ist dies ein Weg, der mittlerweile auch von vielen amerikanischen und europäischen Unternehmen gegangen wird, so daß auch hier der Vorsprung der Japaner auf Dauer geringer werden wird.
b) Die spezifischen Entwicklungskosten sind klar durch das Volumen bestimmt. D.h., je höher das Absatzvolumen über den Lebenszyklus, desto geringer die spezifischen Stückkosten („Scale"). Dies nutzen japanische Unternehmen durch eine konsequente Globalisierungsstrategie, wie sie nachfolgend näher erläutert wird.

3.3.2 Globalisierung und Führung in der Triade

Waren bis in die siebziger Jahre hinein japanische Auslandsengagements noch hauptsächlich auf die Sicherung von Rohstoffquellen ausgerichtet, so betreibt Japan seit den achtziger Jahren eine konsequente Globalisierung der Industrie. Diese Globalisierung ist durch drei Phasen gekennzeichnet.

a) Export und Errichtung von Niederlassungen
b) Errichtung ausländischer Produktionsstätten
c) Beteiligungen und Unternehmensübernahmen

Die Direktinvestitionen haben in den letzten Jahren rapide zugenommen (siehe Abb. 8). Die Gründe für diese Abwendung von Exporten und Hinwendung zur lokalen Fertigung sind dabei vielfach:

- der politische Druck insbesondere der USA angesichts der Handelsbilanzungleichgewichte;
- der Protektionismus der Europäer, der auf diese Weise umgangen werden kann;
- die Minimierung der Währungsrisiken, die – wie das Beispiel des US$ zeigt – mühsam erreichte Rationalisierungsfortschritte von 10–20% kurzfristig wieder zunichte machen können;
- nicht zuletzt die größere Markt- und Kundennähe, die so erreicht werden kann.

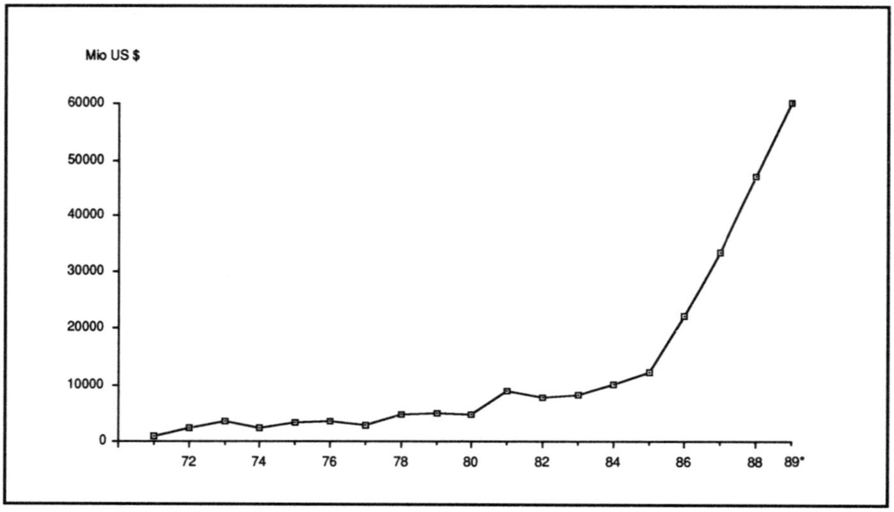

Abb. 8: Japans Auslands-Direktinvestitionen 1971 – 1989: Drastischer Zuwachs seit 1985
*Quelle: Keizai Koho Center *) 89 vorläufig*

Der Schwerpunkt der Direktinvestitionen lag dabei bisher in den USA (siehe Abb. 9). Beispielsweise erreichte die Kfz-Industrie Japans, die dort bereits einen Marktanteil von rund 28% (einschl. Kanada) hält, Kapazitäten in einer Größenordnung von 750.000 Pkw p.a. In ihrem Gefolge investierten japanische Zulieferer und Werkzeugmaschinenhersteller. Bereits jede zweite Tonne Stahl in den USA wird in Werken erzeugt, an denen Japaner beteiligt sind oder die sie kontrollieren. Japanische Unternehmen sind heute in den USA ein nicht mehr wegzudenkender Wirtschaftsfaktor geworden.

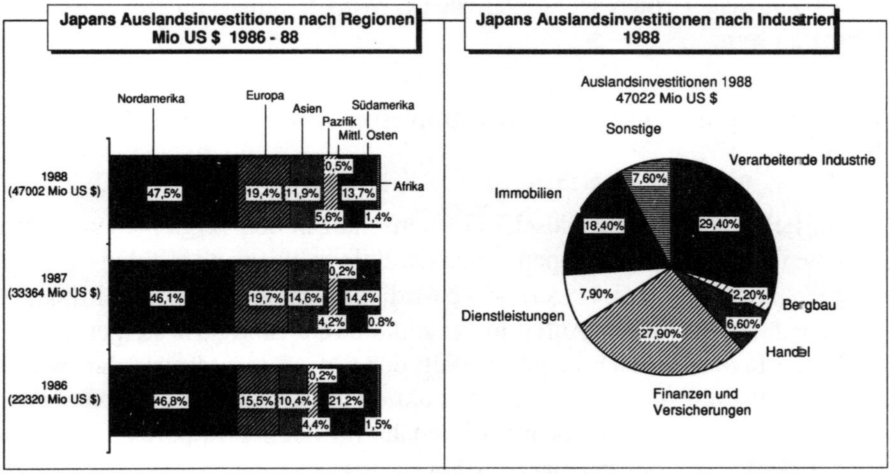

Abb. 9: Japans Direktinvestitionen: Schwerpunkte USA, hohe Anteile im Finanzbereich und in Immobilien

Quelle: Keizai Koho Center, Jetro

Dem haben die europäischen Wettbewerber kaum etwas entgegenzusetzen. In einem Schlüsselbereich wie der Kfz-Industrie haben sich die europäischen Volumenhersteller sogar von diesem Markt weitgehend zurückgezogen.

Vieles deutet darauf hin, daß Westeuropa als dritte Säule in der Triade das nächste Ziel der japanischen Globalisierungsstrategie sein wird.

Für europäische Unternehmen bedeutet dies eine neue Qualität des Wettbewerbs, in den sie mit einer relativ ungünstigen Ausgangsposition treten: Im Gegensatz zu den Japanern, aber auch Amerikanern, sind sie häufig nur auf einen Teil der sog. Triade, nämlich auf ihren Heimatkontinent fokussiert. Sie sind damit einem japanischen wettbewerblichen Angriff voll ausgesetzt, ihnen fehlt die Möglichkeit des Ausweichens. Dies dürfte insbesondere die Volumenhersteller treffen, die, so zumindest die japanische Meinung, in

Produktivität, Qualität und Anwendung von Mikroelektronik mit diesen nicht Schritt gehalten haben. Beispiele hierfür sind Konsum-Elektronik, Bürokommunikation oder Automobilbau. Demgegenüber sollten die in der Forschung führenden Chemie- und Pharmaunternehmen oder sehr kundenspezifisch ausgerichtete Hersteller wie der Werkzeugmaschinenbau weniger betroffen sein.

Die Richtung der japanischen Direktinvestitionen in Europa zeichnet sich bereits ab:

- Entfielen auf die Europäische Gemeinschaft in den vergangenen Jahren jeweils knapp 20% der japanischen Direktinvestitionen – was bei für 1989 geschätzten 60 Mrd. US$ rund 12 Mrd. US$ entspräche – so wird damit gerechnet, daß dieser Anteil in der Zukunft auf rund 30% steigen wird.
- Einen Investitionsschwerpunkt stellt dabei die Kfz-Industrie dar, wobei eine Zunahme der japanischen Produktion in Europa auf rund 1 Mio. Pkw bis 1995 absehbar ist (womit bei annähernd stabilen Importen aus Japan der Marktanteil der Japaner dann bei europaweit rund 16% liegen könnte).
- Waren in der Vergangenheit vor allem Großbritannien, aber auch die Benelux-Länder die bevorzugten Investitionsländer für Japan, so dürften in den nächsten Jahren die Bundesrepublik und Frankreich deutlich zunehmen.

Gleichzeitig ändert sich die hinter den Direktinvestitionen stehende Philosophie: Waren es in der Vergangenheit vor allem kostengünstige Produktionsstandorte, die für die Errichtung neuer Werke und Kapazitäten auf der grünen Wiese gesucht wurden, so

- stehen heute Kostenüberlegungen mehr und mehr zurück hinter Fragen nach der besten Verfügbarkeit von Ingenieur-Kapazitäten, Technologien und von Zulieferindustrien und der Möglichkeit, mit diesen integriert zu arbeiten;
- suchen japanische Unternehmen mehr und mehr die Errichtung von Überkapazitäten und die damit verbundenen Spannungen zu vermeiden, indem sie zunehmend bereits bestehende Unternehmen übernehmen.

3.3.3 Produktionsaufbau im dynamischen südasiatischen Raum

Der asiatisch-pazifische Raum hat für Japans Unternehmen in den letzten Jahren rapide an Bedeutung gewonnen. Gegen Ende letzten Jahres übertraf das Handelsvolumen mit Asien erstmals dasjenige mit Nordamerika, während es in 1970 noch weniger als halb so groß war. Auch der Anteil der asiatischen Länder an Direktinvestitionen der Japaner in Produktionsbetriebe im Ausland hat sich in den Jahren 1987–1989 drastisch erhöht.

Hierbei zeigt sich seit etwa 1988 ein deutlicher Wandel in der Investitionspolitik japanischer Unternehmen:

- In den siebziger Jahren lag die primäre Zielsetzung darin, auf die Importsubstitutionspolitik der Zielländer zu reagieren, soweit wie möglich Teile zuzuliefern und sich auf lokale Montage zu beschränken.
- In einer zweiten Phase versuchte man vor allem
  - Möglichkeiten lokaler Bezugsquellen auszunutzen;
  - Teile der Fertigung auf lokale Unterfertiger (mit niedrigeren Lohnkosten) zu verlagern;
  - kostengünstig produzierte (oder bezogene) Teile nach Japan (oder andere Fertigungsstätten des Unternehmens) zu exportieren.

Die Gründe für das zunehmende Engagement in dieser Region liegen dabei nicht nur in Wechselkurs- und Lohnkostenvorteilen, sondern sie werden auch zunehmend bestimmt durch

- das Bewußtsein für das gestiegene Qualitätsniveau der Produktion in den südostasiatischen Ländern;
- den Fortschritt bei dem Auf- und Ausbau der Nutzungsmöglichkeit vieler japanischer Unternehmen an lokal und regional operierenden Unterfertigern, Lieferanten, Lizenznehmern und Joint-Venture-Partnern;
- das „Nachziehen“ der japanischen Zulieferindustrie in die Region;
- der zunehmenden Bereitschaft japanischer Unternehmen, die Kapitalmehrheit an Produktionsbetrieben im Ausland nicht mehr als Voraussetzung von Qualitätskontrollen zu betrachten.

Mit diesen Veränderungen tritt aber gleichzeitig das Motiv der Nutzung billiger Arbeitskraft in Südostasien in den Hintergrund. Zunehmend wichtiger wird es dafür, eine qualifizierte Position in diesem dynamischen Wirtschaftsraum und dem entstehenden „Megamarkt" aufzubauen.

In der Tat scheint das japanische Engagement in Südostasien zu einer Form der regionalen Integration zu führen, die vielleicht mit der Europäischen Gemeinschaft vergleichbar ist, und die eine evtl. noch größere Dynamik erwarten läßt (siehe Abb. 10).

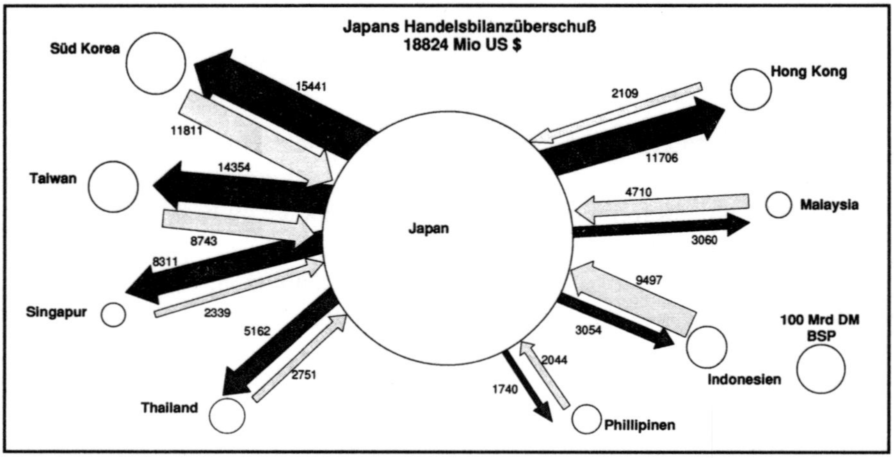

*Abb. 10: Außenhandel Japans im asiatischen Raum (Mio US$) 1988**
*Quelle: Keizai Koho Center, World Tables   *) 1989 – Daten für Japan, sonstige Länder 1988*

Im Aufbau dieser Positionen im südasiatischen Raum sind gewisse Elemente japanischer Strategien, die bereits in den siebziger Jahren bestimmend waren, nach wie vor von Bedeutung:

– Die Rolle der Generalhandelshäuser (Sogoshosha), die ihren japanischen Geschäftspartnern nicht nur ein hervorragend organisiertes Informationssystem zur Verfügung stellen, Währungsrisiken auffangen sowie lokales Know-how und Verbindungen bieten, sondern auch speziell für mittlere Unternehmen (z.B. aus dem Zulieferbereich) oft die eigentliche Projektleitung übernehmen und sich kapitalmäßig an den Auslandsgesellschaften beteiligen oder die Kooperation japanischer Unternehmen untereinander im Ausland initiieren.

- Die sorgfältige Marktsegmentierung durch japanische Unternehmen, die sich nach gründlicher Erkundung auf Bereiche konzentrieren, für die ein starker Bedarfszuwachs zu erwarten ist.
- Die Bereitschaft zu einer Preiskalkulation, die weniger von den anfänglichen Kosten lokaler Produktion ausgeht als von antizipierten hohen künftigen Stückzahlen und einer gewissen Preiselastizität des Marktes.

Aber auch die grundsätzliche Einstellung japanischer Unternehmen bei diesem Engagement ist anders als die der Amerikaner oder Europäer. Anders als diese, die häufig nur investieren, um einen möglichst schnellen Kapitalrückfluß zu haben, bemühen sich japanische Unternehmen auch unter Inkaufnahme von – vorübergehenden – Verlusten, nötigenfalls Märkte selber erst zu entwickeln.

4. Gegenstrategien

Japanische Unternehmen haben in wesentlichen Bereichen heute führende Positionen auf den Weltmärkten erreicht, ja, in einigen Branchen sogar den europäischen und amerikanischen Wettbewerb weitgehend vom Markt verdrängt. So gibt es kaum noch einen bedeutenden westlichen Kamerahersteller, die Konsumelektronik ist japanisch dominiert. In der Rechner- und Chip-Herstellung schicken sich die Japaner an, die USA zu überholen, und in der Automobilindustrie erklärt Toyota vor dem Hintergrund entstehender gravierender Überkapazitäten, in den nächsten zehn Jahren General Motors von dem ersten Platz verdrängen zu wollen.

Auf der Kostenseite sind japanische Produktionsmethoden inzwischen führend und werden von westlichen Unternehmen kopiert. Im südostasiatischen Raum haben sich japanische Unternehmen aufgestellt, um an der hohen

Dynamik dieses Wirtschaftsraumes überproportional zu partizipieren. In den USA haben japanische Hersteller bedeutende Marktpositionen aufgebaut und sind aus der amerikanischen Wirtschaft nicht mehr wegzudenken. Europa dürfte das nächste Ziel sein.

Wie können sich die Unternehmen Europas und der USA gegen diesen scheinbar übermächtigen Wettbewerb erfolgreich zur Wehr setzen?

Bei der Entwicklung von Gegenstrategien kann es natürlich kein Patentrezept geben. Vielmehr gilt es für jedes Unternehmen, zunächst ein klares Bild der geschäftlichen Erfolgsfaktoren und der Position im Wettbewerb zu ziehen, um dann die geeigneten Konzepte zu entwickeln und umzusetzen. Wenn nachfolgend dennoch einige grundsätzliche Überlegungen zu möglichen Gegenstrategien angestellt werden, so sind sie vor diesem Hintergrund zu verstehen:

4.1 Kostenstrategien und Effizienz als Grundvoraussetzung

Objektiv gesehen sind die meisten Produkte in ihren funktionalen Eigenschaften und in ihrer Qualität zunehmend vergleichbarer geworden. Kaum ein Hersteller kann es sich noch leisten, minderwertige Erzeugnisse auf den Markt zu bringen. Damit aber kommt im Wettbewerb den Fähigkeiten

- kurzfristig auf Markt- und Nachfrageveränderungen zu reagieren und Innovationen zu vermarkten;
- Kostenvorteile im Wettbewerb zu erzielen

die langfristig entscheidende Rolle zu.

Hinsichtlich der Effizienz in der Fertigung und in der Entwicklung haben japanische Unternehmen ihre amerikanische und europäische Konkurrenz in der Regel weit hinter sich gelassen. Diesen Vorsprung gilt es, wieder aufzuholen, wobei sich diesmal sicherlich die westliche Industrie nicht zu schade sein sollte, nachzuvollziehen.

4.2 Konsequente Nutzung der Chancen aus EG und Osteuropa

Die Verbesserung der Effizienz in Fertigung und Entwicklung löst aber noch nicht das Problem, daß insbesondere die europäische Industrie oft weit zersplittert ist und fragmentierte Produktpaletten und kleine Unternehmensgrößen das Erreichen einer wettbewerbsfähigen Kostenposition behindert. Hier steht die europäische Industrie vor einer umfassenden Restrukturierungsaufgabe. Es gibt Beispiele wie SKF oder ABB, die durch solch eine Restrukturierung auf der Grundlage konsequenter Segmentierung und Fokussierung heute wieder weltweit führende Unternehmen sind. Restrukturierung heißt aber auch, daß solche arbeitsintensiven Produktionen, die z.B. in weniger entwickelten Ländern aufgrund der dort bestehenden Lohnkostenvorteile günstiger hergestellt werden können, auch konsequent dorthin verlagert werden. Dies wird nicht zuletzt dazu führen, daß dort neue Absatzmärkte entstehen und neues Wachstum generiert werden kann.

Für die vorstehend angeführten Restrukturierungen sind mit dem europäischen Binnenmarkt „EG 92“ ganz neue Voraussetzungen geschaffen worden. Dieser freie Markt erlaubt es den Unternehmen, ihre Produktkomplexität deutlich zu reduzieren und sich neue Märkte zu erschließen. Darüber hinaus werden aber auch neue Kooperationen möglich. Daß dies nicht ohne „Reibungsverluste“ abgehen wird, muß dabei hingenommen werden. Ein konsequentes Nutzen der Chancen aus dem gemeinsamen Binnenmarkt wird aber zu neuen Strukturen führen, die die Wettbewerbsfähigkeit aufgrund der höheren Volumina deutlich verbessern. Ein aktives „corporate-restructuring“ ist daher ein Muß, um in dem härter werdenden Wettbewerb gegenüber Unternehmen aus dem asiatisch-pazifischen Raum langfristig bestehen zu können.

Ähnliches gilt für die unverhoffte Öffnung der osteuropäischen Länder. Auch hier tun sich neue Chancen auf, um einerseits neues Wachstum generieren und damit die Ausgangsposition verbessern zu können, und um andererseits Fertigungen dorthin zu verlagern und die (noch) bestehenden Lohnkostenvorteile zu nutzen. Damit könnte der osteuropäische Raum (vielleicht sogar einmal einschließlich der UdSSR) für die EG eine ähnliche Funktion einnehmen wie die südostasiatischen Länder für Japan, wenn auch in einem deutlich bescheideneren Rahmen.

4.3 Globalisierung des Geschäftes: Der Sprung nach Nordamerika

Die vorgenannten Strategien können die Wettbewerbsposition europäischer Unternehmen bereits signifikant verbessern. Sie können aber nicht darüber hinwegtäuschen, daß japanische Unternehmen in ihrer „Globalisierung" einen bereits weit fortgeschrittenen Vorsprung vor ihren europäischen Wettbewerbern haben, der kurzfristig nicht oder kaum einholbar ist: In der globalen Auseinandersetzung ist sowohl für die Europäer als auch für die Japaner die Position auf dem amerikanischen Markt entscheidend, und hier sind europäische Unternehmen relativ schwach vertreten.

Dabei ist es eine offene Frage, ob europäische Unternehmen heute eigenständig überhaupt noch in der Lage sind, vergleichbare Positionen wie die Japaner in den USA aufzubauen. Angesichts gleichgerichteter Interessen amerikanischer Unternehmen bietet es sich hier allerdings an, über eine aktive Politik der Formierung transatlantischer Allianzen das nötige Potential zu schaffen, um der japanischen Herausforderung zu begegnen.

4.4 Intensive Wettbewerbsbeobachtung erfordert Präsenz im asiatisch-pazifischen Raum

Eine der Grundvoraussetzungen zum Bestehen im Wettbewerb ist eine genaue Kenntnis des Wettbewerbs und seiner Verhaltensweisen und Strategien. Die intensive Beschäftigung mit dem Wettbewerb kann natürlich nirgends besser geschehen, als in dessen Heimatmarkt. Auch wenn viele europäische Unternehmen den Schritt nach Japan scheuen, sei es aus Kostengründen oder sei es angesichts der zu überwindenden Hürden, so erscheint dieser Schritt doch unerläßlich. Dabei muß nicht notwendigerweise ein großes Volumen aufgebaut werden, die zu erzielenden Lerneffekte rechtfertigen vielmehr auch ein geringeres Engagement.

4.5 Der asiatisch-pazifische Raum in der Triade: Eigenengagement, Kooperation oder Lizenzpolitik?

4.5.1 Relative Positionen in den asiatischen Märkten und Konsequenzen

Ein Vergleich der Strategien und Positionen japanischer und deutscher Unternehmen im asiatischen Raum zeigt, daß die Japaner dort wesentlich erfolgreicher waren – daß dies aber nicht nur am höheren Investitionsvolumen oder der „kulturellen Nähe" der Japaner liegt, und daß vieles dafür spricht, daß sich dieser „Erfolgsabstand" in Zukunft eher vergrößern als verringern wird.

Die deutsche Industrie hat dem japanischen Vorgehen nichts Vergleichbares entgegenzusetzen. Dennoch ergeben sich für deutsche Unternehmen Ansatzpunkte, das Vorgehen der japanischen Industrie für sich teilweise direkt zu nutzen:

- Eine systematische Analyse des von japanischen Wettbewerbern aufgebauten Netzes an Unterfertigern, Lieferanten und Verteilern kann Anlaufzeit und Anlaufkosten für deutsche Hersteller erheblich verringern. Dies zumal die japanische Industrie den (berechtigten oder unberechtigten) Ruf hat, das Risiko von Geschäftsschwankungen gezielt auf Unterfertiger und Lieferanten zu verlagern – diese also als „Puffer“ zu benutzen. Das bedeutet, daß diese Unternehmen oft ein gezieltes Interesse daran haben, ihre Abhängigkeit von dem (oder den) japanischen Abnehmer(n) durch zusätzliche Zusammenarbeit mit einem deutschen Unternehmen zu verringern.
- Auch für den Absatzmarkt gilt, daß in vielen asiatischen Märkten die starke Dominanz japanischer Anbieter als „unerwünscht“ gilt und deutsche Unternehmen durchaus die Chance haben, sich – bei öffentlichen und privaten Abnehmern – als die „willkommene Alternative“ zu präsentieren.
- Die nicht zuletzt durch japanische Investitionen geförderte Dynamik des (südost-)asiatischen Raums schafft Märkte, die es für ein Unternehmen sinnvoll machen können, sich zu einem Zeitpunkt zu engagieren, in dem das lokale Marktvolumen noch relativ gering ist, aber ein hohes Wachstumspotential aufweist und der Aufbau einer Marktführerposition noch möglich ist.
- Die bisherige Organisationsstruktur der meisten deutschen Unternehmen in Asien, die Japan sozusagen als „Sonderfall“ betrachtet, übersieht, daß Japan immer mehr auch die Rolle eines regionalen Zentrums spielt und eine Präsenz in Tokyo ein hervorragendes Instrument sein kann, Informationen auch aus den umliegenden Ländern zu sammeln und zu analysieren sowie dort Verbindungen herzustellen und zu pflegen.

Für viele Unternehmen stellt sich daher die Frage, ob für den asiatischen Raum einschließlich Japan selber (und vielleicht in einer späteren Stufe auch auf einer breiteren Basis) die Kooperation mit einem japanischen Unternehmen nicht dem „Alleingang“ vorzuziehen ist und welche Faktoren für den Erfolg einer solchen Kooperation entscheidend sind.

4.5.2 Problematik der Kooperationen mit japanischen Partnern

„Traditionelle“ Lizenzpolitik

Ein Hinweis darauf, wie unüberlegt in der Vergangenheit die Zusammenarbeit mit japanischen Partnern gestaltet wurde, sind an japanische Unternehmen vergebene Lizenzen im Investitionsgüterbereich. Hier wurden weitgehend „ohne weiteres“ dem japanischen Lizenznehmer die umliegenden asiatischen Länder als Exportmärkte für das Lizenzprodukt zugestanden. De facto führte dies oft zur Überlassung dieser Märkte an den japanischen Lizenznehmer auch für Produkte außerhalb des eigentlichen Lizenzgegenstandes und behinderte den europäischen (oder amerikanischen) Lizenzgeber später entscheidend bei der Bearbeitung dieser Märkte.

Dem stand und steht eine Lizenzpolitik der japanischen Industrie gegenüber, die bei der Definition des „zugeteilten“ Territoriums wesentlich überlegter (und restriktiver) vorgeht.

Lokale Partnerschaft vs globaler Wettbewerb

Kooperationsvereinbarungen mit japanischen Unternehmen in den sechziger und siebziger Jahren beruhten oft auf dem Konzept des europäischen (oder amerikanischen) Partners, daß der japanische Markt mit seinen (tatsächlichen oder angenommenen) Schwierigkeiten die Zusammenarbeit mit einem lokalen Partner notwendig oder zumindest wünschenswert macht. Rückblickend läßt sich sagen, daß in vielen Fällen übersehen wurde, daß die Ziele des japanischen Partners von Anfang an nicht auf den lokalen – d.h. japanischen – Markt beschränkt waren, sondern Elemente einer globalen (oder zumindest regionalen) Strategie enthielten.

Die Zusammenarbeit in den sechziger und frühen siebziger Jahren mit einem als „lokal“ betrachteten Partner mündete in vielen Fällen in den achtziger Jahren in einem globalen Wettbewerb – bei dem häufig der (ehemalige) japanische Partner die Oberhand gewann.

Obwohl die eklatantesten Fälle aus den Bereichen der Elektronik kommen (Thomson – Japan Victor, Siemens und Texas Instruments – Fujitsu, Honeywell Bull – NEC), läßt sich dieser Vorgang in einer breiten Palette verschiedenster Industriezweige nachweisen (z.B. International Harvester – Komatsu, General Electric – Matsushita, British Leyland – Honda oder CPC Ajinomoto).

Wichtig ist dabei zu sehen, daß die japanischen Unternehmen ihre ausländischen Partner keineswegs über ihre Ziele im unklaren gelassen haben. Vielmehr gingen beide Seiten offenbar in den meisten Fällen davon aus, daß ihre eigenen strategischen Ziele durchsetzbar seien.

Das hieße oft für die ausländische Seite:

– Zugang zur Distribution in Japan, Zugang zum Bezug preisgünstiger Teile und Erreichen eines „Startvorteils" – nicht zuletzt anderen ausländischen Unternehmen gegenüber – und Abkürzen der „Learning Curve" in einem als schwierig verstandenen Markt „auf Kosten eines Partners", der später überflüssig werden sollte.

Für die japanische Seite war das Ziel oft:

– Zugang zu technischem Know-how, das über Lizenzen relativ „billig" erreichbar ist. Einsatz dieses Vorteils zum Ausbau der inländischen Marktposition und zum Erreichen von Größenordnungen, die ein Ausnutzen der „Economies of Scale" erlauben, speziell im Entwickeln von Produktionstechnologie, teilweise Übernahme von Komponenten auch für den Partner, „Leadership" in der technologischen Weiterentwicklung und später Belieferung des Partners mit OEM Produkten.

Oft war für beide Seiten das eigentliche Ziel, den Partner auf die Dauer „entbehrlich" zu machen. Das Ergebnis war allzu häufig, daß der ausländische Partner für das japanische Unternehmen zum „guten Kunden" wurde, während das ausländische Unternehmen mehr oder weniger vom (ehemaligen) japanischen Partner abhängig wurde oder von ihm die Führungsposition auf dem Weltmarkt streitig gemacht wurde.

Gab es für diese Entwicklung Gründe, die auch heute noch bei der Frage „Kooperation mit einem japanischen Partner?" zu berücksichtigen sind und lassen sich aus diesen Erfahrungen der letzten Jahre allgemeine Empfehlungen für Kooperationskonzepte ableiten?

Beginn und Entwicklung des Kooperationsverhältnisses

Bei der Verhandlung eines Kooperationsvertrages haben beide Seiten ein bestimmtes Konzept und bestimmte Verhandlungsziele. Das Top-Management auf europäischer Seite kümmert sich normalerweise nicht nur um die Festlegung der Verhandlungsziele, sondern befaßt sich auch direkt mit Details der Vertragsgestaltung und übernimmt oft selbst die eigentlichen Verhandlungen.

Demgegenüber beschränkt sich die Geschäftsführung auf japanischer Seite üblicherweise darauf, den unternehmensinternen Konsensus für die Kooperation herzustellen, zu überprüfen, ob der potentielle Partner die erwarteten Voraussetzungen erfüllt und die persönlich-menschliche Basis für eine intensive Zusammenarbeit gegeben ist – während das Verhandeln von Details weitgehend der mittleren Managementebene überlassen wird. Sobald Kooperationsverhältnisse vertraglich abgesichert und in der Praxis wirksam werden, scheint sich dieses Verhältnis umzukehren.

Die europäischen Unternehmen überlassen die „Durchführung" mehr und mehr der mittleren oder unteren Managementebene, der kurz- oder nur mittelfristige Ziele gesetzt sind.

Anders der japanische Partner. Hier fühlt sich die Geschäftsführung für regelmäßige „Standortbestimmungen" verantwortlich und stellt die Vorteile und Nachteile, Ziele und langfristige Auswirkungen eines wichtigen Kooperationsverhältnisses immer wieder intern zur Diskussion.

Praktisch führt dies dazu, daß zwar die ursprünglich vereinbarten Vertragstexte der Position des ausländischen Partners relativ weitgehend entsprechen. Die Dynamik eines Kooperationsverhältnisses zwingt jedoch im Laufe der Zeit zu einer großen Zahl von Einzelentscheidungen, bei denen die europäische Seite wesentlich eher dazu neigt, kurzfristigen Überlegungen nachzugeben, als der japanische Partner. (Die Entscheidung, wesentliche Teile vom japanischen Partner zu beziehen, ist nur ein – wenn auch wichtiges – Beispiel.)

Dies mag einer der wichtigsten Gründe für die beobachtete häufige „ungleichgewichtige" Entwicklung von Kooperationsverhältnissen – zugunsten des japanischen Partners – sein. Jedenfalls besteht auf europäischer Seite generell die Tendenz, die Entwicklung eines Kooperationsverhältnisses nicht regelmäßig zu überprüfen und an den ursprünglichen strategischen Zielen (oder den derzeitigen Unternehmenszielen) zu messen, sondern auf Geschäftsführungsebene erst zu „reagieren", wenn sich „etwas Dramatisches" getan hat, wie das plötzliche Auftauchen des japanischen Partners als Wettbewerber in Drittmärkten (oder im europäischen Heimatmarkt) oder der Abschluß von Kooperationsvereinbarungen des japanischen Partners mit anderen internationalen Wettbewerbern des betreffenden europäischen Unternehmens.

Voraussetzung für Kooperationen mit japanischen Unternehmen sollte es daher in jedem Fall sein, daß der europäische Partner

- sich auf Geschäftsführungsebene regelmäßig mit der Entwicklung des gegenseitigen Kräfteverhältnisses befaßt,
- potentiell strategische wichtige Entscheidungen nicht einfach dem operativen mittleren Management überläßt,
- die langfristigen Ziele der Kooperation regelmäßig neu formuliert und entsprechende Direktiven erteilt.

Give and Take

Kooperation bedeutet u.a. Austausch von Know-how, Vermeiden von Doppelaufwand, gemeinsames Erschließen von Ressourcen, Erfahrungsaustausch bezüglich Kundenreaktionen und -wünschen, Diskussion über Produktionstechnologie und Qualitätskontrolle, Informationsfluß auch im Bereich von Marktdaten, Gesetzgebung, Pläne der Wettbewerber, erwartete Preisentwicklung etc.

D.h., die Teilnahme an einem Kooperationsverhältnis ist um so erfolgreicher, je aufnahmefähiger die eigene Organisation für von außen kommende Informationen und Anregungen ist!

Auch hier sind japanische Organisationen klar im Vorteil. Dies vor allem aus zwei Gründen:

„Nachvollziehen“ gilt in Japan traditionell als Voraussetzung der eigenen schöpferischen Leistung. In Kunst und Handwerk gilt es seit alters her, daß der immer wieder gemachte Versuch, das Werk des Meisters nachzuvollziehen, die natürliche Form des Lernens und letztlich die Basis für künftige eigene schöpferische Leistung ist. Mit anderen Worten: Die Bereitschaft, Ideen und Verfahrensweisen anderer möglichst getreu nachzuvollziehen, gilt traditionell als Tugend. Die Vorstellung, daß Ideen und Techniken anderer „wertvoll“ sind, ist Grundsatz der Erziehung und „Kreativität“ gilt als realistisches Ziel erst, wenn vorhandene Techniken beherrscht werden.

In internationalen Kooperationsverhältnissen führt dies zu einer größeren Absorbtionsbereitschaft der japanischen Organisation für Know-how des Partners als umgekehrt. Das „not invented here“-Syndrom spielt kaum eine Rolle, und mit großer Akribie und enormem zeitlichen Einsatz werden alle Elemente des ausländischen „Inputs“ be- und verarbeitet.

Demgegenüber steht allzu oft eine fremden – und vielleicht erst recht japanischen – Ideen gegenüber skeptisch und letztlich abwehrend eingestellte Organisation des europäischen Kooperationspartners.

Ein weiteres Element liegt in der Organisationsstruktur japanischer Unternehmen. Obwohl es in allen größeren Firmen eindeutig definierte Linien- und Stabfunktionen gibt, besteht die Tendenz, persönliche Verantwortung in „team work“ aufgehen zu lassen und die offiziellen Linienfunktionen weniger als „Grenzen“ zu empfinden als vielmehr als Kanäle zur offiziellen „Absegnung“ von täglichen Geschäftsabläufen. Die Effizienz solcher Organisationen mag fragwürdig sein. Unbestreitbar ist aber, daß der Informations- und Ideenfluß in einer japanischen Organisation – ungehemmt vom Zuständigkeitsdenken dafür sorgt, daß eine viel größere Zahl von Abteilungen und Mitarbeitern mit dem „input“ des europäischen Partners konfrontiert wird, als dies umgekehrt innerhalb der europäischen Organisation mit „input" des japanischen Partners der Fall ist.

Auch dieser Umstand führt in der Praxis zu einem Ungleichgewicht des „give and take" zuungunsten des ausländischen Partners, es sei denn, dieser trifft systematische und andauernde Vorkehrungen, um in der eigenen Organisation eine vergleichbare „Aufnahmebereitschaft" sicherzustellen. (Der geschilderte Vorgang wird natürlich durch die Sprachbarriere noch verstärkt. Die japanische Organisation hat geringere Probleme, Unterlagen und Informationen auf Englisch oder Deutsch zu „verstehen", als dies umgekehrt mit „japanischen" Informationen der Fall ist.)

4.5.3 Konsequenz für Kooperationen mit japanischen Unternehmen

Obwohl die relative Position deutscher (europäischer) Unternehmen einerseits und japanischer Firmen andererseits im asiatischen Raum die Kooperation mit japanischen Partnern oft als „best solution" erscheinen lassen mögen, zeigt die Erfahrung, daß

- als lokale oder regionale Partner gewählte japanische Unternehmen ihre Beteiligung am Kooperationsverhältnis nicht notwendigerweise auf diese Rolle beschränkt sehen, sondern im Gegenteil oft als Teil einer eher global angelegten Strategie;
- Kooperationsverträge anfangs oft der Interessenlage des europäischen Partners entsprechen, die Dynamik des Verhältnisses aber dazu führt, daß die europäische Seite, kurzfristige Ziele verfolgend, es zuläßt, daß das Kooperationsverhältnis sich letztlich an den strategischen Zielen der japanischen Seite ausrichtet;
- die größere Aufnahmebereitschaft der japanischen Organisation dazu führt, daß ein Ungleichgewicht im „give and take" zugunsten des japani-

schen Partners sich mit der Zeit zunehmend verstärkt, falls nicht gezielte Maßnahmen auf europäischer Seite getroffen werden, um dies zu verhindern.

Kooperationsstrategien können nach den bisherigen Erfahrungen bestenfalls als „zweitbeste" Lösung gelten und machen es in jedem Fall nötig, nicht nur der vertraglichen Basis für das Kooperationsverhältnis Aufmerksamkeit zu widmen, sondern – wichtiger noch – das Verhältnis und die relative Entwicklung der gegenseitigen Positionen regelmäßig zu analysieren und strategische Ziele und Maßnahmen entsprechend auszurichten.

4.5.4 Kooperationen mit Unternehmen der „Newly Industrialized Countries"

Erfahrungen der sechziger und siebziger Jahre mit Lizenz- und Kooperationsverträgen mit japanischen Unternehmen haben gezeigt, daß es in den meisten Fällen letztlich ein Fehler war, den japanischen Partner als „lokalen" Partner zu betrachten (obwohl das Selbstverständnis des Partners dem schon damals nicht entsprach). Letztlich erwiesen sich viele der damaligen Kooperationsverträge für den japanischen Partner als erster Schritt zur globalen Marktpräsenz im Wettbewerb mit dem (ehemaligen) Partner.

Es ist erstaunlich zu sehen, daß z.Zt. Kooperationsvereinbarungen speziell mit koreanischen und taiwanesischen Partnern in der Strategie und in der firmeninternen Begründung allzu oft dem ähneln, was vor 15 bis 20 Jahren Basis entsprechender Vereinbarungen mit japanischen Unternehmen war.

Strategien, die die Zusammenarbeit mit „lokalen" Partnern (inklusive der Vergabe von Produktionslizenzen) speziell in Südkorea und Taiwan vorsehen, sollten jedoch nur dann verfolgt werden, wenn sichergestellt ist, daß die langfristigen Konsequenzen nicht dem entsprechen, was sich oft als Ergebnis in den achtziger Jahren einer lokalen Zusammenarbeit in Japan aus den sechziger und siebziger Jahren gezeigt hat.

Volkswagen – Partner der chinesischen Automobilindustrie

Martin Posth

1. China als Markt und Partner für Volkswagen

Wenn heute von der wirtschaftlichen Dynamik des pazifischen Raumes die Rede ist, gewinnt neben Japan, den „vier kleinen Tigern“ Südkorea, Taiwan, Hongkong und Singapur sowie den ASEAN-Staaten die Volksrepublik China als Markt und Produktionsstandort zunehmend an Bedeutung. Dies gilt in besonderem Maße auch für die internationale Automobilindustrie.

Grundlagen hierfür wurden bereits in der zweiten Hälfte der siebziger Jahre gelegt, als China den Gedanken der „vier Modernisierungen“ entwickelte, die Politik der wirtschaftlichen Reform und Öffnung gegenüber dem Ausland einleitete und als globales Wachstumsziel die Vervierfachung des Sozialprodukts bis zum Jahr 2000 gesetzt hat. Diese Politik der wirtschaftlichen Reform und Öffnung gegenüber dem Ausland wird seit inzwischen mehr als zehn Jahren verfolgt. Wenn Reformen beispielsweise aufgrund konjunktureller Überhitzung zeitweise ins Stocken geraten, so darf nicht übersehen werden, daß damit verbundene Konsolidierungsmaßnahmen insgesamt der Verbesserung des wirtschaftlichen Umfeldes dienen. Wie bei Kurskorrekturen und Adjustierungen früherer Jahre ist auch heute davon auszugehen, daß an den Zielen der Reform festgehalten wird. Trotz der aktuellen dramatischen Ereignisse sind die mittelfristigen Aussichten der chinesischen Wirtschaftsentwicklung weiterhin insgesamt positiv zu beurteilen. Behutsame Reformschritte zur besseren Allokation der Ressourcen, ein großes Potential an Rohstoffen und Arbeitskräften bieten nach wie vor die Grundlage für langfristiges Wirtschaftswachstum und wirtschaftliche Zusammenarbeit.

Schwerpunktprojekte des laufenden und kommender Fünfjahrpläne Chinas werden der Ausbau von Energieversorgung und Rohstoffindustrien sowie Projekte zur Verbesserung der Infrastruktur sein. Einen hohen Stellenwert hat dabei die Modernisierung und der Ausbau des chinesischen Transport- und Verkehrswesens, zumal beim Güter- und Personenverkehr bis zum Jahr 2000 eine Vervierfachung des Aufkommens zu erwarten ist. Z.Zt. dominiert beim Güterverkehr die Bahn (ca. 45%). Der Straßenverkehr kommt mit etwa 10%

erst an dritter Stelle. Auch beim Personenverkehr dominiert noch die Bahn (ca. 55%) vor dem Straßenverkehr (ca. 40%). Wachstumsraten unterstreichen aber bereits heute die steigende Bedeutung des Kraftfahrzeuges.

Der Fahrzeugbestand Chinas wird gegenwärtig auf ca. 4,8 Mio. Fahrzeuge geschätzt. Davon sind ca. 75% Nutzfahrzeuge, der Bestand an Pkws, Minibussen und Jeeps beträgt ca. 1,3 Mio. Bei ca. 600.000 Pkws beträgt die Pkw-Dichte für China in etwa 1 Pkw auf 2000 Einwohner, damit nimmt China in der Welt einen Platz zwischen 130 und 150 ein (siehe Abb. 1).

Gesamtbestand:	4,8 Millionen
davon LKW/LNF	3,5 Millionen
Minibusse/Jeeps	0,7 Millionen
PKW	0,6 Millionen
Stand 1988	

Abb. 1: Fahrzeugbestand VR China

Während es sich bei Nutzfahrzeugen im wesentlichen um lokal gefertigte Fahrzeuge handelt, ist bei Personenwagen der Anteil an Importfahrzeugen am Fahrzeugbestand gegenwärtig sehr hoch. Allein im Jahr 1985 importierte China – vorwiegend aus Japan – ca. 200.000 Fahrzeuge. Der Devisenbedarf der chinesischen Volkswirtschaft für diese Fahrzeugimporte wurde und wird in der chinesischen Öffentlichkeit stark kritisiert. Er war höher als die gesamten Investitionen, die in den Jahren 1949–1985 für die Entwicklung der Automobilindustrie getätigt wurden. Daher handhabt die chinesische Regierung seit 1986 Fahrzeugimporte überaus restriktiv und hat 1987 beschlossen, die eigene Automobilindustrie mit einem Schwerpunkt bei der Pkw-Industrie zu modernisieren und auszubauen.

In China gibt es z.Zt. mehr als 100 Automobilfabriken, von denen nur zwei Fabriken eine Kapazität von 80.000 Einheiten p.a. und sechs eine Kapazität von ca. 10.000 Einheiten haben (siehe Abb. 2). Hinzu kommen noch ca. 2000 Zulieferbetriebe. Die größten Fabriken sind die Automobilfabrik No. 1 in Changchun in der Provinz Jilin, die zu Beginn der fünfziger Jahre mit

Unterstützung der UdSSR aufgebaut wurde, und die Automobilfabrik No. 2 in Shiyan, in der Provinz Hubei, die Ende der sechziger Jahre aus eigener Kraft von den Chinesen aufgebaut wurde. Weitere Standorte sind u.a. Shanghai, Peking, Nanking, Kanton, Tianjin und Shenyang.

	1987	1988
Anzahl Unternehmen	2.873	3.008
davon		
– Fahrzeugwerke	116	115
– Spezialfahrzeugwerke	347	386
– Motorenwerke	63	63
– Motorradwerke	55	81
– Teile und Komponentenwerke	2.292	2.363
Belegschaft (in Mio)	1.505	1.682
Produktion (Einh.)	472.538	646.951
davon		
– LKW	299.356	364.000
– PKW	20.865	36.798

Abb. 2: Chinesische Automobilindustrie
Quelle: Automotive Industry of China, 1989

Die Fertigungskapazitäten der gesamten chinesischen Automobilindustrie betrugen zu Beginn der achtziger Jahre lediglich ca. 250.000 Einheiten p.a. Im Rahmen der Modernisierung des Landes ist zwischenzeitlich der Ausbau der Kapazitäten bei gleichzeitiger Modernisierung der Produktprogramme eingeleitet worden. Die Kapazität beträgt z.Zt. ca. 600.000 Einheiten p.a., wovon aber nur ca. 5% Pkw-Kapazitäten sind.

Eine Reihe von Kooperationsprojekten zwischen chinesischen und ausländischen Unternehmen sind zur Modernisierung und zum Ausbau der chinesischen Automobilindustrie zwischenzeitlich vereinbart worden. Diese Kooperationsprojekte wurden von ausländischen Partnern nicht nur und nicht ausschließlich vereinbart, weil die Volksrepublik China ein Markt mit langfristig bedeutenden Absatzchancen ist. Sie erfolgen auch im Zeichen globaler Märkte und zunehmenden globalen Wettbewerbs, in der die Industrie- und insbesondere die Automobilproduktion nicht mehr an traditionelle Standorte gebunden ist, in der auch High-Tech-Produkte wie Automobile im Grundsatz überall auf der Welt in etwa gleicher Qualität hergestellt werden können. Unterschiedliche nationale Gegebenheiten und spezifische Standortvorteile fordern deshalb geradezu nach internationaler Arbeitsteilung, internationalen Kooperationen und dezentraler Automobilproduktion zur Absicherung der weltweiten Präsenz. In der internationalen Automobilindustrie sind unternehmensüberschreitende Kooperationen mit gemeinsamer Entwicklung, Produktion, Vertrieb, mit Austausch von Komponenten oder Technologien heute gängige Praxis.

Wenn China jetzt seine eigene Automobilindustrie modernisiert und ausbaut, so bietet sich in China ein nicht unerhebliches Kooperationspotential für die internationale Automobilindustrie.

Volkswagen hat sich deshalb – ähnlich wie in anderen Ländern – bereits zu einem frühen Zeitpunkt in China engagiert, weil Volkswagen einer chinesischen Automobilindustrie große Chancen einräumt. Dabei ist Volkswagen mit Kapital und Know-how, mit Menschen und moderner Produkt- und Fertigungstechnik nach China gegangen. Dieses Engagement, das bedeutendste Gemeinschaftsprojekt im Bereich der chinesischen Maschinenbauindustrie und zugleich das größte Investment eines deutschen Unternehmens in China, basiert auf einem gegenseitigen Geben und Nehmen. Eigene Erwartungen auf neue Märkte und Marktanteile gehen einher mit der Bereitschaft, China zu einer eigenständigen und leistungsfähigen Automobilindustrie zu verhelfen.

2. Das China-Engagement der Volkswagen AG

2.1 Shanghai Volkswagen

Der Anstoß zum Engagement der Volkswagen AG in der Volksrepublik China wurde im November 1978 anläßlich des Besuchs des damaligen chinesischen Maschinenbauministers in Wolfsburg gegeben (siehe Abb. 3). Erste konkrete Gespräche, die zunächst auf ein Fahrzeug-Großprojekt mit einer Jahresfertigung von 150.000 Einheiten abzielten, fanden 1979 und 1980 statt. Im Rahmen der Adjustierung der chinesischen Reformvorhaben wurde dieses Projektkonzept 1981 gemeinsam geändert und die Modernisierung der bereits vorhandenen Pkw-Fabrik in Shanghai mit dem Aufbau einer Jahreskapazität von 20.000 Einheiten vorgesehen. Dieser Projektansatz fand Ende 1981 die grundsätzliche Zustimmung der Regierungsstellen in Peking und in Shanghai.

Im Juni 1982 unterschrieben die Volkswagen AG und der Shanghaier Pkw-Hersteller Shanghai Tractor and Automobile Corporation (STAC), der auch heute Partner des Joint Ventures ist, den sog. Probemontagevertrag. Auf Grundlage dieses Vertrages begann 1983 in Shanghai die CKD-Montage des Santana in kleinen Stückzahlen.

Gleichzeitig mit dem Beginn der Probemontage wurden die Gespräche zwischen der Volkswagen AG und der chinesischen und insbesondere der Shanghaier Automobilindustrie zu einer langfristigen Partnerschaft im Rahmen eines Gemeinschaftsunternehmens intensiviert.

Mit der Unterzeichnung des Joint Venture-Vertrages im Oktober 1984 haben dann die Volkswagen AG und drei chinesische Unternehmen die Voraussetzung für eine langfristige Zusammenarbeit und Partnerschaft bei der

Herstellung von Fahrzeugen und Fahrzeugkomponenten geschaffen. Der zwischen den Partnern abgeschlossene Joint Venture-Vertrag hat eine Laufzeit von zunächst 25 Jahren und beinhaltet konkrete Vereinbarungen hinsichtlich Produktprogramm und Fertigungskapazitäten für eine erste Phase der Zusammenarbeit, die bis zum Beginn der neunziger Jahre reicht.

1988	Projektanstoß
1979	Beginn der Gespräche
1982	Unterzeichnung Probemontagevertrag mit Shanghai Tractor and Automobile Corp.
1983	Beginn der Montage des Santana in Shanghai
10.10.1984	Unterzeichnung Joint Venture-Vertrag
01.09.1985	Beginn Geschäftstätigkeit Shanghai Volkswagen
Okt. 1986	10.000 Santana in Shanghai
Aug. 1988	Vereinbarung zu Lizenzfertigung des AUDI 100 bei der First Automobile Works (FAW)
Febr. 1989	40.000 Santana in Shanghai

Abb. 3: Volkswagen in China

Die Zusammenarbeit der Partner erfolgt im Rahmen des deutsch-chinesischen Gemeinschaftsunternehmens Shanghai Volkswagen, das als rechtlich selbständiges und eigenverantwortlich geführtes Unternehmen im Frühjahr 1985 formell gegründet wurde und mit Wirkung vom 1.9.1985 die volle Geschäftstätigkeit aufgenommen (siehe Abb. 4).

Für die Volkswagen AG waren

- der frühe Einstieg in einen Markt mit langfristig bedeutenden Absatzchancen,
- die Möglichkeit zum stufenweisen Ausbau des Engagements hinsichtlich Produktprogramm und Kapazitäten, jeweils in Anpassung an Markterfordernisse und Absatzmöglichkeiten und
- die Schaffung eines „VW-Brückenkopfes" im südostasiatischen Raum,

mit der Option zur Belieferung von Märkten, die heute von Wettbewerbern beherrscht werden

bestimmende Gründe.

Für die chinesischen Partner waren maßgeblich:

- die Modernisierung der eigenen Automobil- und Zulieferindustrie sowie Einführung lokal gefertigter Produkte, die internationalen Standards hinsichtlich Technologie, Qualität und Preisstellung entsprechen,
- der Zugang sowie die gezielte Übernahme und Einführung von Know-how bei Produkt- und Fertigungstechnologien, Management und Verwaltung sowie Training und Ausbildung im weitesten Sinne und
- die Schaffung von Voraussetzungen für die längerfristig beabsichtigten Exporte zur Positionierung Chinas auf den Weltmärkten.

Partner und Kapitalausstattung

Grundkapital:	RMB 350 Millionen
Volkswagen AG	50%
Shanghai Tractor and Automobile Corporation	25%
Bank of China Shanghai Trust and Consultancy Company	15%
China National Automotive Industry Corporation	10%

Abb. 4: Shanghai Volkswagen

Diese Zielsetzungen stellen eine ausgewogene gemeinsame Basis für partnerschaftliche Zusammenarbeit dar. Sie dokumentieren Kooperation statt Beherrschung. Die Umsetzung dieser grundsätzlichen Überlegungen erfolgt daher auch im Rahmen eines „Equity Joint Venture". Alternative Formen der Zusammenarbeit, wie Lizenzvergabe oder eine 100-prozentige Tochtergesellschaft hätten den Gegebenheiten Chinas und den gemeinsamen Zielen nicht Rechnung getragen.

Volkswagen hat von vornherein Know-how-Transfer durch Zusammenarbeit vorgeschlagen und war bereit, Kapital einzubringen und unternehmerische Verantwortung zu übernehmen.

Das technische Projektkonzept für die erste Stufe der Zusammenarbeit hat die Produktion von Fahrzeugen und Motoren in Anting, einem Vorort von Shanghai, zum Gegenstand. Dort befinden sich die beiden Fabriken, die der Partner STAC in das Gemeinschaftsunternehmen eingebracht hat und die z.Zt. modernisiert werden.

Zum Produktprogramm hatte Volkswagen den chinesischen Partnern die gesamte VW/Audi-Produktpalette angeboten. Als Produkt für die erste Stufe der Zusammenarbeit hatten sich die chinesischen Partner Anfang 1982 für den Santana entschieden. Für den chinesischen Automobilmarkt und -bedarf, der durch Behördenfahrzeuge, Taxi-Unternehmen und Fahrzeuge für Fuhrparks von Unternehmen zu charakterisieren ist, ist der Santana gut geeignet. Ein kleineres Fahrzeug hätte sowohl den damaligen als auch den derzeitigen Ansprüchen des chinesischen Automobilmarktes nicht entsprochen.

Fertigungskapazitäten der ersten Stufe der Zusammenarbeit, die 1990 fertiggestellt sein werden, sind

- Fahrzeugwerk für 30.000 Santana p.a. (2-Schicht-Betrieb) mit den Fertigungsbereichen Preßwerk, Rohbau, Lackiererei, Endmontage und bei
- Motorenwerk für 100.000 Motoren p.a. (2-Schicht-Betrieb).

Das entspricht einem Investitionsprogramm von umgerechnet nahezu 600 Mio. DM, das Anfang 1989 zu mehr als zwei Dritteln umgesetzt war. Motorenexporte zur Volkswagen AG sind ab 1991 vorgesehen. Damit erfolgt bereits zu einem frühen Zeitpunkt die Integration von Shanghai Volkswagen in den weltweiten Volkswagen-Fertigungsverbund.

Die schnellstmögliche Nationalisierung des Santana ohne Beeinträchtigung des Qualitätsniveaus ist das erklärte Ziel der Partner. Nur so kann der

Devisenbedarf reduziert und die lokale Fertigung des Fahrzeugs zu wettbewerbsfähigen Preisen erreicht werden.

Die Nationalisierung erfolgt durch den Eigenfertigungsanteil bei Shanghai Volkswagen (25%) und durch Kaufteile, die bei chinesischen Zulieferanten gefertigt werden (75%).

Zwischenzeitlich sind mehr als 30% der Teile nationalisiert und Ende 1990 werden etwa 50% erreicht sein. Dennoch ist allen Beteiligten, das sind u.a. Shanghai Volkswagen, Volkswagen und die chinesischen Partner, Shanghaier und Pekinger Zentralbehörden sowie chinesische und deutsche Zulieferanten die Notwendigkeit zu massiver gegenseitiger Unterstützung bewußt. Angesichts der Erfahrung, daß chinesische Ingenieure bei entsprechender Unterstützung zu erstaunlichen Leistungen fähig sind, sind alle Beteiligten zuversichtlich, daß das hochgesteckte Nationalisierungsprogramm realisiert werden kann, obwohl die angespannte Devisensituation Chinas verständlicherweise eine zügige Abwicklung des Imports neuer Maschinen und neuer Technologien nur bedingt zuläßt. Gezielte und aktive Beratung und Unterstützung vor Ort sind aber auch hier Garant für den Erfolg. Einzelne Zulieferprojekte, bei denen die Standortvorteile Chinas zum Tragen kommen, können bereits früh als Exportprojekte angelegt werden. Hilfreich sind hier umfangreiche Programme im Rahmen der Technischen Zusammenarbeit wie beispielsweise der Senior Experten Service.

Bestandteil des Engagements ist natürlich umfassende Qualifizierung der Mitarbeiter und ein modernes Ausbildungszentrum. Jährlich wird 60 jungen Chinesen ein Ausbildungsplatz in der Berufsausbildung angeboten. In der Berufsausbildung, die bereits 1986 begonnen hat, sind jetzt 180 Auszubildende. Management-Training zur Absicherung der Kooperation zwischen verschiedenen Gesellschaftssystemen, Kulturkreisen und Unternehmenskulturen nehmen einen breiten Raum ein. „Training on the job" bei Shanghai Volkswagen und gezielte Trainingsprogramme in Werken des Volkswagen Konzerns sind weitere Maßnahmen zur Qualifizierung von Mitarbeitern. Wesentlicher Träger von Qualifizierungsmaßnahmen sind vor allem aber die z.Zt. etwa 35 deutschen Vertragsangestellten, die nicht nur Fach- und Managerfunktion haben, sondern insbesondere auch als Trainer und Berater tätig sind.

Von den gegenwärtig etwa 2500 Mitarbeitern der Shanghai Volkswagen sind mehr als 10% in der Ausbildung. Hilfreich sind auch hier die umfangreichen Programme im Rahmen der Technischen Zusammenarbeit und Hochschulpartnerschaften.

Shanghai Volkswagen verfügt z.Zt. noch nicht über eine eigene Vertriebsorganisation. Abnehmer der Fahrzeuge ist der Joint Venture-Partner STAC bzw. eine Vertriebsgesellschaft dieser Organisation. Insofern liegt die Verantwortung für den Verkauf bzw. für die Verteilung der Fahrzeuge in China nicht unmittelbar beim Joint Venture – abgesehen von einigen wenigen Direktverkäufen. Dieser Vertriebgsweg entspricht zwar den derzeitigen Gegebenheiten des chinesischen Wirtschaftssystems mit einem hohen Stellenwert des Plans gegenüber dem Markt. Für die neunziger Jahre wird der Aufbau einer eigenen Organisation angestrebt.

Beim Kundendienst und bei der Ersatzteileversorgung hat Shanghai Volkswagen unmittelbar die Verantwortung und bereits 1985 begonnen, ein landesweites Servicenetz für Volkswagen aufzubauen und war bereits Ende 1986 in allen chinesischen Provinzen mit mindestens einer Service Station vertreten.

Dieses Netz wird kontinuierlich ausgebaut. Alle Service-Stationen sind von den technischen Einrichtungen bis zum äußeren Erscheinungsbild so ausgestaltet, wie das der Volkswagen- oder Audi-Kunde weltweit kennt.

2.2 Derzeitige Situation und Ausblick Shanghai Volkswagen

Nach Aufnahme der Geschäftstätigkeit am 1.9.1985 hat sich die Zusammenarbeit zwischen der Volkswagen AG und den chinesischen Partnern insgesamt positiv entwickelt. Das Projekt ist ordentlich angelaufen und kommt zügig voran.

Zwischenzeitlich sind mehr als 40.000 Santana in China gefertigt worden (siehe Abb. 5). Umfassender Know-how-Transfer ist eingeleitet und befindet sich in der Umsetzung. Gleiches gilt für die Modernisierung der Fabriken, die Entwicklung der Zulieferindustrie und Qualifizierungsprozesse für die Belegschaft. Die Leistungsbereitschaft und Produktivität der Mitarbeiter verbessert sich kontinuierlich. Die Qualität der in China gefertigten Fahrzeuge ist auf dem gleichen hohen Niveau wie an anderen Standorten des Volkswagen Konzerns. Die Basis für ein flächendeckendes Kundendienst-Netz ist geschaffen. Nach geringen Anlaufverlusten 1985 schreibt Shanghai Volkswagen schwarze Zahlen bei positiver Ergebnisentwicklung.

	1985	1986	1987	1988
Absatz (Fahrzeuge)	1.682	8.471	11.038	15.542
Produktion (Fahrzeuge)	1.733	8.500	11.000	15.550
Investitionen (Mio DM)	24	46	71	135
Belegschaft (Jahresende)	1.639	1.911	2.087	2.353

Abb. 5: Shanghai Volkswagen – Wesentliche Zahlen –

Zur Festigung der Position von Shanghai Volkswagen liegt der Schwerpunkt der Aktivitäten in Shanghai bei

- termingerechter Fabrikmodernisierung;
- konsequenter Fortführung der Unterstützung der chinesischen Zulieferindustrie zur Nationalisierung der Kaufteile und
- Qualifizierungsmaßnahmen für die chinesischen Mitarbeiter.

Damit soll die nachhaltige Positionierung und der weitere Ausbau des Engagements auf dem chinesischen Automobilmarkt abgesichert werden. Die Planungen für diesen Ausbau sind in Vorbereitung. Die Kapazitätserweiterung auf 60.000 Einheiten und der Aufbau eines Technical Centre können dabei nur eine Zwischenstufe sein.

Volkswagen ist bereit, auf der Basis der bisherigen Erfolge in Shanghai eine neue Fabrik mit einer Gesamtkapazität für 300.000 Mittelklassefahrzeuge gemeinsam mit seinen Partnern zu realisieren.

2.3 Changchun

Ergänzend zu dem Engagement in Shanghai hat Volkswagen Mitte 1988 mit der Automobilfabrik No. 1 in Changchun Vereinbarungen über die Lizenzfertigung des AUDI 100 getroffen. In Changchun soll demzufolge bis 1992 eine Kapazität zur Fertigung von 30.000 Fahrzeugen p.a. aufgebaut sein.

Die Automobilfabrik No. 1 mit Sitz in Changchun in der Provinz Jilin in Nordchina ist die größte chinesische Automobilfabrik und bisher hauptsächlich Hersteller von Nutzfahrzeugen mit 4–6 t Nutzlast. Daneben wird in geringen Stückzahlen das Repräsentationsfahrzeug „Rote Fahne" gebaut. Im Rahmen der chinesischen Automobilpolitik soll dieses Unternehmen in Zukunft neben Shanghai Volkswagen und der Automobilfabrik No. 2 eines der drei großen Pkw-Zentren Chinas werden.

Das Projekt in Changchun ist zwischenzeitlich ebenfalls erfolgreich angelaufen. Auch hier sind die Übertragung von Produkt- und Fertigungs-Know-how und die Verlagerung von Einrichtungen und Werkzeugen eingeleitet. Die ersten AUDI 100 sind in Changchun montiert worden.

In einem Memorandum of Understanding haben zwischenzeitlich die Automobilfabrik No. 1 und Volkswagen die Grundzüge zum Ausbau der Zusammenarbeit vereinbart. Ziel ist die Gründung eines Gemeinschaftsunternehmens und der Aufbau eines neuen Fahrzeugwerkes für jährlich 150.000 Einheiten in der ersten Stufe.

3. Perspektiven der zukünftigen Entwicklung der chinesischen Automobilindustrie und des chinesischen Automobilmarktes

Die Entwicklung Chinas in den vergangenen Jahren hat die Bedeutung des Transportsektors für die Zukunft des Landes nachhaltig bestätigt. Der Entwicklung einer eigenständigen und leistungsfähigen Automobilindustrie wird daher sowohl im laufenden als auch in zukünftigen Fünfjahresplänen ein besonderer Stellenwert beigemessen werden.

Auch in China wird

- das Automobil langfristig wesentlicher Träger des Verkehrs- und Transportwesens sein und
- die Automobilindustrie die Rolle als Motor für die Industrialisierung des Landes übernehmen.

Daher gilt die Automobilindustrie als eines der Schlüsselvorhaben für die zukünftige Entwicklung des Landes (siehe Abb. 6).

Chinesischen Schätzungen folgend, wird sich der Fahrzeugbestand in China zu Beginn des nächsten Jahrtausends auf 13 bis 15 Mio. Einheiten belaufen. Das bedeutet eine Vervierfachung gegenüber 1985. Etwa 25% des Bestandes werden gemäß dieser Schätzungen Personenwagen sein – das sind dann zwischen drei und vier Mio. Einheiten. Bei Personenwagen resultiert die steigende Nachfrage vor allem aus dem Bedarf von Institutionen, Organisationen und staatseigenen Betrieben. Insbesondere die mehr als 1,7 Mio. ländlichen und 150.000 städtischen kollektiven Betriebe benötigen zur Absicherung ihrer geplanten Entwicklung ein zuverlässiges Verkehrsmittel. Großen Bedarf haben angesichts des wachsenden Tourismus Taxi- und Vermiet-Unternehmen. Ein nennenswerter Bedarf an Privatautos wird allerdings erst im nächsten Jahrhundert erwartet, da gegenwärtig Familien kaum über das erforderliche Einkommen verfügen. Daher wird sich in China die Nachfrage erst längerfristig zu kleineren Fahrzeugklassen entwickeln, zunächst werden größere Fahrzeugklassen bestimmend sein.

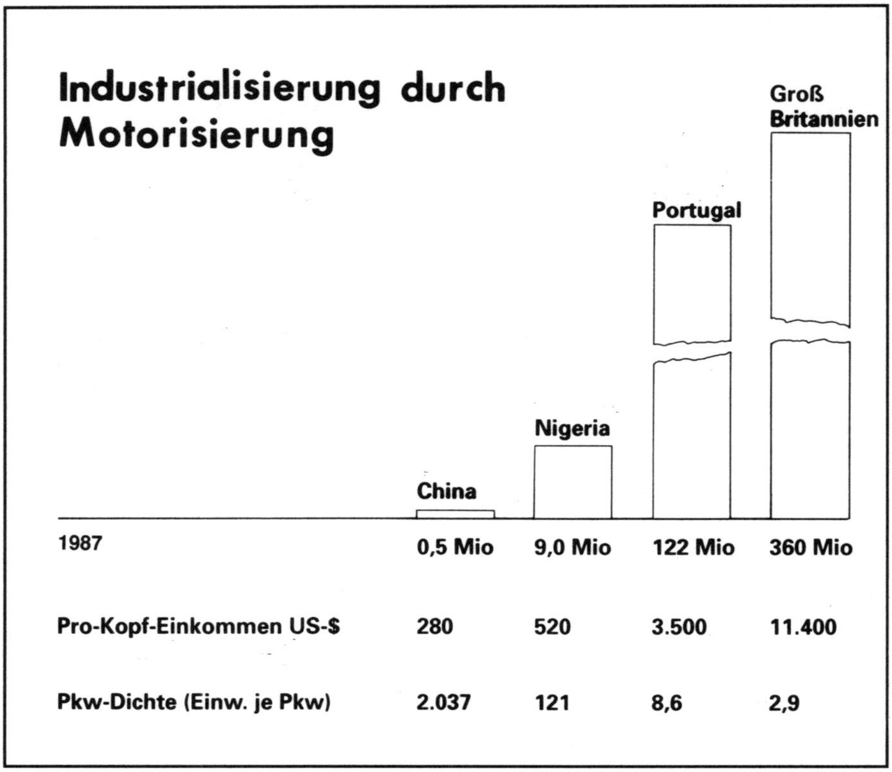

Abb. 6: Industrialisierung durch Motorisierung (1987)

Dem rapide wachsenden Bedarf entsprechend hat China 1987 einen Plan zur Modernisierung seiner Automobilindustrie beschlossen. Dabei soll angesichts des wachsenden Massenbedarfs der Schwerpunkt beschleunigt von der Nutzfahrzeug- auf die Personenwagenproduktion verlagert werden. Gleichzeitig ist ein Konzentrationsprozeß in der Automobilindustrie Chinas eingeleitet worden, um Kapital und Kräfte gezielt einzusetzen.

Gegenwärtig bemühen sich drei chinesische Standorte um sog. Pkw-Großprojekte mit Kapazitäten von jeweils bis zu 300.000 Einheiten p.a. in der Endstufe.

Das sind die

- Automobilfabrik No. 1 in Changchun,
- die Automobilfabrik No. 2 in Shiyan und
- Shanghai.

Daneben gibt es Pkw-Fertigungen bzw. Vorhaben an drei anderen Standorten, in Peking (Joint Venture mit AMC/Chrysler zur Fertigung von Jeeps), in Kanton (Joint Venture mit Peugeot zur Fertigung von Pick-up's und Pkw) sowie in Tianjin (Fertigung von Kleinbussen und Klein-Pkw auf Basis von Daihatsu-Lizenzen), für die es ebenfalls Ausbaupläne auf ca. 100.000 Einheiten p.a. bis 1995 gibt.

Diese ehrgeizigen Ausbaupläne sind eine Herausforderung für die internationale Automobilindustrie, denn China wird den Bedarf an Fahrzeugen weitestgehend aus lokaler Fertigung decken. Daher wird für den chinesischen Automobilmarkt auch weiterhin die Entwicklung der lokalen Automobilindustrie limitierender Faktor sein. Ausgeglichene Devisenbilanz, Import von Technologien, Beitrag zur Industrialisierung des Landes und Bereitschaft zur internationalen Arbeitsteilung werden bestimmend für die Positionierung der internationalen Automobilhersteller in China sein.

Volkswagen wird auf der Grundlage des Engagements in Shanghai und Changchun ein Partner Chinas sein.

Denn Volkswagen ist in dem Bewußtsein nach China gegangen, dort eine Wegbereiterfunktion zu übernehmen. Volkswagen wird sein Engagement in einem Markt und an einem Standort systematisch entwickeln und ausbauen, dem ein hohes Potential für die Zukunft beizumessen ist.

Volkswagen verfügt traditionell über vielfältige Erfahrungen beim Aufbau nationaler Automobilindustrien, wobei am ehesten das Beispiel Brasilien, wo die Volkswagen Aktivitäten bis in die Mitte der fünfziger Jahre zurückreichen, mit dem China-Engagement vergleichbar sind. Volkswagen setzt mit seinem China-Engagement die bisher verfolgte Politik des Aufbaus eigener Fertigungsstätten im Ausland fort. Die fortschreitende Realisierung wird zu einem wettbewerbsfähigen Brückenkopf im südostasiatischen Raum führen, der sich immer mehr zu einem der wichtigsten ökonomischen Zentren dieser Welt entwickelt. Das China-Engagement hat damit für Volkswagen eine Schlüsselfunktion für die Zukunft.

Zum Abschluß eine individuelle Bewertung:

Viele haben gesagt, wir würden die von uns erwartete übliche Qualität nicht zuwege bringen. Heute wissen wir, daß die Qualität der bei der Shanghai Volkswagen gefertigten Fahrzeuge auf dem Level anderer Fertigungsgesellschaften des VW-Konzerns und teilweise darüber liegt.

Viele haben gesagt, wir würden keine hinreichende Produktivität erreichen. Heute wissen wir, daß durch richtige Arbeitsorganisation, richtige Entgeltsysteme und gezielte Personalentwicklung eine Produktivität auf vorzeigbarem Niveau erreicht werden kann.

Viele haben gesagt, wir würden die Qualifikation der Mitarbeiter nicht in ausreichendem Maße erreichen. Heute wissen wir, was durch intensive Ausbildungsprogramme sowohl lokal als auch in anderen Fertigungsstätten des Konzerns zu erreichen ist.

Viele haben gesagt, aufgrund der industriellen Rückständigkeit Chinas würden wir nie den geforderten „local content" erreichen. Heute haben wir unsere ehrgeizigen Ziele in dieser Hinsicht bereits übertroffen.

Viele haben gesagt, wir würden nur ungenügende Möglichkeiten für „after sales" und Service zur Verfügung haben. Heute haben wir ein Servicenetwork, das den wesentlichen Wirtschaftsraum Chinas umfassend abdeckt.

Viele haben gesagt, wir würden in diesem Joint Venture keine finanziellen Ergebnisse erzielen. Heute wissen wir, daß die Shanghai Volkswagen nach geringen Anlaufverlusten 1985 stets mit schwarzen Zahlen abgeschlossen hat.

Die Strategien eines deutschen Automobilunternehmes auf dem japanischen Markt: Das Erfolgsbeispiel BMW

Walter Sawallisch

1. Eine Zeitungsmeldung – nichts weiter?

Wie die „Wirtschaftswoche" in ihrer Ausgabe vom 3.2.1984 berichtete, hatte das „Wall Street Journal" Ende 1983 seine Leser mit einer Erfolgsmeldung überrascht, die man zu einer anderen Jahreszeit wohl bestenfalls für einen Aprilscherz gehalten hätte: „Die deutsche Automobilindustrie erobert den japanischen Markt" hieß es da, und die Fachwelt war verblüfft.

Hinter dieser vordergründig sensationellen Nachricht verbarg sich indessen eine mehr oder minder sachliche Feststellung, wonach es nämlich den deutschen Autos gelungen war, zuungunsten insbesondere der amerikanischen Anbieter innerhalb des in Japan ohnehin nur kleinen Importsegments, die Spitzenposition zu erklimmen.

Dabei entwickelte besonders BMW herausragende Aktivitäten, die sich in einem deutlich rasanten Trend des unaufhaltsamen Weges zur Marktführerschaft manifestierten.

Was wunder, wenn dieser Umstand die nächstliegende Frage nach der Ursache für diesen Aufschwung aufwarf!

Wir wollen versuchen, sie zu beantworten.

Alles begann damit, als BMW sich zum 1.10.1981 dazu entschlossen hatte, nach vorausgegangener kontinuierlich erfolgreicher und intensiver Expansion auf den Weltmärkten als erster ausländischer Automobilhersteller auch in Japan eine eigene Tochtergesellschaft zu gründen.

Ausgestattet mit dem damals größten Eigenkapital einer jemals in Japan errichteten ausländischen Tochtergesellschaft in Höhe von 30 Mio. DM, erregte BMW das allgemeine Interesse der Presse wie der breiten Öffentlichkeit, und auch von den zukünftigen Mitarbeitern und Kunden wurde dieser Schritt als langfristiges Commitment eines führenden Automobilherstellers am japanischen Markt verstanden.

Betrachtet man nun das Umfeld des Automobilbereiches etwas näher, kommt man nicht umhin, festzustellen, daß der Entschluß von BMW, auf diesem interessanten aber nicht minder komplizierten Markt mit einer eigenen Vertriebsgesellschaft tätig zu werden, der deutschen Muttergesellschaft nicht leicht gefallen sein konnte.

Die Neuzulassungen von Pkw hatten sich im Beobachtungszeitraum stetig erhöht und beliefen sich 1982 auf über 2,8 Mio. Einheiten, während der Anteil der Importfahrzeuge kontinuierlich zurückging. Zum Zeitpunkt unseres Markteintritts war er von 60.000 Fahrzeugen im Jahr 1979 auf nur noch knapp 38.000 in 1981 gesunken; das entsprach 1,3% und Japan war damit hinter Staaten wie Großbritannien mit 49% oder der BRD mit 30% weit abgeschlagen.

Die so offenkundige Vormachtstellung von Produkten der einheimischen japanischen Automobilindustrie mußte Ursachen haben.

Waren dies zum einen vielleicht die von europäischen und US-amerikanischen Politikern wie Automobilverbänden verkündeten nicht-tarifären Handelshemmnisse? Waren es zum anderen mangelnder Wille und fehlender Ehrgeiz der überseeischen Automobilhersteller mit der Konsequenz, sich reichlich verspätet um den Markt Japan bemüht, bzw. die Zeichen der Zeit bis heute nicht richtig erkannt zu haben und es vorzuziehen, sich den überkommenen Japan-Klischees anzuschließen?

Es scheint, als läge die Wahrheit in der Mitte.

Allem voran ist die Erklärung für die Dominanz der japanischen Automobilindustrie am Inlandsmarkt aus historischen Gegebenheiten abzuleiten: Nach dem Zweiten Weltkrieg war der Automobilsektor mittels diverser administrativer und technischer Beschränkungen sowie Zölle für fast drei Jahrzehnte hermetisch abgeriegelt worden. Bis Anfang der siebziger Jahre wurde beispielsweise durch einen wahrhaft exorbitanten Importzoll von 40% ausländischen Herstellern jede erfolgversprechende Investition nahezu unmöglich gemacht. Hinzu kamen sich nahtlos anschließende drastisch verstärkte Abgas- und Sicherheitsvorschriften, die den Markt gleichfalls nicht eben attraktiv gestalteten.

Diese und andere Schwierigkeiten sind in den letzten Jahren weitgehend entfallen. Dennoch aber blieb im gleichen Zeitraum die rückläufige Tendenz für Automobilexporte nach Japan bestehen.

Der Hauptgrund für dieses zunächst widersinnig scheinende Phänomen liegt meines Erachtens in der durch die Exporterfolge der japanischen Automobilindustrie in fast allen westlichen Ländern genährte Überzeugung der Japaner, daß ihre eigenen Fahrzeuge einem Vergleich mit der ausländischen Konkurrenz nicht nur standhalten, sondern diese sogar qualitativ überflügeln. Hinzu kommt die deutliche Bevorzugung einheimischer Produkte beim japanischen Konsumenten.

Aufgrund all dieser Gegebenheiten kann der Absatz von Importfahrzeugen nur dann verstärkt werden, wenn es ausländischen Anbietern gelingt, mit überzeugenden Konzepten und Strategien, gepaart mit einem ausgezeichneten und mit Produkten von hohem Qualitätsniveau untrennbar verbundenen Image, mit großer Zuverlässigkeit und vorbildlichem After-Sales Service diesen Markt erfolgreich zu bearbeiten.

Und es war BMW, das in Japan nicht nur das schnellste Wachstum innerhalb der BMW-Gruppe vor allen anderen eigenen Tochtergesellschaften erzielen konnte, sondern darüber hinaus mit Abstand das weitaus erfolgreichste ausländische Unternehmen in Japan wurde und schon nach relativ kurzer Zeit quantitativ wie auch qualitativ den hart umkämpften Importmarkt anführte. Wie jeder Erfolg setzte auch dieser unsere Zähigkeit und harte Arbeit voraus.

2. Die Bereitschaft, sich eine „leere Tasse füllen zu lassen"

In Japan erzählt man sich eine alte Legende über einen berühmten Zen-Meister. Eines Tages besuchte ihn ein Gelehrter, der sich in Zen unterweisen lassen wollte. Der Gelehrte hatte sehr klare Vorstellungen davon und erläuterte dem Meister ausführlich, wie er sich die Lehrschritte im einzelnen dachte.

Jener saß still da und hörte ihm geduldig und interessiert zu. Dabei servierte er Tee. Doch er füllte die Tasse des gelehrten Gastes bis zum Rand, hörte nicht auf einzugießen, der Tee lief über und ergoß sich auf den Tisch. „Halt!“ schrie da der Gelehrte. „Hör auf zu gießen, der Tee läuft längst über!“ Aber der alte Zen-Meister lächelte sanft und erwiderte ganz ruhig: „Du kamst schon zu mir mit einer vollen Tasse. Wie kannst du erwarten, daß ich sie füllen könnte?“

Die Legende ist in unseren Tagen aktueller denn je. Angesichts der zunehmenden Geschäftsbeziehungen mit Japan ist es erstaunlich, von welch hartnäckigem Bestand manche der vorgefaßten Meinungen und Vorurteile gegenüber diesem Land nach wie vor noch sind.

Einerseits wird behauptet, die Japaner seien in Mentalität, in kulturellem und sozialem Umfeld so völlig anders, daß ein höchst spezifischer Verkaufs- und Marketingansatz unabdingbar notwendig erscheint.

Andere wiederum meinen, die Japaner hätten sich inzwischen längst zu einem integralen Bestandteil des internationalen Wettbewerbs emporentwickelt und ihre Wünsche, Vorstellungen und Bedürfnisse seien diesem daher mittlerweile derart angeglichen, daß man heute jederzeit die im Rahmen des globalen Marketings international gültigen Vertriebs- und Verkaufskonzepte uneingeschränkt auch auf Japan anwenden könne.

Diese beiden extremen Ansichten, wie alle dazwischenliegenden im Detail variierenden Meinungen, sind letztlich vorgefertigte Urteile und damit ein wesentliches Hindernis bei der Analyse der fallweise oft sehr unterschiedlichen Ausgangssituation; sie beengen das Gesichtsfeld und hemmen die notwendige Flexibilität. Man könnte auch sagen: Die Teetasse ist hier schon voll.

Bei BMW war die Tasse 1981 leer.

Alle waren bereit, aufmerksam zuzuhören und ggf. vorhandene Vorurteile abzubauen.

Wir verfügten über die geforderte unternehmerische Bereitschaft, über eine vorzügliche Motivation, über einen engen Kreis ausgesuchter Manager und nicht zuletzt über eine vielversprechende Vision – die Vision, auf diesem wohl attraktivsten, aber auch schwierigsten Markt der Welt einmal sehr erfolgreich zu werden.

Ausgestattet mit den nötigen Vorarbeiten, dem unabdingbaren professionellen Rüstzeug, traten wir an, einen neuen Markt zu erobern.

Seit langer Zeit hatten wir uns auf diesen Schritt vorbereitet. Umfangreiche Marktstudien waren erstellt worden, Vertriebs- und Marketingszenarien erarbeitet, Langfristplanungen durchgespielt. Doch ergänzt und vervollkommnet wurden diese notwendigen Schulaufgaben durch die nicht durch Voreingenommenheit, sondern durch Lernwilligkeit geprägte Bereitschaft, sich die „leere Tasse füllen zu lassen".

Unser Ziel dabei war es, die Verkäufe bis zum Ende des Jahrzehnts auf jährlich rund 10.000 Fahrzeuge zu steigern – was uns selbst als kaum realisierbar erschien.

Noch gut erinnern kann ich mich an die verhalten zweifelnden Gesichter der japanischen Journalisten, als wir anläßlich unserer ersten Pressekonferenz dieses zunächst sehr kühn erscheinende angestrebte Absatzziel verkündeten.

Aus heutiger Sicht fällt dieses Eingeständnis vorhanden gewesener Selbstzweifel leicht, wurden doch bereits 1985 und damit noch vor Erreichen der Halbzeit 12.000 BMW-Fahrzeuge verkauft, so daß jedes vierte importierte Automobil das berühmte weiß-blaue Markenzeichen trug.

Und 1988 gar fanden über 25.000 unserer Wagen einen Käufer.

Als Folge dieses unerwarteten Aufschwungs wurden wir in den vergangenen Jahren sehr häufig nach den Geheimnissen für den Erfolg von BMW in Japan gefragt.

Man vermutete etwas wie eine magische Formel oder ein Patentrezept, die natürlich auch andere Firmen sehr gern für ihren Markteintritt verwendet hätten.

Indessen – eine solche Formel existiert nicht.

3. Der Markt Japan – die Herausforderung

Als wir vor Jahren damit begannen, uns der großen japanischen Herausforderung zu stellen, war bei BMW etwas wie ein geflügeltes Wort im Umlauf: Wir müssen Japanisch lernen! – Was freilich im übertragenen Sinn zu verstehen war.

Aus heutiger Sicht können wir sagen: Wir haben Japanisch gelernt.

Diese Grundvoraussetzung für erfolgreiches Handeln in Japan unterstrich auch Alt-Bundeskanzler Helmut Schmidt, als er Ende 1985 anläßlich einer Veranstaltung zum Thema Unternehmensprofilierung in Japan die Feststellung traf:

„Allerdings sind die Klagen über die Verschlossenheit der japanischen Märkte zum Teil unberechtigt. Ich habe im Laufe der Jahre eine Reihe von deutschen Firmenvertretern in Japan gesprochen. Wenn einer, der eine große deutsche Firma in Tokyo vertritt, Ihnen sagt: ‚Ach, wissen Sie, ich kann eigentlich nicht klagen. Unsere Geschäfte gehen ja ganz gut', dann können Sie sicher sein, der Mann ist schon seit gut zwölf Jahren da, und er kann ein bißchen Japanisch nicht nur verstehen, sondern auch reden und er weiß, wie man sich zu benehmen hat.

Wenn Ihnen aber einer sagt: ‚Es ist unerhört, ich kann unsere Produkte überhaupt nicht unterbringen, alle machen mir Schwierigkeiten', so können Sie sicher sein, der kann kaum ‚Danke' auf Japanisch sagen."

Dieser Aussage kann ich nur zustimmen. Und, wie Helmut Schmidt weiterhin feststellt, ist „die Aufenthaltsdauer deutscher Firmenvertreter – besonders angesichts der enormen kulturellen Barrieren – in vielen Fällen doch erstaunlich kurz".

Dabei ist der Markt Japan, wie erwähnt, mit Sicherheit einer der attraktivsten der Welt. Zudem ein sehr anspruchsvoller Markt mit mehr als 120 Mio. Menschen, Menschen mit Sinn für neue Ideen und neue Produkte, Menschen mit konkreten Vorstellungen von dem, was sie möchten oder nicht möchten, Menschen mit klar definierten Ansprüchen und einem ausgeprägten Gefühl für Produktqualität.

Um auf einem derartigen Markt zu bestehen, muß man sich vor allem zur eigenen Bereitschaft durchringen, praktisch mit den Kinderschuhen anzufangen und zu lernen, wie das Geschäft in Japan am besten anzugehen ist.

Dabei könnte man vorzugsweise zurückgreifen auf jene zahlreichen Publikationen der letzten Jahre, die die Unterschiede zwischen Japan und der westlichen Welt in zum Teil recht voneinander verschiedenen Grundaussagen aufzuzeigen und zu beschreiben suchen. Publikationen, die allzu oft nur einmal mehr vertraut machen mit den gängigen Klischees, welche zudem nicht selten in Kritik über den japanischen Markt ausarten.

Klischees allerdings enthalten immer auch ein Körnchen Wahrheit – wenn sie auch die Wahrheit nur grob umreißen können und wie jede Verallgemeinerung ein Teil, meist der kleinere Teil, von ihr sind.

So hört man beispielsweise immer wieder, die japanische Gesellschaft sei in sich geschlossen, homogen, und es sei daher nun einmal nicht möglich, in diesen Markt einzudringen.

Wenn dies auch nicht falsch ist, so sollte doch bedacht werden, daß eine Gesellschaft und ein Volk trotz allem nur so homogen ist, wie es eine Gruppe aus 120 Mio. Menschen – das sind 120 Mio. Individuen, 120 Mio. Vorstellungen, Wünsche und Ansprüche – eben sein kann.

Denn auch und gerade in Japan weiß sich der einzelne Konsument in Fragen der Produktwahl durchaus von der Masse abzugrenzen. Noch mehr – der erfolgreiche Japaner sucht zunehmend nach immer neuen Möglichkeiten und Varianten der Unterscheidung von anderen; es drängt ihn, sich abzuheben vom Durchschnitt und nivelliertem Mittelmaß.

Aus diesem Grund sind exklusive Produkte mit hohem Prestigewert und von zumeist europäischer Herkunft seit jeher sehr gefragt, wobei die größten Chancen beim japanischen Konsumenten jene Erzeugnisse haben, deren Marken am angesehensten und je spezieller das Angebot oder das technische Know-how sind. Dies gilt selbstverständlich in besonderem Maße für den Automobilsektor.

Und da es für den japanischen Konsumenten auf diesem Gebiet praktisch keine Möglichkeit der Absetzung und Abgrenzung von der Masse gab, stießen wir quasi in eine Marktlücke, die durch die inländischen Anbieter nicht geschlossen werden konnte.

Sie wollte und sie sollte gefüllt werden – durch exklusive Automobile.

Denn auch in Japan besteht keine Chance für die dauerhafte und tragfähige Existenz eines Anbieters, der gleichermaßen die Bedürfnisse sämtlicher Konsumentenschichten abdecken will und in allen voneinander verschiedenen Marktsegmenten gleich erfolgreich sein möchte.

Ist man es im unteren oder mittleren Segment, wird man kaum im oberen Segment voll akzeptiert werden. Die aus dieser Erkenntnis resultierende derzeit zu beobachtende Produktoffensive der japanischen Automobilanbieter für diesen exklusiven oberen Teil der Marktpyramide wird im günstigsten Fall das Segment lediglich verbreitern, woraus sich für die „echten“ exklusiven ausländischen Anbieter wiederum eine Verbesserung der Chancen ergibt.

Nach diesen ersten einführenden Gedanken möchte ich im folgenden versuchen, den Erfolg von BMW in Japan unter Berücksichtigung der fünf wesentlichen Aspekte zusammenzufassen.

Mein Hauptanliegen hierbei besteht im Aufzeigen der automobil-spezifischen Elemente und dem Bemühen, diese auf einen allgemeingültigen Nenner zu bringen.

Würde ich damit dem Leser mögliche Anregungen für eigene Aktivitäten vermitteln können, wäre ein wichtiger Zweck dieser Ausführungen erfüllt.

4. Die fünf Schritte zum Erfolg

4.1 Die Vertriebsstrategie

Oft begegnet einem die Meinung, das japanische Distributionssystem sei außerordentlich kompliziert und mache es dem ausländischen Anbieter nahezu unmöglich, seine Produkte über diese Vertriebskanäle zu plazieren. Zudem spielt die Preisstellung eine wesentliche Rolle, da das japanische Vertriebssystem die Waren auch entsprechend verteuert.

Grundsätzlich stimmt dies, doch muß hinzugefügt werden, daß das japanische System trotz aller für das europäische Auge so unwägbar scheinenden Bedingungen Leistungen vollbringt wie möglicherweise kein zweites in der Welt.

Tagtäglich bedient es eine unglaublich kleine Anzahl über das ganze Land verteilter Läden, in denen die allermeisten Japaner ihre Einkäufe tätigen. Wenn es einem Unternehmen daher möglich wäre, seine Produkte beispielsweise im Rahmen eines Joint Venture über diese Vertriebskanäle zu vertreiben, könnte es quasi „über Nacht“ eine landesweite Marktabdeckung erreichen.

Der japanische Konsument identifiziert dieses System mit solch wichtigen Werten wie Vertrauen, exzellentem Kundenservice, Effizienz sowie der permanenten Verfügbarkeit der Produkte. Diese Identifikation wiederum ist der Garant für die Stabilität des Systems, womit sich der Kreis schließt.

Andererseits muß davon ausgegangen werden, daß keine Situation statisch ist, sondern in stetiger Entwicklung begriffen. Da das auch für Japan gilt, werden zunehmend neuartige Systeme etabliert, wie etwa exklusiv operierende Händlerketten und Supermärkte. Sie bieten dem Kunden ein wesentlich besseres Preis-/Leistungsverhältnis, lassen aber andererseits die für den Japaner so wesentliche persönliche Beziehung außer acht.

Der Herausforderung dieses zunächst unlösbar scheinenden Dilemmas mußte BMW sich nun stellen; das wichtigste hierbei war, innerhalb eines denkbar kleinen Zeitraumes ein leistungsfähiges Händlernetz aufzubauen.

BMW entschloß sich zur Errichtung eines eigenen, exklusiven Händlernetzes, denn die Erkenntnis galt als gesichert, wonach man auf dem japanischen Markt nur dann nachhaltige Erfolge erzielen kann, wenn man die Gesamtheit der Vertriebsaktivitäten selbst kontrolliert (siehe Abb. 1).

Weil in Japan die Händler im Automobilbereich traditionell und vor allem finanziell sehr eng mit dem jeweiligen Hersteller verknüpft sind, standen sie dem Anbieter aus dem Ausland zunächst nicht zur Verfügung. Dies allerdings hat sich inzwischen gewandelt. Der Markt ist stark gesättigt und die japanischen Hersteller sind allein schon unter dem Aspekt der Ausnutzung ihrer Betriebe am Vertrieb ausländischer Automobile durchaus interessiert.

Andere ausländische Mitbewerber auf dem japanischen Automobilmarkt bedienten und bedienen sich einer Reihe von Generalimporteuren. Diese genießen einerseits ein sehr gutes Unternehmensauftreten und betreiben landesdeckende Vertriebs- und Serviceorganisationen, während sie andererseits in der Gestaltung der Sektoren Vertrieb, Marketing und Service weitgehend „freihändig“ arbeiten und damit nur selten in Einklang mit den Unternehmensinteressen der jeweiligen ausländischen Produktmarke zu bringen sind.

Außerdem verfügt ein Importeur natürlich nicht über den oft erforderlichen langen finanziellen Atem. Er beobachtet und bewertet den Markt und seine Entwicklung vielmehr nach Gesichtspunkten kurzfristig überschaubaren Gewinns.

Der Hauptgrund für den Erfolg von BMW ist deshalb nach meiner Überzeugung zum einen in der Gründung einer eigenen Vertriebsgesellschaft zu finden, zum anderen im parallel dazu verlaufenden Aufbau eines exklusiven Händlernetzes.

Damit waren wir als 100%ige Tochter des Herstellers in die Lage versetzt, den Markt Japan langfristig zu bearbeiten und verfügten über Zugriffsmöglichkeiten für alle hier getätigten Aktivitäten.

Vor allem wurde zunächst erheblich investiert. Vom vorherigen Importeur übernahmen wir 1981 ein Netz mit 36 Händlerbetrieben, das bis Ende 1988 auf mehr als 110 Verkaufsstützpunkte angewachsen war.

Diese Geschäfte verkaufen BMW exklusiv und sind geprägt von einem einzigartigen, weltweit gültigen, optischen Erscheinungsbild mit sehr hohem Wiedererkennungswert.

Der Neuwagenbereich wird darüber hinaus ergänzt durch ein vollständiges Serviceangebot mit einmaligen Kundenkontakt- und Finanzierungsprogrammen sowie dem überaus wichtigen Gebrauchtwagenhandel.

Zeitgleich zum Gründungsprozeß verliefen umfangreiche regionale Markt- und Potentialstudien und ein speziell entwickeltes Trainingsprogramm, das unter dem strategischen Dach „BMW Academy" alle Elemente des theoretischen und marktanalytischen Unterbaus zusammenfaßte.

Im Ergebnis all dieser akribischen Vorarbeiten verfügt BMW heute über ein in seiner Art unerreichtes selbstbewußtes, professionelles und profitables, ganz Japan überziehendes Händlernetz, das letztlich als eine der wichtigsten Grundlagen zur Erreichung der quantitativen wie auch qualitativen Zielsetzungen angesehen werden kann.

Die fünf Schritte zum Erfolg

Bausteine der Markteintrittsstrategie von BMW in Japan

– Der Vertrieb –

Strategie	Ergebnis
• Eigene Tochtergesellschaft und eigene Verkaufsniederlassungen in strategisch wichtigen Verkaufspunkten. • Unabhängiges, exklusives Händlernetz.	• Die Möglichkeit der langfristigen Marktbearbeitung. • Steuerung und Kontrolle der Vertriebs- und Marketingaktivitäten (wholesale/retail). • Im Einklang mit den Unternehmensinteressen des Herstellers. • Notwendige, unternehmerische Freiheit des einzelnen Händlers. • Exklusivitätsanspruch der Marke wird gewährleistet.

Abb. 1: Der Vertrieb als Baustein des Erfolges

4.2 Das Produktkonzept

Das sehr spezifische Distributionssystem des japanischen Marktes deckt den Bedarf breiter, wohlhabender Bevölkerungsschichten ab. Wie bereits erwähnt, mißt der Konsument in Japan den Faktoren Qualität und Exklusivität einen stark zunehmenden Stellenwert bei. Wie beispielsweise die Zeitung „Blick durch die Wirtschaft" unterstrich, „haben die meisten Japaner sich bereits mit allen für einen angenehmen Lebensstandard notwendigen Dingen eingedeckt; jetzt möchten sie sich gerne zusätzlich noch etwas Luxus gönnen".

Aus dieser Tatsache leitet sich für jeden, der auf diesem Markt bestehen will, die Aufgabe ab, Art und Beschaffenheit der bevorzugten Artikel sowie den jeweiligen Bedarf zu ermitteln.

Als den Trend zur bewußten Individualisierung noch zusätzlich unterstützendes Moment kommt in diesem Zusammenhang der Umstand hinzu, daß Vergleichbarkeit und eine gewisse Nivellierung der Produkte proportional zur Produzentenkonzentration ansteigen. Dieser Prozeß zunehmender Uniformierung kann daher den Wunsch einer kleinen Zielgruppe nach äußerer Abgrenzung auch in Japan nur fördern, was mit Gewißheit zur weiteren Stabilisierung einer solch individuellen Marke wie BMW mit seinem unzweifelhaften Renommee beitragen wird.

Mit BMW entscheidet sich der Käufer für ein unverwechselbares Automobil mit einem hohen Identifikationsgrad; ein Automobil, mit dem er sich aus der Menge abhebt.

Zwar gelten für den japanischen Markt noch immer spezielle Gesetzmäßigkeiten und besteht mitunter eine Hemmschwelle gegenüber dem Erwerb von Waren, die nicht „Made in Japan" sind. Doch die Kenntnis psychologischer Mechanismen garantiert, daß geschickt positionierte exklusive Produkte auch künftig neben den japanischen und importierten Massenangeboten durchaus bestehen können. Denn der Anspruch japanischer Massenhersteller, mit einem geeigneten Automobil auch exklusiven Anforderungen im oberen Marktsegment zu genügen, ist nicht allein durch Produktleistung und -qualität gerechtfertigt; auch „Herkunft" und „Charakter" müssen stimmen.

Da harte Konkurrenz hochwertige Produkte hervorbringt, benötigt man für die Schaffung und anschließende Ausschöpfung der Nachfrage eine spezielle Kombination bestimmter Produkteigenschaften. Man nennt sie im Fachterminus der Marketingexperten „Unique Selling Proposition".

Als Ergebnis umfangreicher Untersuchungen in Japan haben wir für BMW in der Produktpositionierung folgende Grundanforderungen abgeleitet (siehe Abb. 2):

Die fünf Schritte zum Erfolg

Bausteine der Markteintrittsstrategie von BMW in Japan

– Das Produkt –

Strategie

- Psychologische Produktpositionierung durch eine spezielle Kombination bestimmter Produkteigenschaften:
- Qualität
- Exklusivität
- Individualität
- Technologieanspruch als Tradition
- Charakter

Ergebnis

- Notwendige Produktdifferenzierung gegenüber dem Wettbewerb: „Unique Selling Proposition".
- Schaffung von Nachfrage und anschließende Ausschöpfung von neuen Marktpotentialen.

Abb. 2: Das Produkt als Baustein des Erfolges

– *Tradition* im Sinne einer nachweisbaren Pionierrolle bei neueren Produktideen und Technologien, dies insbesondere bei anspruchsvollen Lösungen.
– *Tradition oder Herkunft* als charakteristische Ausprägung deutscher Wirtschafts- und Industriegeschichte und somit auch deutscher Technik-

geschichte. BMW-Fahrzeuge stehen für Qualität, Tradition und Leistungsbewußtsein unseres Landes.

- Ein *homogenes Produktprogramm*. BMW belegte alle Segmente des „Luxury Car"-Marktes. Hierbei wurde besonders darauf geachtet, weder in Fahrzeug- noch in „Fahrerklassen" einzuteilen, sondern ganz bewußt eine Produkthomogenität analog zu den homogenen Kundengruppen anzustreben.
- Bei der Entscheidung über die *Preisstellung*, welche von einem vernünftigen Preis-/Leistungsverhältnis geprägt war und ist, mußte bedacht werden, daß BMW als exklusives Produkt gerade in Japan seine Wirkung nicht zuletzt durch die Kenntnis eines höheren Preises erzielt.
- *Technologieführung* als Ausdruck der perfekten Kombination aus hochinnovativer Fahrfreude, Antriebe sowie Karrosserien mit äußerer geschmacklicher Sicherheit und zugleich souveräner Ruhe der Erscheinung, wobei der innovative Fortschritt quasi „unter der Haut" liegt.
- BMW bietet ein eigenständiges, sich von der Masse uniformer Gestaltung abhebendes Gesicht und genügt damit dem Erfordernis nach *identifizierbarer Produktgestaltung*. Bewußt wurde das BMW Design deshalb als „europäisch klassisch" positioniert.

4.3 Die Preisstrategie

Das Marktverhalten des japanischen Konsumenten setzt die Qualität an die erste Stelle – der Preis ist sekundär.

Daraus folgt, daß die im Exklusivgütermarketing notwendige Preispolitik durchaus akzeptiert wird, sofern sie durch überdurchschnittliche Qualität und ausgezeichneten Kundenservice gerechtfertigt ist. Für den anspruchsvollen Kunden in Japan ist der Preis einerseits ein Indikator zur Beurteilung der Qualität, andererseits erwartet er, bei seiner Kaufentscheidung den Prestigewert des Produktes über den Verkaufspreis kommuniziert zu wissen.

Somit wird gerade in Japan bei der Preisfestsetzung das Verständnis eines vernünftigen Preis-/Leistungsverhältnisses als ein wichtiger Schlüssel zum Erfolg bewertet.

Der Grund für den anfänglich sehr geringen Marktanteil von BMW lag augenscheinlich in den vergleichsweise überhöhten Handelsspannen unseres früheren Importeurs, woran sich erweist, daß das Image der Exklusivität der Marke offenbar durch sehr hohe Verkaufspreise gepflegt wurde.

Dennoch entschlossen wir uns zu einer „aggressiven" Preispolitik, ungeachtet der immensen Aufwendungen für den Aufbau der Organisation, des Vertriebsnetzes sowie im Servicebereich, welche wesentlich höher lagen als in anderen Ländern. So konnten die Verkaufspreise seit Aufbau der Tochtergesellschaft direkt oder indirekt – durch ständige Produkt- und Ausstattungsverbesserungen – bis zu 25% gesenkt werden (siehe Abb. 3). Gleichzeitig hatten die japanischen Hersteller die Preise ihrer Automobile um den gleichen Prozentsatz erhöht, wodurch sich die Produktpositionierung von BMW in allen Marktsegmenten verbessern konnte – obgleich BMW-Fahrzeuge natürlich noch immer teurer waren als die Erzeugnisse einheimischer Anbieter.

Doch bei der Beurteilung der höheren Preise mußte die gesamte Ausstattung und das von der japanischen Tochtergesellschaft zu tragende Kursrisiko in Betracht gezogen werden. Außerdem mußten wir berücksichtigen, daß in Japan, anders als in Europa, deutliche Preisnachlässe gegenüber dem Endverbraucher üblich sind.

Es entsprach gleichzeitig unserer Unternehmensstrategie, ein profitables Händlernetz aufzubauen, so wurden die BMW-Händlergewinnspannen sehr deutlich über dem in Japan beim Neuwagengeschäft üblichen durchschnittlichen Aufschlag von nur 1% festgesetzt.

BMW war jetzt aus der Sicht des japanischen Verbrauchers „erschwinglicher" geworden und wurde verstärkt in die Kaufentscheidung einbezogen.

Neben unserer differenzierten Preisstellung entwickelten wir als weitere flankierende Maßnahme eine bislang nicht gekannte Kreditstrategie.

Üblicherweise werden 60% der Neuwagenkäufe über Teilzahlung getätigt. Auch bei BMW in Japan war dies in der Vergangenheit zunächst die Haupteinnahmequelle. Da aber unsere Händler mit einer wesentlich höheren Verkaufsmarge ausgestattet worden waren, konnten die ansonsten mit – gegenüber den Bankkonditionen weit überhöhten – Zinsen von bis zu 18% bei 25% Anzahlung arbeitenden japanischen Anbieter durch unsere Fahrzeugfinanzierung mit bis zu 50% unterboten werden. Dies veranlaßte unter anderem Lukas Schwarzacher aus Tokio zu einem Artikel in der

Die fünf Schritte zum Erfolg

Bausteine der Markteintrittsstrategie von BMW in Japan

– Der Preis –

Strategie

- Im Exklusivgütermarketing notwendige „moderate" Hochpreispolitik.
- Senkung der Verkaufspreise bis zu 25%.
- Deutlich höhere Händlergewinnspannen.
- Innovative und zeitgerechte Finanzierungsstrategien.

Ergebnis

- Prestigewert der Produkte wird über den Preis kommuniziert.
- Indikator zur Beurteilung der Produktqualität.
- Abbau der überhöhten Handelsspannen des früheren Importeurs.
- Profitableres Händlernetz.
- Sicherung von Eroberungskäufen aus neuen Marktsegmenten.

Abb. 3: Der Preis als Baustein des Erfolges

„Stuttgarter Zeitung“ vom 21.3.1988. Er trug den Titel „Rasanter Aufstieg vom Exoten zum begehrten Nobelwagen“ und in ihm hieß es:

„Die Kredit- und Preisstrategie, die BMW in Japan einführte, half sicher mit, den Umsatz zu steigern (1987: 1,2 Mrd. DM). Im Vergleich zu japanischen Herstellern bietet BMW heute in Nippon Zahlungsmöglichkeiten mit 7,8% Zinsen an, und das für die gesamte Modellpalette. Das ist im Schnitt die Hälfte der Zinsen für japanische Autos.
Und dank der Währungslage konnten die Preise der Münchner Modelle in Japan stabil bleiben.“

4.4 Die Marketingkommunikation

BMW Japan Corp. verfolgte das Ziel, sich als „die beste Marketing- und Vertriebsorganisation“ in Japan zu etablieren.

Dazu war es notwendig, den exklusiven Anspruch von BMW landesweit wie auch am Ort des Verkaufs zu demonstrieren. Daneben mußten die Qualität der Marke und der Produkte mit Hilfe eines integrierten Kommunikationsmanagement und äußeren Erscheinungsbildes am Händlerplatz repräsentiert werden (siehe Abb. 4).

Zu diesem Zweck wurden alle zur Darstellung und Vermittlung wechselnder und zugleich anspruchsvoller Information geeigneten verfügbaren Kommunikationspotentiale unter Einbeziehung aller Kommunikationsmedien je nach der Aufgabenstellung geschickt genutzt. Die langfristige Planung von Imagewerten und Kommunikationsinhalten wurde festgelegt und ihre Gestaltung den Bedürfnissen und Erwartungen der für BMW in Betracht kommenden Zielgruppe angepaßt. Das für die Gesamtheit des Unternehmens allgemeingültige „Redaktionskonzept“ und das Marketingkonzept wurde von BMW Japan Corp. selbst erarbeitet.

In Japan sind alle Kommunikationsaussagen generell austauschbar. Daher sind Produkte allein anhand der Kommunikation über sie, wie Bildmotive und dergleichen, nicht unterscheidbar. Japanische Hersteller übernehmen sehr häufig erfolgreiche Erscheinungsbilder und kopieren von Mitbewerbern. Marketingexperten nennen dies die „me too"-Strategie. Aus ihr ergibt sich eine ebensolche „me too"-Darstellung im übrigen kaum unterscheidbarer Produktmerkmale bei der Kommunikationsarbeit.

BMW mußte also die psychologisch durchdachte Produktpositionierung durch eine kreative und überzeugende Werbekampagne untermauern.

Wertschätzung und Produktpolitik von BMW besitzen weltweite Gültigkeit. Vor allem jene Kunden sollen sich angesprochen fühlen, die aufgrund ihrer wirtschaftlichen Tätigkeit oder auch ihrer kosmopolitischen Grundhaltung bestrebt sind, eine zwar weltweite übereinstimmende, aber von der Masse sich differenzierende Einstellung zu erzielen.

Entsprechend diesem Grunderfordernis wendet BMW auf der ganzen Welt konsequent die gleiche Kommunikationsstrategie an. Diese Einheitlichkeit schließt allerdings nicht die Gleichheit der Konzepte und Inhalte ein, sondern sie ist stets gebunden an die speziellen Bedingungen der jeweiligen Länder.

Wollte man nun die Voraussetzungen für die exklusive Produkt- und Marktposition von BMW in Japan zusammenfassend darstellen, ergeben sich die folgenden Kommunikationsziele:

- bestes Unternehmens-, Händler-, Produkt- und Käuferimage;
- intelligenteste, modernste Technologie sowie „klassisches" europäisches Design;
- sehr hoher Qualitätsstandard und hohe Zuverlässigkeit;
- hohes Leistungsprestige für alle Produkte als Maßstab für die persönlichen Leistungen der Zielgruppen.

Es sei die Meinung eines führenden japanischen Marketingexperten hinzugefügt, nach dessen Ansicht BMW aufgrund folgender Stilmerkmale zu einem Maßstab wurde und wichtige Akzente setzte für die Industrie wie auch zu

Die fünf Schritte zum Erfolg

Bausteine der Markteintrittsstrategie von BMW in Japan

– Die Kommunikation –

Strategie

- Integriertes Kommunikationsmanagement.
- Folgende Kommunikationsinhalte wurden zur Abstützung der psychologischen Produktpositionierung festgelegt:
- Bestes Unternehmens-, Händler-, Produkt- und Käuferimage.
- Intelligenteste, modernste Technologie.
- Elegantes, europäisches Produktdesign.
- Extrem hoher Qualitätsstandard in Fertigung und Produkt.
- Hohe Zuverlässigkeit und hoher Wiederverkaufswert.
- Hohes Leistungsprestige für alle Produkte als Ausdruck persönlicher Leistungen der Kunden.

Ergebnis

- Anspruch der Marke kann landesweit sowie auch am jeweiligen Händlerplatz demonstriert werden.
- Einheitlicher, exklusiver Marktauftritt und Sicherstellung der raschen Marktdurchdringung in den Kernzielgruppen.
- Umsatzsteigerung von über 700% im Beobachtungszeitraum seit Gründung der Tochtergesellschaft.
- BMW wurde nicht zuletzt durch seine Kommunikationsarbeit zum Maßstab und setzte wichtige Akzente für die Industrie.

Abb. 4: Die Kommunikation als Baustein des Erfolges

einer „Autorität“, welche nicht zuletzt im potentialträchtigen „konservativ gehobenen Milieu“ Japans längst nicht mehr in Zweifel gezogen wird:

BMW vermittelt den Stil

- einer „unaufdringlichen Vornehmheit“,
- eines „gewollten Understatements“ und
- einer „selbstsicheren Würde“.

Und dieser Stil führte zu dem, was die „Financial Times“ in ihrer Ausgabe vom 5.5.1988 mit den Worten charakterisierte: „A Marketing Legend.“

4.5 Die Personalpolitik

Am Anfang sah BMW sich der Aufgabe gegenüber, mit dem vom früheren Importeur fast komplett übernommenen Personalbestand von 210 Mitarbeitern die gesamte Organisation dem Unternehmensanspruch und den gesteckten Zielen im Rahmen einer kompletten Neustrukturierung anzupassen.

Dies gestaltet sich in Japan besonders schwierig. Zum einen ist der Personalmarkt in Tokio aufgrund des japanischen „Lifetime Employment“-Prinzips sehr eng. Zum anderen war und ist das Auffinden qualifizierter Fachleute für die verschiedenen Unternehmensbereiche nahezu unmöglich. Es gestaltete sich mithin äußerst kompliziert, vorhandene Fachkräfte mit attraktiven Angeboten aus der japanischen Automobilindustrie erfolgreich zu rekrutieren.

So entschlossen wir uns, langfristig unser eigenes Personal aufzubauen und im Wege der oben bereits beschriebenen „BMW Academy“ auszubilden. Daß dies zeitaufwendig und nicht zuletzt sehr kostspielig war, bedarf in diesem Zusammenhang kaum noch einer Erwähnung.

Nun werden aber gerade in Japan Unternehmen nach den Leistungen ihrer Mitarbeiter und des Management bewertet; zudem werden sehr oft die Mitarbeiter als eigentliche „Anteilseigner“ angesehen.

Hier fällt der Unterschied zum westlichen Unternehmensdenken besonders deutlich ins Auge. Sinnfällig wird dies beispielsweise, wohnt man einmal der Hauptversammlung eines großen Unternehmens bei. Es wird dem ausländischen Beobachter sehr schnell bewußt werden, daß hierzulande Management im Prinzip als das „Management of Assets" verstanden wird.

Wer also in Japan erfolgreich sein will, muß seine Unternehmensidentität auf eine Weise entwickeln, die auch dem potentiellen japanischen Mitarbeiter sichtbar und nachvollziehbar ist (siehe Abb. 5).

Vor allem ruft eine neue Gesellschaft zunächst Unsicherheiten und Verunsicherung hervor, bedingt nicht zuletzt durch das erwähnte „Lifetime Employment".

Eine der Voraussetzungen für die Garantie sozialer Sicherheit ist die deutliche Sichtbarmachung (Offenbarung) der eigenen Unternehmenspersönlichkeit und deren Einsatz bei Personalgesprächen. Transparenz schafft bekanntlich Akzeptanz. Und diese haben wir offensichtlich erreicht.

Ein weiterer wesentlicher Faktor des Erfolgs von BMW in Japan ist darin zu sehen, daß das Topmanagement aus der idealen Symbiose zweier Japaner und zweier Deutscher bestand und damit eine perfekte Verbindung geschaffen war aus japanischer Denk- und Lebensweise und dem Verständnis und nötigen Wissen für die Unternehmensbelange von BMW gleichermaßen.

Aus diesem fruchtbaren Dialog entwickelte sich eine einzigartige Unternehmenskultur, eine „Corporate Culture" für BMW in Japan. Während sich unsere japanischen Managerkollegen bemühten, BMW in die so außerordentlich entscheidenden Regierungs- und Unternehmenskreise einzuführen, konnten wir uns um das tägliche Geschäft kümmern.

Gemeinsam entwickelten und verabschiedeten wir unsere Konzepte und Strategien. Dabei ist es sicherlich ausschließlich dem japanischen mittleren Management zu verdanken, innerhalb der Organisation ein in Japan nicht unbedingt übliches „Management by Objective"-System zu etablieren – mit klarer Verantwortlichkeit, Kompetenzabgrenzung und Stellenbeschreibung für jeden einzelnen Mitarbeiter.

Diese vornehmlich auf persönlicher Leistung statt auf „Senioritätsdenken" basierende Organisationsform wurde durch ein progressives Bonussystem unterstützt und vervollkommnet.

Die fünf Schritte zum Erfolg

Bausteine der Markteintrittstrategie von BMW in Japan

– Das Personal –

Strategie

- Klare Darstellung der eigenen Unternehmenspersönlichkeit.
- Schaffung einer Garantie der sozialen Sicherheit für japanische Mitarbeiter.
- Aufbau einer BMW Trainingsakademie.
- Japanisches und deutsches Topmanagement.
- In Japan nicht unbedingt übliches Organisationssystem: „Management by Objectives".

Ergebnis

- Starke Unternehmensidentifikation als Voraussetzung für Personalbeschaffung.
- „Life-time employment".
- Heranbildung von potentiellen Fachkräften (ca. 30 Universitätsabgänger pro Jahr) für die unterschiedlichsten Unternehmensbereiche.
- Perfekte Verbindung aus japanischer Denk- und Lebensweise sowie dem Verständnis und nötigen Wissen für die BMW Unternehmensbelange.
- Klare Verantwortlichkeiten, Kompetenzabgrenzungen und Stellenbeschreibung für jeden einzelnen Mitarbeiter.

Abb. 5: Das Personal als Baustein des Erfolges

5. Wie man ein Ziel erreicht

Zusammenfassend können wir sagen: Der Erfolg auf diesem so interessanten und anspruchsvollen, doch zugleich sehr schwer zugänglichen Markt Japan, ist das Resultat sorgfältiger strategischer Planung und konsequenter Beharrlichkeit.

Notwendig waren hervorragende Produkte, erhebliche Vorleistungen, vor allem aber langer Atem, viel Geduld und der unermüdliche Einsatz des Management und aller Mitarbeiter.

Dr. Eberhard von Kuenheim, Vorstandsvorsitzender der BMW AG, formulierte es anläßlich einer Ansprache vor leitenden japanischen Unternehmern in Tokyo so:

„BMW ist großgeworden, weil es auf die eigene Kraft vertraute, und es hat bislang alle zur jetzigen Größe führenden Investitionen auch aus eigener Kraft finanziert. Diese innere Stärke erlaubt eine konsequente Unternehmenspolitik, und auch darin mag eine Ursache unseres Erfolgs begründet sein."

Dem ist, wie ich meine, nichts hinzuzufügen.

Zum Hintergrund des Erfolges von Wella Japan: Insider werden und doch deutsche Identität bewahren

Makato Tobari

1. Vorbemerkung

Japans Märkte bieten reichliche Möglichkeiten für ausländische Unternehmensaktivitäten. Bis September 1989 waren über 4000 ausländische Unternehmen – Joint Ventures eingeschlossen – im japanischen Gastmarkt tätig; ihre Zahl steigt ständig. Gleichzeitig beweist die Tatsache, daß jährlich zwischen 200 und 300 ausländische Firmen nach nur zwei- bis dreijähriger Existenz sich wieder zurückziehen, daß Erfolg in Japan keine leichte Aufgabe darstellt.[1]

Dies reflektiert das Vorhandensein einer Vielzahl von Hindernissen, die in Japans bodenständigem komplexen Distributionssystem, ungewöhnlichen Geschäftsgewohnheiten, allzeit drastischen Veränderungen, extrem intensivem Wettbewerb und launischem Konsumentenverhalten liegen.

Seit Wella's aktivem Eintritt in den japanischen Markt sind rund 20 Jahre vergangen. Während dieses Zeitraums sah Japan den rapiden wirtschaftlichen Aufstieg zu einer führenden Wirtschaftsmacht, die heute ca. 10% des Bruttosozialproduktes der Welt erwirtschaftet. Gleichzeitig führte dieses kraftvolle Wachstum zu einer absoluten Sättigung der verschiedenen inländischen Konsumgüter-Teilmärkte. Mit einem Volumen von 11,6 Mrd. DM (Wechselkurs September 1989) ist der japanische Körperpflege- und Kosmetikmarkt bereits in eine Phase der Ausreifung und des schleppenden Wachstums eingetreten.

Wir glauben nicht, daß in diesem drastischen Wandel der japanischen Geschäftswelt konventionelle Erfolgsmethoden den künftigen Geschäftserfolg weiterhin garantieren können. Ohne Frage sind neue Marketingstrategien gefordert, um sich auf den Wandel im Geschäftsumfeld einzustellen. Wir sind jedoch der Überzeugung, daß grundsätzliche Erfordernisse erfolgreicher Geschäftsführung in Japan unverändert bleiben werden. Insoweit kann eine Darstellung der Hintergründe von Wella's Geschäftserfolg in Japan von wichtigem Informationswert für Planung und Management ausländischer Unternehmer in Japan sein.

1 Dieser Beitrag wurde aus dem Englischen übersetzt.

2. Kurzer historischer Abriß Wella Japan

Schon frühzeitig erschlossen die Gründerfamilien Ströher die Weltmärkte für Wella. Heute bestehen Fertigungen in über 35, eigene Vertriebsfirmen in rund 70 und Vertretungs-Partner in weiteren 70 Ländern.

1961 wurde ein erster Vertretungsvertrag in Japan geschlossen, dem kein Erfolg beschieden war. Nach dessen Ablösung 1965 wurden mit einem anderen, starken Partner ab 1966 bis zu 2,2 Mio. DM Geräte-Umsätze erzielt; der Haarkosmetik-Umsatz erreichte 1968 allerdings nur 0,6 Mio. DM und deshalb wurde das kleine Liaison-Office Patmar errichtet, in dem ein „Marketing Promoter" mit 20.000 US$ Anfangskapital ab Juli 1969 eine aktive Wella-Geschäftsführung in Japan aufnahm. In komplizierten Verhandlungen wurden vier Joint Ventures (alle mit der gesetzlich vorgeschriebenen Quote von 50% Beteiligung) mit unterschiedlichen Partnern gegründet. Ab Herbst 1972 liefen die eigenen Produkte in Japan vom Band und die Verkaufs-Joint-Ventures vertrieben sie in den beiden wichtigsten Distributionskanälen Friseur und Fachhandel. Deutscher Qualitätsanspruch, Service und Hochpreispolitik wurden die Erfolgsfaktoren. Bei der Fusionierung aller Firmen 1977 waren bereits 100 Mio. DM Umsatz überschritten. Neue gesetzliche Möglichkeiten führten zu rund 65% Kapitalmehrheit für das Stammhaus Wella AG; der Rest liegt bei Management, Großhändlern und zwei Großbanken. Inzwischen steuert das Unternehmen die 300 Mio. DM-Umsatzgrenze an.

3. Marketingstrategien

Der Markteintritt Wella's erfolgte mit klassischen Marketingstrategien: Durch professionelle Schulung von Friseurkunden, Großhandel und später Fachhandel, eingebettet in ein umfassendes Betreuungsnetz, wurden treue Wella-Partner geschaffen, die durch Mund-zu-Mund-Werbung auch die Anerkennung bei den Endverbrauchern etablierten (Marktbekanntheit 1978 – ohne signifikanten Mediaaufwand – bereits 47% in Japan). Der Erfolg ergab sich durch langfristig orientierte Strategien.

3.1 Markt-Umfeld

Beim Eintritt Wella's in den japanischen Markt hatte die japanische Wirtschaft ihren Wachstumshöhepunkt erreicht. Im modischen Bereich entwickelte sich ein wachsendes Interesse an europäischen Marken. Begleitet vom steigenden Lebensstandard der Nation ergab sich ein Trend zur Nachfrage von höherwertigen Kosmetika. Der Markt wurde jedoch zu dieser Zeit von niedrigpreisigen Toilettenartikeln bestimmt. Die Köpfe wurden noch mit Badeseife gewaschen und Rinses kaum benutzt. Der Anteil der Haarpflege am gesamten Körperpflege- und Kosemtikmarkt in Japan betrug nur 20% – verglichen mit 32% heute. Die großen einheimischen Kosmetikhersteller waren kaum an dem niedrigpreisigen Haarpflegemarkt interessiert.

3.2 Einstieg in den Friseurmarkt

Unter obigen Vorzeichen betrat Wella Ende der sechziger Jahre den einheimischen Haarpflegemarkt. Außer kosmetischen Produkten bot Wella auch Haartrockengeräte hoher technischer Perfektion an, die ein lokaler Partner vertrieb. Noch heute arbeiten diese Qualitätsgeräte in japanischen Salons und stärken so das Vertrauen in Wella. Obgleich Wella praktisch noch keine Haarkosmetik-Umsätze in Asien registrierte, waren die professionellen Kunden doch gleich bereit, Wella's Innovationspotential anzuerkennen. Es war sicher richtig, im wichtigsten Markt Asiens, in Japan, zu beginnen und dort die Führerschaft anzustreben. Wella entwickelte ihre Strategie auf der Basis eines

Konzeptes unbedingter Höchstqualität bei einem Spitzenpreisniveau. Erstmalig wurden in Japan besondere Produktreihen exklusiv für das Friseurgeschäft entwickelt. Begeisterte Kunden nahmen dieses Konzept an und so erfolgte eine stetige Marktdurchdringung. Neu für die japanische Friseurwelt war die Idee von Wiederverkaufsartikeln, damit die Endverbraucher die im Salon eingesetzten Produkte auch zu Hause weiterverwenden konnten. Dies führte zu einer höheren Einnahmebasis für den Salon und sicherte die Wiederkehr der Kunden, die ihre eigenen Flaschen zum Teil zur Behandlung im Salon beließen (keep bottle principle). So entwickelte sich neben den Salonkunden ein Stamm treuer Endverbraucher.

3.3 Einstieg in das Retail-Geschäft

Als das Ansehen der Wella-Produkte im professionellen Friseurgeschäft zunahm, entschied sich Wella zum Einstieg in das Retail-Geschäft. Ab Ende 1972 wurde der hochpreisige, beratungsbedürftige Fachhandel, d.h. Kosmetik-Geschäfte, Parfümerien, Apotheken, hochklassige Drogerien und die in Japan sehr angesehenen traditionellen Kaufhäuser, beliefert.

Wir verfolgten diese Politik, um Synergieeffekte durch die Formierung eines Marktes zu bewirken, der sich fast komplementär zur Friseurbranche verhielt.

Da der Retail-Markt vornehmlich simple Haarkosmetik-Artikel umsetzte, lief ein anspruchsvolles System aus den verschiedenen Produktkategorien wie Shampoo, Rinse, Kurprodukten und Frisiermitteln in die offenen Arme des Fachhandels. Da die Wella-Marke zunächst dem breiten Publikum unbekannt war, ergaben sich enorme Schwierigkeiten, da Mittel für schlagkräftige Kommunikationskonzepte kaum eingesetzt werden konnten. Glücklicherweise stießen gerade zu dieser Zeit anspruchsvolle Produkte auf steigendes Konsumenteninteresse und der Fachhandel sah in Wella den Pionier für ein neues, hochprofitables Marktsegment. Das bewirkte die Loyalität des Fachhandels zu Wella. Die großen Anbieter wie Shiseido oder Revlon hatten diesen Markt schlicht übersehen.

3.4 Distributionspolitik

Eine sichere Basis im Friseurgeschäft mit führenden Salons bildete die notwendige Voraussetzung für die Ausnutzung des Qualitätsanspruches und des Systems der „Empfehlungskäufe", bei dem professionelle Saloninhaber ihren Kunden zum Kauf von Qualitätsprodukten rieten. Aus den Tausenden von Großhändlern in dieser Sparte wurden deshalb nur solche ausgewählt, die in ihrer Region Einfluß ausübten und bei den Kunden Respekt besaßen.

Die Geschäftsexpansion wurde in enger Verbundenheit von Wella mit ihren Großhändlern ausgeführt. So kamen von den über 300.000 Salons in Japan nur die relativ größten und angesehensten zu Wella, was wiederum deren Prestige erhöhte und das Partnerschaftsgefühl zwischen allen drei beteiligten Parteien verstärkte.

Den Fachhandel bedienten wir direkt durch Vertreter. Als Strategie galt hier ebenfalls, die großen und einflußreichen Outlets des Fachhandels in den Zentren der großen Metropolen, die sich zum Beratungsverkauf fähig zeigten, als Herzstück dieser Geschäftssparte zu betrachten.

Mit der späteren Ausweitung über das ganze Land wurden auch regionale Großhändler in diese Strategie einbezogen, wobei gleichfalls auf ein hohes Niveau bei diesen Partnern in ihren Regionen geachtet wurde.

3.5 Fachliche Ausbildung und Beratung

Eine wichtige Rolle im Geschäftskonzept spielte das spezifische Ausbildungsprogramm gleicherweise für Friseure und Fachhändler, um die Strategie des Unternehmens „Anspruchsvolle Qualität, hohes Preisniveau" glaubwürdig zu gestalten. Gleich zu Beginn des Markteintritts wurden sechs Studios als Ausbildungszentren für die Branche eingerichtet. Hier wurden neben chemisch schwierigen Techniken des Färbens und Dauerwellens auch die aktuellen

Verfahren beim Schneiden sowie Haar-Diagnosen, theoretische Untermauerung und vor allem die letzten internationalen Modetrends gelehrt, wobei zahlreiche internationale Fachkräfte, insbesondere aus dem deutschen Stammhaus, zum Einsatz kamen. Da zu dieser Zeit kein Wettbewerber über ein ähnlich konsequentes Ausbildungssystem verfügte, trug dies zum Vertrauen der japanischen Top-Friseure in Wella's Autorität bei.

Wella lud dann ebenfalls wichtige Fachkunden zu Trainings-Programmen ins deutsche Stammhaus ein und sorgte für ihre Teilnahme an internationalen Kongressen und Wettbewerben, um sich mit ihren führenden Kollegen in aller Welt auszutauschen. Dies bildete einen signifikanten Beitrag zur Anhebung des Niveaus der gesamten Friseur-Bedarfsindustrie in Japan.

Zum erheblichen Teil wurden diese Programme auf die Fachhändler übertragen, was eine völlige Neuheit in dieser Geschäftssparte darstellte und Wella's Pionierrolle festigte. Später ging man daran, technische Beratung zu den Endkunden mit Hilfe fachlich speziell ausgebildeter „Beauty Consultants" in die Kaufhäuser hineinzutragen.

4. Voraussetzungen für Geschäftserfolg in Japan

Hinter dem Wachstum verbargen sich reihenweise Hindernisse, die es zu überwinden galt: traditionelle soziale Strukturen, behördliche Regulierungen und die für den japanischen Kosmetikmarkt so typischen Zutrittsbarrieren. Hier half Wella sowohl ihre Langfristperspektive als auch die Ausführung einer Reihe innovativer Konzepte. Entscheidend für den Erfolg wurde letztlich das harmonische Engagement von japanischen Partnern und dem japanischen Top- und mittleren Management, das Verständnis der deutschen Seite für Japan sowie die Art, in der den Japanern die langfristige Wella-Geschäftsphilosophie nahegebracht wurde.

Das Ministerium für Handel und Industrie (MITI) hat verschiedentlich Wella Japan als Beispiel für eine geglückte Integration in den japanischen Gastmarkt bezeichnet.

Nachfolgend möchte ich meine persönlichen Einsichten in „Doing Business in Japan" für ausländische Unternehmer aus 35jähriger Erfahrung (davon 18 als Top-Manager und Partner von Wella) geben.

4.1 Gegenseitiges Verständnis und Vertrauen

Akzeptanz von Abweichungen erfordert einen hohen Grad von Geduld. Doch die Erzwingung von Geschäftspraktiken eines fremden Landes in Japan resultiert meistens in einer Eskalation der Komplikationen. Wenn nach Japan delegierte Manager dem Stammhaus in Telefonaten oder Schreiben die Probleme erläutern, von denen sie in Japan geplagt werden, dann sieht sich die Geschäftsleitung dort nur mit unverständlichen Ausführungen konfrontiert. Geschäftsmethoden verwurzeln tief in den jeweiligen Kulturen. Deshalb kann der fremde Geschäftsmann japanisches Geschäftsgebaren nur völlig verstehen und achten, nachdem er in Japan gelebt und mit Japanern gearbeitet und gefeiert hat.

Einer der Wella-Inhaber sagte einmal: „Deutsche Mitarbeiter, die nach Japan delegiert werden, müssen japanische Menschen und ihre Nahrung mögen und an japanischer Kultur interessiert sein." Es zählt zu den glücklichen Umständen, daß ein Wella-Inhaber sowie ein Top-Manager diese grundsätzliche Einstellung mitbrachten. Ich wage zu sagen, was auch immer ein ausländisches Unternehmen an exzellenten Produkten oder Dienstleistungen anbieten mag, sein Erfolg in Japan ist bestimmt durch die Qualität des nach Japan entsandten Managers.

Wella hatte glücklicherweise einen solchen Mann für ihre ersten Aktivitäten in Japan. Er verstand Japanisch und die Japaner. Um die unbekannte Marke

Wella in Japan bekanntzumachen, besuchte er persönlich mit seinen japanischen Kollegen Großhändler, Friseursalons und Retailer. Er arbeitete auch mit japanischen Arbeitern an den Abfüllinien, wenn einmal Not am Mann war. Er las Bücher über japanische Kultur, lernte die japanische Sprache und nahm an Hochzeiten und Trauerfeiern teil, was zu einem integralen Bestandteil japanischer Geschäftspraxis gehört. Produkte allein können keine Botschaft transportieren. So vermittelte er persönlich japanischen Mitarbeitern und Kunden gleicherweise Geschäftsphilosophie und Einstellung von Wella. Indem er morgens bis nachts wie japanische Firmenangehörige tätig war, erwarb er sich das Vertrauen der Kunden.

Auch die japanischen Mitglieder im Management arbeiteten hart und opferten oft die eigentlich der Familie vorbehaltene Zeit. Während viele ausländische Unternehmen in Japan versagten, weil sie kurzfristige Ziele verfolgten, bewirkte die „dienende" Haltung von Wella Japans Top-Management einen unvergleichlichen Eindruck. Solches Engagement führte für Wella Japan zur Unterstützung durch japanische Banken und durch Vorstand und Inhaber von Wella Deutschland. Das führte dazu, daß sich Wella Japan ermutigt fühlte, nach immer höheren Zielen zu langen.

Als Repräsentant des japanischenManagementteams habe ich immer sorgsam und in bescheidener Haltung meinen deutschen Kollegen zugehört. Ich fand heraus, daß ich auf diese Weise zu neuen und besseren Lösungen kam. Mit „bescheidener Haltung" meine ich nicht nur bloße Ausgleichsbemühungen, sondern eine Offenheit und Lauterkeit der Empfindungen. Hierzu glaubte ich, daß dies den wichtigsten fundamentalen Standpunkt bedeutet, wenn man Geschäfte mit Ausländern betreibt. Dies reflektiert, daß die japanische Gesellschaft mehr aus menschlichen Einheiten denn aus Kapitaleinheiten besteht.

4.2 Partnerschaftliche Bindungen

Japans Konsumgüterindustrie beruht auf komplexen Distributionssystemen. Das Salon-Geschäft basiert typischerweise auf den traditionellen Distributionssystemen, die Hersteller, Großhändler und Friseurgeschäfte umfassen. Der Geschäftsumfang der „Großhändler" ist vergleichsweise klein. Zu Beginn von Wella Japans Geschäft beruhten die Kriterien für die Auswahl der Großhändler nicht nur auf deren Distributionskapazität, sondern auch auf ihrer Kapitalausstattung sowie ihrer Beratungsfähigkeit in bezug auf die Saloninhaber. Diese Aufgabe wurde durch einen der ersten japanischen Joint-Venture-Partner stark unterstützt, der über das Laden-Einrichtungsgeschäft viel Einfluß in der Friseur-Bedarfsindustrie ausübte.

Japanische Großhändler handeln gewöhnlich mit einer Vielzahl von Produkten und einer großen Anzahl von Herstellern. Um den Anteil der eigenen Produkte beim Großhändler zu erhöhen, muß der Hersteller deshalb aktive Marktentwicklung und Differenzierungsstrategien pflegen. In dieser Hinsicht war Wella für die führenden Großhändler in Japan attraktiv, da es über einen internationalen Charakter und spezifische Produktqualitäten verfügte. Für Großhändler, die mit mehr als einem Hersteller arbeiten, bildet die Aussicht auf eine langfristige und stabile Geschäftsbeziehung das wichtigste Erfordernis bei der Auswahl der Hersteller.

Sogar ein Hersteller mit qualitativ hochwertigen Produkten kann außerhalb jeder Betrachtung liegen, wenn vermutet wird, daß er sich in naher Zukunft vom Markt zurückzieht. Dies ist der spezifische Punkt, an dem japanische Großhändler außerordentlich vorsichtig werden, sich für ausländische Produkte einzusetzen. Sie beobachten stetig und nüchtern, ob der ausländische Hersteller es auf sich nimmt, den japanischen Markt mit langfristigen Perspektiven zu entwickeln und ob er darauf vorbereitet ist, den Großhändlern auf kontinuierlicher Basis die notwendige Unterstützung zu gewähren. Wegen ihrer geringen Kapital- und Mitarbeiterausstattung ist die Abhängigkeit vom Hersteller extrem hoch in der japanischen Friseurindustrie. Die Großhändler hoffen deshalb darauf, Partnerschaften mit den Herstellern einzugehen, indem sie kooperative Beziehungen aufbauen, die auf persönlichen Kontakten basieren und sie am Wachstum ihres Herstellers teilhaben lassen. Ähnlich wichtig ist es für die Hersteller, enge Kontakte mit ihren Großhändlern zu pflegen, da diese wegen ihrer Kundennähe wichtige Marktinformationen liefern können.

Ausländische Unternehmungen in Japan müssen deshalb zuerst persönliche Beziehungen mit ihren japanischen Händlern und den meinungsbildenden Endkunden entsprechend japanischen Gepflogenheiten aufbauen. Für die japanischen Großhändler und ihre Kunden ist es daher der schnellste Weg, die Geschäftseinstellung und das Engagement ausländischer Hersteller einzuschätzen, indem sie deren vom Stammhaus entsandte Manager genau beobachten und bewerten. Deshalb werden Verhalten und Einstellungen eines jeden ausländischen Managers bis hin zu dessen gesamter Persönlichkeit und seinem potentiellen Vertrauenskapital bei allen Beziehungen aufmerksam in Betracht gezogen. Die familiäre corporate culture Wella's hat daher bei japanischen Partnern einen positiven Eindruck hervorgerufen. Dies wird auch dadurch unterstrichen, daß bei jedem Besuch japanischer Kunden in Deutschland, Inhaber, Führungskräfte und Mitarbeiter Zeit finden, wie beschäftigt sie auch sonst sein mögen. Ein umgekehrtes Verhalten bei Besuchen in Japan ist geeignet, die Unternehmensphilosophie japanischen Kunden nahezubringen.

4.3 Das Prinzip der Langfrist-Perspektiven

Es bleibt eine wichtige Vorbedingung für japanische Unternehmungen, die in Japan agieren, ihre Weitsicht im Managementverhalten zu demonstrieren, um überzeugend ihren Standpunkt zu bestimmen. Gleich nach ihrem Markteintritt in Japan, noch praktisch ohne Umsätze, begann Wella mit der Suche nach Grundstücken für eine künftige Fabrikationsanlage. In Anbetracht des möglichen Wachstumspotentials im japanischen Markt glaubte Wella, die Errichtung einer eigenen Fertigung in Japan würde die Etablierung fördern. Alle ausländischen Hersteller sahen sich mit gewaltigen Schwierigkeiten konfrontiert, wenn sie ihre eigenen Liegenschaften entwickeln wollten. Dabei bedurfte es besonders geschickter und geduldiger Verhandlungen, wenn behördlich Subventionen in Anspruch genommen werden sollten. Nach zwei Zwischenstadien errichtete Wella Japan 1977 ihre eigene Fertigung schließlich auf einem 48.000 m^2 Grundstück in der Nähe des internationalen Tokyoter Flughafens bei Narita. Neun Jahre später wurde in Ueno, im Kansai-Gebiet, flankierend auf einem 31.000 m^2 Grundstück ein zweites Produktions- und Verteilungszentrum errichtet. Fünfjahrespläne begleiteten die gesamten Investitionsmaßnahmen, die in ihrer Höhe alle ausländischen Mitbewerber übertrafen.

Ebenfalls wurden Trainingsprogramme für junge Mitarbeiter und Überseeprogramme für Kunden verwirklicht. Während Mitglieder des delegierten Management ausländischer Firmen in Intervallen von wenigen Jahren wechseln, blieben Wella's Top-Manager ausnahmslos zwischen sechs und zwölf Jahren im Land. Ich glaube, daß der Schlüssel für ein erfolgreiches Geschäft in Japan in der Kultur der japanischen Unternehmungen liegt mit ihrer lebenslangen Anstellung der Stammkräfte, generell dem Senioritätssystem, der Effektivität der japanischen Mitarbeitervertretungen innerhalb der Unternehmungen und den Harmonie- und langfristig-orientierten Managementperspektiven.

4.4 Motivation japanischer Mitarbeiter

Es ist extrem wichtig, daß ausländische Manager lernen, ihre japanischen Mitarbeiter zu motivieren. Wella Japan wurde über die ganze Zeit von einem gemischten Team deutscher und japanischer Führungskräfte geleitet. Die Hauptaufgabe für die deutschen Kollegen bestand in der Formulierung der grundsätzlichen Managementstrategien und den Zielsetzungen, während die japanischen Mitglieder sich mehr dem Management der japanischen Mitarbeiter widmeten. Diese teilten unsere Managementphilosophie und sie arbeiteten loyal zusammen, beflügelt von Hoffnungen auf kreative und richtungsweisende Entwicklungen. Wella Japans Erfolg in nur kurzer Zeit ist ein direktes Resultat der Hingabe dieser Mitarbeiter.

Mit ihrem inhärenten Wunsch, eine obere Qualifikation zu erreichen, hoffen japanische Führungskräfte ernsthaft darauf – ohne Rücksicht auf ihre individuellen Fähigkeiten – wenigstens einmal in ihrer Berufskarriere Präsident (shacho) zu werden. Sogar ohne tiefgehenden akademischen Hintergrund wurden einige Japaner Premierminister oder international berühmte Unternehmensführer. Anders als in den elitären Kreisen Westeuropas oder der USA existiert in japanischen Unternehmungen eine egalitäre Grundeinstellung. Solche Einstellungen korrelieren eng mit der Tatsache, daß die Arbeit effektiver in Gruppen als von Individuen vorangebracht werden kann.

Generell wünschen Japaner nicht durch Autoritäten oder Vorschriften geführt zu werden. Statt dessen bevorzugen sie es in einer Weise geführt zu werden, die ihnen Autonomie beläßt und ihre Individualität respektiert. Sie werden auch oft dadurch motiviert, daß man ihnen Anteilnahme und ganz persönliche Beachtung widmet. Wenn Mitarbeiter ihre Vorgesetzten loben, dann betonen sie nicht nur deren Führungseigenschaften und beruflichen Fähigkeiten, sondern auch ihre menschlichen Qualitäten. Wenn sie bei ihren Vorgesetzten Schwächen erkennen, dann versuchen sie diese natürlicherweise zu decken. Es wird deshalb von der Geschäftsführung erwartet, eine Vision vorzustellen und die Mitarbeiter dadurch zu motivieren. Es ist keine leichte Aufgabe, diese psychologischen Aspekte japanischer Mitarbeiter fremden Geschäftsleuten verständlich zu machen, die an andere unternehmerische Theorien gewöhnt sind und ganz andere Werdegänge haben. Dies alles stieß schon mancher ausländischen Tochterunternehmung sauer auf. Wella Japan andererseits war erfolgreich darin, die Mitarbeiter einzubinden durch eine effiziente Integration von rationalem, deutsch-orientierten Managementstil und den guten Seiten der japanischen Management-Betrachtung. Persönlich glaube ich, daß man die Führung japanischer Mitarbeiter am besten japanischen Managern überläßt.

4.5 Unternehmenskultur

In der japanischen Wirtschaftsgesellschaft wird weitgehend lebenslange Beschäftigung bei der ganzen Stammbelegschaft praktiziert und daher werden langfristige und stabile Verhältnisse vorausgesetzt. Japanische Mitarbeiter sind deshalb außerordentlich interessiert, die Geschäftsphilosophie ihres Unternehmens zu erfahren, weil diese die soziale Verantwortlichkeit und die unternehmerischen Zielvorstellungen reflektiert. Alle maßgebenden japanischen Unternehmungen haben ihre Unternehmensphilosophien klar festgelegt und der unternehmerische Esprit der Gründer spiegelt sich dann gewiß bei allen Mitarbeitern wider.

Als sich Wella Japan entwickelte, wurde die folgende grundlegende Managementpolitik – in Übereinstimmung mit Wella International und angepaßt an japanische Mentalität – verfolgt:

„Wir bei Wella Japan erfahren Befriedigung dadurch, daß wir allen Menschen mit Wella's besten Qualitätsprodukten und aufrichtigem Service dienen." Nicht nur intern, sondern auch extern, haben wir jede Gelegenheit genutzt, dieses Leitmotto, von dem wir alle unsere Aktivitäten ableiten, zu erklären. Meine deutschen Kollegen bei Wella Japan haben diese Philosophie mitgetragen. Die Vorliebe von Deutschen und Japanern für Philosophie auch im Managementbereich war gut geeignet, die Durchdringung von Wella's Unternehmensphilosophie mit entsprechenden japanischen Modifikationen im Unternehmen und bei den Geschäftspartnern sicherzustellen. Mein deutscher Kollege und ich arbeiten zusammen, um gute „Missionare" für diese Managementphilosophie zu werden. Unser Engagement führte auch dazu, soviel Mitarbeiter als möglich dazu zu befähigen, eine Brücke zwischen zwei unterschiedlichen Kulturen im Unternehmen zu schlagen. Dementsprechend wurde Japanisch die offizielle Sprache bei Wella Japan und alle deutschen Mitarbeiter bemühten sich um die Sprache.

Gegenwärtig sind die Leistungen einer Unternehmung für die Gesellschaft und ihr öffentliches Ansehen ein wichtiger Faktor für die Unternehmensbewertung geworden. Es ist daher schwierig, eine Unternehmung nur in den

Kategorien des „returns on investment" zu führen. Seit ihrem Bestehen hat Wella Japan viele kulturelle Aktivitäten entfaltet, die soweit zur Entwicklung der gesamten Branche beitragen, wie sie dies wirtschaftlich vertreten konnte. Das Unternehmen spielte eine Pionierrolle besonders bei der Anhebung der japanischen Haarbehandlungstechniken auf europäisches Niveau und in der Unterstützung beim internationalen Austausch von Mode und Schönheitskultur.

Wella Japan lud ihre Kunden zehn Jahre lang zu Konzerten mit klassischer Musik und Ballett-Aufführungen ein, was ihr eine unerhört positive Resonanz von ihren Kunden eintrug. Diese Programme ergaben nicht nur eine gute Gelegenheit mit ihren Gästen aus dem Geschäft mit der Schönheit gemeinsam einen Kunstgenuß zu erleben, sondern trugen gleichzeitig zu einer Verbesserung des sozialen Status der Friseurbranche bei. Durch dieses Verhalten, nämlich einen anspruchsvollen kulturellen Lebensstil zu pflegen, stabilisierte Wella Japan gleichzeitig ihr Ansehen und ihr stetes Wachstum.

4.6 Zum japanischen Konsumentenverhalten

Aus makro-ökonomischer Sicht bildet Japan mit seinen 123 Mio. Einwohnern einen massiven Konsumgütermarkt. Da er jedoch bereits sehr ausgereift ist, erfahren die meisten ausländischen Unternehmungen, daß er nur schwer erfolgreich zu bearbeiten ist.

Es gibt ungleich mehr Einzelhandelsgeschäfte als in Westeuropa. Das Distributionssystem zur Unterstützung dieser Retailer ist ungemein komplex und weist hohe Distributionskosten auf. Auch alle Friseursalons und anderen Outlets, mit denen Wella Japan Geschäftsbeziehungen pflegt, sind immer noch durch traditionelle Distributionsmechanismen gekennzeichnet. Wella Japans gegenwärtige Marktführerschaft z.B. im Friseurbereich beweist ihr Geschick in der Vergangenheit mit der Distribution umzugehen und sie zu lenken, wobei die Produktqualität ein wichtiges unterstützendes Element bildet.

Europäische Unternehmungen sind im allgemeinen nicht so gut beschlagen, wenn es sich um schnelle Antworten auf drastische Wechsel im japanischen Markt und damit bei den japanischen Konsumenten-Präferenzen handelt. Es fällt europäischen Herstellern – die rigoros auf Qualität und Funktionalität ihrer Produkte durch Grundlagenforschung achten – schwer, den japanischen Weg zu billigen, der „neue" Produkte auch im Wege der Änderung von Verpackung und Duftnote einführt. Der steigende Wettbewerb bringt es aber mit sich, daß Produktdifferenzierung nur aus Gründen der Unterscheidung betrieben wird, was die Lebenszyklen der Produkte weiter verkürzt. Im scharfen Wettbewerb unserer Branche ist deshalb die Schaffung interessanter Produktkonzepte notwendig.

Um die besonderen Wünsche japanischer Verbraucher zu erfüllen, etablierte Wella bereits 1980 in Japan ein kleines Unternehmen für Entwicklung; deutsche und japanische Chemiker beschäftigen sich hier mit gemeinschaftlichen Entwicklungskonzepten. Als Ergebnis wurde die aggressive Einführung neuer Produkte – die spezifisch für den japanischen Markt entwickelt wurden – von der Körperpflege- und Kosmetikbranche gut angenommen. Es ist eine Tatsache, daß Hersteller nach ihren Innovationsfähigkeiten beurteilt werden. Neben langfristig verkäuflichen Produktkonzepten muß die Fähigkeit treten, auch Nischenprodukte zu kreieren, um der Nachfrage des Konsumentenmarktes gerecht zu werden.

5. Wella Japans Rolle im westpazifischen Markt

Rund 70% der Wella-Umsätze finden außerhalb der Bundesrepublik Deutschland statt. Die Vorstandsorganisation ist deshalb nach Regionen gegliedert, und zwar in der Umsatzreihenfolge Europa, Bundesrepublik Deutschland, Pazifik/Asien/Afrika und die Amerikas. Die ost- und südostasiatischen Märkte weisen seit einigen Jahren ein hohes Wachstum bei relativ niedriger Inflation auf. Fünf Jahre, nachdem Wella in Japan eigene Geschäftstätigkeit entfaltet hatte (1972), wurde ein „Regional Headquarter" in Singapur etabliert mit Managern aus und einer Mittlerrolle zu Japan. In der Folge wurden Vertriebsfirmen und Fertigungen in Singapur, den Philippinen, Taiwan, Indonesien, Südkorea, Malaysia und China – neben einer Vertriebsfirma in Hongkong – errichtet. 1983 eröffnete WELLA ein Joint Venture in Tianjin/Volksrepublik China mit einer großen Fabrik; dieses Unternehmen war das erste in der Konsumgüterindustrie mit eigener Fertigung in der Volksrepublik China nach 1948. Von Japan kamen Manager und Materialien, Marketinghilfe und Vermarktung in China gefertigter Produkte auf dem japanischen Markt. Im Jahr 1989 wurde der Vorstandssitz der Region Pazifik/Asien von Darmstadt nach Tokyo verlegt, um der wachsenden Bedeutung Japans und der westpazifischen Märkte Rechnung zu tragen. Vom japanischen Standort aus hat Wella damit ihr Ohr und ihre Arme nahe an den pazifischen Wachstumsmärkten.

Durchsetzen in Japan: Über erfolgreiche Europäer

Paul Summerville, Karl-Thorsten Keitel

1. Einleitung

Aus der Vorgehensweise erfolgreicher europäischer Unternehmen läßt sich schließen: Es gibt keine magische Formel dafür, sich in Japan durchzusetzen, da sich Produkte, Design und Entwicklung, Fertigung, Vertrieb, Ordnungsvorschriften und Wettbewerbsgebote in den spezifischen Sektoren voneinander unterscheiden. Ob man sich auf dem japanischen Markt durchsetzen kann, hängt fast ausschließlich von der Fähigkeit der Führungskräfte ab, den richtigen strategischen Weg zu wählen, der eine langfristige Teilnahme am japanischen Markt ermöglicht. Wie in jedem anderen Markt auch, bedeutet das Durchsetzen in Japan, die richtigen strategischen Entscheidungen zu treffen. D.h., es ist eine Frage der Auswahl. Es wird auch argumentiert, daß es gemeinsame Gründe dafür gibt, daß viele nicht-japanische Unternehmen zu vollwertigen Teilnehmern am japanischen Marktgeschehen wurden; und in einigen Fällen mögen diese Gründe im Zusammenhang mit dem langfristigen Überleben solcher Unternehmen *außerhalb* des japanischen Marktes gesehen werden.

Es war unser methodischer Ansatz, eine kleine Anzahl von erfolgreichen europäischen Unternehmen, die auch am japanischen Konsumgütermarkt erfolgreich sind, anhand einer Reihe von Beurteilungskriterien auszuwählen und zu befragen.[1]

Kontinuierlicher Erfolg bildete dabei kein Kriterium, da manche der ausgewählten Unternehmen durchaus schwierige Perioden überwunden haben. Vielmehr waren die Erfolgskriterien eine Kombination von Marktanteil, Wachstum, Größenordnung, Produktpositionierung und Zukunftsaussichten. Der Schwerpunkt lag ganz auf Unternehmen des Konsumgüterbereichs sowie solchen Gesellschaften, die nicht allgemein schon für ihre Japan-Erfolge bekannt waren: Entsprechend wurden die Bayerischen Motorenwerke (BMW) und andere verhältnismäßig gut bekannte Unternehmen nicht miteinbezogen.

1 Dieser Beitrag wurde aus dem Englischen übersetzt.

Für die Auswahl der Unternehmen wurden in einer Voruntersuchung etwa 65 Betriebe untersucht, wobei die Begrenzung bei je einem Vertreter pro Branche lag. Selbstverständlich war auch die Bereitschaft der Unternehmen wichtig, uns den Kontakt mit den oberen Führungskräften zu ermöglichen. Von den schließlich herausgefilterten Unternehmen wurden acht interviewt, vier Fälle sollen davon vorgestellt werden. Die Interviews folgten einer genauen Systematisierung mit folgenden Schwerpunkten:

1. Geschichte der Organisation
2. Die Produkt-Entwicklung
3. Die Wettbewerbsposition

Die Interviews wurden im Sommer 1989 in Tokyo und Yokohama durchgeführt.

Um die Studie in einen etwas größeren Zusammenhang zu stellen, soll die Entwicklung europäischer Firmen in Japan über die letzten zehn Jahre hinweg kurz zusammengefaßt werden. Zusätzlich soll der Boom im privaten Verbrauch, der z.Zt. in Japan stattfindet, analysiert werden.

2. Europäische Unternehmen in Japan: Ein kurzer Überblick

Es gab über die letzten 20 Jahre hinweg einen stetigen Anstieg europäischer Unternehmen, die in Japan agierten, wobei seit 1985 ein nachhaltiges Wachstum einsetzte. Die Zahl der Vollmitglieder der Industrie- und Handelskammern von Großbritannien und Italien verdoppelten sich von 1985 bis zum Sommer 1989 (siehe Abb. 1), und die deutsche und französische Kammer zählen jeden Monat ein neues Mitglied. Es gibt eine große Anzahl von Unternehmen, die alle Sektoren der Wirtschaft, Fertigung, Dienstleistung und Finanzierung abdecken sowie spezialisierte Unternehmen, die sich mit einem breiten Spektrum von Aktivitäten auf den Feldern Import, Produktion, Forschung und Entwicklung sowie Beratung betätigen. Französische Firmen wie Aerospatiale vertreiben Hubschrauber, die Fournier-Gruppe Klebstoffe und Pharmazeutika, Louis Knitton Designer-Artikel, Rhone-Poulenc landwirtschaftliche Chemikalien. Über Jardine Matheson läuft der Vertrieb von Weinen und Spirituosen, Mc Kinsey steht im Beratungsgeschäft. Bedeutende deutsche Unternehmen wie Bayer, Hoechst, BASF, BMW, Boehringer und Wella zum Beispiel verfügen alle über größere Aktivitäten in Japan.

	Italien	Frankreich	BR-Deutschland	Großbritannien
1970	n/a	86	137	24
1975	n/a	–	163	51
1980	n/a	–	196	79
1985	48	166	241	113
1989	84	200	282	229

Abb. 1: Zahl der Vollmitglieder ausgewählter europäischer Industrie- und Handelskammern

Quelle: Handelskammern von Italien, Frankreich, BRD und Großbritannien in Japan

Die wachsende Zahl europäischer Firmen in Japan spiegelt sich auch im starken Wachstum der jährlichen Direktinvestitionen in Japan wider. Zwischen 1986 und 1988 stieg der Betrag der direkten europäischen Investitionen in Japan um mehr als das Zweifache auf 817 Mio. US$, was rund 25% der gesamten direkten Fremdinvestitionen in Japan entspricht. Von Bedeutung sind vor allem die gesamten Direktinvestitionen in Japan mit einem Anstieg um mehr als 350%.

	Insgesamt	USA	Europa	BRD	Frankreich	GB	Holland
1980	300	104	n.a.	27	25	7	8
1985	930	385	n.a.	23	22	61	108
1986	940	488	235	47	17	35	19
1987	2214	938	448	53	20	49	78
1988	3243	1774	817	195	27	112	157

Abb. 2: Direktinvestitionen in Japan durch Schlüsselländer

Quelle: Finanzministerium (Japan)

Abbildung 2 macht deutlich, daß die europäischen Unternehmen in bezug auf die Direktinvestition zurückbleiben. Die USA allein tätigen mehr als die Hälfte aller Auslandsinvestitionen in Japan. Nichtdestoweniger verzeichneten wir einen starken Anstieg der Zahl deutscher und britischer Unternehmen während der achtziger Jahre (siehe Abb. 1). Es wird erwartet, daß sich dieser Trend durch die neunziger Jahre hindurch fortsetzen wird.

3. Konsumverhalten in Japan

Der private Verbrauch umfaßt 57% des BSP in Japan und wuchs seit 1986 jährlich um 3–5%, weit mehr als in anderen größeren industrialisierten Staaten. Der japanische Markt stellt einen Konjunkturmarkt für Konsumgüter dar. Der private Verbrauch in Japan ist heute quantitativ und qualitativ anders beschaffen, als in anderen Perioden starken Verbrauchs in Japan. Dieses Wachstum bietet für alle Wettbewerber neue Chancen, insbesondere für nicht-japanische Unternehmen. In quantitativer Hinsicht tendierte der private Verbrauch dazu, in Zeiten wirtschaftlichen Aufschwungs hinter dem Rest der Volkswirtschaft herzuhinken. In der gegenwärtigen Expansionsphase liegt der private Konsum jedoch klar an der Spitze in der Wirtschaft und in qualitativer Hinsicht haben Veränderungen in der japanischen Gesellschaft zu neuen Verhaltensmustern geführt, die diesem Trend eine nachhaltige Beständigkeit verleihen.

	Privatverbrauch 1987		Veränderungen in %			
	in Mrd. US$	% des BSP	1985	1986	1987	1988
USA	2799,3	66,1	4,7	4,4	2,7	2,8
Japan	1132,5	57,6	2,7	3,2	3,9	5,0
BRD	496,3	55,3	1,4	3,4	3,5	2,5
France	439,6	60,9	2,3	3,4	2,4	2,8

Abb. 3: Privater Verbrauch: USA, Japan, BRD und Frankreich zusammengestellt nach Wechselkursen von 1982 (OECD-Zahlen)
Quelle: Bank von Japan; OECD

Es gab eine Bewegung in Richtung zu differenzierteren, individuelleren Produkten, häufig mit einem direkt erkennbaren prestigebehafteten Markennamen. Z.B. erwies sich die Nachfrage nach Handtaschen, Armbanduhren und Kleidung eingeführter Marken als besonders auffallend. Viele Importeure schlagen Kapital aus diesem Trend der japanischen Konsumenten, die mehr reisen als jemals zuvor und auf weltbekannten Marken bestehen. Merkwürdigerweise wird der Markt für solche Produkte – der einstmals einer kleinen Elite vorbehalten blieb –, so diffus, daß einige Importeure ihr sorgfältig kultiviertes Top-Image verlieren. Die Antwort im Hinblick auf den Wettbewerb war, eine noch höher positionierte „Super-Luxus-Nische" hinzuzufügen. Ein interessantes Beispiel für diese hochklassigen Präferenzen bildet die Gesellschaftskleidung. Obwohl der Markt als reif angesehen wurde, stagniert das Mengenwachstum seit Jahren in diesem Marktsegment. Dennoch wächst der Markt wegen des steilen Preisanstiegs wertmäßig um 10% pro Jahr. Und dazu zielen Einzelhändler auf den Wunsch des japanischen Konsumenten ab, die Kleidung zu besitzen, die es ermöglicht, jederzeit an jedem Ort und zu jeder Gelegenheit „richtig angezogen" zu sein. Dies erfolgt durch eine neue Betonung hervorgehobener Gesellschaftskleidung, wodurch der Markt noch weiter aufgesplittert wird. Wertmäßig wird sich dieses Marktsegment zwischen 1985 und 1989 um 50% erhöht haben.

Andere Beispiele finden sich bei Fahrrädern oder Pkws. Um das zweistellige Umsatzwachstum bei Fahrrädern zu erhalten, das 1987 und 1988 zu verzeichnen war – nach fast zehn Jahren ohne jedes Wachstum – diversifizieren die Hersteller weiterhin ihre Produktlinien, indem sie neue Marktnischen aufspüren. Einige Produzenten bieten auftragsgefertigte Räder an, die innerhalb von 14 Tagen lieferbar sind und den Kunden erlauben, ihre Lieblingsfarbe sowie Gestell, Lenker und Sitz gemäß ihrer Körpergröße zu wählen. Dieser „Individualitäts-Ansatz" der Produktvermarktung ist auch der Schlüssel für strategisches Vorgehen in der Automobilindustrie. So hat sich z.B. die Zahl der Pkw-Modelle seit den späten siebziger Jahren um 50% erhöht und der Prozentsatz der Gesamtverkäufe der fünf Spitzenmodelle sank von 32% im Jahre 1976 auf 21% heute.

Kernstück dieses Wandels war der Wechsel im Konsumentenbereich von Waren zu Dienstleistungen. Z.B. erhöhte sich der Prozentsatz von Ausgaben für Dienstleistungen in einem normalen Haushalt im Zeitraum von 1975–1987 von 28,3 auf 36,3% (siehe Abb. 4).

Privater Verbrauch: Prozentsatz bei Ausgaben für Waren und Dienstleistungen				
	1975	1980	1985	1987
Waren	74,1	67,3	65,2	63,7
Dienstleistungen	28,3	32,7	34,8	36,3

Abb. 4: Privater Verbrauch
Quelle: Agentur für Management und Koordination

Neue Dienstleistungsunternehmen entstanden, um dieser Nachfrage gerecht zu werden. Im Lebensmittelbereich ergab sich so ein üppiges Wachstum bei Familien- und Schnellimbiß-Restaurants, bei Diät-Essen und bei importierten Nahrungsmitteln. Im Freizeitbereich verzeichnen wir einen Boom bei Sport-Clubs, Videotheken, inländischen und internationalen Reisen sowie bei Kultur-Vereinigungen. Mit der Verlagerung von Hausarbeiten nach draußen bieten Unternehmen Haushalts-Dienstleistungen wie Reinigung, Kinderbetreuung, Kochen und Programme für Altenbetreuung, spezielle Reisevorschläge und andere Hilfsdienste an. Die Vorhersagen für den Umsatz in diesem Bereich belaufen sich auf eine Verdreifachung bis zum Jahre 2000 (siehe Abb. 5).

Dienstleistung	Produkt	Markt in Mio. Yen	
		1985	2000
Essen	Familien-Restaurants, Schnellimbiß	12,7	31,1
Freizeit	Sport, Hobby, Video, Reisen	52,1	106,9
Hausbetreuung	Hausarbeit, Babysitting	7,4	17,1
Altenbetreuung	generelle Betreuung, spezielle Reisen	20,4	56,3

Abb. 5: Neue Dienstleistungsprodukte und vorhergesagte Marktgröße
Quelle: Mitsui Bank

Der Boom des privaten Verbrauchs in Japan wird von den Zuwächsen des disponiblen Einkommens getragen, das 1988 mit plus 4,3% den größten Zuwachs seit 1973 verzeichnete. Sowohl kurz- als auch langfristig hat und wird der Wohlstandseffekt eine wichtige Rolle spielen.

Mit den ins Unermeßliche steigenden Werten für Liegenschaften und der Überschreitung der Sparquote von 18% des jährlichen Einkommens im Jahre 1988, verfügen die japanischen Haushalte jetzt über einen genügend hohen Besitzstand, um weiterhin Konsumausgaben zu tätigen. Es gibt langfristig strukturelle Finanzunterstützung für die gegenwärtigen Konsumtrends, da über 63% der Wohnungen in Japan in Eigenbesitz sind und die Einkommenserträge aus Landverkäufen immer noch nur etwa ein Prozent aller Haushaltseinkommen darstellen.

Es ist ferner zu beachten, daß die Konsumgewohnheiten auch dort geteilt werden, wo die Wohnungen nur gemietet sind. Eine kräftige strukturelle Unterstützung des Verbrauch-Booms in Japan bildet die Durchdringung mit Importwaren, die zu Konsumsteigerung ermutigte und zur Preisstabilität beitrug. Zusätzlich wächst eine „Plastik-Wirtschaft" in Japan heran. Z.B. verdoppelte sich das Verhältnis von gewährten Konsumentenanleihen und Krediten zum disponiblen Haushaltseinkommen zwischen 1975 und 1985 auf 12,9% (siehe Abb. 6) und die Schätzungen gehen dahin, daß das Verhältnis gegenwärtig bereits 15,5% beträgt. Die Zahl der Kreditkarten (Plastik-Geld), die zwischen 1982 und 1987 ausgegeben wurden, erreichte 70 Mio., eine Verdoppelung der Anzahl vor 1982. Letztlich ändern sich Zeitpunkte, Lokalitäten und Methoden des Konsums. Es gibt eine Bewegung hin zu 24-Stunden-Einzelhandelsgeschäften wie z.B. bei „Seven Eleven's", die überall in Japan zu finden sind. Da Rationalisierungen im Vertriebssystem stark voranschreiten, hat ausschließlich die Zahl der „Rund um die Uhr"-Geschäfte seit 1983 einen Zuwachs zu verzeichnen. Mit ihrer Vorliebe für individuellen Service und selbstgewählten Einkaufszeiten bevorzugen die Verbraucher Spezialitätengeschäfte und Versand-Dienstleistungen.

Fundamentale Veränderungen verstärken viele der Trends, die den Verbrauchs-Boom markieren. Diese schließen einen Wechsel bei den Wertvorstellungen ein, so daß mehr Frauen zur Arbeit ermutigt werden und der

Wachstum bei Kreditkarten	1975	1980	1985
Prozentualer Anteil ausgegebener Konsumentenanleihen und Kredite am disponiblen Haushaltseinkommen	6,5%	9,1%	12,9%
Anteil neu gewährter Konsumenten-Kredite durch			
– Kaufhaus und Selbstbedienungsläden	12,7%	8,6%	7,6%
– Banken/Kreditinstitute	4,3%	5,7%	8,4%
– Kredit-Vertriebsunternehmen	34,1%	29,9%	30,0%
– Private Finanz-Institutionen (Kreditkarten)	5,5%	16,4%	23,8%

Abb. 6: Wachstum bei Kreditkarten

Quelle: Berichte der Fuji Bank sowie der Industriebank von Japan

Wunsch nach ausgedehnter Nutzung der Freizeit besteht. Ferner wird der Konsum-Boom durch Änderungen einer Reihe von Faktoren gestützt, die den Verbrauch beeinflussen. Der Konsum selbst ist hier miteingeschlossen und zur gleichen Zeit entwickelt sich in Japan enormer Wohlstand. Alle Zeichen sprechen daher dafür, daß sich der starke private Verbrauch in den neunziger Jahren fortsetzt, was die Wettbewerbsforderung einer vollen Teilnahme an der japanischen Wirtschaft strategisch außerordentlich wichtig macht. Für Importeure gestalten sich die Möglichkeiten in der japanischen Volkswirtschaft ganz außerordentlich und wie wir zeigen werden, bearbeiten zusätzlich zu den in Japan schon lange etablierten Unternehmen, viele neu hinzutretende europäische Firmen Japan als einen Markt von hoher Priorität.

4. Fallstudien

Nach vorhergehenden Diskussionen mit Branchenkennern sowie Mitgliedern der europäischen Industrie- und Handelskammern in Japan wurden acht europäische Gesellschaften ausgewählt, um für diese Studie interviewt zu werden. Vier dieser Fallstudien werden vorgestellt: Braun Japan, Vittel Japan,

Benetton Japan und Triumph International (Japan). In zwei Unternehmen wurde der Vorstandsvorsitzende, in den beiden anderen Fällen die leitenden Marketing-Manager befragt. Als Fallstudie wird eine standardisierte Darstellung der Entwicklung jedes dieser Unternehmen vorgestellt, darauf folgen einige kurze generelle Schlußfolgerungen.

4.1 Braun Japan

Braun Japan in 1988	
Hauptartikel	Elektrische Rasierapparate
Umsatz	14,0 Mrd. Yen (rd. 150 Mio. DM)
Niederlassungen	8
Mitarbeiter	113

Abb. 7: Braun Japan
Quelle: Braun Japan

Braun Japan wurde 1962 als 100%ige Tochter der Braun AG (Bundesrepublik Deutschland) gegründet. Das Unternehmen schloß eine exklusive Vertriebsvereinbarung mit einer Firma der Hattori-Gruppe. Das Hauptprodukt bildeten elektrische Rasierapparate (siehe Abb. 7). Vor 1962 hinderten eine Reihe von Importrestriktionen Braun daran, ernsthaft am japanischen Markt teilzunehmen und Japan wurde infolgedessen nur als Beschaffungszentrum für billige Teile genutzt. Die Kooperation war dafür gedacht, Hattoris Vertriebsnetz zu nutzen, während Braun selbst den Import und die Werbung in die Hände nahm. Braun stattete die Firma nur mit sehr wenigen Mitarbeitern aus und unterhielt anfänglich lediglich ein Büro in einem kleinen Hotel in Yokohama. 1968 entschied Braun jedoch, daß man engeren Kontakt zu Großhändlern und lokalen Vertretungen benötigte, um die stagnierenden Verkäufe in einer starken Wachstumsphase des japanischen Marktes für elektrische Rasierapparate auszudehnen. 1969 beendete Braun die Beziehungen mit Hattori und etablierte ein eigenes Vertriebsnetz durch rasche Ausdehnung auf 13 Zweigniederlassungen mit über 200 Mitarbeitern. Diese schnelle

Expansion wurde zwar durch erhöhte Verkäufe belohnt, jedoch durch die ökonomische Wende, die der Ölkrise 1973 folgte, in ihrem Erfolg erheblich beeinträchtigt. Daher wurde eine Strategie der stufenweisen Ausdünnung der Niederlassungen und ihrer Mitarbeiter durchgeführt, um die Ertragskraft zu verbessern. Diese Philosophie blieb bis heute das Schlüsselprinzip im Geschäftserfolg der Organisation. Braun besitzt keine eigene lokale Fertigung, sondern benutzt einen vertraglich verpflichteten Lieferanten, um einige Produkte fertigen zu lassen, die speziell auf den japanischen Markt zugeschnitten wurden.

Obgleich das Stammhaus über eine breite Produktpalette verfügt, waren nur elektrische Rasierapparate nachhaltig im japanischen Markt erfolgreich. Braun erkannte, daß unterschiedliche Rasiergewohnheiten und Lebensbedingungen den Absatz ihrer Rasierapparate fundamental beeinflussen würden. Die Elektrorasierer der Braun AG wurden entsprechend des europäischen Körperpflegeverhaltens entwickelt, das impliziert, daß die Rasur Teil eines morgendlichen Rituals im Hause ist. Entsprechend waren Brauns Rasierer relativ groß und konnten auf eine gleichbleibende Energiequelle vertrauen (Wechselstrom-Typ: AC). Rasierer für den japanischen Markt sollten hingegen wenig Platz beanspruchen, da in japanischen Wohnungen alle Toilettenartikel im Bad untergebracht werden müssen. Bereits 1965 entwickelte Braun batteriebetriebene Rasierer kleinerer Größe, die auf den japanischen Markt zugeschnitten waren. Darüber hinaus findet die Rasur in Japan am Abend statt; und da eine Nacht verging, bevor man zur Arbeit eilte, wurde allgemein geglaubt, daß nur eine Naßrasur den Erfolg garantieren könne. Daher mußte Braun den Markt überzeugen, daß ein Elektrorasierer gut genug für den täglichen Gebrauch war. In Werbekampagnen unterstrichen Braun und andere Mitbewerber nachdrücklich die Zuverlässigkeit einer Trockenrasur. Nachdem in den frühen sechziger Jahren nahezu keine Trockenrasierer in Japan zu finden waren, hatten elektrische Rasiergeräte im Jahre 1988 einen Marktanteil von rund 50% mit allgemein erwartetem Wachstum auf 55% bis 1995.

Die Nachfrage nach batteriebetriebenen Rasiergeräten in Japan führte in der Mitte der siebziger Jahre zur Entwicklung eines aufladefähigen Gerätes durch die japanischen Wettbewerber. Unmittelbar darauf zeichnete sich im japanischen Markt eine Hinwendung zu aufladbaren Rasierern ab und Brauns Marktanteil begann stetig zu sinken. Obgleich das lokale Management in Japan viele Gesuche nach einem ähnlichen Produkt einbrachte, scheute das deutsche Stammhaus die Kosten für Entwicklung und Produktion. Doch diese Haltung änderte sich bald, da mit dem Eintritt in die achtziger Jahre in Europa eine allgemeine Diskussion darüber einsetzt, wie japanische Unternehmen in Europa äußerst rasch in vielen Industriezweigen Marktanteile erlangten. Zu diesem Zeitpunkt führten Brauns japanische Wettbewerber die aufladbaren Rasiergeräte in den europäischen Markt ein. Zusätzlich erfolgte auch die Wendung zu aufladbaren Rasiergeräten bei Brauns Hauptwettbewerbern außerhalb Japans; Philips kündigte 1980 die Absicht an, ein aufladbares Gerät im japanischen Markt einzuführen. Jetzt stimmte Braun zu, aufladbare Geräte zu entwickeln. Ursprünglich dachte man, das Produkt würde ausschließlich in Japan verkauft werden, doch wurde sehr bald klar, daß die Wiederaufladetechnik alle Märkte beherrschen würde. Heute stellen die aufladbaren Geräte über 70% des gesamten Rasierapparat-Umsatzes von Braun in Japan und über 50% der weltweiten Verkäufe aller Braun-Niederlassungen dar.

Durch die Teilnahme am japanischen Markt war Braun gewarnt und konnte eine Waffe entwickeln, um japanische Wettbewerber davon abzuhalten, nennenswerte Anteile am europäischen Markt zu erobern. Brauns Verkäufe sind seit 1970 stetig gewachsen, obwohl es zwei schwierige Perioden mit Einbrüchen gab; eine zwischen 1974 und 1977 und eine weitere zwischen 1980 und 1983 (siehe Abb. 8). Es ist zu bemerken, daß jeder dieser Einbrüche mit strategischen Maßnahmen aufgefangen wurde, und seit der zweiten Hälfte der achtziger Jahre gewinnt Braun wieder Marktanteile. 1988 erzielte Braun einen Anteil von 26% aller Verkäufe, jedoch als Folge ihrer hochpreisigen Marktposition 39% des gesamten wertmäßigen Umsatzes. Brauns Hauptwettbewerber sind japanische Unternehmen, insbesondere Matsushita, der 34% der verkauften Einheiten und 29% des gesamten wertmäßigen Umsatzes aufweist. Diese Zahlen unterscheiden sich vorteilhaft von denen in 1980, als Matsushita in verkauften Einheiten (52% gegenüber 10%) und im wertmäßigen Umsatz (43% gegenüber 16%) weit vor Braun lag. Andere Wettbewerber sind Hitachi, Sanyo, Toshiba, Sharp, Hattori, Mitsubishi und Izumi. Überseeische Wettbewerber – wie Philips oder Remington sind zwar im japanischen Markt vertreten, stellen aber keine Bedrohung dar.

Gesamtumsatz: Braun Japan (in 100 Mio. Yen)	
1970	17,5
1975	27,0
1980	46,0
1985	90,0
1988	140,0

(100 Mio. Yen = ca. 1,1 Mio. DM)

Abb. 8: Gesamtumsatz Braun Japan

Quelle: Braun Japan

Ihre Distributionsstrategie hat Braun dazu geführt, ihre Rasierapparate des Wechselstrom-Typs in Kaufhäusern mit einem sehr hohen Image zu vertreiben. Im Massenmarkt sah sich Braun dem Problem aller Marktteilnehmer am japanischen Markt gegenübergestellt, die ein Einzelprodukt verkaufen: Ihre japanischen Wettbewerber verfügen über landesweite Franchise-Unternehmen, die nur Artikel mit deren Marke vertreiben. Mit steigender Nachfrage nach Produkten höherer Qualität und nach einer größeren Auswahl im gleichen Geschäft, wuchs unlängst allerdings die Marktmacht von Nicht-Franchise-Läden, eine Entwicklung, die Braun sehr geholfen hat.

4.2 Vittel Japan

Die Vittel Japan (siehe Abb. 9) wurde 1985 als ein Joint Venture zwischen Vittel France (Société Générale des Eaux Minérales de Vittel) und Marubeni gegründet – als Ergebnis von Anfragen von Top-Managern Marubenis in 1983. Ein Mineralwassermarkt in Japan existierte nur in Hotels und Bars und Mineralwasser wurde ausschließlich für das Mischen mit Whisky (die Mischung ist in Japan als „mizuwari" bekannt) benutzt. Marubeni hatte ursprünglich gehofft, Vittel als ein hochpreisiges Mineralwasser in den gewerblichen Mineralwassermarkt einzuführen. Verschiedene andere japanische Unternehmen arbeiteten bereits mit französischen Mineralwasserfirmen zu-

Vittel Japan in 1988	
Hauptartikel	Mineralwasser
Umsatz (im Einzelhandel)	0,4 Mrd. Yen
Niederlassungen	2
Mitarbeiter	20

Abb. 9: Vittel Japan
Quelle: Vittel Japan

sammen (z.B. Evian mit C. Itou, Perrier mit Suntory). Vittel besitzt eine Vertretung in Tokyo, die für Marketing allgemein und Werbung im besonderen zuständig ist, und Marubeni hat als exklusiver Importeur die völlige Kontrolle über den Vertrieb. Es gibt zwei Mitarbeiter von Vittel France, die verbleibenden Angestellten sind entweder von Marubeni abgestellt oder lokal für besondere Aufgaben angeworben worden.

Vittel begann, Produkte zu entwickeln, die als Imagefaktor die gesundheitlichen Vorteile von Mineralwasser herausstellten. So führte sie eine Serie von Kosmetika ein, die auf Mineralwässern basiert und die in einer sehr speziellen Nische des Kosmetikmarktes verkäuflich sind. Zum erstenmal außerhalb Frankreichs etablierte Vittel in Tokyo einen Gesundheits-Club, der sich auf Technologien europäischer, balneologischer Therapie stützt. Das Unternehmen denkt daran, japanischen Mineralwasserherstellern die Marke Vittel als Markenzeichen in Lizenz zu geben, um den Bekanntheitsgrad von Vittel zu erweitern, dabei aber auch den Qualitätsstandard zu garantieren.

Die Entwicklung großer Umsätze im gewerblichen Mineralwassermarkt erwies sich als sehr schwierig, da die Whisky-Umsätze generell niedrig waren und zudem alle wichtigen Brennereien über Beziehungen zu Firmen verfügten, die japanisches Mineralwasser vertreiben. Doch es wurde sehr bald erkannt, daß der Haushaltsmarkt eine Schlüsselmöglichkeit in Japan bot. Auf der Basis des Konsums pro Jahr und Kopf verbraucht man in Japan jedoch nur einen Liter Mineralwasser, während der entsprechende Verbrauch in Frankreich 72,5 Liter, in Deutschland 65,5 Liter und in den USA 21,0 Liter betragen. In Japan bestehen jährliche Umsätze von 120,0 Mio. Litern, von denen etwa zwei Drittel dem gewerblichen Markt zuzurechnen sind. Die Importeure belegen bereits 37% des Haushaltsmarktes. Der unterentwickelte japanische Heim-Mineralwassermarkt bildet eine langfristige strategische Möglichkeit für Mineralwasserimporteure. Schätzungen der Industrie belaufen sich auf ein jährliches Wachstum für den Mineralwassermarkt von 4–5%, während Voraussagen in Japan von 10–12% Wachstum ausgehen. Es ist zu beachten, daß die Japaner dazu neigen, ihren täglichen Wasserkonsum auf dem traditionellen Weg, zum Beispiel über den Teegenuß, zu befriedigen. Durch gezielte Beeinflussung der Wertvorstellungen und durch Werbung versuchen Vittel und andere Mineralwasserhersteller diese Gewohnheiten zu verändern.

Vittels Mineralwasserumsätze in Japan (siehe Abb. 10), also auf einem Markt, der gerade etwas über 11% wächst, wuchsen seit 1987 jährlich um etwa 30%. Unter den ausländischen Importeuren liegt Vittel auf dem zweiten Platz hinter Volvic, das rund 20% Marktanteil hält. Preisstrategien bleiben ein Schlüsselelement im Heim-Mineralwassermarkt, da sich die Umsätze bisher als sehr preissensitiv erwiesen haben. Als Reaktion auf den Preiswettbewerb von Volvic hat Vittel unlängst ihre Marktpreise um 18% reduziert. Perrier hat sich am oberen Ende des Marktes mit einem Preis pro Flasche positioniert, der nahezu das Doppelte von Vittel beträgt.

Gesamtumsatz (Einzelhandel): Vittel Japan (in 100 Mio. Yen)	
1986	1,0
1987	2,4
1988	3,0
1989	4,1

Abb. 10: Gesamtumsatz Vittel Japan

Quelle: Vittel Japan

Ursprünglich verkaufte Vittel seine Produkte in Kaufhäusern, doch der Nachdruck in den Verkaufsbemühungen tendierte schon bald zu Supermärkten, preiswerten Kettenläden und Spezialitätengeschäften. Um die Gesundheitsaspekte des Mineralwassers zu betonen – wo Vittel einen Vorteil gegenüber allen japanischen Herstellern und auch einigen ausländischen Importeuren hat – liegen die wichtigsten Akzente der Werbestrategie von Vittel auf der Erläuterung der Mineralstoffe in ihrem Wasser. Zusätzlich betont Vittel, daß der Genuß von Mineralwasser ein europäischer Brauch mit französischem Ursprung ist.

4.3 Benetton Japan

Benetton stellt vielleicht die Erfolgsgeschichte bei europäischen Konsumartikeln der achtziger Jahre in Japan dar. Mit dem Beginn im Jahre 1982 importierte Benetton von Italien nach Japan, indem sie Seibu als exklusiven Importeur benutzte. 1987 wurde Benetton Japan als 100%ige Niederlassung von Benetton International gegründet, die wiederum eine Tochter von Benetton

Benetton Japan in 1988	
Hauptartikel	Benetton Mode
Umsatz	48,0 Mrd. Yen
Hauptniederlassung	1
Regionale Niederlassungen	12
Franchise-Läden	350
Mitarbeiter	6

Abb. 11: Benetton Japan
Quelle: Benetton Japan

S.p.A. ist. Benetton hat bereits begonnen, ein Franchise-System einzuführen, was mit einem Laden 1985 begann und bis Dezember 1986 auf 220 Läden anwuchs. Heute gibt es insgesamt 350 Geschäfte (siehe Abb. 11), die Benetton exklusiv vertreiben. Zusätzlich verfügt Benetton in ganz Japan über 1000 Verkaufspunkte in Kaufhäusern. Es bestand die Strategie, Japan in zwölf Regionen aufzuteilen, mit einem Leiter, der für den Einkauf und die Lenkung aller Verkäufe verantwortlich ist. Dieser ist – unabhängig von Benetton – ebenso für das Arrangement aller Aspekte des Franchising zuständig, was die Identifikation potentieller Franchisenehmer, die Standortauswahl und die Finanzierung einschließt. Regionale Vertreter nehmen in jeder Saison an Show-Veranstaltungen teil, kaufen von Benetton und verkaufen dann an die Franchise-Läden weiter. In Tokyo wurde ein Benetton-Büro errichtet, das als Verbindungsbüro zu Benetton International fungiert und dafür zu sorgen hat, daß die Franchise-Läden in der optimalen Gestaltung und der Werbung dem Benetton-Image entsprechen. Zusätzlich kontrolliert dieses Büro die Lizensierungen, die Warenzeichen und das Preisverhalten. Benetton hat in Japan keine Produktionsstätten, statt dessen werden über 80% ihrer Artikel in Lizenz in Japan produziert, während 20% weiterhin von Seibu aus Italien importiert werden.

Benettons ursprüngliche Zielgruppe bildeten Personen im Alter zwischen 15 und 23 Jahren; doch das Unternehmen diversifiziert in verschiedene Altersgruppen und ebenso unterschiedliche Modeartikel wie Uhren, Brillen, Kosmetika, Schuhe, Badetücher und Badeutensilien. Mit der Ausnahme bei den Größen wurden nur geringe Änderungen an der breiten Palette der Modeartikel und Accesoirs vorgenommen, die Benetton in Japan vertreibt. Alle Mode-Designs werden in Italien kreiert, dies machte ihren Reiz im japanischen Markt aus. Im Kern hat sich Benetton eine Nische geschaffen, indem sich das Unternehmen im Preis leicht über den preiswerten Marken positionierte, jedoch ein exklusives Image um ihre Geschäfte herum schuf. Diese Strategie wurde ebenfalls in anderen wichtigen Märkten verfolgt. Dem Erfolg in Japan folgend ist der japanische Markt nun zum Testmarkt für Benetton International geworden; das gilt z.B. für zwei neue Produktlinien „Golf" und „Marine", die im japanischen Markt getestet werden. Da die Gefahr besteht, in der eigenen Nische zu stagnieren, werden alle Benetton-Läden als Teil einer strategischen Initiative über die nächsten zwei Jahre hinweg neu gestaltet, um den Markt noch weiter segmentieren zu können. Benetton wird dann Läden mit unterschiedlichen Alters-Zielmärkten haben (United Colours of Benetton, Monte Carlo, Benetton L'Uomo, Mercalia, Benetton 012).

Benetton verzeichnete in Japan einen Boom mit einem Wachstum im Jahre 1990, das doppelt so hoch wie die Zahlen von 1988 liegen soll (siehe Abb. 12).

Konkurrenten von Benetton sind Hersteller wie z.B. Lacoste, da Benetton jedoch über eine größere Produktpalette verfügt und das eigene Franchise-Netz immer weiter ausbaut, befindet Benetton sich in einem selbstgeschaffenen Markt. Benetton geht nun in die Richtung, vom gegenwärtigen Brückenkopf in verschiedene andere Modeartikel zu diversifizieren. Die Werbung legt großen Nachdruck auf die Tatsache, daß Benetton italienisches Design verkörpert, jedoch überall getragen wird. Benetton arbeitet jetzt mit einer japanischen Bank zusammen, um eine spezifische Benetton Kreditkarte zu entwickeln.

Gesamtumsatz: Benetton Japan (in 100 Mio. Yen)	
1985	180
1986	226
1988	480
1989	650 (geschätzt)
1990	1000 (geplant)

Abb. 12: Gesamtumsatz Benetton Japan

Quelle: Benetton Japan

4.4 Triumph International Japan

Triumph International (Japan), Ltd. wurde 1964 gegründet und ist die 100%ige Tochtergesellschaft von Triumph Deutschland AG, einer Firma in Familienbesitz. Zu Beginn war der Markt für Unterwäsche unterentwickelt und alle Hersteller verkauften über Großhändler. Triumph ging in den Direktvertrieb mit einem eigenen Vertriebsstab und erreichte rasch eine Position von 5% Marktanteil. In den sechziger Jahren befanden sich Marketing, Produktion, Logistik und Finanzen in den Händen deutscher Expatriates; doch dies änderte sich schrittweise und heute sind alle Mitarbeiter – bis auf zwei – einschließlich des Präsidenten Japaner. Ursprünglich wurden alle Produkte aus Deutschland importiert, doch seit kurzer Zeit kommen sie von

Produktionseinrichtungen in Asien. Triumph besitzt in Tokyo eine nationale Führung sowie zwei Fertigungen in Japan (siehe Abb. 13). Zusätzlich besitzt Triumph International AG drei Produktionsstätten in Hongkong, je eine in Taiwan, Thailand, Malaysia, China, den Philippinen, Indonesien und Australien. Fast alle höherwertigen Produkte werden in Japan gefertigt.

Triumph Japan International in 1988	
Hauptartikel	Unterwäsche
Umsatz	14,2 Mrd. Yen
Niederlassungen	1
Fertigungen	2
Mitarbeiter	1400

Abb. 13: Triumph International Japan
Quelle: Triumph International Japan

Triumph hatte die Einstellung zu Unterwäsche in Japan so zu verändern, daß aus einem Kleidungsstück, das den Körper verbarg, eines wurde, das den Körper akzentuierte, wodurch das Unternehmen beträchtliche Vorteile bezog. Diese japanische Tradition wird durch die Weise sichtbar gemacht, in der der traditionelle Kimono getragen wird. Triumph veranstaltete die erste Unterwäsche-Modenschau 1964, die dazu beitrug, kulturelle Voreingenommenheiten in Japan zu überwinden. Bis Mitte der siebziger Jahre hatte Triumph ein solides Geschäft, das auf dem Know-how-Vorsprung des Unternehmens basierte. Gegen Ende der siebziger Jahre hingegen schrumpften die technologischen Unterschiede zwischen Triumph und den lokalen japanischen Wettbewerbern sichtlich und die Umsätze gingen zurück. Nach einem verunglückten Versuch, einen breiteren Markt zu bearbeiten, profitierte Triumph von der Rückbesinnung auf die Bevorzugung von teuren Unterwäschekollektionen. 1988 stieg der Umsatz wertmäßig um 18% in einem Markt, der (volumenmäßig) nur um 1% pro Jahr wächst. Es vollzog sich eine Wende zur teuren Unterwäsche in Japan. Das Unternehmen hofft, den Unterwäschemarkt weiter segmentieren zu können und den Umsatz bei höherwertigen Produkten weiter anzukurbeln. Triumph legt großen Wert auf persönliche Betreuung. Beispielsweise setzt Triumph einen „Mode-Paß" ein, in dem persönliche Daten gesammelt werden, einschließlich von Geburtstagen, so daß Geburtstagsglückwünsche versandt werden können.

Triumphs Marktanteil, der zwischen 1964 und 1974 um 8% betrug, fiel ständig, bis er 1986 bei 5% anlangte. Triumph räumte freimütig ein, daß das Unternehmen die notwendigen langfristigen Investitionen im japanischen Markt unterlassen hatte und es um 1980 in die Gefahr geriet, gänzlich aus dem Markt geboxt zu werden. Dies führte zu der strategischen Entscheidung zu versuchen, dem lokalen Wettbewerb zu folgen, indem man zu dem kulturellen Prinzip zurückkehrte, daß der Körper mitttels Unterwäsche zu verbergen sei. Weiterhin gab Triumph seine hochpreisige luxuriöse Marktnische auf und begab sich in einen niederpreisigen Markt. Eine Vielzahl ernsthafter Probleme erwuchs aus dieser Entscheidung und das Unternehmen verlor weiterhin Marktanteile. Zusätzlich verschlechterte sich die Kommunikation zwischen Management und Beschäftigten sowie den Kunden und dem Top-Management. Der Präsident und sein Stellvertreter wurden unter besonderer Beachtung von Kommunikationsfähigkeiten ersetzt und es gab eine fast abrupte Rückwende zur Grundphilosophie des Unternehmens. Eine Gruppe zur Umsetzung der Marketingmaßnahmen besuchte nun zehn Geschäfte pro Monat und die Verkäuferinnen mit dem größten Erfolg werden zu regulären Beratungen eingeladen, um subtile Trends im Markt zu analysieren. Zum Jahresende 1988 (siehe Abb. 14) war Triumph zu über 7% Marktanteil zurückgekehrt (wertmäßig). Triumph hat keine ausländischen Wettbewerber; ihr Hauptkonkurrent ist der japanische Hersteller Wacoal, der einen Marktanteil von 25,2% ausweist.

Gesamtumsatz: Triumph International Japan (in 100 Mio. Yen)	
1983	132,0
1984	120,0
1985	114,0
1986	104,0
1987	118,0
1988	142,0

Abb. 14: Gesamtumsatz Triumph International Japan

Quelle: Triumph International Japan

Schließlich erforderte die Bedienung japanischer Märkte die Entwicklung einiger besonderer Fertigkeiten. In Deutschland beispielsweise wird vom Unternehmen nur eine einfache Quartals-Voraussage des Umsatzes verlangt. Doch in Japan muß ein Hersteller in der Lage sein, eine angeforderte Warenmenge innerhalb eines einzigen Tages anzuliefern. Diese Fertigkeit sowie die Qualitätsanforderungen in Japan wurden nach Deutschland zurück übertragen und sind in der gesamten Triumph International AG verbreitet. Angesichts der Ausbreitung japanischer Einzelhändler in Asien ist Triumph einer der wenigen Hersteller, der gemäß den japanischen Prinzipien von Zeit und Menge zu liefern vermag. Tatsächlich hat Triumph auch japanische Vertreter entsandt, um sich der japanischen Einzelhändler in Asien anzunehmen.

5. Zusammenfassung und Ausblick

In jedem der betrachteten Fälle bestimmten strategische Entscheidungen hochangesiedelter Manager die wettbewerbsmäßige Position ihrer Unternehmen im japanischen Markt. Die Schlüsselentscheidung für Braun war, sich 1969 vom japanischen Joint-Venture-Partner zu lösen und 1965 sowie noch einmal später 1982 Produkte für den japanischen Markt zu entwickeln. Für Triumph war es die Entscheidung, 1963 den Direktvertrieb einzurichten und den japanischen Konsumenten mit ihrem Produkt vertraut zu machen. Benetton entwarf eine Strategie, um das japanische Distributionssystem zu umgehen, indem sie ihr eigenes Franchise-System schuf, das auf Regionaldirektoren beruhte, während die eigene Marke mit ihren Alleinstellungsmerkmalen importiert wurde; hinzu kam die rasche Ausweitung ihrer Produktlinien. Und Vittel schließlich, ein Neuling auf dem japanischen Markt, hat Erfolg durch die Herausstellung der gesundheitlichen Aspekte von Mineralwasser, von Kosmetika, die auf Mineralwasser beruhen und durch ihr Gesundheitszentrum in einem unterentwickelten japanischen Markt. Braun und Triumph erlitten Rückschläge, da sie zu langsam auf Veränderungen im Markt reagierten oder ihre traditionellen Grundsätze verließen. Auch Braun stieß auf Hindernisse im

Distributionssystem, die für alle Wettbewerber von Konsumgütern bei Einzelprodukten bestehen. Triumph und Benetton gelang es, das ineffiziente japanische Distributionssystem zu ihrem Vorteil auszunutzen, indem sie sich ihre eigenen Vertriebskanäle schufen und die Art, in der ihre Produktlinien verkauft wurden, veränderten.

Aus den dargestellten Fallstudien lassen sich bedeutsamere Schlußfolgerungen ableiten als nur die, daß ausländische Unternehmen in Japan Erfolg haben können. Statt dessen darf mit Überzeugung behauptet werden, daß die Größe, die Mittelverfügbarkeit und das wettbewerbsmäßige Gewicht der japanischen Volkswirtschaft Japan zu einem beispielhaften Markt erheben, in dem globale Wettbewerbsregeln gelten. Im Falle von Braun beispielsweise ist es zweifelhaft, ob das Unternehmen ohne engagierte Teilnahme am japanischen Markt die japanische Invasion mit aufladbaren Rasierapparaten erfolgreich hätte abwehren können. Im Falle von Triumph hat die Fähigkeit, erfolgreich den japanischen Anforderungen an Qualität und Lieferfähigkeiten zu begegnen, das Unternehmen in die Lage versetzt, ihren Einzelhändlern weltweit einen guten Service zu bieten. Ein ausschlaggebendes Element globalen Wettbewerbs stellt das gegenseitige marktübergreifende Profitieren der Marktteilnehmer dar. Benetton und Vittel halten sich bereit, aus genau diesen Umständen ihre Vorteile zu ziehen. Tatsächlich versucht Benetton bereits, in Japan gewonnene Designerideen in ihr internationales Netzwerk einzubringen. Wenn es eine Lektion aus der Historie dieser Fallstudien zu lernen gibt, dann diese, daß es einen wichtigen Teil des Erfolges ausmacht, wenn man zu seinen Grundproduktlinien und seinen elementaren Marketingprinzipien steht. Zugleich ist die Tätigkeit im japanischen Markt als Schlüsselvorteil anzusehen, der die Gelegenheit bietet, sich an Marktprinzipien anzupassen, die den japanischen Markt regieren. Es bildet naturgemäß eine Herausforderung für Manager, in Japan eine feste Stellung zu entwickeln und vielleicht eines Tages den Heimatmarkt gegen japanischen Wettbewerb abzuschirmen. Japan ist nicht nur ein Marktplatz, auf dem auch europäische Unternehmen erfolgreich sein können, sondern – im neuen Zeitalter globalen Wettbewerbs – erfolgreich sein müssen.

Erfolg mit Qualität und großem Angebot

Heinz Ruhnau

1. Dynamische Wirtschaftsentwicklung

Der asiatisch/pazifische Wirtschaftsraum hat in den letzten 30 Jahren einen Aufschwung erfahren, wie ihn die Wirtschaftsgeschichte bis dahin noch nicht erlebt hat. Besonders erfolgreich verlief die Entwicklung in Japan. 1960 betrug die japanische Wirtschaftsleistung nur etwas mehr als die Hälfte der bundesdeutschen. 1968 lag sie bereits gleichauf, und 1988 produzierte das mittlerweile zweitgrößte Industrieland der Erde die eineinhalbfache Wirtschaftsleistung der Bundesrepublik. Eine ähnlich rasante Wirtschaftsbelebung können die Newly Industrialised Countries (NICs) Hongkong, Singapur, Korea und Taiwan aufweisen, die allerdings später starteten.

Aus den Erfahrungen der Vergangenheit wissen wir, daß die Entwicklung des Luftverkehrs stark mit dem Wirtschaftswachstum korreliert. Das Luftverkehrswachstum liegt fast immer einige Prozentpunkte über der Konjunkturentwicklung.

2. Entwicklung des Luftverkehrs

Die stark steigende Wirtschaftskraft des asiatisch-pazifischen Raums wäre ohne die Entwicklung eines leistungsfähigen Luftverkehrs nicht mit der beobachteten Geschwindigkeit denkbar gewesen.

Die Entwicklung des internationalen Luftverkehrs von und nach der Bundesrepublik Deutschland zeigt, daß 1970 der Verkehr nach Asien/Pazifik und Südamerika im Vergleich zum dominierenden Nordatlantikverkehr sehr gering ausfiel. In den siebziger Jahren stieg der Passagierverkehr von und nach Asien/Pazifik um mehr als das Sechsfache und entspricht 1988 etwa 40% des Verkehrsaufkommens auf dem Nordatlantik. Der Linienfrachtverkehr (in Tonnen) zog seit 1980 kräftig an und liegt 1988 nur noch knapp unter dem

Niveau der Nordatlantikfracht. Die Verkehrsströme auf dem Südatlantik stiegen seit 1970 zwar um rund das Achtfache, sind jedoch im Volumen deutlich geringer.

2.1 Lufthansa-Verkehr nach Asien/Pazifik

2.1.1 Passagierverkehr

Die Entwicklung des Gesamtverkehrs spiegelt sich in den Lufthansa Verkehrsleistungen wider. 1960 beförderte Lufthansa 18.900 Passagiere im Verkehr mit den asiatischen Ländern. Das Verkehrsaufkommen lag damals auf dem Niveau des Südamerikaverkehrs, entsprach aber nur 15% des Nordatlantikaufkommens. 28 Jahre später hatten sich die Relationen dramatisch verschoben. Auf den Strecken in den Fernen Osten wurden bereits über 730.000 Passagiere befördert. Dies entsprach rund 40% des Nordamerika-Verkehrs und war mehr als das Vierfache der Passagierzahl auf den Südatlantikrouten.

1960 flog Lufthansa mit der Lockheed Super Constellation mit einer Nutzlast von 15 Tonnen nur zu drei Zielen in Asien: Karachi, Kalkutta und Bangkok mit Zwischenstopps in Rom und Kairo. Die Zwischenlandungen waren nicht nur technisch bedingt, sondern das Passagieraufkommen in Deutschland reichte nicht aus, die zwei wöchentlichen Flüge wirtschaftlich auszulasten. Seit Sommer 1989 starten wöchentlich 35 Passagierflüge mit Boeing 747 mit einer Nutzlast von 64 Tonnen zu 16 Zielorten in Asien/Pazifik.

2.1.2 Frachtverkehr

Noch deutlicher ist die Verschiebung der Gewichte in der Weltwirtschaft und im Luftverkehr an der Entwicklung der Frachtbeförderung abzulesen (siehe

Abb. 1). 1960 wurden von Lufthansa 240 Tonnen zwischen Europa und dem pazifischen Raum befördert. Diese Menge entsprach gerade 7,5% der Luftfracht auf den Nordatlantikstrecken; 1988 waren es mit rund 135.000 Tonnen fast zwei Drittel: Die früher stärkere Südamerikafracht blieb mit 35.000 Tonnen 1988 weit zurück.

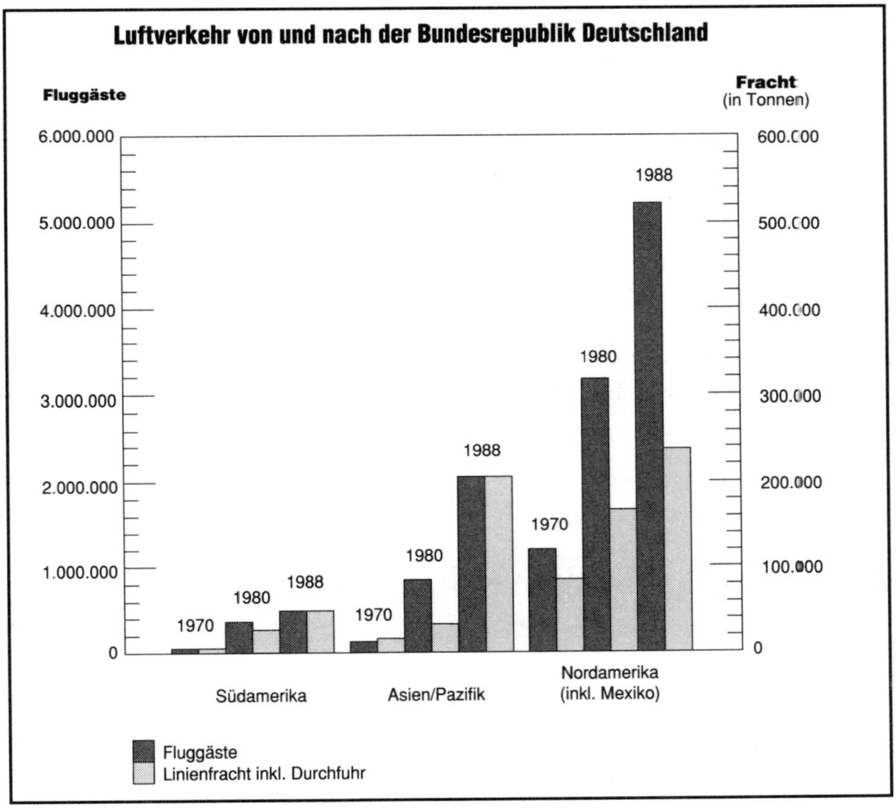

Abb. 1: Luftverkehr von und nach der Bundesrepublik Deutschland

Quelle: Statistisches Jahrbuch, Sonderauswertung Luftverkehr

1960 gab es noch keine Linienfrachter Richtung Ferner Osten. 1989 starten jede Woche zehn Lufthansa Frachtflugzeuge ab Deutschland. Jeder dieser Boeing 747-Frachter verfügt über eine Ladekapazität von 100 Tonnen.

Im Frachtverkehr zwischen Europa und Asien/Pazifik hat Lufthansa von allen Luftverkehrsgesellschaften das größte Angebot an Frachterdiensten und liegt nach Air France und KLM an dritter Stelle bei den Flügen mit Boeing 747-Kombi. Mit 1440 Tonnen pro Woche bietet Lufthansa das größte Frachtangebot zu 15 Zielorten in dieser Region. Von den asiatischen Luftverkehrsgesellschaften sind im nennenswerten Umfang lediglich Japan Airlines, Cathay Pacific, Singapur Airlines, Korean Air und Nippon Air Cargo tätig. Die übrigen Gesellschaften bieten lediglich Unterflurkapazitäten auf den Passagierdiensten an.

Die wichtigsten Zielorte in Asien/Pazifik sind:

- Bangkok
- Hongkong
- Singapur
- Tokio

Die drei größten Gesellschaften der Association of European Airlines (AEA) im Passagier- und Frachtverkehr zwischen Europa und Asien/Pazifik waren 1988 British Airways, Lufthansa und mit größerem Abstand Air France.

2.2 Asien/Pazifik im Weltluftverkehr

Der Luftverkehrsmarkt Asien/Pazifik ist, gemessen an den durchschnittlichen Zuwachsraten pro Jahr sowie den erreichten Sitzladefaktoren, der attraktivste der Welt (siehe Abb. 2).

Die asiatischen Luftverkehrsgesellschaften konnten zwischen 1970 und 1987 ihren Anteil am internationalen Verkehrsaufkommen in der Passage von 12% auf fast 27% und in der Fracht von ca. 11% auf 31% steigern. Bis zum Jahr 1995 wird sich der Anteil der asiatischen Luftverkehrsgesellschaften am internationalen Verkehrsaufkommen, gemessen in Passagierkilometern (PKT), auf rund 33% (siehe Abb. 3) und in der Fracht, gemessen in Tonnenkilometern (TKT), auf etwa 42% (siehe Abb. 4) erhöht haben.

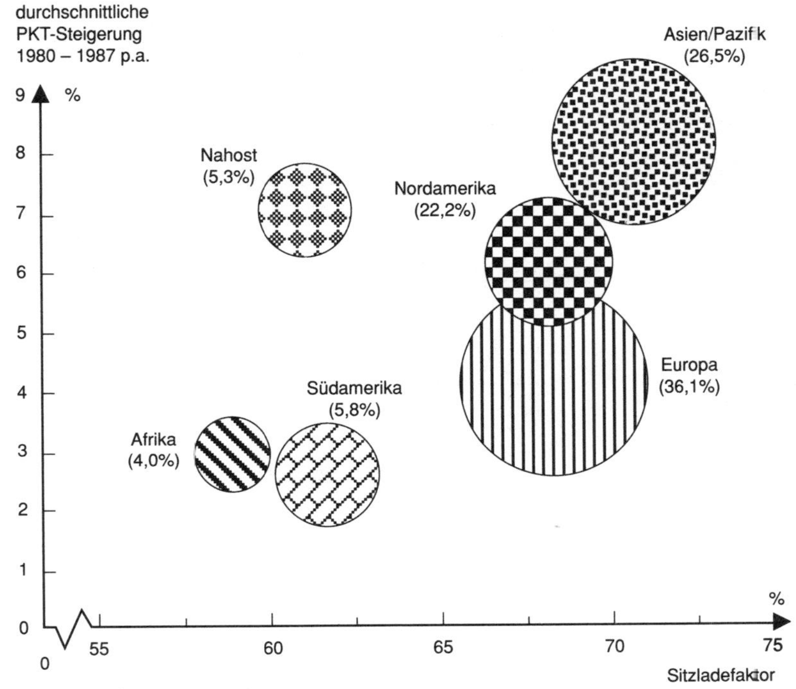

Der große Kreis rechts oben in der Abbildung zeigt die überdurchschnittlichen jährlichen Wachstumsraten und die hohe Auslastung bei den asiatischen Fluggesellschaften.

PKT = Passagierkilometer. Das entspricht der Anzahl der Passagiere, multipliziert mit den geflogenen Kilometern. Beispiel: 100 Passagiere, geflogen 100 Kilometer = 10.000 PKT

Abb. 2: Anteil der in den Verkehrsgebieten registrierten Linienfluggesellschaften an der internationalen PKT-Leistung 1987

Quelle: ICAO

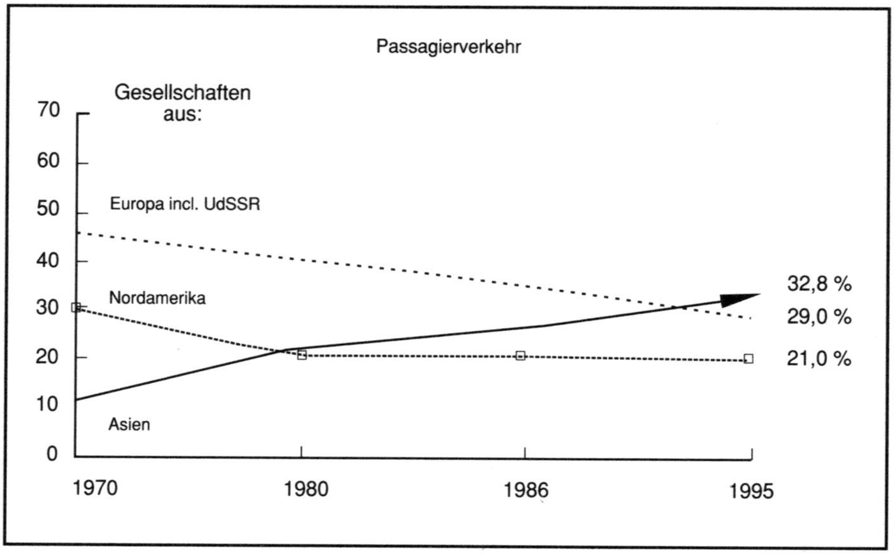

Abb. 3: Anteile am internationalen Passagierverkehr
Quelle: ICAO, Statistical Yearbook

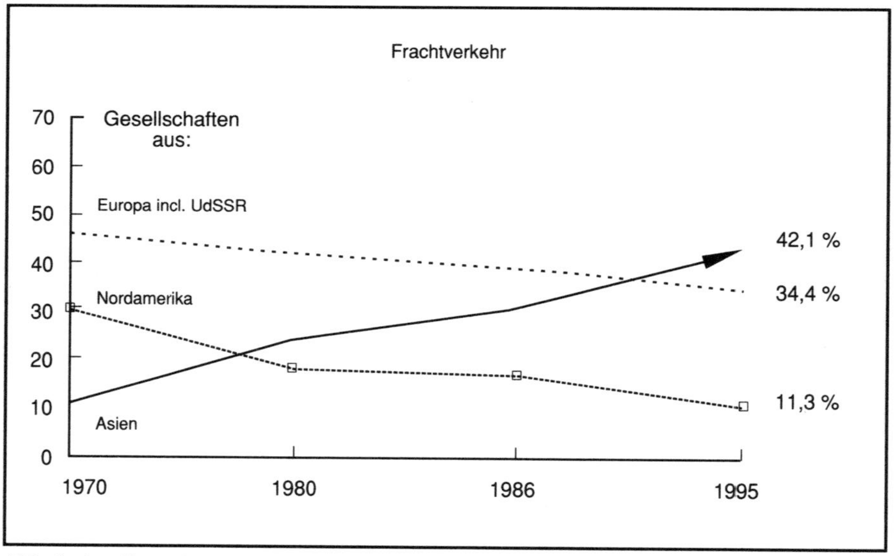

Abb. 4: Anteile am internationalen Frachtverkehr
Quelle: ICAO, Statistical Yearbook

Ein Vergleich der Reisehäufigkeit, gemessen als Anzahl der Flugreisen je 1000 Einwohner eines Landes, verdeutlicht das Nachfragepotential (siehe Abb. 5).

Mit der absehbaren Steigerung des Lebensstandards (Pro-Kopf-Einkommen) wird auch die Nachfrage nach Flugreisen in Asien/Pazifik stärker steigen als in den übrigen Regionen der Welt. Die USA, als führendes Land im Luftverkehr, weisen die höchste Reisehäufigkeit auf. Jeder US-Bürger unternimmt, statistisch gesehen, fast zwei Flugreisen pro Jahr. Die Bundesrepublik Deutschland als „Reiseweltmeister" bringt es gerade auf ein Drittel der amerikanischen Reisehäufigkeit.

Land	Passagiere* 1000 Einw. 1986	BSP pro Kopf 1986 in US$
USA	1700	17.300
BR Deutschland	525	14.600
Pakistan	40	360
Indien	15	210
Nepal	25	130
Thailand	80	730
Malaysia	380	1.580
Indonesien	40	530
Philippinen	85	540
Japan	440	16.100
Rep. Korea	170	2.100
VR China	10	255
Australien	970	10.100

** Passagiere im internationalen und inländischen Verkehr, die mit einer in dem jeweiligen Land registrierten Gesellschaft befördert wurden.*

Abb. 5: Reisehäufigkeit

Quelle: ICAO, Fischer Weltalmanach

Ein Blick auf die asiatischen Staaten zeigt, daß bis auf Japan in den meisten Ländern der Luftverkehr noch am Anfang der Entwicklung steht. In der VR

China reisen pro 1000 Einwohner nur zehn mit dem Flugzeug. Dies bedeutet bei rund 1,2 Mrd. Einwohnern zwölf Mio. Passagiere pro Jahr; anders ausgedrückt, eine Steigerung der Reisehäufigkeit um einen Passagier entspricht einer Zunahme der Flugreisen um 1,2 Mio.

3. Strategien in einem Wachstumsmarkt

In einem Wachstumsmarkt wie Asien/Pazifik gilt es, rechtzeitig Positionen zu besetzen, die das weitere Wachstum des Unternehmens und damit die Marktstellung sichern.

Eine Nischenstrategie, also die Konzentration auf bestimmte regionale Märkte oder Produkte/Dienstleistungen (z.B. Geschäftsreisende) ist nur begrenzt erfolgreich. Bei dieser Strategie verzichtet man bewußt auf Marktanteile zugunsten der Rentabilität. Eine solche Strategie kann bei speziellen, abgrenzbaren Produkten erfolgreich sein. Eine Fluggesellschaft bietet jedoch ein Kuppelprodukt, das die Wünsche der Geschäftsreisenden, der Privatreisenden und der Frachtversender gleichermaßen befriedigen muß.

Für die Kunden sind Frequenzhäufigkeit und ein dichtes Streckennetz ein ausschlaggebendes Kriterium für die Wahl der Fluggesellschaft. Diese Bedienungsqualität kann nur durch eine entsprechende Unternehmensgröße erreicht werden. Ein Nischencarrier, der nur einige ausgewählte Orte bedient und nicht am Marktwachstum partizipiert, wird mittel- und langfristig im Markt bedeutungslos.

3.1 Konzentration auf Qualitätsstrategie

Im Rahmen der Wachstumsstrategie, die für uns im Wachstumsmarkt Asien/ Pazifik zwingend ist, gibt es zwei Basisstrategien, mit denen die eigene Position im Markt ausgebaut werden kann.

Unternehmen mit niedrigen Personalkosten wählen in der Regel als Basisstrategie die Kostenführerschaft. Hierzu zählen auch einige asiatische Luftverkehrsgesellschaften. Die andere, langfristig auch erfolgreichere Strategie, ist das Streben nach Qualitätsführerschaft. Diese Strategie wird von fast allen europäischen aber auch von einigen asiatischen Anbietern gewählt.

Qualitätsstrategie heißt für Lufthansa:

- Technische und fliegerische Kompetenz und Zuverlässigkeit.
- Ein dichtes Streckennetz, das möglichst täglich beflogen wird.
- Eine weitgehende Differenzierung der Dienstleistung, um in Preis und Leistung den vielfältigen Kundenwünschen gerecht zu werden.

Das Streben nach Qualitätsführerschaft bedeutet aber nicht, daß auf ein strenges Kostenmanagement verzichtet werden kann. Das Qualitätsangebot muß auch preislich wettbewerbsfähig bleiben.

3.2 Strategische Erfolgsfaktoren in Asien/Pazifik

3.2.1 Steigerung der Bedienungsqualität

Verkürzung der Reisezeit und Verdichtung des Flugplans sind die Ziele der Lufthansa für die neunziger Jahre. Seit Juli 1989 verfügt Lufthansa über Verkehrsrechte, fünfmal pro Woche nach Tokio über die im Vergleich zur Polroute deutlich kürzere Sibirien-Route zu fliegen. Die neue Boeing 747 - 400 ermöglicht auch mit voller Nutzlast Hongkong, Singapur, Kuala Lumpur, Jakarta und Manila nonstop zu bedienen. In den neunziger Jahren wird Lufthansa in der Lage sein, jeden wichtigen Zielort in Asien/Pazifik täglich nonstop und Australien mit nur einer Zwischenlandung anzufliegen.

Die Nonstop-Verbindungen ab Frankfurt bringen eine deutliche Verkürzung der Flugzeiten nur für einen Teil der Reisenden. Ein großer Fortschritt in Richtung Reisezeitverkürzung wird mit der Einführung des „kleinen" Langstreckenflugzeugs Airbus A340 ab 1992 verbunden sein. Dieses Flugzeug erlaubt auch wirtschaftliche Nonstop-Flüge nach Asien/Pazifik von aufkommensschwächeren Punkten wie Hamburg, Köln/Düsseldorf oder München.

3.2.2 Wachsende Bedeutung computergestützter Angebotsdarstellung

Im Luftverkehr der neunziger Jahre reicht das Bereitstellen eines Flugzeugs allein nicht aus. Der Luftverkehrsmarkt hat sich von einem Verkäufermarkt zu einem Käufermarkt gewandelt. Dies stellt erhöhte Anforderungen an Marketing und Verkauf.

Die Angebotsdarstellung im Reisebüro erfolgt nicht mehr mit den dicken Flugplanwälzern der früheren Jahre, sondern über moderne Computerterminals. Sie gestatten neben der Flugplandarstellung auch gleichzeitig die Reservierung eines Sitzplatzes und die Flugpreisberechnung. Damit ist ihre Funktion noch nicht erschöpft. Zusätzlich zum Flug können beispielsweise Mietwagen, Hotelzimmer oder Theaterkarten reserviert werden.

Mit diesem reichhaltigen Dienstleistungsangebot kann die elektronische Angebotsdarstellung einen bisher nicht gekannten Komfort in der Reisevorbereitung und der Reisedurchführung bieten.

Ihre Informationen erhalten die Computerterminals der Reisebüros von global operierenden Reisevertriebssystemen, denen sich die Anbieter anschließen.

Lufthansa hat den Trend zur elektronischen Reisevermarktung rechtzeitig erkannt. Der Aufbau eines eigenen Lufthansa-Systems war denkbar, jedoch wenig erfolgversprechend. Ein reines Lufthansa-System hätte nur in der Bundesrepublik eine ausreichende Marktchance gehabt. Die Attraktivität dieser Systeme für die Reisebüros wächst jedoch mit der Vielfalt der darstellbaren Angebote.

3.2.3 Das Computerreservierungssystem Amadeus

Mit Blick auf den europäischen Binnenmarkt strebt Lufthansa daher eine europäische Lösung an. Mit den Gründungspartnern Air France, SAS und Iberia wurde 1987 das Reservierungssystem Amadeus ins Leben gerufen. Das Großprojekt mit einem Investitionsvolumen von 270 Mio. US$ wird, früher als geplant, im Herbst 1990 den vollen Betrieb aufnehmen.

Für eine erfolgreiche Markterschließung in Asien/Pazifik ist das europäische Amadeus ein erster Schritt. Auch die asiatischen Luftverkehrsgesellschaften haben Reservierungssysteme aufgebaut. Singapur Airlines und Cathay Pacific Airways sind die Gründer des Abacus-Systems, Japan Airlines und die australische Quantas haben das System Fantasia errichtet.

3.2.4 Weltweite Angebotsdarstellung

Für die künftige Marktstellung der Lufthansa in Asien/Pazifik wird die Zusammenarbeit der Reservierungssysteme große Bedeutung erlangen. Die Stellung einer Fluggesellschaft im Markt wird im hohen Maße durch die Angebotsdarstellung und Verbreitung des Reservierungssystems bestimmt. Dreiviertel aller Lufthansa-Kunden erwerben ihren Flugschein im Reisebüro.

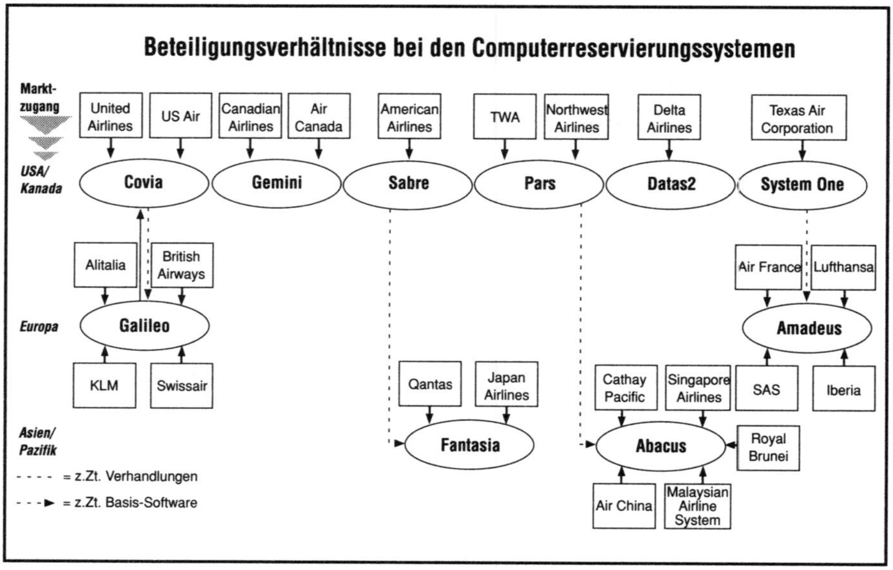

Abb. 6: Beteiligungsverhältnisse bei den Computerreservierungssystemen
Quelle: Sherson Lehmann Hutton, Juni 28, 1989

Ein benutzerfreundliches Reservierungssystem, das sowohl die Bedürfnisse der Reisebüros als auch der Kunden optimal erfüllt, ist Voraussetzung um das Lufthansa-Angebot strategisch vorteilhaft zu positionieren.

Abbildung 6 zeigt die Reservierungssysteme (Ellipsen), die Fluggesellschaften (Kästen), die geografische Verteilung auf USA, Europa und Asien/Pazifik und die Form der bestehenden Verbindungen.

Die Abbildung zeigt, daß es bisher noch kein weltweit operierendes Reservierungssystem gibt. Allerdings belegen erste strategische Allianzen, daß weltweit operierende Luftverkehrsgesellschaften in Zukunft nur mit entsprechend verknüpften Reservierungssystemen im Markt bestehen können.

3.2.5 Mehr Komfort an Bord

Die mit Boeing 747-400 und Airbus A340 möglich werdenden Super-Langstreckenflüge stellen erhöhte Anforderungen an den Service und die Bequemlichkeit an Bord.

Hier wird Lufthansa die Kabinengestaltung ihrer Flugzeuge in Richtung verbesserten Sitzkomforts und individueller Gestaltung des Unterhaltungsangebots weiterentwickeln. So hat z.B. unsere neue Boeing 747 - 400 in First-, Business- und Tourist-Class einen deutlich erhöhten Sitzkomfort gegenüber dem früheren Modell. Der Einbau von Videomonitoren und nochmals verbesserten Kopfhörern erlaubt allen Passagieren ungestörtes Genießen der Bordunterhaltungsprogramme. Wenn die Kommunikationsinfrastruktur geschaffen ist, wird auch die Bord/Boden-Kommunikation für Fluggäste den Aufenthalt an Bord noch angenehmer gestalten.

3.2.6 Ausbau der Dienstleistung vor und nach dem Flug

Mit dem großen Fortschritt in der Angebotsdarstellung gewinnt die Ergänzung der Flugreise mit Nebenleistungen wie z.B. Hotelbuchung, Mietwagen, Reservierung von Konferenzräumen im Sinne einer Servicekette stärker an Gewicht. Als Dienstleistungsunternehmen ist Lufthansa bestrebt, auch mit diesen ergänzenden Leistungen die Wünsche der Kunden zu erfüllen.

Gerade bei der Hotelkapazität zeichnete sich ein Engpaß in Asien/Pazifik ab. Dies zeigt die durchschnittliche Belegungsrate der Hotels. Sie ist um ein Sechstel höher als in Europa. Lufthansa hat deshalb die Chance ergriffen, über ihre Beteiligungen an den Kempinski- und Penta Hotelgesellschaften ein entsprechendes Angebot in Asien/Pazifik zu schaffen. Damit können wir unseren Kunden eine umfassende Qualitätsdienstleistung bieten.

Aber auch für die Privatreisenden, die am stärksten wachsende Kundengruppe, wird ein touristisches Rahmenangebot immer wichtiger.

3.2.7 Wettbewerbsfähige Kostenstruktur

Ein preislich attraktives Angebot verlangt eine wettbewerbsfähige Kostenstruktur. Wir produzieren in einem Land mit hohen Personalkosten. Wir produzieren aber auch in einem Land mit erstklassig qualifizierten Arbeitskräften. Unsere Chance zur Kostensenkung liegt daher in der Steigerung der Produktivität. An Bord sind der Produktivitätssteigerung Grenzen gesetzt. Wir wollen nicht an persönlicher Betreuung und Hinwendung zum Fluggast sparen. Produktivitätspotentiale sind in den Bereichen Verwaltung und Arbeitsorganisation zu identifizieren und auszuschöpfen. Auch können technische Fortschritte in der Flugzeuginstandhaltung die Technikkosten senken und die Flottennutzung weiter erhöhen. Bei der Boeing 747-Flotte liegt die tägliche Flugzeugnutzung bei Lufthansa bereits an der Weltspitze.

Ein dichtes Streckennetz, eine Qualitätsdienstleistung, ein modernes Vertriebssystem und wettbewerbsfähige Kosten – das sind die Eckpfeiler unserer Strategie, in den neunziger Jahren die führende Luftverkehrsgesellschaft im Verkehr von und nach Asien/Pazifik zu werden.

4. Das Lufthansa-Engagement in China

4.1 Erste Zusammenarbeit in den dreißiger Jahren

Unser Engagement in China seit der Öffnungspolitik knüpft an eine lange Tradition an. Bereits 1926 starteten zwei dreimotorige Junkers G24 zu einem „ersten deutschen Weltflug" von Berlin über Sibirien nach Peking. Die rund

10.000 km lange Strecke wurde in elf Tagesetappen bewältigt. Ziel dieser Flüge war die Errichtung eines Linien-Postdienstes. Zusammen mit der „China National Aviation Corporation“ wurde am 1.2.1931 die „Eurasia Aviation Corporation“ gegründet. Die Gesellschaft bestand bis Juni 1942.

Im April 1980 landete wieder ein Lufthansa-Flugzeug in Peking. Dies war zugleich der Beginn eines umfangreichen Lufthansa-Engagements in der VR China. Der Luftverkehr zwischen der Bundesrepublik und der VR China entwickelte sich zunächst nur schwach. Jedoch brachte die Proklamation der Öffnungspolitik in der VR China den Wandel. Zunächst entstanden wirtschaftliche Kontakte und damit verbunden geschäftlich motivierte Reisen. Im weiteren Verlauf stieg auch die Privatreisenachfrage stark an. Die wachsende Nachfrage erlaubte bereits im Juli 1985 die Aufnahme eines zweiten und im April 1986 die Aufnahme eines dritten wöchentlichen Fluges Frankfurt–Peking.

4.2 Lufthansa-Projekte in China

Angesichts der Weite des Landes und des Mangels an ausreichenden Schnellverkehrswegen fällt dem Luftverkehr bei der Entwicklung Chinas eine zentrale Transportaufgabe zu. Der zügige Ausbau eines leistungsfähigen Luftverkehrs ist daher eine vordringliche Aufgabe. In einem Joint Venture mit Air China wird ein Wartungs- und Instandhaltungszentrum für die in Peking stationierten Flugzeuge, Boeing 707, Boeing 737 und Boeing 747 ausgebaut und modernisiert. Auf dieser Wartungsbasis werden rund 4000 Mitarbeiter beschäftigt. Die Aufgabe der rund 50 Lufthansa-Fachkräfte liegt im Bereich Beratung, Ausbildung und Organisation des Betriebes.

Im Zuge der Öffnungspolitik nahm die Wirtschaft einen rasanten Aufschwung. Die Infrastruktur zeigte Anzeichen der Überforderung. Lufthansa ergriff die Chance, im Rahmen eines Joint Ventures mit der Stadt Peking und weiteren deutschen Partnern in Peking das *Beijing Lufthansa Center* zu errichten.

In einem modern strukturierten Gebäudekomplex entsteht ein Hotel mit internationalem Standard, Appartments für Ausländer sowie Büroräume. Ergänzt wird das Leistungsangebot durch ein Service-Center, das neben moderner Bürokommunikation und -technik auch bei der Anbahnung von Geschäftskontakten behilflich sein soll. Nach den Planungen wird das Beijing Lufthansa Center Anfang 1992 fertiggestellt.

Unser Engagement im Technik- und Hotelbereich wirkte sich positiv auf unser Hauptgeschäft aus. So gehörte Lufthansa zu den ersten europäischen Unternehmen, die die begehrten Nonstop-Streckenrechte nach Peking über Sibirien erhielt. Die neue Flugstrecke verkürzt die Reisezeit um sechs Stunden pro Flug. Peking ist damit gleichweit von Frankfurt entfernt wie Miami. Wohlwollende Behandlung der Lufthansa-Belange bei den chinesischen Behörden sind ebenfalls Ergebnis unseres Einsatzes.

4.3 Perspektiven im China-Geschäft

China ist mit 1,2 Mrd. Menschen das bevölkerungsreichste Land der Erde. Die Verkehrsinfrastruktur ist noch wenig entwickelt. Eine zügige Modernisierung des Landes und damit die Verbesserung der Lebensverhältnisse der Menschen bedarf eines raschen Ausbaus des Luftverkehrs. Unser Know-how und die lange Tradition des Unternehmens im China-Geschäft machten uns zum Partner der chinesischen Luftfahrt.

Als wir das China-Engagement begannen, war uns bewußt:

- Unser Engagement muß langfristig angelegt sein. Aber immer mit dem Ziel, den eigenen Beitrag überflüssig zu machen.
- Mit unserem Know-how helfen wir der chinesischen Luftfahrt, sich zu entwickeln. Das hilft auch uns. Denn nur mit einem starken Partner können sich die Luftverkehrsbeziehungen entwickeln.

Der Erfolg des Lufthansa-Engagements in China zeigt sich bereits in Teilen. Der volle Erfolg wird sich erst nach Fertigstellung der Projekte und einer weiteren Verbesserung der wirtschaftlichen Verhältnisse einstellen. Damit werden dann von den ersten Kontakten bis zur endgültigen Realisierung gut zehn Jahre vergangen sein.

5. Ausblick

Das pazifische Jahrhundert hat begonnen. Die wirtschaftliche Dynamik des asiatisch/pazifischen Raumes ist ungebrochen. Steigender Wohlstand und wachsende Wirtschaft lassen eine kräftig wachsende Nachfrage nach Geschäfts- und Privatreisen sowie nach Luftfracht erwarten. Asien/Pazifik ist der Wachstumsmarkt Nr. 1 im internationalen Luftverkehr der neunziger Jahre. Die asiatischen Luftverkehrsgesellschaften werden ihre Position im internationalen Luftverkehr deutlich verbessern können. Einige gehören bereits zu den Großen im Weltluftverkehr.

Wachsender Wohlstand für große Bevölkerungsteile wird auch in Asien/Pazifik die Nachfrage nach qualitativ hochwertigen Gütern und Dienstleistungen anregen. Damit steigen die Marktchancen auch für europäische Qualitätsproduzenten.

Mit der Prosperität steigt in Asien/Pazifik das Kostenniveau. Die Kostenführerschaft der asiatischen Konkurrenten gerät zunehmend unter Druck. Mit steigenden Kosten werden Effizienz und Produktivität in der Leistungserstellung entscheidend. Hier haben deutsche Unternehmen, die sich mit hohem Kostenniveau im Weltmarkt durchsetzen müssen, einen Vorsprung.

Lufthansa ist für den Wettbewerb mit asiatischen Konkurrenten gut gerüstet. Mit qualifizierten und engagierten Mitarbeitern, einer modernen Flotte und hoher Produktivität erstellen wir ein weltweit anerkanntes Qualitätsprodukt. Wir haben in Asien/Pazifik bereits Positionen besetzt. Diese werden wir in den nächsten Jahren weiter ausbauen. Mit dieser Basis wird Lufthansa auch in den neunziger Jahren zu den führenden Luftverkehrsgesellschaften im Verkehr zwischen Europa und Asien/Pazifik gehören.

Erfolg oder Mißerfolg: Strategie eines deutschen Unternehmens der Vakuumtechnik auf asiatischen Märkten

Karl Busch

1. Einführung

Die zunehmende industrielle Verflechtung der Weltmärkte hat dazu geführt, daß sich heute jeder Unternehmer darüber Gedanken machen muß, wie er weitere Gebiete außerhalb seines eigentlichen Heimatlandes erschließen kann. Außer Europa bieten sich dabei besonders zwei in letzter Zeit stark gewachsene industrielle Märkte an: die Vereinigten Staaten von Nordamerika und das Gesamtgebiet Ostasien. In den letzten Jahren hat das Gebiet Ostasien oder besser gesagt das Pazifische Becken, stark an Bedeutung gewonnen. Die jährlichen industriellen Zuwachsraten liegen weit über denen von Europa. Dazu kommt noch, daß in vielen dieser asiatischen Länder eine Bevölkerungsstruktur vorliegt, die überwiegend geprägt ist von jungen Leuten, die fortschrittswillig und positiv der neuen Technik gegenüberstehen.

2. Strukturen der asiatischen Industrialisierung

Vergleicht man die Länder Ostasiens, so fällt auf, daß sie in dem zeitlichen Ablauf der Industrialisierung weit auseinanderklaffen. Wendet man die Begriffe in der Reihenfolge der Entwicklung der Industrialisierung wie Entwicklungsländer, Schwellenländer und Industrieländer an, so kann man in Ostasien Länder in allen drei Kategorien finden. Zweifellos ist Japan das am weitesten entwickelte Industrieland. Die Kosten der Herstellung und die Fertigungslöhne sind inzwischen derartig gestiegen, daß man in Japan Ausschau nach Schwellenländern hält, um die in Japan zu teuer gewordene Fertigung in diesen Ländern nach japanischem Industrie-Know-how zu produzieren. Diese Aufgabe wird von den japanischen Unternehmen sehr sorgfältig vorbereitet, so daß dann rasche Erfolge sichtbar werden.

Der Stadtstaat Singapur präsentiert sich als eine vorbildliche Industrielandschaft. Beinahe alle Randbedingungen stimmen hier. Im Zentrum der ASEAN-Staaten gelegen, bietet sich hier ein Firmensitz direkt an, um die Staaten Malaysia, Thailand, Indonesien, Hongkong und die Philippinen mit jeweils aktiven lokalen Vertretern zu betreuen.

Bei Australien wird die Beurteilung etwas schwieriger. Einerseits liegt Australien im asiatisch-pazifischen Raum, ist jedoch historisch gesehen durch seine Bevölkerungsstruktur eng mit England verbunden. Der relativ geringe Export von Australien geht jedoch zum größten Teil in die asiatischen Länder. Australien ist ein rasch wachsendes Industrieland, das über erhebliche Rohstoffquellen verfügt und schon aus diesem Grunde ein hohes jährliches Wachstum der Industrie aufweist. Über die Mängel in der industriellen Effizienz wird noch zu sprechen sein.

Schwellenländer sind die Länder, die zwar den Ursprung des Beginns der Industrialisierung erfolgreich durchstanden haben, aber noch immer in der Entwicklungsphase stehen und deshalb noch nicht als volles Industrieland gelten. Als Schwellenland kann Südkorea angesehen werden und es ist deshalb nicht erstaunlich, daß Japan viele seiner Fertigungen nach Südkorea verlegt hat, um so billiger produzieren zu können.

Die Volksrepublik China, mit einer Bevölkerung von über 1 Mrd. Menschen, hat inzwischen erkannt, wie wichtig die Industrialisierung des Landes für das weitere Wohlergehen der Chinesen ist. Von Deng Xiao Ping stammt die Idee, durch Joint Ventures mit ausländischen Firmen eine schnellere Entwicklung der Industrie herbeizuführen. Es ist nicht verwunderlich, daß bei der chaotischen Form der Einführung dieser Gemeinschaftsunternehmen nur wenige sich erfolgreich und ertragreich entwickeln konnten. Trotzdem bleibt ein gewaltiger Impuls, der von den Ländern des Westens an China gegeben wurde, und die Wirtschaft der Volksrepublik befruchtete. Der chinesische Markt ist zu groß, als daß man ihn als westliches Unternehmen unbeachtet lassen könnte, selbst wenn jeder Unternehmer, der sich nach China begibt, sich darüber im klaren ist, daß er nur teilweise an den Früchten seiner Mühe beteiligt sein wird. Politische Wirren werden dazu beitragen, daß die Volksrepublik China noch einige Jahre braucht, bis sie als Schwellenland angesehen werden kann.

Wesentlich weiter fortgeschritten in der industriellen Entwicklung ist die Republik Taiwan, die ebenfalls bereits im Übergang vom Schwellenland zum Industrieland begriffen ist.

3. Märkte im industriellen Feinvakuum

Die Märkte im industriellen Feinvakuum sind sehr groß und eng verbunden mit der industriellen Entwicklung und Automatisierung. Man unterscheidet auf dem Vakuumgebiet das Grobvakuum, das den Unterdruck von 1000 bis 1 mbar umfaßt, das Feinvakuum von 1 mbar bis 10^{-3} mbar und schließlich das Hoch- und Ultrahoch-Vakuum mit Drücken kleiner als 10^{-3} mbar. Die industrielle Anwendung von Vakuum bewegt sich zwischen Grobvakuum und einem Druck von ca. 10^{-3} mbar, also bis zum Beginn des Hochvakuums. Nicht nur die Pumpen und Anlagen, sondern auch die technische Berechnung im Vakuumgebiet variiert sehr stark zwischen dem industriellen Vakuum und dem Hochvakuumgebiet. Beide Gebiete sind sehr verschieden voneinander und erfordern auch unterschiedliche Technologien.

Als Märkte für das industrielle Feinvakuum können besonders angesehen werden:

Vakuumverpackung

Lebensmittel werden durch Vakuum konserviert. Die Haltbarkeit oder auch Regallebensdauer wird länger, da sich die Bakterien, die zum Verderben der Ware beitragen, durch den beim Evakuieren erzeugten Sauerstoffmangel nicht entwickeln können.

Die Vakuumverpackung hat die gesamte Logistik im Groß- und Einzelhandel auf den Weltmärkten verändert. Sie konserviert das zu schützende Gut ohne Zusatz von Konservierungsmitteln und entspricht der modernen Vorstellung einer natürlichen, schonenden Behandlung von Lebensmitteln.

Chemische Industrie

Viele Verfahren in der Chemischen Industrie – man schätzt etwa 20% aller Prozesse – arbeiten unter Vakuum, um so die chemischen Stoffe schonend zu behandeln. Dazu zählen Prozesse zum Eindampfen, zum Rühren und Mischen und zur Umwandlung des chemischen Aggregatzustandes.

Viele dieser Prozesse sind chemisch aggressiv und erfordern eine sorgfältige Beachtung des Verfahrensablaufes, um in der Pumpe Korrosionen zu vermeiden. Auch die Herstellverfahren der pharmazeutischen Industrie verlangen oft, daß bei Temperaturen weit unter dem Siedepunkt von Wasser gearbeitet wird, was nur durch Anwendung von Vakuum möglich ist, da, bei niedrigeren Drücken als dem Atmosphärendruck, das Wasser schon bei niedrigeren Temperaturen als 100°C siedet.

Dazu kommen noch Anforderungen an die Vakuumpumpen, anstelle von Öl, feste, kohlenstoffhaltige Schmierstoffe zu verwenden, um dem Umweltschutz besser zu genügen. Es werden neue Vakuumsysteme gefordert, die weitgehend den Anforderungen des modernen Umweltschutzes genügen. Diese Anforderungen an die Hersteller von Vakuumpumpen entstehen in zunehmendem Maße auch mit der wachsenden Industrialisierung in den asiatischen Staaten. Die rasche Umsetzung hat deshalb für westliche Unternehmen mit Erfahrungen auf dem Gebiet des Umweltschutzes in der Vakuumtechnik oft schon den Einstieg in den pazifischen Ländern ermöglicht.

Halten und Heben

Eine weitere wichtige Anwendung ist das Halten von Teilen bei der Bearbeitung. Auf Werkzeugmaschinen müssen oft sehr große Teile, wie z.B. die Flügelholme von Verkehrsflugzeugen, bearbeitet werden. Ein Halten durch Spannen ist ausgeschlossen, also werden die Teile durch Unterdruck auf ihre Befestigungen gesaugt und während des Fräsvorgangs gehalten. Große Platten aus Marmor, Stahlplatten oder auch Platten der Holzindustrie werden mit Hilfe von Saugnäpfen und Vakuumpumpen über große Distanzen transportiert.

Gießen

Eine weitere Anwendung von Vakuum ist das Gießen von Kunststoffen. Flüssige Kunststoffe enthalten oft Luftblasen, die nach dem Aushärten sichtbar sind und deshalb das Produkt beeinträchtigten. Durch den Verguß unter Vakuum werden diese Mängel vermieden.

Abfüllen

Die Abfüllung von Flüssigkeiten unter Vakuum bringt wesentlich schnellere Taktzeiten als bei Atmosphärendruck. Die leeren Flaschen werden unter Vakuum gesetzt, so daß das Füllgut rasch in die Flaschen einströmt.

Verformen und Imprägnieren

Weitere Vakuumverfahren werden angewendet beim Verformen von Kunststoffplatten, die erhitzt und mit Unterdruck über eine Form gezogen werden. Nach dem Erkalten behalten sie diese Form. Viele gegossene Metallteile haben mikroskopisch kleine Poren, die durch Imprägnieren unter Vakuum geschlossen werden.

Bedrucken

Zum Bedrucken von Papier müssen große Papiermengen von einer Druckstation zur anderen befördert werden. Die Papierbogen werden durch Saugnäpfe erst angesaugt und transportiert und dann durch einen leichten Überdruck wieder abgestoßen. Die Druckereitechnik ist ein wichtiges Gebiet für die Anwendung von Vakuum.

Verschiedene Anwendungen

Zum *Testen* von Fluginstrumenten muß ein Unterdruck geschaffen werden. In der *Computertechnik* müssen die Datenbänder millimetergenau positioniert werden. Weitere Anwendungen sind *Laminierpressen*, das *Auswuchten* unter Vakuum und die *Sterilisation* von empfindlichen Materialien.

Dies sind nur einige der Anwendungen von Vakuum im industriellen Bereich. Es ist leicht ersichtlich, daß diese Anwendungen mit zunehmender Industrialisierung immer häufiger gefordert werden. Die Elektronik und die neue Technik des Laserstrahls ist ohne industrielles Vakuum undenkbar. Sie hat dem Hersteller von Vakuumpumpen besondere Anforderungen auferlegt und es ist auch aus dieser Sicht verständlich, daß man sich mit diesen in Ostasien besonders entwickelten Gebieten dort auch beschäftigt. Im folgenden möchte ich mich nun mit den einzelnen Märkten in Asien und ihren Besonderheiten für die Entwicklung von Absatzmärkten unserer Firmengruppe, der Firma Dr.-Ing. K. Busch GmbH, auseinandersetzen.

4. Strategien in verschiedenen Ländern

4.1 Japan

Was für alle nationalen Märkte gilt, kann man für Japan als besonders wichtig ansehen:

Ein japanischer Markterfolg kann nur mit japanischen Mitarbeitern erzielt werden. Bearbeitung, Annäherung und Erschließung des japanischen Marktes ist so grundverschieden von den Arbeitsweisen auf den westlichen Märkten, daß es eigentlich unmöglich ist, mit westlichen Denkweisen auch nur annähernd erfolgreich in Japan aufzutreten.

Der japanische Binnenmarkt war über Jahrtausende von der Außenwelt abgeschnitten und auf sich selbst gestellt. Dazu kommt noch, daß Japan ein sehr rohstoffarmes Land ist und mit seinen Ressourcen sehr sorgfältig und überlegt umgehen muß. Es ist deshalb nicht verwunderlich, daß der Einfluß des Staates auf die Industrie relativ groß ist. Das MITI hat einen sehr großen Anteil am industriellen Erfolg von Japan in den letzten Jahrzehnten. Die japanische Industrie war sich von Anfang an bewußt, daß sie Erfolge auf den Exportmärkten erzielen mußte, die weitgehend vom MITI gesteuert wurden.

Japaner gehen technisch stoßtruppartig vor, d.h. sie prüfen sorgfältig, ob es sich rentiert, ein Produkt für den weltweiten Markt herzustellen. Ist diese

Prüfung für ein Produkt positiv ausgefallen, so wird das Projekt von vielen japanischen Firmen mit einer derartigen Genauigkeit und Akribie gemeinsam angegangen, daß die verstreut arbeitende und konkurrierende Wirtschaft des Westens kaum eine Chance hat. Erst in einem späteren Stadium dieser Entwicklung treten die japanischen Firmen auch untereinander in Konkurrenz. Hervorragende Beispiele sind die Entwicklung der Videotechnik und der Elektronik ganz allgemein.

Der Erfolg Japans auf den Weltmärkten wurde hervorgerufen durch eine sehr dynamische Wirtschaft, industrielle Effizienz und ein hohes Innovationspotential. Die Mentalität der Japaner kommt diesem Erfolg sehr entgegen. So ist es kein Wunder, daß über viele Jahre, und heute mehr denn je, bei einer Untersuchung des industriellen Erfolges Japan grundsätzlich immer noch an erster Stelle steht.

Eine unserer ersten Entscheidungen war deshalb festzustellen, ob das Gebiet der industriellen Vakuumtechnik in Japan vom MITI als Bereich angesehen werden konnte, der zu entwickeln war. Ausgehend von unseren bisherigen Erfahrungen konnte man annehmen, daß dies nicht der Fall war. Die weltweite Verbreitung und Bedeutung der industriellen Vakuumtechnik ist zu untergeordnet gegenüber anderen Gebieten höchster technischer Priorität, als daß es sich gelohnt hätte, die gewaltige Entwicklungsmachinerie in Bewegung zu setzen. Das Ergebnis unserer Untersuchung war, daß wir zwar in Japan 36 Konkurrenten vorfanden, die technische Entwicklung der Vakuumpumpen jedoch sehr rückständig war. Es lagen keinerlei Anzeichen dafür vor, daß in den nächsten Jahren vom MITI eine gemeinsame Anstrengung der japanischen Unternehmen auf diesem Gebiet gefordert wurde. Damit war für uns zunächst einmal die Entscheidung gefallen, uns intensiv um den japanischen Markt zu bemühen.

Die Strategie des Vorgehens begann mit der schwierigsten Aufgabe:

Einen japanischen Manager zu finden, der die Idee unserer Firma auf japanisch anwendet und eine japanische Firma Busch aufbauen konnte. Die Aufgabe war sehr schwierig und langwierig und wir benötigten über zwei Jahre, bevor wir schließlich den Mann fanden, der sowohl unser Mann sein konnte als auch gleichzeitig ein typisch japanischer Manager war. Die Aufgabe war eher eine Arbeit der Psychologie und des Eindenkens in die japanische Mentalität, als die Bewältigung eines technischen Problems. Die Arbeit begann damit, daß wir uns intensiv mit der Kultur, der Geschichte und der Mentalität des japanischen Volkes auseinandersetzten, Erfolge und Mißerfolge westlicher Firmen auf dem japanischen Territorium studierten und aus den Ergebnissen dieser Untersuchung unsere Vorstellung eines japanischen Managers aufbauten. Bei der Auswahl des ersten Mannes in Japan sollte man sich viel Zeit lassen. Ein Mißgriff kann eine westliche Firma teuer zu stehen kommen und den Mißerfolg bereits in sich tragen. Ist der Chef der japanischen Niederlassung einmal gewählt, ist der Aufbau einer japanischen Firma nicht schwerer als für einen deutschen Unternehmer auf dem deutschen Markt.

Die Japaner werden wesentlich stärker als die Eruopäer durch ihre Ausbildung an der japanischen Universität geprägt. In Japan spielt es eine große Rolle, welche Universität man besucht hat. Die Universitäten des Landes sind sozusagen katalogisiert und wir haben uns schnell daran gewöhnt, die Kandidaten zuerst zu fragen, von welcher Universität sie kommen. Der Mann, den wir schließlich gewählt haben, kam von der Waseda Universität und dies ist eine der besten Universitäten in Japan. Er suchte sich dann seine engsten Mitarbeiter ebenfalls von der gleichen Universität, so daß wir von uns behaupten können, daß unsere Leute Waseda-Leute sind.

Als ausländische Firma, als die man als Importeur zunächst einmal auf dem Markt auftreten muß, hat man es besonders schwer. Ausländische Firmen werden gegenüber japanischen Firmen auf niedrigerem Niveau eingestuft, mit allen Folgen dieser Einstufung: Es herrscht zunächst großes Mißtrauen, die Preise werden stärker gedrückt als die von japanischen Firmen, die Zahlungsziele sind länger als die vergleichbarer japanischer Firmen und es ist äußerst mühsam, junge Mitarbeiter zu gewinnen. Folgerichtig war unsere erste und größte Anstrengung die, japanisch zu sein, japanisch aufzutreten und japanisch zu denken. Als Firma, die auf dem internationalen Parkett national vorgeht, fiel uns das natürlich besonders leicht, so daß wir sehr rasch für uns in Anspruch nehmen konnten, eine ganz typische nationale japanische Firma zu sein. Außer dem in Europa oder den USA hergestellten Produkt gab es wohl nichts mehr, das an den westlichen Ursprung erinnerte. Auf dem Gebiet der Vakuumverpackung, auf dem wir weltweit eine Führungsrolle errungen haben, waren wohl am schnellsten Erfolge zu erzielen, so daß wir uns in den ersten Jahren ganz auf dieses Gebiet konzentrierten.

Wir vermieden insbesondere, uns auf zu vielen Gebieten gleichzeitig zu betätigen. Es lag nahe, graduell vorzugehen und pyramidenartig einen Erfolg auf dem anderen aufzubauen, da wir uns, wie oben bereits erwähnt, auch einen Namen als japanische Firma aufbauen mußten, was sicher nicht einfach war. Inzwischen ist unsere Firma so gewachsen, daß sie bereits 42 Mitarbeiter hat und auf dem Gebiet der industriellen Vakuumpumpen in Japan eine große Rolle spielt. Das Wachstum der Firma ist in steilem Anstieg begriffen und man muß immer wieder feststellen, daß der Erfolg letztlich auf der richtigen Strategie des japanischen Denkens beruht. In Japan sind wir Japaner und denken japanisch.

4.2 Volksrepublik China

Ganz andere Verhältnisse fanden wir in der Volksrepublik China. Wieder ausgehend von der Psychologie des Menschen ist der Chinese sehr verschieden vom Japaner. Es erforderte von uns ein totales Umdenken und es würde den Rahmen dieser Arbeit sprengen, nun auch noch näher auf die verschiedenen Ausdrucksformen des menschlichen Gestaltens in den ostasiatischen Ländern einzugehen. Um jedoch in einem Gebiet wie der Volksrepublik China erfolgreich zu agieren, war es auch hier erforderlich, sich intensiv mit der Mentalität dieses Volkes und auch der chinesisch-kommunistischen Doktrin, die alles Denken bisher beherrschte, auseinanderzusetzen. Die Frage, die sich erhebt, ist: Was hat man überhaupt im Sinn, wenn man seine Tätigkeit in die Volksrepublik China verlegt?

Zunächst einmal denkt jeder Unternehmer an die Bevölkerung, die mit über eine Mrd. Menschen etwa ein Viertel der Weltbevölkerung ausmacht. Dann denkt er an die relativ unterentwickelte wirtschaftliche Entwicklung dieses

Landes und schließlich denkt er, er sei doch schlau genug, aufbauend auf diesen Überlegungen für sich ein großes Geschäft, wenn nicht das Geschäft seines Lebens, zu entwickeln. Es ist deshalb nicht erstaunlich, daß Ende der siebziger Jahre die industrielle Welt Europas und der Vereinigten Staaten von Amerika von der Idee ergriffen wurden, in China die Ersten zu sein. Auch hier wieder eine geradlinige Annäherung: Auf der Hannover-Messe 1978 trafen wir rein zufällig einen hohen Beamten des Fachgebietes „Neue Technologien" des zweiten Maschinenbauministeriums in Peking. Die Verbindung war rasch hergestellt und bereits vier Monate nach diesem Treffen hatten wir einen Partner in Shanghai gefunden, eine führende Firma in der Vakuumtechnik Chinas. Die chinesische Gesetzgebung über die Bildung von Joint Ventures mit ausländischen Partnern war gerade von der chinesischen Regierung erlassen worden. Sie war in vielen Punkten lückenhaft und zweideutig, denn es gab praktisch keine Vorbilder und Erfahrungswerte. Um ein entsprechendes Joint Venture mit der chinesischen Firma auch richtig abzusichern, beauftragten wir erfahrene Züricher Anwälte mit dem Entwurf eines Joint-Venture-Vertrages. Dieser Entwurf wurde von mir und meiner Frau in wochenlangen Verhandlungen mit den Chinesen diskutiert, wobei noch viele Fragen offenblieben. Das Endergebnis war dann schließlich, daß man sich so einigte: Die Chinesen bauen für uns eine Fabrik zur Herstellung von Vakuumpumpen. Sie bekommen von uns das Herstellungs-Know-how und die Zeichnungen geliefert. Wir sind die alleinigen Abnehmer der Pumpen, wobei der chinesische Partner das Recht erhält, diese Vakuumpumpen innerhalb der Volksrepublik China selbst zu vertreiben. Ein Export der Pumpen war nicht zulässig. Auf dem Gebiet des weltweiten Handels sollte allein die Firma Dr.-Ing. K. Busch GmbH die Vertriebsrechte besitzen. Die Grundidee hinter allen diesen Verhandlungen war, daß es uns innerhalb der territorialen Grenzen der Volksrepublik China nie möglich sein würde, ein profitables Geschäft aufzubauen. Selbst wenn wir 90% der Anteile des Joint Venture besessen hätten, wie es uns auch angeboten wurde, wären wir letztlich nicht imstande gewesen, die Fabrik und auch die Bilanzen der Geschäftstätigkeit zu beherrschen.

Es war also naheliegend, Überlegungen anzustellen, die es uns gestatteten, einerseits als freier Unternehmer tätig zu werden und andererseits auch dem chinesischen Partner einen Exporterfolg zu garantieren. Die unternehmerische Tätigkeit wurde sozusagen gespalten. Die Fertigung war reine Sache der

Chinesen, wir hatten ihnen strenge Abnahmevorschriften gemacht. Da diese Abnahmevorschriften nur schwer einzuhalten waren – die fertig montierten Vakuumpumpen mußten größtenteils wieder geöffnet und neu montiert werden, weil sie unseren Genauigkeitsanforderungen nicht entsprachen –, einigte man sich bald auf Teilelieferung und Montage im Ausland.

Dies war eine wirklich saubere und für beide Teile akzeptable Geschäftstrennung. Zu einem von beiden Seiten akzeptierten Preis wurden Teile geliefert, die wir nachher durch unsere Kontrolle laufen lassen konnten und die dann von uns in Europa montiert wurden. In gemeinsamen Absprachen wurde vereinbart, daß eine Ausschußquote bereits im Preis enthalten ist und es nicht erforderlich war, Teile wegen Ausschuß zu retournieren. In jahrelanger schwieriger Einzelarbeit ist es mir und meiner Frau gelungen – eigene Mitarbeiter haben wir nie nach China geschickt, aus Kostengründen – von den Chinesen Produkte gleichbleibender Qualität zu einem für uns günstigen Einkaufspreis zu erhalten. Durch unser konsequentes, hartes aber faires und zuverlässiges Verhandeln gelang es uns im Laufe der Jahre, unser Image als anerkannter und guter Vertragspartner bei den Chinesen aufzubauen. Es wurde und wird uns in China großes Vertrauen entgegengebracht, was wir wohl zu schätzen wissen. Um in China erfolgreich zu sein, bedarf es einer großen Ausdauer und auch der Bereitschaft, Rückschläge einzustecken. Der Markt ist jedoch so groß, daß jede Firma mit einem spezialisierten Herstellungsprogramm sich darüber Gedanken machen muß, daß sie in diesem Markt in der Zukunft präsent sein sollte. Zweifellos werden die Chinesen in den nächsten Jahrzehnten große technologische Fortschritte machen können. Wir sollten sie als gleichwertigen Partner betrachten und uns immer bewußt sein, daß dieser Markt von allen anderen Märkten der Welt total verschieden ist. Einzelne politische Rückschläge, wie die Niederschlagung der Demonstrationszüge der Studenten im Sommer 1989, dürfen für einen Unternehmer mit Zukunftsvision kein Grund sein, sich aus China zurückzuziehen. Die Entwicklung des chinesischen Marktes wird sich unabhängig von dem politischen Tagesgeschehen konsequent fortsetzen.

4.3 Taiwan

Wenn wir jetzt einen großen Bogen schlagen von der Volksrepublik China nach Taiwan, sollten wir nicht vergessen, daß es eigentlich die gleichen Menschen sind, die aber unter total verschiedenen äußeren Bedingungen aufgewachsen und so in ihrer Denkweise verschieden sind. Das Kennzeichen von Taiwan ist, daß es ein ungeheuer großes Innovationspotential besitzt. Wir finden eine hohe Dynamik der Wirtschaft und hervorragende Außenbeziehungen. Etwas nachteilig ist vielleicht die industrielle Effizienz und die etwas mangelnde soziale und politische Stabilität in Taiwan. Als Land mit geringen natürlichen Ressourcen ist es ähnlich gestellt wie Japan und hat auf dem Gebiet der industriellen Vakuumtechnik natürlich im Sinne von Rationalisierungen und Automatisierungen ein großes Potential. In diesem kleinen Land finden sich naturgemäß wenig Ingenieure mit Kenntnissen in der Vakuumtechnik, so daß die Beherrschung dieses Fachgebietes für den Erfolg einer Gesellschaft außerordentlich wichtig ist. Es gelang uns, einen Ingenieur mit sehr guten Kenntnissen auf diesem Fachgebiet zu finden, der sich dann mit einer kleinen Firma sehr rasch zur Nummer eins auf dem Gebiet der industriellen Vakuumtechnik in Taiwan hocharbeiten konnte. Nach meinen Erfahrungen kann Taiwan auch, ähnlich wie die Schweiz, in Europa als Testmarkt für neue industrielle Produkte angesehen werden. Insgesamt gesehen ein sehr aussichtsreicher asiatischer Markt, der in der Zukunft sicher eine erhebliche Rolle spielen wird.

4.4 Korea

In einem Zeitraum von 20 Jahren hat sich Südkorea aus einem armen und rückständigen Agrarstaat in eine moderne Industriegesellschaft verwandelt. Zwischen 1960 und 1980 wuchs das Pro-Kopf-Brutto-Inlandsprodukt jährlich um durchschnittlich 7%, in den letzten drei Jahren sogar um je 12%. Korea ist 1987 zur 13. Welthandelsnation mit dem 17. höchsten Brutto-

Inlandsprodukt geworden. Kein Wunder, daß die Internationalisierung der koreanischen Wirtschaft und wachsende Auslandsinvestitionen in vollem Gang sind und dabei wiederum in neue Tieflohnländer inner- und außerhalb Asiens vorstoßen wird.

Schließlich ist der deutliche Trend zu wertschöpfungsstarken, technologischen Produktionen und das Verschwinden klassischer Schuh-, Textil- und Spielzeugfabriken festzustellen. Daß bei dieser Entwicklung auch die Aufwertung der einheimischen Währung (der koreanische WON hat seit Ende 1985 gegenüber dem US$ um 32% an Wert zugelegt) eine zentrale Rolle spielt, kann nicht übersehen werden. Wenn Korea auch nicht ganz die Dynamik und das Wachstum des taiwanesischen Marktes erreicht hat, ist es doch als *Hinterland* des japanischen Erfolges auf dem Gebiet der industriellen Vakuumtechnik außerordentlich bedeutend. Von vielen westlichen Firmen noch gemieden, stellt der südkoreanische Markt eine besonders reizvolle Aufgabe für das Spezialgebiet der Vakuumtechnik dar. Hier können wir für uns in Anspruch nehmen, die ersten gewesen zu sein, die mit einer eigenen Firma auftraten, und auch die entsprechende Bedeutung besitzen. Das Wachstum unserer koreanischen Firma gibt uns recht.

Auch in Korea war die Suche nach einem geeigneten Manager schwierig. Unsere Entscheidung fiel zugunsten eines Koreaners aus, der zwar nur relativ geringe englische Sprachkenntnisse hatte, jedoch fließend japanisch sprach. Diesem Umstand ist es zu verdanken, daß der Leiter unserer japanischen Niederlassung engen Kontakt mit seinem koreanischen Kollegen hielt. Auf diese Weise war es uns möglich, die Philosophie unseres Hauses, „Erfolg durch Dienst am Kunden", auch auf die koreanische Firma zu übertragen. Durch konsequente Teamarbeit zwischen Europäern, Japanern und den Koreanern gelang es uns, bereits nach einem Jahr schwarze Zahlen zu schreiben. Erhebliche Zuwachsraten lassen uns erkennen, wie wichtig es ist, in diesen frühindustriellen Märkten so rasch wie irgend denkbar Fuß zu fassen.

4.5 Singapur

Ein Unternehmer, der den asiatischen Markt erschließen möchte, darf Singapur nicht aussparen. Singapur ist die Perle unter den asiatischen Märkten. Singapur hat eigentlich alles, was man sich denken kann: industriellen Erfolg, Dynamik, ein hervorragendes Finanzwesen, großes Humankapital, beste Außenbeziehungen und große politische Stabilität. Es bot sich deshalb von selbst an, durch eine Gesellschaft in Singapur, die gesamten ASEAN-Staaten – also Malaysia, Thailand, Indonesien, Hongkong und die Philippinen – zu erschließen. In diesen zuletzt genannten Ländern, mit doch relativ kleinen industriellen Vakuummärkten, war es das Ziel, tüchtige Vertreter einzusetzen, die in laufenden Schulungen auf dem technischen Sektor unterrichtet wurden. In unermüdlicher Kleinarbeit hat es unser chinesischer Manager in Singapur geschafft, diese kleineren Märkte für unser Produkt zu erschließen.

Es ist hochinteressant, das Wachstum der industriellen Märkte in den ASEAN-Staaten zu beobachten. Die Entwicklung der Industrie ähnelt der der europäischen Staaten, nur daß sie in einem viel rascheren Tempo abläuft. Die Märkte dieser Staaten bergen ein hohes Zukunftspotential für innovative, neue Techniken.

4.6 Australien

Schließlich bleibt noch Australien zu erwähnen. Australien ist im Grunde genommen nicht vergleichbar mit den Staaten des pazifischen Beckens. Die Mentalität ist total verschieden, die industrielle Effizienz wesentlich schlechter als in den asiatischen Staaten, ja sogar noch schlechter als der Schnitt der europäischen Staaten. Dies hat sicherlich auch mit einer Überbetonung gewerkschaftlicher Macht zu tun, eine Erscheinung, die naturgemäß in einigen Jahren automatisch wieder korrigiert wird, wie es in diesen Jahren in England geschah. Interessanterweise sind die Außenbeziehungen Australiens zu anderen Industrieländern im Prinzip unbedeutend, wenn man sie etwa mit der hohen Exportrate europäischer Staaten vergleicht.

Von den vorhandenen Exporten dürften die meisten in die asiatischen Staaten gehen und durch den dadurch entstehenden Kostendruck wird die australische Industrie zur Rationalisierung gefordert. Der Kontinent ist jedoch so groß, daß er ein hohes zukünftiges Potential besitzt, zumal er auch über reiche Bodenschätze verfügt. Die Entfernungen sind riesig, verbunden mit entsprechenden Kosten der Kommunikation. Insgesamt kann man sagen, daß die Entwicklung einer eigenen Tochtergesellschaft auf dem australischen Kontinent eher vergleichbar ist mit der Entwicklung einer Tochtergesellschaft in Europa als der im pazifischen Becken. Aber gerade wegen dieser Schwierigkeiten findet man auch in Australien vielleicht etwas weniger Konkurrenzdruck als auf den übrigen industriellen Märkten.

5. Schlußbemerkungen

Der pazifische Raum präsentiert sich seit mehreren Jahrzehnten als ein außerordentlich stark wachsender Markt, von dem zahllose neue Entwicklungen in der Hochtechnologie ausgehen. Es sollte nur natürlich sein, daß europäische Unternehmer versuchen, an diesem Wachstum teilzunehmen. Dies ist durch eine reine Exporttätigkeit langfristig nicht möglich, da eine kostendeckende, effiziente Bearbeitung des Marktes durch Vertreter nicht möglich ist. Die Firma Dr.-Ing. K. Busch GmbH, spezialisiert auf die Vakuumtechnik, hat sich deshalb schon sehr früh entschlossen, auf den nationalen Märkten des pazifischen Raumes durch eigene Tochtergesellschaften vertreten zu sein. Diese Tochtergesellschaften sollten das Denken und Handeln des Mutterhauses auf die nationalen Märkte übertragen. Dabei wurde von Anfang an auch die Überlegung einbezogen, auf den asiatischen Märkten Produkte herzustellen. In Shanghai in der Volksrepublik China wurde bereits ein großangelegtes Produktionsprogramm gestartet. Es hat sich gezeigt, daß durch Ausdauer und beharrliche Arbeit in einem Jahrzehnt Erfolge zu erreichen sind, die in Europa im gleichen Zeitraum nicht machbar wären. Die Dynamik des Wirtschaftswachstums in diesen Ländern ist so groß, daß ein Abklingen in den nächsten Jahren nicht zu erwarten ist.

Dabei entwickeln sich die einzelnen Volkswirtschaften durchaus unterschiedlich und erfordern ein hohes Anpassungspotential. Um Erfolg zu haben, muß man auf die Mentalität jedes einzelnen Landes eingehen. Eng verbunden ist dieser Erfolg auch mit der zu wählenden Unternehmerpersönlichkeit im jeweiligen Land. Der Unternehmer muß das Gespür für die Entwicklung seiner Firma haben. Die Strategie und der Einfluß des europäischen Unternehmers hat diese lokale Komponente zu berücksichtigen und in die Gesamtheit seines unternehmerischen Denkens einzubinden. Eine Aufgabe, die große Ausdauer erfordert.

Erst die Vision, dann der Erfolg

Bernd Kannapee

1. Visionen

Abb. 1: Man braucht Phantasien, um Träume zu entwickeln; dazu Tatkraft, um sie zu verwirklichen. Beides gibt der Arbeit – und dem Leben – Sinn.

„Wo es keine Träume gibt, verdorren die Menschen", steht in der Bibel. Dieser Satz beschreibt, was Menschen in aller Welt antreibt.

Er gilt auch für den Geschäftsmann, der Erfolge haben will. Denn jedes neue Projekt beginnt mit Ideen, mit Visionen (siehe Abb.1).

Werden diese Visionen deutlich und klar vor dem geistigen Auge sichtbar – dann spricht man sie aus; man bespricht sie mit den Mitarbeitern; man versucht, sie für diese Ideen und Visionen zu begeistern.

Lassen Sie mich deshalb von den Ideen und Visionen berichten, die wir im asiatisch-pazifischen Raum verwirklicht haben und an deren Umsetzung wir weiter arbeiten.

1. Vision: Die Visionen der Kunden realisieren.

Wir verstehen uns nicht nur als Computerhersteller, sondern als das Unternehmen, das die logistischen und informationsbezogenen Probleme unserer Kunden schneller und ökonomischer lösen kann als andere. Darauf haben wir unsere gesamte Organisation abgestimmt. Deshalb arbeiten wir ganz nah bei unseren Kunden: mit kundigen, wendigen Teams, die vollverantwortlich im Sinne der Kunden denken und handeln.

2. Vision: Jeder Kunde ist ein Individuum.

Jeder Kunde stellt uns vor neue Aufgaben, denn kein Kunde ist gleich. Besonders in Asien nicht – hier will der Auftraggeber maßgeschneiderte Lösungen. Deshalb arbeiten wir so eng wie möglich mit ihm zusammen, geben ihm Anregungen und nehmen Anregungen von ihm auf.

3. Vision: Das Beste ist gerade gut genug.

Unsere Kunden erwarten Innovationen von uns. Deshalb denken und handeln wir innovativ. Aber nicht im Sinne von „technischen Spielereien", sondern immer im Hinblick auf die Interessen unserer Kunden. Wir wollen sie nicht über- und nicht unterfordern, sondern exakt die optimale Lösung bieten. Deshalb verwandeln wir Technologien in Kundenlösungen.

4. Vision: Mit den Aufgaben wachsen.

Jede gut gelöste Aufgabe bringt uns einen Schritt weiter – läßt uns an Erfahrung, aber auch an realem Wachstum, an Umsatz, Ertrag und Erfolg wachsen. Unsere Kunden wachsen auch. Und diesem Kunden-Wachstum wollen wir entsprechen. Deshalb wollen wir wachsen, weil alles Lebendige wächst: Denn alle Organisationen bestehen aus lebendigen Organismen.

5. Vision: Wir wollen Grenzen überschreiten.

Gute Ideen und Arbeitsweisen machen nicht an Landesgrenzen halt. Gute Ideen sind überall „in": auf allen Kontinenten unserer Erde. Wir wollen neue Märkte erschließen und dabei die Erfahrungen sammeln, die allen unseren Kunden weltweit zugute kommen.

Dies sind ganz einfache Visionen und Ideen. Und gerade diese Klarheit hat sie in den 46 Ländern unserer Erde, in denen wir arbeiten, so erfolgreich werden lassen. Wie wir diese Visionen und Ideen in den Ländern des asiatisch-pazifischen Raumes realisiert haben, sie verfeinern, vervollständigen und erweitern – davon möchte ich berichten.

2. Individualität

Abb. 2: Asien und Europa: Zwei Welten. Wir wollen das Beste aus beiden für den Erfolg unserer Kunden.

Aus europäischem Blickwinkel erscheint Asien oft als ein geschlossenes Ganzes, zwar mit Unterschieden in den Kulturen und den Sprachen, aber doch ganzheitlich zu erfassen.

In Wahrheit handelt es sich jedoch nicht um eine Einheit, sondern um Vielfältigkeit, dabei oftmals sogar um ein Gegeneinander.

Denken und Handeln der Menschen hier steht in der Tradition der Ganzheitlichkeit, die wohl den größten Unterschied der Mentalität gegenüber unserem westlichen Denken darstellt (siehe Abb. 2).

Hinzu kommt ein stark ausgeprägtes „Harmoniebedürfnis", das seinen Ursprung in der bäuerlichen Tradition hat. Hier war die schicksalshafte Verkettung von Himmel, Erde und Mensch selbstverständlich. Und diese Überzeugung bildet eine echte Gemeinsamkeit asiatischer Kulturen.

Was bedeutet das heute?

Es impliziert eine starke Prägung des Menschen durch Umwelt und Erziehung, durch Familie, Eltern. Die Ausbildung in Schule und Familie ist streng auf den Wettbewerb ausgerichtet. Die meisten Asiaten sind ungeheuer fleißig und lernwillig, ehrgeizig und zukunftsgläubig.

Sie sind weniger gewohnt, kritisch und direkt eine Meinung zu äußern. Diplomatische Zurückhaltung, zusammen mit einer starken Betonung der Rangunterschiede, herrscht vor.

Äußerlich orientiert man sich an modernster Technik, an Fortschritt und Kommerzialisierung – innerlich bleibt man konservativ.

Da in unseren Unternehmen im Mittelpunkt der Mensch, der Kunde steht, stellten wir uns und unsere Strategie darauf ein. Denn: „Der Weg ist das Ziel“ – und „Der Kunde ist der Weg“ – zu unserem angestrebten Unternehmenserfolg. Nur wenn wir diesen Weg gemeinsam gehen – wir also die Ziele unseres Kunden verwirklichen – werden auch unsere Ziele erreicht. Deshalb stellten wir alle unsere strategischen Überlegungen auf das Individuum, den einzelnen, ein.

Konfuzius half uns dabei. Von ihm stammt das Wort:

„Alle Menschen sind gleich... nur ihre Gewohnheiten unterscheiden sich.“

Wir nahmen uns vor, auch in Asien nicht von unserem Kurs abzuweichen: Wir wollten ganzheitliche Problemlösungen anbieten; wir wollten global denken und lokal handeln.

Heinz Nixdorf hatte uns dazu gesagt:

„Alle unsere Geschäftspartner in aller Welt erhalten von uns denselben hohen Standard in Stil, Technik und Service. Denn dieser Standard soll uneingeschränkt unseren Kunden in der ganzen Welt zur Verfügung stehen.“

Das ist keine leichte Aufgabe, denn vor Ort wurden uns sehr schnell die großen Unterschiede der Staaten und Stadtstaaten im fernöstlichen Raum deutlich. Nicht nur Kulturen und Sprachen grenzen sich dort stark voneinander ab, auch die Verhaltensmuster und die unterschiedlichen Schriften, Symbole oder Schriftzeichen.

Jedes normale Keyboard besitzt nur eine begrenzte Anzahl von Tasten. Wie können wir damit die ca. 50.000 einsilbigen, nicht-alphabetischen Symbole der chinesischen Schrift, die nicht mehr im herkömmlichen 8-Bit-System zu codieren sind, darstellen?

Zur Lösung dieses Problems sind mehr als hundert unterschiedliche Methoden entwickelt worden, die in vier Hauptkategorien eingeteilt werden können:

- *Die erste Methode* basiert darauf, ganze Charakter zu 2-Byte-Codes zu verschlüsseln und diese Codes direkt einzugeben.
- *Die zweite Methode* basiert auf dem phonetischen Wert der Zeichen.
- *Die dritte Methode* basiert auf der Anordnung einzelner Elemente innerhalb eines Schriftzeichens.
- *Die vierte Methode* basiert auf dem Splitten von Schriftzeichen in Radikale. Radikale sind die ältesten, ursprünglichen Schriftzeichen, aus denen sich die meisten später entstandenen zusammensetzen.

Die Wiedergabe asiatischer Schriftzeichen stellt hingegen eine viel geringere Schwierigkeit dar. Die Schriftzeichen werden einfach als Grafiken behandelt; dazu benötigt man nur einen hochauflösenden Bildschirm.

Neben der Technik ist es aber auch eine menschliche Herausforderung für jeden Mitarbeiter, den Unternehmensstil und unsere Standards den individuellen Landesmentalitäten, ja auch den lokalen Gegebenheiten unserer Kunden, anzupassen.

2.1 Strategische Vorgehensweise

Unsere in Europa entwickelten Stärken wollten wir auch in Asien einsetzen.

Eine unserer großen Stärken war unser Know-how im Bankenmarkt. Von diesem Know-how wollte man gerne profitieren, weil man gerade im Finanz-

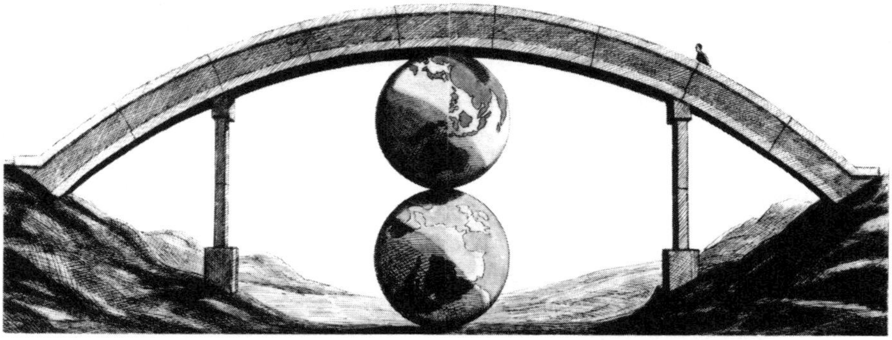

Abb. 3: Know-how-Transfer aus einer Welt in die andere: Weil es unseren Kunden nutzt.

bereich global denkt und dabei unseren Vorsprung nutzen konnte. Hier konnten wir also Brücken zwischen den Kontinenten bauen (siehe Abb. 3).

Darauf baute sich unsere Strategie der Schwerpunktmärkte auf: Wir suchten Kunden, bei denen unser Name ein gewisses Gewicht besaß. Um uns ganz intensiv auf die individuellen Aufgaben unserer Kunden konzentrieren zu können und unmittelbar zu agieren und reagieren, suchten wir die größte Nähe zu den potentiellen Kunden.

Deshalb bildeten wir vier Business-Divisions, die eigenverantwortlich für ihren jeweiligen Markt arbeiten:

- Division Banken
- Division Großfirmen
- Division Handel
- Division Klein- und Mittelbetriebe

Gerade im Bankenbereich gilt es, von Anfang an soviele Aufgaben wie möglich zu lösen, um Wissen sammeln zu können.

Z.B. besitzen die regionalen und lokalen Großbanken im allgemeinen ein weiträumiges, verteiltes Zweigstellennetz. Für uns bedeutet das, schon vom ersten Tag an einen flächendeckenden Service zu liefern (siehe Abb. 4). Das war nicht immer einfach und war oftmals eine große Investition; weil gerade zu Beginn einer Zusammenarbeit ein so flächendeckender Service nicht kostendeckend geleistet werden kann.

Abb. 4: Wir öffnen die Türen der Finanz-Kommunikation für alle Welten.

Die Erfahrungen, die wir in diesen schwierigen Anfangsphasen sammelten, führten späterhin zu einem echten Vorsprung.

Dabei kam uns übrigens noch eine richtige Entscheidung zu Hilfe: In unseren kleinen Teams, die für die Banken arbeiteten, besaßen alle unsere Mitarbeiter eine Bankausbildung.

Denn wir meinen, auch dies gehört zur Orientierung am Kunden: Daß wir exakt seine Sprache sprechen.

Und: Es ist sehr viel einfacher, alles über Computer zu lernen, als alles über den Kunden.

Uns kam es eben auf die genaue Kenntnis der Kundenproblematik an – denn die wollten wir lösen.

2.2 Kommunikationsstrategie

Bei unserer Kommunikationsstrategie gingen wir ähnlich erfolgreich vor.

Wir mußten eine überregionale Werbung für die unterschiedlichen Kulturen entwickeln. Das bedeutet: eine Global-Strategie vorlegen, die lokal auf die besonderen Gegebenheiten Rücksicht nimmt (siehe Abb. 5).

In ihr betonen wir unsere Stärken; wir stellen unsere Marktführerschaft in Schwerpunktmärkten vor und schlagen von dort her eine Brücke zum lokalen Geschäft in Asien.

Unsere Kernbotschaft lautet konsequent:

Nixdorf offers the Best of Both Worlds: Asian Business Skills and German Reliability.

Der Name Nixdorf steht für:

- asiatisches Business Know-how und deutsche Zuverlässigkeit
- örtliche Geschäftsqualität und deutsche Präzision.

Abb. 5: Drei Beispiele aus der Asien-Werbekampagne 1989/90

Psychologisch trifft diese Botschaft genau ins Schwarze. Sie bestätigt unsere zukünftigen Kunden und bietet gleichzeitig ein Versprechen, das glaubhaft ist.

Je nach Land, je nach lokaler Möglichkeit, wird diese Botschaft adaptiert, bleibt jedoch im Kern immer gleich (siehe Abb. 6).

Eine aufmerksamkeitsstarke, attraktive grafische Erscheinungsform, und unser eigener Unternehmensstil unterstützen diese verbale Aussage.

Beide zusammen bewirken einen hohen Bekanntheitsgrad, vor allem aber: Glaubwürdigkeit und Vertrauen.

Abb. 6: Zwei Beispiele für die landestypische Umsetzung der Gestaltung – aus der Nixdorf Corporate-Identity-Broschüre für Japan.

Auch in der Kommunikation gelang es uns, die potentiellen Kunden individuell in ihrer Interessenlage anzusprechen.

Ein weiteres Beispiel aus dem Direct-Mail-Sektor: Um unsere Botschaft „Das Beste aus beiden Welten“ nicht nur sichtbar, sondern auch hörbar zu machen, verteilten wir an unsere potentiellen Kunden in Japan CDs mit Beethoven-Sonaten, gespielt von japanischen Interpreten.

3. Immer das Beste

Bei allen Gegensätzen und Unterschieden der Völker und Staaten in Asien gibt es doch eine Gemeinsamkeit, auf die auch hier höchster Wert gelegt wird: die Qualität.

Es handelt sich dabei nicht nur um die technische Qualität für Hard- und Software, sondern auch um die menschliche Qualität.

Das in Europa so viel benutzte – und ein wenig abgenutzte – Wort von der „Geschäftspartnerschaft“ besitzt hier immer noch einen guten Klang. Deshalb gibt es eine Grundregel, die keiner überschreiten darf:

Niemals zuviel oder falsche Versprechungen machen!

Das Nicht-Einhalten eines gegebenen Wortes macht jeden in den Augen eines Geschäftspartners unseriös und führt zu Vertrauensverlusten, die kaum mehr zurückzugewinnen sind. Das gilt nicht nur für Kunden, sondern auch für die örtlichen Partner und Kollegen, mit denen wir zusammenarbeiten.

An diese Grundregel haben wir uns immer gehalten und die Erfolge geben uns recht.

Zu allem Wissen über die individuelle Kundenproblematik gehört auch das Vermögen, sich in die Person des künftigen Kunden hineinzuversetzen. Was braucht er wirklich? Liegt nicht hinter der vordergründigen Aufgabenstellung noch eine weitere, größere Aufgabe? Die gilt es herauszufinden und eine Lösung zu präsentieren.

Uns kommt dabei zugute, daß wir Gesamtlösungen anbieten – nicht nur Einzelteile, technische Geräte, die sich der Auftraggeber mühevoll selbst zusammenstellen muß.

Unsere Auftraggeber und wir sehen uns als System-Innovatoren und System-Integratoren. Das bedeutet, daß wir das Kundenproblem nicht nur aus der Sicht eines einzigen Lieferanten lösen wollen, sondern daß wir die unterschiedlichsten Techniken und Systeme so miteinander kombinieren, daß es dem Kunden nutzt.

Maßstab ist dabei immer die Qualität, die technische Perfektion und der größtmögliche Nutzen für unsere Kunden. Deshalb suchen und finden wir die Innovationen, die unseren Kunden die beste Lösung bieten.

Um dieses Ziel zu erreichen, arbeiten wir eng mit anderen Hardware-Herstellern und Software-Häusern zusammen. So entwickelten wir z.B. in enger Kooperation mit einem japanischen Drucker-Hersteller, speziell für einen Kunden, ein Fast-Food-Terminal.

Wir bemühen uns also offen zu sein – offen für die jeweils qualitativ optimale Lösung.

Dieses übergreifende Kunden-Nutzen-Denken stellt eine ständige Herausforderung für uns – und unsere Konkurrenz – dar. Und das hält uns fit.

4. Mit den Aufgaben wachsen

„Das Beste im Menschen kann nur gedeihen, wenn es in einer Gemeinschaft aufgeht.“

Von Albert Einstein stammt dieses Wort, das uns in der asiatischen Welt als Maßstab dienen soll.

Der Gedanke des „Aufgehens in der Gemeinschaft“ ist besonders in Asien wichtig; er gilt für alle Kommunikation zwischen den Menschen – d.h. auch zwischen den Kunden und uns.

Es sind Interessengemeinschaften, die wir bilden: z.B. mit unseren regionalen Partnern.

Es war von Anfang an klar, daß es für uns von Vorteil ist, eng mit örtlichen Partnern zusammenzuarbeiten. Einmal erleichtert uns dies das Verständnis der örtlichen Verhaltensweisen, zum anderen erschließen sich uns dadurch neue Vertriebswege.

Kooperation ist also wichtig in Fernost.

Mindestens ebenso wichtig ist es, dabei keine „europäische Arroganz“ zu zeigen, denn nur gemeinsam und auf einer gleichen Ebene kann man eine Interessengemeinschaft mit den Kunden bilden.

„Gemeinschaft“, das meint aber auch das Verhalten unter uns, den Nixdorf-Mitarbeitern.

Für Europäer stellt Asien mit seinen unterschiedlichen Kulturen schon per se eine Herausforderung dar – hier geht es um mehr, als „nur zu arbeiten“.

Für Asiaten ist es ebenfalls eine Herausforderung, sich mit der europäischen Denkweise auseinanderzusetzen, wobei gerade die einheimischen Mitarbeiter dabei ein extrem großes Maß an Engagement und Lernbereitschaft mitbringen.

Wie schmiedet man die unterschiedlichen Kulturen zu einer Gemeinschaft zusammen?

Hier heißt es, mit viel Sensibilität zu führen, viel Geduld und viel Verständnis aufzubringen. Gleichzeitig sollen aber auch Visionen geboten werden, um Begeisterung zu wecken und Anerkennung für gute Leistungen zu geben (siehe Abb. 7).

Wie findet man nun die idealen Mitarbeiter?

In unserem Unternehmen hat sich eine „Drei-Sterne-Bewertung“ als erfolgreich erwiesen. Folgende Kriterien haben sich dabei bewährt:

1. Der Bewerber sollte eine Ausbildung oder spezielles Fachwissen aus der Branche, in der er arbeiten wird, mitbringen.
2. Erst danach fragen wir nach der EDV-Erfahrung.
3. Ebensoviel Wert legen wir auf die Erfahrung des Bewerbers im Umgang mit Menschen.

Danach absolviert jeder neue Mitarbeiter unser spezielles „Nixdorf-Awareness-Programm“.

Es handelt sich dabei um ein mehrtägiges Seminar, das hierarchieübergreifend durchgeführt wird.

Es hat in erster Linie die Aufgabe, über unseren Unternehmensstil zu informieren. Dies dient der Klärung für beide Seiten – vom Unternehmen her werden die Anforderungen detailliert ausgesprochen und der neue Mitarbeiter kann sich selbst an diesen Forderungen messen. Wir glauben, daß Lebensstil und Arbeitsstil zusammenpassen müssen, wenn man Erfolg haben will.

Bei dem Awareness-Programm lernen die neuen Mitarbeiter neben dem Firmenstil auch den Umgang mit dem Computer – wichtiger aber noch: den Umgang mit Kunden und Kollegen.

Die einzelnen Abteilungen unserer Organisation stellen sich und ihre Arbeit dabei ausführlich vor. Sie berichten über ihre Erfahrungen, bringen Beispiele und zeigen, wie sie vorgehen. Dies alles unter dem Anspruch, besser zu sein als die Konkurrenz.

Durch diese Praxisbeispiele erfahren die neuen Mitarbeiter, was nach unserem Verständnis „Eigeninitiative" und „Selbstverantwortung" bedeuten: Denn dies sind die beiden entscheidenden Säulen, auf denen die Erfolge unserer Personalpolitik beruhen.

Abb. 7: Für uns spielt der Mensch überall eine gewichtige Rolle – nicht nur in Asien.

Wir geben jedem Mitarbeiter die „Freiheit zu fragen – und die Freiheit zu handeln". Dazu gehört auch die Freiheit, Fehler zu machen.

Allerdings: Aus jedem Fehler soll jeder etwas lernen, um mit dieser Erfahrung weiterzuwachsen.

Um dieses Wachstum schon früh fördern zu können, werden wir bald eigene Ausbildungszentren in Asien aufbauen. Aber auch junges Know-how aus Deutschland bringen wir mit: So holen wir ausgelernte Auszubildende aus Deutschland regelmäßig nach Singapur.

Eine Gruppe besonders qualifizierter Auszubildender aus Deutschland erhält jährlich die Gelegenheit, in einer Landesgesellschaft irgendwo auf unserem Globus ihren Horizont zu erweitern.

Wir beteiligen uns auch am Ausbildungsprogramm der Europäischen Gemeinschaft, bei dem junge Leute für ein Jahr Sprachausbildung – z.B. in Japan – erhalten; dann in einer japanischen Ausbildungs-Firma arbeiten, um später zurück zu Nixdorf zu gehen. Auf der anderen Seite holen wir Nachwuchs-Führungskräfte, die wir aufbauen wollen, aus dem Ausland nach Deutschland. Sie erfahren in speziellen Trainings-Programmen den firmeneigenen Stil und werden so darauf vorbereitet, international zu denken, sich selbst weiterzubringen und neue Aufgaben zu übernehmen.

5. Grenzen überschreiten

Abb. 8: Flaggen sind Symbole; dahinter stehen Menschen. Gemeinsam mit diesen Menschen wollen wir Erfolge gestalten.

Visionen bilden und Ziele setzen – damit haben wir begonnen. Es trat ein Synergieeffekt ein, die Visionen entwickelten ihre eigene Dynamik. So ist es uns bis heute gelungen, in wenigen Jahren über 30.000 zufriedene Kunden im asiatischen Raum zu gewinnen.

Mit unseren Mitarbeiter-Kriterien „Eigenverantwortung“ und „Engagement“ haben wir ein lokales Netz von Geschäftsstellen, Tochter- oder Beteiligungsgesellschaften in diesen Ländern bilden können:

- China
- Hongkong
- Indien
- Indonesien
- Japan
- Südkorea
- Malaysia
- Philippinen
- Singapur
- Sri Lanka
- Taiwan
- Thailand
- Vereinigte Arabische Emirate

Wir haben also viele Grenzen überschritten und wir werden weitergehen. Mit einem Rezept, einer Strategie, die sich bewährt hat:

- Visionen gestalten;
- Mitarbeiter begeistern und trainieren;
- klare Ziele formulieren.

Das sind die wesentlichen drei Faktoren für erfolgreiche Arbeit besonders in Asien (siehe Abb. 8).

Ein vierter kommt noch hinzu: Geduld.

Europäische Hast und Eile bringt hier niemanden voran. Das haben wir von Laotse gelernt:

„Wer nach Asien kommt und keine Geduld mitbringt, der wird sie hier lernen müssen."

Strategien im Bankbereich

Martin Kohlhaussen

1. Starke Expansion des asiatisch-pazifischen Finanzraums

Die beschleunigte politische und wirtschaftliche Neuorientierung in den osteuropäischen Ländern und der Sowjetunion haben die asiatischen Wachstumszentren zuletzt in den Hintergrund rücken lassen. Diese Zurückhaltung gilt insbesondere für deutsche Unternehmen – die wirtschaftlichen Chancen der deutschen Vereinigung unmittelbar vor Augen und im Bewußtsein, daß auch der europäische Binnenmarkt ein enormes Potential an wirtschaftlicher Dynamik in sich birgt. Festzuhalten ist jedoch, daß der westpazifische Raum auch in Zukunft eine bedeutende Wachstumsregion bleiben wird.

Schon in den sechziger Jahren setzte die dynamische Wirtschaftsentwicklung – vor allem in Japan – ein. Die Expansion von Handel, Konsum und Investitionen ging seitdem einher mit dem Ausbau des Finanzwesens. Die monetären Ströme intensivierten sich, Kredit- und Anlagebedarf wuchsen, das Spektrum von Angebot und Nachfrage in jenem Bereich gewann an Vielfalt. Dementsprechend expandierte der heimische Bankensektor. Früher oder später mußte die wirtschaftliche Entwicklung der Länder Ostasiens die Aufmerksamkeit der internationalen Finanzwelt auf sich ziehen, zumal diese Region ihre Wachstumsimpulse insbesondere aus der starken Exportdynamik erhält.

Die Entwicklung Japans zu einer der führenden Wirtschaftsmächte spiegelt sich in der Liste der weltgrößten Banken wider. Gemessen an der Bilanzsumme zum Ende des Geschäftsjahres 1989 (für japanische Banken war dies der 31.3.1990) werden die ersten sechs Plätze von japanischen Banken belegt, in der Gruppe der ersten Zwanzig sind zwölf japanische Institute vertreten, in den „Top 100" immerhin 30. Die noch nicht erfaßte Fusion der Mitsui Bank mit der Taiyo Kobe Bank zum 1.4.1990 wird das neuentstandene Institut auf Platz zwei in der Phalanx japanischer Banken vorrücken lassen. Die Hongkong & Shanghai Bank liegt als erste asiatische, nicht-japanische Bank auf Platz 26, es folgen die Bank of China auf Platz 36 und die Bank of Seoul auf Rang 98.

Die State Bank of India belegt Platz 130, fünf Banken aus Taiwan sind zwischen den Rängen 150 bis 200 zu finden, drei australische Institute zwischen Rang 50 und 100. Die Commerzbank belegt – zum Vergleich – Platz 31.

Nimmt man die Einlagen als Bezugsgröße, ergibt sich ein ähnliches Bild. Nicht berücksichtigt ist das japanische Postbankensystem, dessen Einlagen sich auf rund das Dreifache der weltweit größten (japanischen) Geschäftsbank belaufen. Vor 20 Jahren stellte sich die Situation noch vollkommen anders dar. Damals dominierten amerikanische und europäische Institute. Die erste japanische Bank folgte auf Platz 15. Zwar ist dieser Umschwung zum Teil durch Wechselkursentwicklungen – die starke Aufwertung des Yen – bedingt, jedoch ist die Gesamttendenz unverkennbar. So spricht auch die Bank für Internationalen Zahlungsausgleich (BIZ) in Basel von einer „phänomenalen Expansion japanischer Banken", die das herausragende Ereignis im weltweiten Bankgeschäft der achtziger Jahre war. Von 1983–1988 steigerten die japanischen Institute ihre Forderungen um durchschnittlich 31% pro Jahr. Ihr Anteil an den internationalen Forderungen – ausgedrückt in Dollar – lag 1988 bei 38%; damit verwiesen sie US-amerikanische Banken deutlich auf Platz zwei (15%). Auch 1989 konnte die starke Stellung behauptet werden.

Anzumerken ist allerdings, daß Größe allein nicht mit der Leistungsfähigkeit einer Bank korrespondieren muß. Ein Blick auf die Rangskala der Ertragsstärke, gemessen an der bereinigten Eigenkapitalrendite, zeigt, daß die japanischen Banken weit zurückliegen: Das erste japanische Institut rangierte 1989 auf Platz 57, und unter den ersten hundert sind nur 17 Banken aus Japan zu finden. Die ungünstige Ertragsentwicklung der japanischen Banken zum Ende des Geschäftsjahres 1989/90 hatte ihre Position weiterhin beeinträchtigt. Bemerkenswert sind die Ertragsstärke sowie das kräftige Wachstum von Einlagen und Bilanzvolumen einiger Kreditinstitute aus Taiwan und das überaus rasche Wachstum des Eigenkapitals einiger südkoreanischer Banken.

Mit dem starken Wachstum nahm die Bedeutung des internationalen Geschäfts für die asiatischen Banken zu. Das Vertretungsnetz im Ausland wurde konsequent ausgebaut. Mit Blickrichtung auf Europa läßt sich beispielsweise feststellen, daß heute fast 70 ost- bzw. südostasiatische sowie vier australische

Banken am Finanzplatz Deutschland – vor allem in Frankfurt – vertreten sind. Davon wiederum kommen zwei Drittel allein aus Japan. Nach Frankfurt und Düsseldorf hat nun auch der Standort Berlin das Interesse ostasiatischer Finanzinstitute geweckt. Japanische Banken und Wertpapierhäuser haben dort bereits erste Repräsentanzen eröffnet.

In London sind über 100 Institute aus der Region präsent, davon die Hälfte aus Japan; hinzu kommen 17 australische Niederlassungen. Damit hat knapp ein Viertel der ausländischen Banken in London den Hauptsitz im Fernen Osten oder Australien. Auch an anderen bedeutenden europäischen Finanzplätzen ist deren Engagement stark. Versuche, die internationale finanzielle Expansion der Japaner etwas zu zügeln, sind bislang fehlgeschlagen. Die sog. „Cooke-Anforderungen“, die bis März 1993 eine Eigenkapitalquote von mindestens 8% vorsehen, konnten bislang weitgehend erfüllt werden. Die Börsenkonstellation in Japan erlaubte eine preisgünstige Verstärkung der Eigenmittel. Erst der massive Rückgang der japanischen Aktienkurse im Jahre 1990 und damit eines Teils des überbewerteten Eigenkapitals ließen die Quote einer Vielzahl japanischer Banken unter 8% geraten.

Die Banken und Wertpapierhäuser aus dem westpazifischen Raum sind also mit zunehmender wirtschaftlicher Stärke konsequent in das internationale Geschäft vorgedrungen und haben sich an wichtigen Finanzplätzen niedergelassen. Als Antwort bot sich anderen international operierenden Banken ein breites Spektrum von Strategien, von Vertretungen in den Finanzzentren – etwa in Tokio oder Hongkong – bis zu einer flächendeckenden operativen Präsenz in jedem Land. Zu klären war zudem, ob man sowohl im sog. Großgeschäft (*„Wholesale Banking“* und *„Investment Banking“*) mit Banken und größeren Firmenkunden als auch im Kleingeschäft (*„Retail Banking“*) mit Privatkunden und kleineren Firmen tätig werden, oder ob man sich auf einen Bereich beschränken sollte.

Im übrigen handelt es sich hierbei nicht um eine singuläre Entscheidung, sondern um einen den Entwicklungen anzupassenden Entscheidungsfluß. Bei der „Eroberung“ des westpazifischen Raums mußten in den vergangenen Jahrzehnten konzeptionelle Überlegungen mehrfach neu an mittelfristigen

Entwicklungsaussichten ausgerichtet werden. Dies gilt gleichermaßen für die Zukunft.

2. Das strategische Konzept der Commerzbank: Selektives Vorgehen

Die Commerzbank ist als drittgrößte deutsche Geschäftsbank traditionell stark international ausgerichtet. Der Anteil des Auslandsgeschäfts, bezogen auf die Bilanzsumme, ist nennenswert höher als bei ihren wichtigsten Mitbewerbern. Dies gilt auch für den Bereich Investment Banking, das Wertpapiergeschäft und alles, was damit zusammenhängt. Im Devisenhandel gehört unser Haus weltweit zu den zehn ersten Adressen.

Beim Aufbau der Auslandsorganisation hätte eine weltweit undifferenzierte Vorgehensweise zwar das gesamte Spektrum von Finanzdienstleistungen, Bankplätzen und Kundenkreisen abdecken können, jedoch wären dann mit Sicherheit in verschiedenen Sparten bzw. Niederlassungen nicht die erhofften Ergebnisse erzielt worden. Jedes Land, jeder Markt sowie jede Sparte war genau zu analysieren, um daraufhin relative Wettbewerbsvorteile zu erkennen und ggf. zu nutzen bzw. um Mißerfolge möglichst zu vermeiden. Strukturelle Eigenheiten einzelner Märkte wurden systematisch erfaßt. Als Ergebnis dieser Analyse entschied sich die Commerzbank für ein selektives Vorgehen.

Als regionale Abgrenzung bietet sich zwar unter geografischen Gesichtspunkten der „asiatisch-pazifische Raum" als Ganzes an; die Berücksichtigung weiterer Kriterien verlangte dagegen nach einer stärkeren Differenzierung. Deshalb war es sinnvoll, eine Untergliederung vorzunehmen, anhand derer sich die spezifischen Besonderheiten einzelner asiatischer Finanzmärkte sowie die entsprechend ausgerichteten Geschäftsstrategien genauer darstellen lassen.

Grundsätzlich sind u.a. stets folgende Fragen zu beantworten:

- Bestehen administrative oder andere Zugangsbeschränkungen?
- Bietet das Geschäft vor Ort ein ertragreiches Volumen und entsprechende Expansionschancen?
- Welche Bedeutung genießt das Land gegenwärtig und auf mittlere Sicht als internationaler Finanzplatz?
- Welche Konzepte können auf anderen Plätzen, die als Finanzplätze weniger bedeutsam sind, sinnvoll angewendet werden?
- Steht entsprechend qualifiziertes Personal zur Durchdringung des Marktes zur Verfügung?

Die Commerzbank hat ihr Netz im westpazifischen Raum gemäß diesen Überlegungen in den siebziger und achtziger Jahren konsequent ausgebaut und ist – nach den jeweiligen Erfordernissen – in vielen Ländern der Region mit operativen Stützpunkten und Repräsentanzen vertreten. Filialen bzw. Tochtergesellschaften bestehen an den bedeutendsten Finanzplätzen Tokio, Hongkong und Singapur. Unsere Repräsentanzen in Bangkok, Beijing, Bombay, Jakarta, Seoul und Sydney sowie unser Büro in Osaka dienen im wesentlichen dem Sammeln von Informationen, dem Ausloten von Geschäftsmöglichkeiten, der Geschäftsanbahnung und der Kontaktpflege. Das „Begleiten" unserer Kundschaft bei ihren Auslandsgeschäften stellt ein wesentliches Element dar. Eine Repräsentanz hat gegenüber einer Filiale zudem den Vorteil, daß die Vertretung vor allem im Außenhandelsgeschäft nicht im gleichen Maße als lokale Konkurrenz empfunden wird. Die Zusammenarbeit mit ortsansässigen Korrespondenzbanken ist in dieser Hinsicht empfehlenswert. In Japan, Singapur, Korea und Indonesien sind wir an Finanzinstituten beteiligt. Hier wird vorrangig darauf geachtet, daß die Beteiligung ihrer Größe nach einen angemessenen Einfluß sichert und daß die Commerzbank im Management präsent ist. Neben dem traditionellen kommerziellen Geschäft stützt sich unser Auslandsgeschäft im asiatisch-pazifischen Raum weitgehend auf den Bereich des „Wholesale Banking". Dagegen wird das „Retail Business" in dieser Region von uns – von Ausnahmen abgesehen – bewußt als eher zweitrangig eingestuft. Hier ist der Kostenfaktor von entscheidender Bedeutung.

3. Zur Organisationsstruktur der Commerzbank im Asiengeschäft

Um die Stützpunkte vor Ort nicht isoliert zu betrachten, sei hervorgehoben, daß für alle Niederlassungen eine enge Verzahnung zur „Heimat", also der Hauptverwaltung in Frankfurt und den inländischen Filialen, besteht und als unerläßlich anzusehen ist. Von der *Zentralen Auslandsabteilung* werden auch jene Länder betreut, in denen wir nicht direkt vertreten sind. Betrieben wird vor allem das kommerzielle Geschäft. Kunden aus Ostasien werden bei einem Deutschland-Aufenthalt von den nach Ländern gegliederten Referaten betreut und informiert. Vornehmlich die Leiter der zuständigen Referate schaffen bzw. pflegen den persönlichen Kontakt zu Vertretern von Korrespondenzbanken und staatlichen Stellen sowie zu wichtigen Firmen- und Privatkunden durch zahlreiche Besuche in der Region.

Die Hauptverwaltung ist zudem insofern in das Geschäft mit dem asiatisch-pazifischen Raum eingebunden, als spezielle Bereiche, in Zusammenarbeit mit unseren Auslandsstützpunkten, von anderen zentralen Abteilungen in Frankfurt aus bearbeitet werden. Hierzu gehört insbesondere das *Konsortialgeschäft* – also die Auflegung von Anleihen und syndizierten Krediten oder die Plazierung von Aktien. Am Beispiel Asiens wird deutlich, daß Kapitalbeschaffungsmaßnahmen auch die Grundlage für intensivere Beziehungen im Bereich Handel und Direktinvestitionen darstellen können. Auf längere Sicht läßt sich dadurch außerdem die Einschätzung von asiatischen Industrieunternehmen durch europäische Banken verbessern. Über das Konsortialgeschäft entstehen zudem Kontakte zu Finanzministerien, Zentralbanken und Entwicklungsbanken, die häufig zur Umsetzung erfolgreicher Strategien der im Asiengeschäft engagierten deutschen Banken und ihrer Firmenkunden beitragen. Damit wird es der Commerzbank möglich, an der wirtschaftlichen Entwicklung des pazifischen Raumes teilzuhaben.

Im *Wertpapier-Ressort* erfolgt die Erarbeitung und Umsetzung von Anlagestrategien, die auch die asiatisch-pazifischen Märkte – insbesondere Japan – erfassen. Über die Niederlassungen in Asien sowie die zuständige Zentralabteilung werden vorwiegend japanische Investoren beraten und betreut. Zwei inländische Tochtergesellschaften, die „Commerzbank Investment Management Gesellschaft mbH“ und die „Commerz International Capital Management GmbH“, sind speziell auf die Betreuung in- bzw. ausländischer Großanleger ausgerichtet. Bei der letztgenannten Tochter – kurz *CICM* – gewinnen institutionelle Anleger aus dem asiatischen Raum zunehmend an Bedeutung. Erst seit kurzem machen taiwanische Anleger von ihren gesetzlich genehmigten Anlagemöglichkeiten im Ausland Gebrauch. Ein Großteil der Devisenbestände wird noch von der Zentralbank verwaltet. Bis zum Frühjahr 1990 hatte der heimische Aktien- und Immobilienmarkt gewinnträchtigere Anlagen geboten, nicht zuletzt der starke Kursverfall taiwanischer Aktien sowie des New Taiwan-Dollar läutete jedoch einen Umschwung ein. Ein gleichfalls starkes Potential kann auf längere Sicht in Südkorea gesehen werden. In den nächsten Jahren einsetzende Liberalisierungsschritte werden sowohl zu stark wachsenden Auslandsengagements koreanischer Institutionen als auch zu tendenziell steigenden Anlagen ausländischer Investoren in Korea, insbesondere im Aktienmarkt führen.

In der *Zentralen Geld- und Devisenabteilung* wird das internationale Geld- und Devisengeschäft koordiniert. Tokio, Hongkong und Singapur sind diejenigen asiatischen Finanzplätze, an denen unser Geld- und Devisenhandel aktiv tätig ist. Der japanische Yen gehört dabei – allerdings mit deutlichem Abstand nach dem US-Dollar – zu den wichtigsten Handelswährungen. Die *Zentrale Auslands-Finanzierungs-Abteilung* ist für die Exportfinanzierung zuständig. Die laufende Betreuung von Firmenkunden erfolgt weitgehend über inländische Gebietsstellen und die entsprechenden ausländischen Stützpunkte.

Die Risikoanalyse auf Länderebene liegt in den Händen einer speziellen Gruppe innerhalb der Auslandsabteilung. Diese veröffentlicht regelmäßig statistische Übersichten für einzelne Ländergruppen in der Broschüre „Die Welt in Zahlen“ und gibt einen jährlichen Rück- und Ausblick zu wirtschaftlichen und politischen Entwicklungen in „Weltwirtschaft im Überblick“.

In unserer *Volkswirtschaftlichen Abteilung* wird die Entwicklung ostasiatischer Länder – vor allem Japans – analysiert. Für den Kunden interessante Themen werden vornehmlich in unseren zweimonatlich erscheinenden „Außenhandelsblättern“ sowie in der Kundenzeitschrift „Commerzbank Journal“ veröffentlicht. Um die Kompetenz der Commerzbank in Fragen gesamtwirtschaftlicher Analyse zu dokumentieren, wird zudem unser ganzseitiger, monatlich erscheinender „Viewpoint“ zu aktuellen Themen in der Zeitschrift „Far Eastern Economic Review“ veröffentlicht. Dies mag die Bedeutung unterstreichen, die wir der Kundschaft im ostasiatischen Raum beimessen, denn außer in diesem Magazin wird der „Viewpoint“ in den internationalen Fachzeitschriften „Economist“, „Institutional Investor“ sowie gelegentlich in der „Financial Times“ publiziert. Im übrigen nutzen wir Gelegenheiten, Artikel oder Interviews in Sonderbeilagen bekannter Tages- und Wochenzeitungen zum Thema Ostasien zu veröffentlichen. Sonderbroschüren wie „Wirtschaftsbeziehungen EG-Japan“, „Wirtschaftspartner Indien“ oder „Wirtschaftspartner China“ runden unsere Beiträge zum Thema „Ferner Osten“ ab.

Auf die Bedeutung der ostasiatischen Märkte für deutsche Unternehmen haben wir übrigens schon frühzeitig auf speziellen *Ostasien-Foren* aufmerksam gemacht, die jeweils unter Leitung eines Vorstandsmitgliedes standen und auf denen in der Materie erfahrene Mitarbeiter unseres Hauses beratend zur Verfügung standen. Auch in Zukunft werden Seminare und Vorträge zu diesem Thema unser Engagement unterstreichen.

Für alle im Asiengeschäft tätigen Abteilungen, besonders aber für die Stützpunkte vor Ort, wird qualifiziertes *Personal* benötigt, das sich mit den speziellen Eigenarten des ausländischen Marktes und der Mentalität der Geschäftspartner des betreffenden Landes bestens auskennt. Hierzu gehören Kenntnisse über die nationale Gesetzgebung, die relevanten öffentlichen Institutionen und privaten Anlaufstellen ebenso wie die Vertrautheit mit geografischen Verhältnissen, Landesgeschichte, Kunst und Kultur sowie Geschäftsgepflogenheiten. Von besonderer Bedeutung ist oft das Beherrschen der Landessprache in Wort und Schrift. Neben lokalen Mitarbeitern, denen wir nach erfolgreich verlaufener Einarbeitung ausreichende Kompetenzen erteilen, werden deutsche Delegierte meist in Führungspositionen beschäftigt. Hierbei wird auf Landeskenntnisse besonderer Wert gelegt, Lücken können durch spezielle Ausbildungsprogramme geschlossen werden.

Auf der anderen Seite bieten wir Trainees aus asiatischen Ländern die Möglichkeit einer Ausbildung in unserem Hause. Der Anteil japanischer Interessenten hat dabei etwas abgenommen, da inzwischen Fortbildungsmöglichkeiten bei Niederlassungen japanischer Banken in Deutschland oder in London ausreichend zur Verfügung stehen. Zugenommen hat der Anteil chinesischer Trainees, Anmeldungen koreanischer Interessenten bleiben zahlreich. Erwähnenswert ist in diesem Zusammenhang, daß viele unserer ehemaligen Trainees heute leitende Positionen bei den Banken ihres Landes und deren deutschen Niederlassungen einnehmen. Daneben bieten wir zahlreichen Besuchern aus der Region kürzere Informationsaufenthalte in unserem Haus.

4. Die Geschäftstätigkeit der Commerzbank im asiatisch-pazifischen Raum nach Ländern

Die Commerzbank ist an den wichtigsten Finanzplätzen im westpazifischen Raum präsent und geschäftspolitisch engagiert (siehe Abb. 1). Im Einzelfall tätigen wir Geschäfte mit *allen* Ländern der westpazifischen Region, wenngleich das Volumen zum Teil vergleichsweise gering ist. Die Skala dieser „Nebenschauplätze“ reicht von Brunei und Burma über Französisch-Polynesien, Kiribati und Papua-Neuguinea bis nach Samoa – um nur einige exotische Namen zu nennen. In diesen Fällen kann allerdings nicht von strategischen Überlegungen ausgegangen werden, so daß man sich auf die Darstellung unserer Aktivitäten in den wichtigsten Ländern beschränken kann.

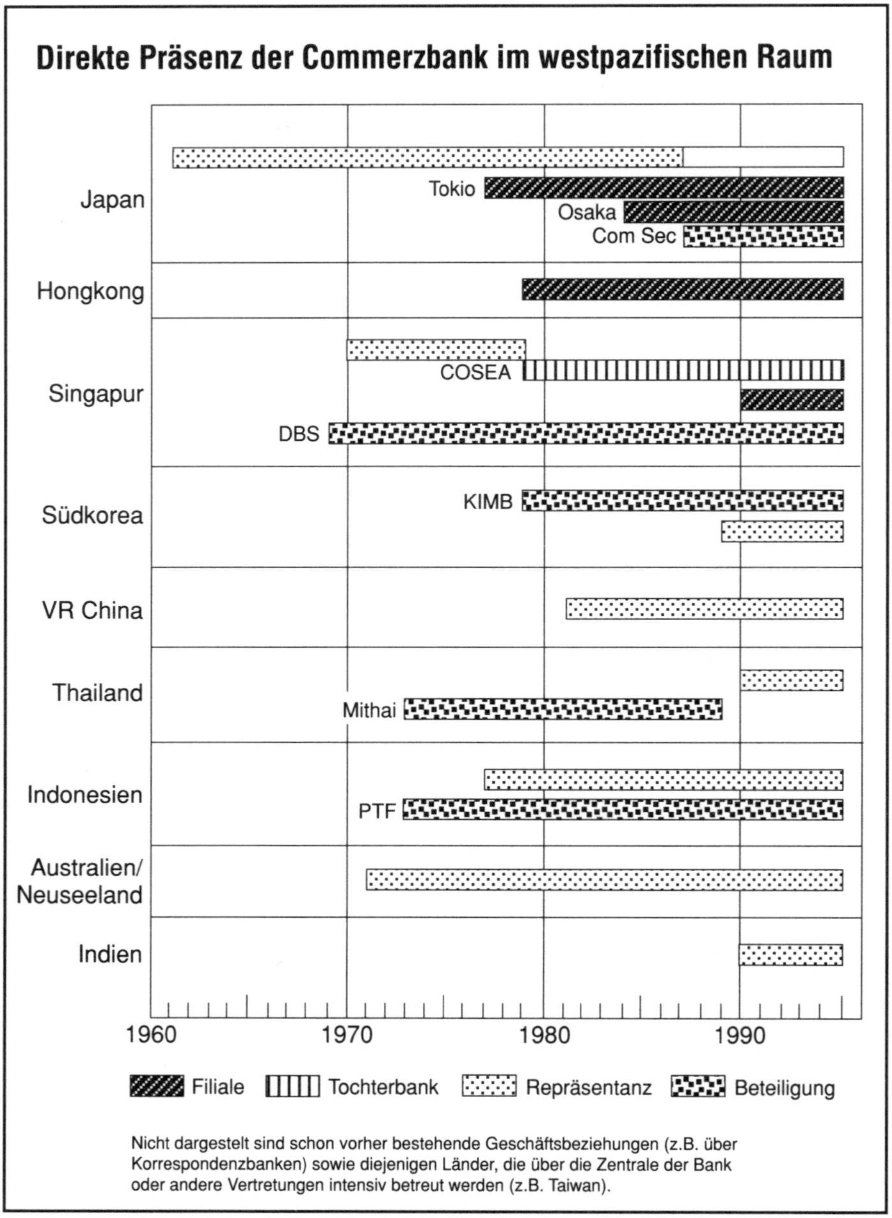

Abb.1: Direkte Präsenz der Commerzbank im westpazifischen Raum

4.1 Ostasien

4.1.1 Japan

Schon früh hatte die Commerzbank die wirtschaftliche Bedeutung Japans erkannt und diese Erkenntnis dann praktisch umgesetzt: Bereits im Juni 1961 eröffneten wir als erstes deutsches Institut und zweite ausländische Bank eine Repräsentanz in Tokio. Für unser Haus stellte sie den ersten Stützpunkt im Fernen Osten dar, zum damaligen Zeitpunkt unsere siebente Auslandsvertretung. Die Kontakte zu Japan hatten freilich schon wesentlich früher eingesetzt.

Zusammen mit unseren „Europartnern" Banco di Roma und Crédit Lyonnais sowie zwei japanischen Banken eröffneten wir dann im November 1973 ein gemeinsames Beratungsinstitut für europäisch-japanische Kapitalanlagen aller Art unter dem Namen „Nippon Europartners Consulting Company", das bis Ende 1980 bestand.

Tokio war auch Ort unserer ersten asiatischen Filiale. Sie wurde 1977 gegründet. Damals bestand die Belegschaft aus 30 Mitarbeitern. Mitte 1990 waren es bereits 75.

Die Aktivitäten der Filiale konzentrieren sich auf drei Hauptgebiete: das Kreditgeschäft, das Auslandsgeschäft sowie den Devisenhandel. Das Kreditgeschäft erfolgt zu rund 80% mit japanischen Kunden, wobei dies meist größere Adressen sind, deren Geschäftstätigkeit die Verbindung mit Auslandsbanken sinnvoll macht. Besondere Aufmerksamkeit wendet die Filiale den deutschen Tochterunternehmen zu, die auf dem japanischen Markt teilweise recht erfolgreich operieren. Bei der Betreuung dieses Kundenkreises ist die Zusammenarbeit mit unseren Filialen in Deutschland sehr wichtig. Andererseits versucht die Niederlassung, auch ihre Kontakte zu japanischen Firmen zum Nutzen unserer deutschen Filialen einzusetzen.

Konnten in den Anfangsjahren der Filiale (1977–1980) Fremdwährungskredite zu guten Margen noch „zugeteilt" werden, hat sich das Bild nach Freigabe dieses Geschäftszweigs für die japanischen Banken sehr gewandelt. Heute werden meist Yen-Kredite angeboten, bei denen mangels günstiger Refinanzierungsquellen oftmals nur schwer mit den japanischen Konkurrenten mitgehalten werden kann.

Im Vergleich zu Deutschland gibt es in Japan eine weitere Besonderheit im Firmenkundengeschäft: die enge Bindung an die Hausbank, mit der Folge, daß eine direkte Kunden-Erstansprache ohne Zustimmung der Hausbank kaum möglich ist. Geschäftsmöglichkeiten ergeben sich dennoch durch das Angebot anderer Finanzierungsinstrumente.

Dies führt zum zweiten Pfeiler unserer Aktivitäten vor Ort, nämlich dem – ertragreicheren – Auslandsgeschäft. Zwar spiegelt sich der große japanische Exportüberschuß auch in der geringen Zahl der von der Filiale eröffneten Akkreditive wider; andererseits ist diese aber – auch dank der Vorarbeit der Zentralen Auslandsabteilung in Frankfurt – in den Handel Japans mit Drittländern, hauptsächlich mit Südamerika und dem Nahen Osten eingeschaltet, was ja für eine deutsche Bank in Japan nicht unbedingt selbstverständlich ist. Der kommerzielle Zahlungsverkehr ist dagegen von untergeordneter Bedeutung.

Die Filiale Tokio führt Firmenkonten in Yen, aber auch in D-Mark und US-Dollar. Die Führung von Privatkonten ist aufgrund bestehender technischer Restriktionen eingeschränkt und nur zu einem geringen Grad sinnvoll. Dem Privatkunden kann – schon aus Kostengründen – nicht der übliche Service einer japanischen Bank geboten werden – und sei es nur eine Cashkarte oder die automatische Abbuchung der Telefonrechnung. Allerdings werden Yen-Konten für alle anderen Auslandsfilialen der Commerzbank geführt, und die Niederlassung ist Abwicklungsstelle für deren Zahlungen aus Eigengeschäften.

Die dritte und sicherlich ebenso wichtige Ertragsquelle ist der Devisenhandel. Die D-Mark/US-Dollar-Arbitrage ist hier die Hauptaktivität. Das Händlerteam beherrscht selbstverständlich auch alle anderen Techniken, die heute vom Devisenhandel gefordert werden – bis hin zum Währungs-Zinsswap.

Neue Aufgaben werden hinzukommen, denn das herkömmliche Kreditgeschäft wird in Zukunft sicher einen geringeren Anteil unserer Aktivitäten in Japan ausmachen. Die erwartete und teilweise bereits erfolgte Liberalisierung des japanischen Marktes wird das Geschäftsspektrum erweitern. Hierzu gehören u.a. die Schaffung eines echten Interbankenmarktes und der weitere Ausbau des „Offshore-Zentrums" ebenso wie die Freigabe der Habenzinsen.

In Japan besteht seit dem Ende des Zweiten Weltkriegs kein Universalbankensystem mehr – es wurde auf Drängen der Amerikaner abgeschafft. Dies bedeutet, daß das Wertpapier- und Konsortialgeschäft nicht von der Filiale aus betrieben werden kann. Deshalb war es nötig, eine Tochtergesellschaft, die *Commerz Securities (Japan) Co. Ltd, Hongkong/Tokio,* zu gründen, an der die Commerzbank nach den japanischen Bestimmungen nur 50% halten darf. Demgegenüber können japanische Banken in Deutschland das Wertpapiergeschäft unter eigenem Namen betreiben. Ähnliche Institute sind übrigens auch von fünf anderen deutschen Banken gegründet worden. Die Entscheidung für eine derartige Investition mußte wohlüberlegt sein, denn Japan ist gerade für Ausländer ein schwieriges, steiniges Terrain, auf dem schnelle Gewinne nicht zu erzielen sind. Beharrlichkeit bei der Überwindung von administrativen Hürden und sehr viel Geduld im besten asiatischen Sinn waren erforderlich, um – wie im Falle dieser Commerzbank-Tochter inzwischen geschehen – die Gewinnzone zu erreichen.

Vor der Gründung einer eigenen Wertpapier-Tochter wurde das Geschäft über unsere Repräsentanz betreut, die bereits gute Kontakte zu japanischen Wertpapierhäusern unterhielt. Dabei wurden die Aktivitäten der Repräsentanz mit der Filiale beraten und abgestimmt.

Unser Büro in Osaka – 1984 eröffnet – ist als Außenstelle der Filiale Tokio konzipiert, um den Kontakt zu den im zweitwichtigsten Industrie- und Handelsgebiet Japans ansässigen größeren Unternehmen zu halten. Zwar verfügen die meisten dieser Firmen inzwischen über eine Niederlassung in Tokio; die alte, traditionelle Rivalität zwischen den beiden Wirtschaftsgebieten Kanto (um Tokio) und Kansai (Osaka, Kobe und Kyoto) ist jedoch auch im Zeitalter der elektronischen Kommunikation nicht ganz verschwunden, so daß eine persönliche Ansprache des Kunden in seinem „Stammland" durchaus gerne gesehen und honoriert wird. Solche Überlegungen gehören ebenfalls zu der Asien-Strategie einer Bank.

Am 1.10.1986 wurde die Commerzbank-Aktie an der Tokioter Börse eingeführt. Damit gehörte sie als zweites deutsches Papier zu den wenigen ausländischen Aktienwerten, die in Tokio zum offiziellen Handel zugelassen sind. Vorausgegangen war die Plazierung von einer Million Stück Commerzbank-Aktien bei japanischen Anlegern. Sie stellte eine wesentliche Ergänzung des internationalen Eignerkreises unserer Bank dar, denn bislang war der Anteil ostasiatischer Aktionäre gering. Gleichzeitig hatte sich die Möglichkeit geboten, die Commerzbank in einer großen Präsentation der japanischen Finanzwelt vorzustellen.

Umgekehrt waren wir schon 1975 federführend an der Plazierung einer DM-Auslandsanleihe für eine japanische Adresse beteiligt. Die erste Einführung einer japanischen Aktie an einer deutschen Börse durch uns erfolgte 1973 für Asahi Chemical. Allein im Jahr 1989 haben wir fünf japanische Anleihen federführend begeben.

4.1.2 Hongkong

Im Jahr 1979 wurde ein weiteres Standbein in der asiatisch-pazifischen Region geschaffen – die Filiale in Hongkong, zum damaligen Zeitpunkt unsere achte Auslandsfiliale. Damit waren wir an den wichtigsten Finanzplätzen der Region mit operativen Niederlassungen vertreten. Am Finanzplatz Hongkong sind inzwischen rund 300 ausländische Banken aus über 50 Ländern ansässig – Kennzeichen für die Bedeutung Hongkongs in der Region.

Auch in Hongkong liegt das Schwergewicht der Commerzbank eindeutig im Bereich des Wholesale Banking. Zur Kundschaft gehören auf der einen Seite deutsche Firmen mit Niederlassungen, Beteiligungen oder Vertretungen in

Hongkong und auf der anderen Seite Firmen aus dem Stadtstaat, die ihrerseits in Deutschland aktiv sind. Weiterhin betreuen die 60 Mitarbeiter der Filiale Hongkong chinesische und multinationale Konzerne mit internationalem Geschäft bzw. namhaften Umsätzen mit deutschen Außenhandelspartnern.

Die Aktivitäten der Filiale erstrecken sich nicht nur auf Hongkong selbst, sondern umfassen in Teilbereichen auch Taiwan, Macao, Südkorea, die Philippinen und natürlich die Volksrepublik China. Besonders Firmen und Finanzinstitute aus der benachbarten Provinz Guangdong mit ihrer Provinzhauptstadt Guangzhou (Kanton), die Geschäftsverbindungen zu in Hongkong ansässigen Festland-chinesischen Adressen unterhalten, sind für die Filiale von Interesse. Aber auch in den übrigen Landesteilen der Volksrepublik ansässige Adressen kommen für die Filiale Hongkong als Ansprechpartner in Frage. Zunehmend findet jedoch für das Hongkong-Geschäft das wirtschaftliche und politische Risiko Eingang in das kommerzielle Kalkül. Dies gilt insbesondere für Engagements, die über 1997 – das Jahr der Übergabe der britischen Kronkolonie an die Volksrepublik – hinausgehen. Die hieraus resultierende Unsicherheit über die Zukunft Hongkongs hat sich durch die Ereignisse in China zur Jahresmitte 1989 beträchtlich verstärkt.

Zum Dienstleistungsangebot der Filiale zählen das Kredit-, Auslands-, Wertpapier- und Einlagengeschäft sowie der Geld- und Devisenhandel. Das Privatkundengeschäft beschränkt sich auf den Einzelfall und zielt nur auf bevorzugte Kunden. Firmenkredite umfassen hinsichtlich Fristen und Währungen ein breites Spektrum.

4.1.3 Volksrepublik China

Dank einer weitsichtigen Geschäftsstrategie pflegt unser Institut die Verbindungen zu China seit den fünfziger Jahren. Schon früh wurden Kontakte zu wichtigen chinesischen Persönlichkeiten und staatlichen Einrichtungen aufgenommen; umgekehrt waren Besuche aus China in der Bank stets willkommen. Diese Politik, 1981 mit der Eröffnung einer Repräsentanz in Beijing untermauert und im Verlauf der achtziger Jahre intensiviert, hat auch im Land selbst Anerkennung gefunden. Stets bewußt war sich die chinesische Seite, daß die Commerzbank als eine der ersten westlichen Banken nach dem Krieg eine Korrespondenzbeziehung mit der Bank of China aufgebaut hatte. Unsicherheitsmomente ergaben sich allerdings durch die innenpolitischen Auseinandersetzungen zur Jahresmitte 1989 und die sich schon vorher abzeichnende kritische Wirtschaftslage.

Zu den wichtigsten Aufgaben unserer Repräsentanz zählen akquisitorische Verbindungen zur Bank of China, der dominierenden staatlichen Außenhandelsbank der Volksrepublik, sowie einer Vielzahl von anderen Banken, Finanz- und Entwicklungsgesellschaften, Außenhandelsorganisationen und den übrigen im Außenhandelsgeschäft tätigen Behörden in den großen Städten Chinas. Durch diese Anstrengungen konnte unser überdurchschnittlicher Anteil an der Abwicklung des deutsch-chinesischen Handels gehalten werden. Von Bedeutung ist auch die Beobachtung der Außenwirtschafts-Gesetzgebung und -Organisation des Landes, um die Zentrale in Frankfurt und die Filialen in Deutschland im Interesse unserer Kunden über neuere Entwicklungen und Geschäftsmöglichkeiten zu informieren. Mit der Kontaktpflege zu der in Beijing vertretenen internationalen Industriekundschaft soll erreicht werden, daß unser Institut seine Dienste bereits im frühen Stadium eines neuen Geschäfts anbieten kann. Schließlich gehört die Betreuung von Besuchern aus Deutschland zur Tätigkeit vor Ort. Zu bedenken sind dabei vor allem die immensen Entfernungen zwischen einzelnen Besuchsorten und die Engpässe im Personenverkehr. Spezielle Informationen sind zudem über eine Vertretung vor Ort schneller zugänglich als über Recherchen der Zentrale.

Unser besonderes Engagement im China-Geschäft wird anhand von zwei weiteren Beispielen deutlich. So waren wir 1987 anläßlich der Sonderkampagne „Partnerland China" auf der Hannover-Messe mit unserem Beratungsstand als einziges deutsches Kreditinstitut im Pavillon der Volksrepublik vertreten. Nur die Commerzbank verfügt zudem über eine multilinguale Btx-Station in China. Mit diesem Service kann sich unsere Vertretung per Telefon und Computer nicht nur in das deutsche Btx-Angebot einschalten, sondern auch sekundenschnell Nachrichten nach Deutschland senden. Umgekehrt sind per Knopfdruck aktuelle Informationen aus Beijing abrufbar.

4.1.4 Südkorea

Die Commerzbank gehörte 1979 zu den Gründern der *Korea International Merchant Bank, Seoul,* kurz KIMB. Wir sind vor der Hongkong and Shanghai Banking Corporation größter ausländischer Aktionär. Unser Anteil beläuft sich nach dem 1989 erfolgten Börsengang der KIMB auf nunmehr rund 21%. Von zwei führenden koreanischen Banken werden 50% gehalten. Ein Delegierter unserer Bank ist Mitleiter der Gesellschaft. Die KIMB ist sowohl vom Geschäftsvolumen als auch von den Erträgen her eine expansionsstarke Bank. Sehr erfolgreich betätigt sie sich insbesondere als Manager und Underwriter von Won-Anleihen für koreanische und internationale Adressen sowie im Leasinggeschäft. Wertpapierhandel und Portfolio-Investment in koreanischen Papieren beschränkten sich aus gesetzlichen Gründen auf Gebietsansässige.

Um über das Operationsfeld ihrer Beteiligungsbank hinaus weitere Geschäftsmöglichkeiten im interessanten koreanischen Wachstumsmarkt ausschöpfen zu können, hat die Commerzbank im Oktober 1989 zusätzlich eine Repräsentanz in Seoul eröffnet. Ausschlaggebend für die Erteilung einer Genehmigung durch die Zentralbank war unser jahrzehntelanges Engagement im deutsch-koreanischen Geschäft. Eine Reihe koreanischer Banken sowie die großen Industrieadressen sind als internationale Kreditnehmer für uns von besonderem Interesse.

Da das Bankwesen in Südkorea der noch restriktiven Aufsicht der Behörden unterliegt und das Klima für ausländische Bankfilialen in letzter Zeit etwas schwieriger geworden ist, erschien uns der Entschluß zu einer namhaften Minderheitsbeteiligung an einer koreanischen Bank als Alternative zur Eröffnung einer eigenen Filiale durchaus sinnvoll.

4.1.5 Taiwan

Wenngleich wir in Taiwan nicht mit einer Repräsentanz oder Filiale vertreten sind, kann unser Geschäft mit der Republik China als sehr fruchtbar bezeichnet werden. Die Zusammenarbeit mit taiwanischen Korrespondenzbanken ist eng, der persönliche Kontakt zu diesen Banken sowie zur Firmenkundschaft ist durch Besuche unseres Länderreferenten gewährleistet. Unsere Einschaltung in den deutsch-taiwanischen Handel ist seit langem überdurchschnittlich. Aufgrund erheblicher Überschüsse in der Leistungsbilanz Taiwans – es hält nach Japan weltweit die höchsten Devisenreserven – ist das internationale Konsortialgeschäft für deutsche Banken z.Zt. weitgehend bedeutungslos. Interessant wird jedoch die Anlageberatung, da mit der teilweisen Aufhebung der Devisenrestriktionen Anlagebedarf in ausländischen Wertpapieren entstanden ist.

4.2 Südostasien

4.2.1 Singapur

Schon 1970 gründeten wir eine Repräsentanz in Singapur, um auch im südostasiatischen Bereich tätig zu sein und der Bedeutung Singapurs als internationales Wirtschafts- und Finanzzentrum Rechnung zu tragen. Die Vertretung ging 1979 in einer eigenen Tochtergesellschaft, der *Commerzbank (South East Asia) Ltd.* – kurz *COSEA* – auf. Schwerpunkte sind das Konsortial- und Wertpapiergeschäft sowie der Devisen- und Geldhandel. Als Merchantbank steht diese in ganz Südostasien, Australien und Neuseeland deutschen und internationalen Kunden – hauptsächlich im Wholesale Business – mit allen

Instrumenten des internationalen Kapital- und Kreditmarktes zur Verfügung. Die gesamte Palette zur Abwicklung des Auslandsgeschäfts wird angeboten. Zunehmend an Bedeutung gewinnt das Privatkundengeschäft – auch im Einzugsgebiet außerhalb Singapurs. Die enge Zusammenarbeit mit inländischen Filialen der Commerzbank, direkt oder über die Frankfurter Zentrale, ist hervorzuheben. Vom ersten Jahr an arbeitet unsere Tochtergesellschaft mit Gewinn. Waren bei der Gründung erst 21 Mitarbeiter beschäftigt, so sind es heute bereits 78.

Aus technischen Gründen betreiben wir in Singapur seit Januar 1990 auch eine Filiale der Commerzbank in Personalunion mit der COSEA. Hauptaufgabe der Filiale ist die Betreuung der in Singapur ansässigen Firmenkundschaft. Anders als die COSEA kann diese nun auch lokale Einlagen hereinnehmen, wobei die Kontoführung – ebenso wie die Kreditgewährung – sowohl in Singapur-Dollar als auch in Fremdwährungen erfolgen kann. Weitere Aufgaben der Filiale sind insbesondere der Geld- und Devisenhandel sowie das kommerzielle Auslandsgeschäft.

Zusätzlich zu unserer hundertprozentigen Tochter ist noch eine Beteiligung kleineren Ausmaßes an der halbstaatlichen *Development Bank of Singapore, Ltd.* zu erwähnen. Die DBS betreibt die volle Palette des Bankgeschäfts und ist in Singapur mit 33 Filialen vertreten.

4.2.2 Thailand

Unsere Geschäftsverbindungen zu Thailand reichen zurück bis in die Anfänge der sechziger Jahre. Das kommerzielle Geschäft mit den Korrespondenzbanken ist die wichtigste Sparte unseres Engagements. Gute Kontakte bestehen zur Firmenkundschaft sowie zu staatlichen Organisationen. Bei Kapitalmarkttransaktionen halten wir eine beachtliche Position, die 1988 durch die Führung der ersten D-Mark-Anleihe für das Königreich Thailand bestätigt wurde.

Zusammen mit unseren europäischen Partnerbanken sowie einer japanischen und thailändischen Bank hielten wir von 1973 bis Mitte 1989 eine Beteiligung an der *Mithai Europartners Finance and Securities Company Ltd., Bangkok,* die als Mitglied der thailändischen Börse – neben dem Einlagen- und Kreditgeschäft – schwerpunktmäßig das Wertpapiergeschäft betreibt.

Zur eigenständigen Verfolgung unserer geschäftlichen Absichten haben wir im Februar 1990 eine Repräsentanz in Bangkok eröffnet. Vor allem die steigende Anzahl deutscher Firmen, die im Wachstumsmarkt Thailand tätig sind, hat eine direkte Präsenz nahegelegt. Das gleiche gilt hinsichtlich der zunehmend auch internationalen Finanzierungswünsche thailändischer Unternehmen, nicht zuletzt im Zusammenhang mit der Privatisierungspolitik des Landes.

4.2.3 Indonesien

Die Größe des indonesischen Marktes, sein Wachstumspotential und zunehmende Handelsverflechtungen deutscher Firmen waren für uns Anlaß, im Jahr 1977 eine Repräsentanz in Jakarta zu gründen. Auch hier liegen die Schwerpunkte beim Bank-zu-Bank-Geschäft und bei der Betreuung der in Indonesien ansässigen deutschen Firmenkundschaft. Gute Kontakte der Repräsentanz und unserer Konsortialabteilung sowie der Abteilung für Auslandsfinanzierung bestehen außerdem zu staatlichen Stellen. So konnte 1988 die erste D-Mark-Anleihe der Regierung akquiriert werden. Zudem ist die Beurteilung der wirtschaftlichen und politischen Lage vor Ort leichter als von der Zentrale in Frankfurt aus.

Bereits seit 1973 halten wir – zusammen mit einigen anderen Auslandsbanken – eine Beteiligung an der mehrheitlich in indonesischer Hand befindlichen Finanzierungsgesellschaft *P.T. Finconesia, Jakarta*. Das Hauptgewicht ihrer Geschäftstätigkeit liegt bei der Gewährung von Betriebsmittel- und

Investitionskrediten – primär auf Rupiah-Basis –, bei der Garantie-Erstellung im In- und Ausland und in jeder frei konvertierbaren Währung sowie im Investment Banking.

4.2.4 Malaysia

Auch Malaysia hat innerhalb unseres Geschäfts mit südostasiatischen Ländern seinen Anteil, wenngleich wir nicht mit einer Vertretung vor Ort präsent sind. Die zuständigen Zentralabteilungen wickeln das Geschäft mit unseren Korrespondenzbanken und Firmenkunden bereits seit Jahren erfolgreich ab. Das Wertpapiergeschäft wird direkt über unsere Tochter im benachbarten Singapur betrieben.

4.3 Australien und Neuseeland

Die besonders guten Beziehungen der Commerzbank zu australischen Adressen wurden durch die Eröffnung einer Repräsentanz im Jahr 1971 untermauert. Wir waren seinerzeit das erste deutsche Institut mit einer eigenen Vertretung auf dem fünften Kontinent. Zum Kundenkreis gehören sowohl die australischen Geschäftsbanken, staatliche Adressen wie auch bedeutende Firmen- und Privatkunden. Im Konsortialsektor bieten wir alle marktgängigen Produkte in verschiedenen Währungen an. Anleiheemissionen beschränken sich nicht auf die D-Mark, sondern werden von uns auch in australischen Dollar begeben. Wir waren maßgeblich an der Einführung australischer Werte an der Frankfurter Börse beteiligt.

Traditionell gute und intensive Kontakte bestehen zu Neuseeland, spielt doch die Commerzbank bei der Finanzierung großer Projekte des Landes eine wichtige Rolle. Gefestigt wurden die guten Beziehungen durch Besuche auf ministerieller Ebene in unserem Hause. 1988 führten wir die erste neuseeländische Aktie an der deutschen Börse ein und erschlossen dem gleichen Emittenten den D-Mark-Kapitalmarkt.

4.4 Indien

Mit der Eröffnung unserer Repräsentanz in Bombay – dem indischen Wirtschafts- und Finanzzentrum – im Januar 1990 demonstrieren wir unser Zutrauen in die mittelfristige Wirtschaftsentwicklung Indiens, von der auch der deutsch-indische Handel profitieren dürfte. In den achtziger Jahren hat die Bundesrepublik unter den Wirtschaftspartnern Indiens eine herausragende Position erreicht. Die wieder in Gang gekommene Liberalisierung der indischen Wirtschaft wird zusätzliche Impulse vermitteln. Das günstige Umfeld sowie der in Indien hilfreiche direkte Kontakt vor Ort ließen die Gründung einer Vertretung konsequent erscheinen. Mittel- bis langfristige Überlegungen waren dabei entscheidend. Denn eine frühzeitige Präsenz in Verbindung mit engen persönlichen Kontakten hatten uns bereits in anderen Ländern eine günstige Ausgangsbasis für das Geschäft auf Zukunftsmärkten verschafft. Wir verstehen unsere Repräsentanz als zusätzlichen Stützpunkt für unsere ohnehin guten Kontakte zu Indien, wobei staatliche Stellen dominieren. Im Euro-DM-Anleihegeschäft waren wir 1987 zweimal und zuletzt im Juni 1990 federführend tätig, nachdem wir uns bereits seit Anfang der achtziger Jahre als Co-Manager engagiert hatten. Die Commerzbank hat damit den führenden Platz im Bereich indischer D-Mark-Emissionen eingenommen. Auch im Eurokreditgeschäft mit Indien ist unser Haus erfolgreich tätig.

5. Ausblick

Unser starkes Engagement im asiatisch-pazifischen Raum bezeugt den hohen Stellenwert, den wir der Region beimessen. Heute sind 40% unserer außereuropäischen Vertretungen hier angesiedelt, darunter die drei jüngsten Repräsentanzen in Bangkok, Bombay und Seoul.

Für die in Asien tätigen Auslandsbanken ist das ökonomische Potential der Region jedoch nur ein Aspekt. Unabdingbare Voraussetzungen für den Erfolg bleiben die Möglichkeit des uneingeschränkten Marktzutritts sowie die Chancengleichheit im Wettbewerb mit heimischen Banken und Finanzinstituten. Wie schwierig sich dies gestalten kann, beweisen etwa die ungünstigen Refinanzierungsbedingungen in Japan, mit denen fast alle Auslandsbanken zu kämpfen haben. Es ist daher kaum verwunderlich, daß der Marktanteil der Auslandsbanken hier innerhalb der letzten fünf Jahre von 4% auf 1% zurückgefallen ist. Noch schwieriger sind die Bedingungen in Südkorea und Taiwan. Vieles hängt mithin einerseits von der Verbesserung der Zugangsmöglichkeiten in den einzelnen Ländern, andererseits aber auch von Fortschritten auf multilateraler Ebene ab. Von den international tätigen Finanzinstituten wird daher die derzeitige „Uruguay-Runde“ im Rahmen des Allgemeinen Zoll- und Handelsabkommens GATT (General Agreement on Tariffs and Trade) mit Aufmerksamkeit verfolgt; zur Verhandlung steht hier u.a. der umfassende Bereich der Dienstleistungen. Viele Länder des ost- und südostasiatischen Raums bestehen weiterhin auf dem Schutz ihrer Finanzmärkte vor ausländischer Konkurrenz, obwohl ihr Industrialisierungsgrad die Bezeichnung „Entwicklungsland“ im hergebrachten Sinn oft nicht mehr zuläßt. Der erschwerte Zugang zum japanischen Finanzmarkt wirkt hier als negatives Beispiel. Greifbare Ergebnisse der Uruguay-Runde sind allerdings – wenn überhaupt – erst gegen Ende der „zweiten Halbzeit“ zum Jahreswechsel 1990/91 zu erwarten.

Wir verstehen unser Engagement im asiatisch-pazifischen Raum nicht als Einbahnstraße. Verschlechtern sich die Rahmenbedingungen, wird sich die Einschätzung auf mittlere und lange Sicht durchaus ändern können. Dann würden wir uns nicht scheuen, unsere geschäftspolitische Skepsis entsprechend umzusetzen. Dies könnte sich darin äußern, daß wir unsere Aktivitäten im jeweiligen Markt „herunterfahren“ oder aber auf andere Regionen verlagern. Bislang sind uns derartige Schritte jedoch weitgehend erspart geblieben, da wir uns nie von Euphorie, sondern immer von nüchterner, objektiver Einschätzung haben leiten lassen. Dies hat sich speziell im westpazifischen Raum bewährt.

Es ist uns klar, daß sich jedes Land der Region vom anderen unterscheidet und nicht mit anderen „in einen Topf geworfen“ werden darf. Auch wenn im Zeitalter der weltweiten Kommunikationsnetze die Märkte näher zusammenrücken, muß auf die Eigenheiten jedes Absatzmarktes von Bankprodukten individuell eingegangen werden. Mentalitäts- wie Weltanschauungsunterschiede, verschiedene Einkommenniveaus, historisch divergierende Entwicklungen und unterschiedliche gesetzliche Rahmenbedingungen lassen die gesamte Region trotz vieler Gemeinsamkeiten als sehr heterogen erscheinen. Das Bewußtsein, daß stets zu differenzieren ist, wird daher auch in Zukunft unsere selektive Gesamtstrategie und unser Handeln vor Ort primär bestimmen.

Aufbauend auf diese Sichtweise und eingebettet in ihr globales Konzept wird die Commerzbank der zukünftigen Entwicklung im asiatisch-pazifischen Raum weiterhin besondere Aufmerksamkeit widmen.

Literaturverzeichnis

Abegglen, J.C.: Kaisha: Das Geheimnis des japanischen Erfolgs, Düsseldorf 1986

Aebersold, J.: Getting to Know Them, in: Jang, S.H. (Hrsg.), The Key to Successful Business in Korea, Seoul 1988

Alhady, A.B.: Malay Customs and Traditions, Singapur 1962

Althans, J.: Die Übertragbarkeit von Werbekonzeptionen auf internationale Märkte, Analyse und Exploration auf der Grundlage einer Befragung europaweit tätiger Werbeagenturen, Frankfurt-Bern 1982

Altschul, K.: Export-Samurai: Woher nehmen Japaner die Kraft?, in: Absatzwirtschaft, 30. Jg., 1987, Heft 7, S. 16-20

Anderson, K./George, H.: Australian Agriculture and Newly Industrialising Asia, Canberra/Tokyo/Miami 1980

Arles, J.P.: Ethic and Socio-Economic Patterns in Malaysia, in: International Labor Review, 14. Jg., 1971, Nr. 6, S. 527

Asahi, Sh.: The Pacific Rivals, New York/Tokyo 1972

Backhaus, K. (Hrsg.): Konzepte zur Beurteilung von Länderrisiken, Arbeitspapiere zur BWL des industriellen Anlagegeschäfts der Universität Mainz, 3. Aufl., Mainz 1985

Backhaus, K./Meyer, M.: Internationale Risiko-Barometer, in: Absatzwirtschaft, 27. Jg., 1984, Heft 10, S. 64-71

Backhaus, K./Meyer, M.: Ansätze zur Beurteilung von Länderrisiken, in: zfbf, 38. Jg., 1986, Sonderheft 20, S. 39-59

Backhaus, K./Meyer, M.: Länderrisiken im internationalen Marketing in: *Schöttle, K.M.* (Hrsg.), Marketing-Jahrbuch, 4. Ausgabe, Essen 1987, S. 103-112

Banning, J.E.: Lebensstilorientierte Marketing-Theorie, Analyse und Weiterentwicklung modelltheoretischer und methodischer Ansätze der Lebensstilforschung im Marketing, Heidelberg 1987

Bartlett, C.A./Ghoshal, S.: Managing Across Borders, Boston 1989

Battelle-Institut e.V.: Innovationsprozesse und Innovationspolitik in Japan – Untersuchung zur Wirksamkeit eines alternativen Förderkonzepts und seiner Bedeutung für die wirtschaftliche Leistungsfähigkeit – Forschungsprojekt im Auftrag des Bundesministers für Wirtschaft, Bonn 1983

Batzer, E./Laumer, H.: Distribution in Japan: Neue Wege in den japanischen Markt, in: Absatzwirtschaft, 30. Jg., 1987, Heft 2, S. 60-64

Batzer, E./Laumer, H.: Exportanteil deutlich rückläufig, in: Blick durch die Wirtschaft, 30. Jg., 22.05.1987, S. 1

Batzer, E./Laumer, H.: Deutsche Unternehmen im Japangeschäft – Markterschließungsstrategien und Distributionswege, in: ifo-Institut für Wirtschaftsforschung, München 1986

Batzer, E./Laumer, H.: Wichtig: Qualität und Zuverlässigkeit, in: Blick durch die Wirtschaft, 30. Jg., 21.5.1987, S. 1

Baur, H.: Internationale Marketingkooperationen, Düsseldorf 1975

Becker, H.: Japan ohne Jobs: In der krisengeschüttelten Industrie läßt sich Massenarbeitslosigkeit nicht länger verbergen, in: Die Zeit, 41. Jg., 7.11.1986, S. 20

Becker, H.: Automobilindustrie: Den Stern im Visier – die großen japanischen Hersteller stoßen in die Luxusklasse, in: Die Zeit, 41. Jg., 25.7.1986, S. 20

Becker, H.: Druck im Kessel – Spekulationswellen treiben Börsenkurse und Bodenpreise in ungeahnte Höhen, in: Die Zeit, 13. Jg., 25.3.1988, Heft 13, S. 36

Bedlington, S.S.: Malaysia and Singapore: The Building of New States, Ithaca 1970

Berekoven, L.: Internationales Marketing, 2. Aufl., Herne/Berlin 1985

Bernkopf, G.: Strategien zur Auswahl ausländischer Märkte, München 1980

Bertram, C.: Die unheimliche Leere nach dem Erfolg: Noch schwankt das Land zwischen Fortschrittsplänen und schierer Selbstzufriedenheit, in: Die Zeit, 41. Jg., 19.9.1986, S. 11-12

Beutel, R.: Unternehmensstrategien international tätiger mittelständischer Unternehmen, Frankfurt 1988

Bleicher, K.: Japanisches Management im Wettstreit mit westlichen Organisationskulturen, in: zfo, 51. Jg., 1982, Heft 8, S. 444-450

Blüthmann, H.: Zu dicht aufgefahren: In Europa wächst die Neigung, japanische Autoimporte zu beschränken, in: Die Zeit, 41. Jg., 5.12.1986, S. 19-20

Blüthmann, H.: Die Japaner drücken mehr – Zeit-Gespräch mit Volkswagen-Vertriebsvorstand Werner P. Schmidt, in: Die Zeit, 41. Jg., 11.7.1986, S. 17-18

Böttcher, S.: Wirtschaftsentwicklung und Motivation in Fernost und Fernwest, in: Orientierungen zur Wirtschafts- und Gesellschaftspolitik, 44. Jg., 1990, Heft 2, S. 56-59

Botskor, I.: Leitfaden zur Erschließung des japanischen Marktes, Weissenborn 1984

Bromm, W.P.: Zum Geschäft mit Bestecken und Verkaufsautomaten in Japan, USA und der Bundesrepublik Deutschland, in: zfbf, 34. Jg., 1982, Nr. 34, S. 77-78

Bruhn, M./Wehrle, F. (Hrsg.)*:* Europa 1992 – Chancen und Risiken für das Marketing, Münster-Hiltrup 1989

Bundesstelle für Außenhandelsinformation (Mitteilungen): Kleine und mittlere Unternehmen in Japan, August 1980

Bundesstelle für Außenhandelsinformation (Mitteilungen): Kundendienst in Japan, Oktober 1980

Bundesstelle für Außenhandelsinformation (Mitteilungen): Zielgruppenbestimmung für Konsumgüter in Japan, Juli 1981

Bundesstelle für Außenhandelsinformation: Marktaussichten Deutscher Erzeugnisse in Japan, Köln 1984

Bundesstelle für Außenhandelsinformation: Werbung im Ausland – Japan, Tokio 1982

Bundesstelle für Außenhandelsinformation: Wirtschaft in Zahlen – Japan, o.O. 1985

Buzzell, R./Quelch, J.: Multinational Marketing Management – Cases and Readings, Massachusetts 1988

Carlson, S.: Malaysia: Search for National Unity and Economic Growth, Beverly Hills, Sage Publications 1975

Cheng, T.Y.: The Economy of Hongkong, Hongkong 1980

Ching Hai Ding: Asean-Ec Relations: An ASEAN View, in: *Dahm, B. von/ Harbrecht, W.* (Hrsg.), ASEAN und Europäische Gemeinschaft, Hamburg 1988

Cho, J.S.: Family System, in: International Cultural Foundation: Korean Society, Seoul 1982

Cole, F.-C.: The People of Malaysia, Princeton 1945

Commerzbank (Hrsg.): Außenhandelsblätter, 41. Jg., 1989, Nr. 2

Cordier, C. u.a.: Thailand: Guide to Business and Investment, Aldershot 1986

Cortazzi, H.: The Japanese Achievement, London/New York 1990

Craig, J.: Culture Shock! What not to do in Malaysia and Singapore. How and why not to do it, Singapore 1979

Crane, P.: Korean Patterns, Seoul 1972

Cune, Sh. M.: Korea's Heritage, Rutland/Tokyo

Dahm, B. von/Harbrecht, W. (Hrsg.): ASEAN und die Europäische Gemeinschaft, Hamburg 1988

Dato' Noor Adlan: Future Perspectives of ASEAN/EC Economic Relations, in: ASEAN Business Review, 1989, Nr. 2

Deutsche Industrie- und Handelskammer in Japan (Hrsg.): Japan – Wirtschaft in Zahlen, o.O. 1989

Deutsch-Indische Handelskammer (Hrsg.): Agency and Representation in India – Antragsformulare und Musterverträge für Vertretungen und Verbindungsbüros, Bombay 1988

Deutsch-Indische Handelskammer (Hrsg.): Deutsch-Indische Gemeinschaftsunternehmen – Verzeichnis der Kooperationsverträge, Bombay 1987

Deutsch-Indische Handelskammer (Hrsg.): Handbuch der deutsch-indischen Wirtschaftsbeziehungen, Bombay 1990

Deutsch-Indische Handelskammer (Hrsg.): Indo-German Double Taxation Agreement – Text des DBA und Kommentierungen, Bombay 1987

Deutsch-Indische Handelskammer (Hrsg.): Licensing and Joint Ventures in India – Antragsformulare, Musterverträge, Bombay 1988

Deutsch-Indische Handelskammer (Hrsg.): Steuern in Indien, Leitfaden für deutsche Investoren, Lizenzgeber und deutsches Personal in Indien, Bombay 1989

Deutsch-Indische Handelskammer/Deutsche Investitions- und Entwicklungsgesellschaft (Hrsg.): Deutsch-Indische Joint Ventures – Eine Erfahrungsstudie, Bombay/Köln 1988

Deutschmann, C.: Kippt Japan?, in: Die Zeit, 42. Jg., 4.12.1987, Heft 50, S. 13-14

Dichtl, E.: Oft besteht zwischen den „Partnern im Profit" ein problematisches Machtungleichgewicht, in: Handelsblatt, 1988, Nr. 237, S. 26

Dichtl, E./Köglmayr, H.-G.: Country Risk Evaluations and Export Market Entry, in: *Rosson, P.J./Reid, S. D.* (Hrsg.), Managing Export Entry and Expansion, Concepts and Practice, New York 1987, S. 111-127

Dickson, D.N.: Selbsthilfe aus Japan, in: Harvard Manager, 8. Jg., 1986, Nr. 3, S. 118-123

Drucker, P.E.: Japans feindlicher Handel, in: Manager Magazin, 14. Jg., 1986, Nr. 7, S. 139

Durniok, H.: Das erfolgreiche Auslandsgeschäft, Köln 1987

Durniok, H.: Wegweiser für den Fernost-Markt, Köln 1986

E.A.P. (Hrsg.): Southeast Asien Business Guides, Oxford, o.Jg.

The Economist (Hrsg.): The Economist Atlas – The Shape of the World Today, London 1989

Eggerstedt, H.: Erfolgsbedingungen deutscher Investitionen in Fernost: Dargestellt am Beispiel des Standortes Malaysia, in: ZfB, 60. Jg., 1990, Heft 7, S. 631-646

Eggerstedt, H. u.a.: Malaysian German Industrial Cooperation, Berlin 1989

Eglau, H.O.: Philips – Der Riese spannt die Muskeln: Nach einer Serie von Niederlagen gegen die Japaner drängt der Konzern in neue Märkte, in: Die Zeit, 41. Jg., 31.10.1986, S. 28

Eglau, H.O.: Rote Nelken für die Neuen, in: Die Zeit, 43. Jg., 1988, Nr. 15, S. 38

Eichenberg, W.: Strategien zur Erschließung von Auslandsmärkten – Internationalisierung des Marketing, in: *Töpfer, A./Wieselhuber, N.* (Hrsg.), Strategisches Marketing, Landsberg/Lech 1984

Eli, M.: Japans Wirtschaft im Griff der Konglomerate, Frankfurt 1988

Emmott, B.: The Sun also Sets – Limits to Japan's Economic Power, New York 1989

Engelen, K.C.: Internationale Finanzmärkte: Der Neubeginn der Deutschen Bank in Asien verrät ein strategisches Konzept, in: Handelsblatt, Nr. 89, 9.5.1988, S. 7

Federation of Korean Industries: Koreas Economic Policies (1945-1985), Seoul 1987

Fei, J.C.H./Ranis, G./Kuo, Sh.W.Y.: Growth with Equity – The Taiwan Case, Oxford 1979

Fischer Weltalmanach 1990, 31. Ausgabe, Frankfurt 1989

Foljany-Jost, G. u.a. (Hrsg.): Japans Sozial- und Wirtschaftsentwicklung im internationalen Kontext, Frankfurt/New York 1981

Foreign Press Center des japanischen Außenministeriums (Hrsg.): Facts and Figures of Japan, Tokyo 1989

Freese, G.: Otto macht's möglich, in: Die Zeit, Nr. 44, 23.10.1987, S. 42

Frei, D. (Hrsg.): Das Dreieck Europa-Amerika-Asien, Zürich 1986

Gälli, A.: Taiwan-Economic Facts and Trends, München/London 1980

Garnaut, R.: Asean in a changing Pacific and World Economy, Canberra/London/Miami 1980

Gandow, A.: Innovation, weitgehende Dezentralisierung und Grundlagenforschung müssen stärker betont werden – Thesen für ein „Management der 90er Jahre", in: Handelsblatt, 13.8.1985, S. 12

Gandow, A.: EG – Japan: Die Regierung in Tokio muß sich zu konkreten Zugeständnissen bereitfinden, in: Handelsblatt, 27.4.1988, S. 13

Gandow, A./Peltzer, R.: Samsung-Forschungsinstitute auch im Ausland: Kontakte zu Europa und China werden ausgebaut, in: Handelsblatt, 10.11.1986, S. 36

Gandow, A./Peltzer, R.: Daewoo – Die Gruppe besteht aus 25 Unternehmen – Gründung erst vor 20 Jahren: Im neuen Automobilwerk wird auch deutsche Technologie eingesetzt, in: Handelsblatt, 10.11.1986, S. 36

Gaugler, E.: Die Besonderheiten der Unternehmensführung in Korea und Deutschland, in: *Gesellschaft für koreanisch-deutsche Wirtschaftswissenschaften e.V.* (Hrsg.), Zeitschrift für Wirtschaftswissenschaften,Seoul, 1985, Nr. 3, S. 206-224

Gaugler, E./Meissner, H.G./Thom, N. (Hrsg.): Zukunftsaspekte der anwendungsorientierten Betriebswirtschaftslehre, Stuttgart 1986

Gregory, G.: The Logic of Japanese Enterprise, Tokyo 1982

Griepenkerl, H.: Japanisches Personalmanagement – was können wir lernen?, in: Personalwirtschaft, 12. Jg., 1985, Nr. 8, S. 310-315

Gries, W.: F&E – Ein Vergleich zwischen USA, Japan und den westeuropäischen Industrienationen, in: Handelsblatt, 1987, Nr. 106, S. 5

Grobe, K.: Chinas Weg nach Westen – Pekings neue Außenpolitik und ihre Hintergründe, Frankfurt 1980

Groeger, H./Hebgen, H.J./Kemminer, K.: Internationalisierung des Mittelstands, in: Harvard Manager, 8. Jg., 1986, Nr. 4, S. 22-28

Günther, M.: Internationale Wettbewerbsfähigkeit der Unternehmen in Japan, USA und der Bundesrepublik Deutschland, in: zfbf, 34. Jg. 1982, Nr. 34, S. 1-51

Gullick, J.M.: Malaysia, London 1969

Häußer, E.: Deutsches Patentrecht nach China exportieren, in: Blick durch die Wirtschaft, 29. Jg., 20.10.1986, S. 2

Hake, B.: Chinas Wirtschaftsreform – Chancen und Risiken, in: Der Technologie-Manager, 35. Jg., 1986, Nr. 1, S. 12-13

Hake, B.: Thailand ist ein schwieriger, aber profitabler Standort, in: Blick durch die Wirtschaft, 32. Jg., 21.09.1989

Halberstam, D.: Gewerkschafter von Nissans Gnaden, in: Die Zeit, 43. Jg., 1988, S. 44-46

Halberstam, D.: Nissan – Exportmacht wider Willen, in: Die Zeit, 43. Jg., 1988, Nr. 12, S. 42-43

Halliburton, C./Hünerberg, R.: The Globalisation Dispute in Marketing, in: European Management Journal, Volume 5, 1987, Nr. 4, S. 243-249

Hamel, G./Prahalad, C.K.: Strategic Intent, in: Harvard Business Review, 67. Jg., 1989, S. 63-76

Hanau, P./Kimoto, S./Markmann, H./Tezuka, K.: Die Arbeitswelt in Japan und in der Bundesrepublik Deutschland – ein Vergleich, Neuwied 1985

Harbrecht, W.: Die Entwicklung der Zusammenarbeit zwischen der EG und ASEAN aus europäischer Sicht, in: *Dahm, B. von/ Harbrecht, W.* (Hrsg.), ASEAN und die Europäische Gemeinschaft, Hamburg 1988

Hanaoka, K. (Hrsg.): Comparative Study on the Local Public Administration in Asia and Pacific Countries, Tokyo 1984

Handelsblatt-Beilage, Republik Korea, in: Handelsblatt, Nr. 141, 26.07.1988, S. 17-20

Handelsblatt-Beilage, Australien, Daten – Informationen – Analysen, in: Handelsblatt, Nr. 211, 02.11.1988

Handelsblatt-Beilage, Japan, Daten – Informationen – Analysen, in: Handelsblatt, Nr. 224, 22.11.1988

Handelsblatt-Beilage, ASEAN, in: Handelsblatt, Nr. 241, 15.12.1988, S. 19-24

Handelsblatt-Beilage, Taiwan, Die Republik China sucht neue Märkte, Daten – Informationen – Analysen, in: Handelsblatt, Nr. 22, 31.01.1989

Handelsblatt-Beilage, Finanzplatz Tokio, Daten – Informationen – Analysen, in: Handelsblatt, Nr. 43, 01.03.1989

Handelsblatt-Beilage, Hongkong, Daten – Informationen – Analysen, in: Handelsblatt, Nr. 171, 05.09.1989

Handelsblatt-Beilage, Japan, Daten – Informationen – Analysen, in: Handelsblatt, Nr. 225, 21.11.1989

Hansmann, K.W.: Kurzlehrbuch Prognoseverfahren, Wiesbaden 1983

Hayashi, Sh.: Culture and Management in Japan, Tokyo 1988

Hayes, R.H.: Warum japanische Fabriken so erfolgreich arbeiten, in: Harvard Manager, 4. Jg., 1982, Nr. 2, S. 29-29

Heidecker, T.: Rahmenbedingungen und Erfolgsfaktoren der Erschließung und Bearbeitung des japanischen Absatzmarktes durch ausländische Unternehmen, Hamburg 1986

Heidecker, Th./Kelz, A.: Erfolg macht hungrig – Worauf das Marketing japanischer Unternehmen zielt, in: Absatzwirtschaft, 28. Jg., 1985, Nr. 3, S. 52-59

Heiduk, G. (Hrsg.): Japan als führende Wirtschaftsmacht in einem zukünftigen pazifischen Weltwirtschaftszentrum, Baden-Baden 1985

Heller, G.: Carl Zeiss Co. Ltd., Tokyo-Exportstrategien der Zeiss-Gruppe in Fernost (I): Erfolgreiche Geschäftsbeziehungen auf dem teuersten Markt der Welt Japan, in: Handelsblatt, 25.11.1986, S. 14

Heller, G.: Carl Zeiss-Gruppe in Fernost (II): In China mit Chinesen verkaufen, in: Handelsblatt, 1.12.1986, S. 16

Henderson, J., u.a.: Area Handbook for Malaysia, Washington D.C 1970

Henzler, H. (Hrsg.): Handbuch Strategische Führung, Wiesbaden 1988

Herdmann, G.: Marktstrategien im Anlagenbau in Japan, USA und der Bundesrepublik Deutschland, in: zfbf, 34. Jg., 1982, Nr. 34, S. 70-75

Herold, G.: Das Industrieunternehmen in Japan – OAG-Reihe „Japan modern“, Band 4, Berlin 1986
Hirn, W.: Fünf Jahre Schonfrist, in: Wirtschaftswoche, 44. Jg., 1990, Nr. 25, S. 179-182
Höfner, K.: Internationale Geschäfte: Fatale Schwächen, in: Wirtschaftswoche, 40. Jg., 1986, Nr. 39, Sonderdruck
Hottes, K.-H./Uhlig, C.: Joint-Ventures in Asien, Stuttgart 1983
Hüttner, W.: Markt- und Absatzprognosen, Stuttgart et al. 1982
Hunziker, E.: Auslandsmarkt-Strategien, Ein Leitfaden zur Wahl des optimalen Auslandsengagements, Zürich 1983
Husin Ali, S.: The Malays: Their Problems and Future, Kuala Lumpur 1981
Hyun, P.: Introducing Korea, Seoul 1979
Imai, M.: 16 ways to avoid saying no, Tokyo 1981
Indian Investment Centre (Hrsg.): Guidelines for Industries – Kurzinformationen zur Situation verschiedener industrieller Branchen, Trendentwicklungen, New Delhi, o.Jg.
Institut der deutschen Wirtschaft (Hrsg.): Internationale Wirtschaftszahlen, Ausgabe 1990, Köln 1990
Institut der deutschen Wirtschaft (Hrsg.): Zahlen zur wirtschaftlichen Entwicklung der Bundesrepublik Deutschland, Ausgabe 1990, Köln 1990
Institut für Asienkunde u.a. (Hrsg.): Wirtschaftspartner Japan, Hamburg 1984
International Cultural Foundation: Korean Thougt; Korean Society; Economic Life in Korea, 3 Bände, Seoul 1982
Ishinomori, Sh.: Japan Inc., Tokyo 1986
Ishizumi, K.: Aquiring Japanese Companies, Tokyo 1988
Itagaki, Y.: Isuramu: Kachi to Shouchou, Tokyo 1986
Jacobs, K.: Strategische Akquisitionen – Von der Vision zur erfolgreichen Durchführung, in: *Siegwart, H.* (Hrsg.), Mergers & Acquisition, Basel/ Frankfurt 1990, S. 225-235
James, B.G.: Trojan Horse, London 1989
Jascheck, S. : China trainiert für das nächste Jahrtausend, in: Handelsblatt, 1985, Nr. 7, S. 21
Johansson, J.K.: Japanese Consumers: What foreign Marketers should know, in: International Marketing Review, Vol. 3, 1986, Nr. 2, S. 37-43
Jung, H.: Ratschläge für die ersten Schritte im Japan-Geschäft, in: Handelsblatt-Sonderausgabe, 27.4.1984, S. 2

Jungnickel, R./Gerberding, A./Maenner, U.: Investitionsbedingungen in der ASEAN-Region, Veröffentlichungen der HWWA-Hamburg, Hamburg 1986

Kabe, T.: Produktqualität, Design und Kundendienst sind die wichtigsten Erfolgsvoraussetzungen, in: Handelsblatt, 30.6.1983, S. 9

Kacher, G.: Die zweite Angriffswelle rollt, in: Industriemagazin, 1990, Heft 3, S. 138-142

Kanapathy, V.: Understanding Asia Management, Government Business Interaction in Asia, Niigata 1983

Kater, W.: Mit China ins Geschäft kommen – was Messen leisten können, in: Absatzwirtschaft, 28. Jg., 1985, Nr. 8, S. 76-79

Kebschull, D.: Ausländische Direktinvestitionen in Südostasien – Ein internationaler Vergleich des Engagements, in: *Laumer, H.* (Hrsg.), Wachstumsmarkt Südostasien, München/Köln/London 1984

Keegan, W.: Global Marketing Management, 4. Auflage, New Jersey 1989

Kellner, K.: Die Wachstumsmärkte der ASEAN-Staaten: Möglichkeiten und Barrieren der Markterschließung für deutsche Unternehmen, Spardorf 1985

Kelz, A.: Die Weltmarke, Idstein 1989

Kim, D.K.: Getting Along With Them, in: *Jang, S.H.* (Hrsg.), The Key to Successful Business in Korea, Seoul 1988

Kim, W.S.: Transformation of the Korean Economy: Its Causes and Consequences, in: *Todashi, Y./Han, B.H.* (Hrsg.), Korea and Japan, Seoul 1978

King, F.H.H.: The Hongkong Bank in Late Imperial China, Cambridge 1988

Kirchbach, F. von: Verluste europäischer Unternehmen im Entwicklungsländergeschäft, in: Harvard Manager, 8. Jg., 1986, Nr. 4, S. 68-74

Klaje, K.F.: Investments from Europe to ASEAN – Paper for 3rd Plenary Meeting of ASEAN-EEC Business Council, Brüssel, 21.10.1987

Kleiner, J.: Korea, Frankfurt 1980

Klenner, W. (Hrsg.): Trends of Economic Development in East Asia, Berlin/Heidelberg 1989

Knappstein, M.: Die Marketingstrategie des Hauses IKEA, in: *Raffee, H./Wiedmann, K.-P.* (Hrsg.), Strategisches Marketing, Stuttgart 1985, S. 34-36

Kobayashi, H.: „Ist Führung das japanische Geheimnis?“ Unternehmensführung in Japan, in: zfbf, 38. Jg., 1986, Nr. 6, S. 526-543

Kobayashi, H.: Wirtschaftsmacht Japan – Strukturen und Organisationen, 2. Auflage, Köln 1987

Köglmayr, H.-G./Lingenfelder, M./Müller, S.: Die Unternehmenskrise als führungspolitische Herausforderung – Ergebnisse einer Vier-Länder-Befragung, in: zfbf, 40. Jg., 1988, Nr. 40, S. 49-70

Kolb, A.: Die Pazifische Welt – Kultur- und Wirtschaftsräume am stillen Ozean, Berlin 1981

Koller, P./Dethlefs, R.: Absatzmöglichkeiten: Flexibilität und eine solide Marktstrategie sind notwendig, in: Handelsblatt, Nr. 141, S. 18

Korea Overseas Information Service: A Handbook of Korea, Seoul 1982

Korea Overseas Information Service: Korean History, Korean Arts and Culture, This is Korea, 3 Bände, Seoul 1986

Kortzfleisch, G./Kaluza, B. (Hrsg.): Internationale und nationale Problemfelder der BWL, Abhandlungen aus dem Industrieseminar der Universität Mannheim, Heft 32, Berlin 1982

Kotler, P.: Marketing-Management, Analyse, Planung und Kontrolle, 4. Auflage, Stuttgart 1982

Kotler, P.: Megamarketing, in: Harvard Manager, 8. Jg., 1986, Nr. 3, S. 32-39

Kotler, P.: The Ad Biz Gloms onto „Global“, in: Fortune, November 1984, S. 64

Kotler, P./Fahey, L./Jatusripitak, S.: Die asiatische Herausforderung: Antwort auf neue Marketingstrategien, Landsberg am Lech 1986

Kramer, F.: Innovative Produktpolitik, Berlin/Heidelberg 1987

Kraus, W.: Wirtschaftliche Entwicklung und sozialer Wandel in der Volksrepublik China, Berlin, Heidelberg 1979

Kraus, W./Lütgenhorst, W.: The Economic Development of the Pacific Basin, New York et al. 1986

Kreutzer, R.: Global Marketing – Konzeption eines länderübergreifenden Marketing, Erfolgsbedingungen, Analysekonzepte, Gestaltungs und Implementierungsansätze, Wiesbaden 1989

Kulhavy, E.: Internationales Marketing, Linz 1981

Kulessa, M. (Hrsg.): The Newly Industrializing Economies of Asia, Berlin/Heidelberg/New York/London 1990

Kumar, B./Steinmann, H.: Japanische Führungskräfte in Deutschland, in: zfbf, 8. Jg., Nr. 38, 6/1986, S. 493-516
Kuroda, T.: Isuramu no Kokoro, Tokyo 1980
Kutschker, M.: Internationalisierungsstrategie der Unternehmung, in: Thexis, 4. Jg., 1987, Nr. 1, S. 22-25
Kux, B./Rall, W.: Marketing im globalen Wettbewerb, in: *Welge, M.* (Hrsg.), Globales Management – Erfolgreiche Strategien für den Weltmarkt, Stuttgart 1989, S. 73-84
Laumer, H. (Hrsg.): Wachstumsmarkt Südostasien, München/Köln/London 1984
Lawrenze, F. G.: Die japanischen Multinationalen Konzerne, Frankfurt/New York 1984
Layer, B.G.: Ein wichtiger Teil des Marketings – Messebeteiligung und -plätze / Fachmessen in China (1), in: Blick durch die Wirtschaft, 31. Jg., 25.3.1988, S. 1
Leuenberger, T.: Wettbewerbsfähgigkeit Europas und die asiatisch-pazifische Herausforderung, in: Thexis, 3. Jg., 1986, Nr. 2, S. 43-46
Levitt, T.: Die unbegrenzte Macht des kreativen Marketing, Landsberg 1984
Levitt, T.: The Globalization of Markets, in: Harvard Business Review, 61. Jg., 1983, Nr. 3, S. 92-102
Liebermann, M./Montgomery, D.: To Pioneer or Follow?: Strategy of Entry Order, Research Paper No. 1084 of the Graduate School Business, Standfort University, March 1990
Lilienstern, R. von (Hrsg.): Aufbau und Durchführung des Auslandsgeschäfts, Frankfurt/Main 1982
Lingelsheim-Seibicke, W. von: Das China-Geschäft heute und morgen – Chancen und Risiken neuer Marketing-Konzeptionen, Köln 1985
Lu, D.J.: Inside Corporate Japan, Rutland/Tokyo 1989
Lück, W./Trommsdorf, V. (Hrsg.): Internationalisierung des Unternehmens, Berlin 1982
Luther, H.U.: Südkorea – (K)ein Modell für die Dritte Welt?, München 1981
Macharzina, K.: Organisatorische Gestaltung bei Internationalisierungsstrategien, in: *Gaugler, E./Meissner, H.G./Thom, N.* (Hrsg.), Zukunftsaspekte der anwendungsorientierten Betriebswirtschaftslehre, Stuttgart 1986, S. 175-190

Macharzina, K./Welge, M.: Export und Internationale Unternehmung, Handwörterbuch, 1986, Sp. 1411-1427

Magaziner, I./Patinkin, M.: Wie Korea den Mikrowellen-Krieg gewann, in: Harvard Manager, 11. Jg., Heft 3, S. 41 – 50

Magyar, K. M.: Marketingpioniere und Pioniermanagement, Landsberg 1987

Maucher, H.: Global Strategies of Nestle, in: European Management Journal, Volume 7, 1989, No. 1, S. 92-96

Mayr, R.: Das Marketingkonzept eines Investitionsgüter – Herstellers – unter Berücksichtigung des internationalen Marketing, in: *Raffee, H./Wiedmann, K.-P.* (Hrsg.), Strategisches Marketing, Stuttgart 1985, S. 47-57

McMillan, C.J.: The Japanese Industrial System, Berlin et al. 1984

Meffert, H.: Strategische Unternehmensführung, Wiesbaden 1988

Meffert, H.: Multinationales oder globales Marketing? Voraussetzungen und Implikationen von Internationalisierungsstrategien, in: *Gaugler, E./Meissner, H.G./Thom, N.* (Hrsg.), Zukunftsaspekte der anwendungsorientierten Betriebswirtschaftslehre, Stuttgart 1986, S. 191-210

Meffert, H./Althans, J.: Internationales Marketing, Stuttgart 1982

Meffert, H./Wagner, H. (Hrsg.): Internationales Management – Erfahrungen im Auslandsgeschäft, Dokumentation, Arbeitspapier Nr. 17 der Wissenschaftlichen Gesellschaft für Marketing und Unternehmensführung e.V., Münster 1984

Meffert, H. u.a.: Globale oder nationale Marktkommunikation? – Eine empirische Studie aus der Sicht weltweit tätiger Werbeagenturen, Arbeitspapier Nr. 29 der Wissentschaftlichen Gesellschaft für Marketing und Unternehmensführung e.V., Münster 1986

Meissner, H.G.: Strategisches Internationales Marketing, Berlin et al. 1988

Meissner, H.G.: Systemvergleich zwischen deutschen und japanischen Marketingstrategien, in: *Gaugler, E./Meissner, H.G./Thom, N.* (Hrsg.), Zukunftsaspekte der anwendungsorientierten Betriebswirtschaftslehre, Stuttgart 1986, S. 211-222

Meyer, M.: Die Beurteilung von Länderrisiken der internationalen Unternehmung, Berlin/München 1987

Meyer, M.: Was taugen Länderrisikokonzepte?, in: Harvard Manager, 9. Jg., 1987, Nr. 3, S. 67-73

Michel, H.: Mit Japan im Wettbewerb – Wird die Bundesrepublik zur Entwicklungsabteilung der „Japan AG"?, in: Blick durch die Wirtschaft, 32. Jg., 1989, Nr. 93, S. 7

Ministry of Economic Affairs (Hrsg.): Economic Development; Taiwan, Republic of China, Taipei 1986

Ministry of Commerce (Hrsg.): Import & Export Policy – April 1990 bis März 1993, New Delhi 1990

Misquitta, M. u.a.: Asia & Pacific Business Review, Saffron Walden 1988

Mock, A.: Strategien für Ostasien, in: Absatzwirtschaft, 28. Jg., 1985, Nr. 11, S. 72-87

Mock, A.: Die richtige Marketing-Strategie für Asien ist gefragt, in: *Schöttle, K.M.* (Hrsg.), Jahrbuch-Marketing, 4. Ausgabe, Essen 1987, S. 73-82

Möser, F.: Ein überlegenes Produkt allein genügt nicht, in: Handelsblatt, 21.6.1983, S. 20

Mohamad, M. bin: The Malay Dilemma, Singapur 1970

Mohamad, T.O. ed.: Malaysian World View, Singapur 1985

Montemayor, J.U.: Philippine Socio-Economic Problems, Manila 1969

Morita, A.: Made in Japan – The genius behind Sony, Bayreuth 1986

Morita, A./Ishihara, Sh.: No to learn Nippon – Das Japan, das nein sagen kann, Tokyo 1989

Müller, S./Köglmayr, H.-G.: Exportmarkt Japan – Stolpersteine auf dem Weg nach Fernost, in: Harvard Manager, 7. Jg., 1985, Nr. 4, S. 61-65

Müller, S./Köglmayr, H.-G.: Die psychische Distanz zu Auslandsmärkten, in: zfbf, 38. Jg., 1986, Nr. 38, S. 788-804

Munzinger Archiv (Hrsg.): Singapur Internationales Handbuch, Ravensburg 1986

Nahm, A.C.: Korea – Tradition & Transformation, Seoul 1988

Naisbitt, J.: Megatrends 2000: Zehn Perspektiven für den Weg ins nächste Jahrtausend, Düsseldorf et al. 1990

Nakane, C.: Japanese Society, New York 1977

Naß, M.: Demonstrationen in China – Die „Stimme des Volkes" verlangt mehr Freiheit: Werden die chinesischen Studenten wieder einmal zu Vorkämpfern des Wandels?, in: Die Zeit, 42. Jg., 2.1.1987, S. 7

Naß, M.: Bald schon auf dem ersten Platz?, in: Die Zeit, 43. Jg., 1988, Nr. 3, S. 3

Nickel, V.: Marketing in China – Aussichten auf Neugeschäft für Werbeagenturen, in: Handelsblatt, 18.03.1987, S. 20

Nishida, K.: Toward the „Genuine" Globalization of Japanese Companies, in: Oikonomika, 25. Jg., 1989, Nr. 3-4, S. 37-83

Nitzsche + Partner (Hrsg.): EC-ASEAN Industrial Cooperation, Wolfratshausen 1988

O'Toole, J.: Die guten Manager von Sezuan, in: Harvard Manager, 4. Jg., 1982, Nr. 1, S. 71-79

Odrich, P.: Berichte aus dem Japanischen Alltag, Basel 1987

Odrich, P.: Aus Umweltschaden klug geworden – das japanische Beispiel, in: Frankfurter Allgemeine Zeitung, 02.11.1984, S. 13

Odrich, P.: Alles hat seinen Preis – Erfahrungen deutscher Unternehmen in Korea, in: Blick durch die Wirtschaft, 29. Jg., 04.11.1986, S. 1

Odrich, P.: Einflußreiche Agenturen, in: Blick durch die Wirtschaft, 31. Jg., 21.11.1988

Odrich, P.: Motivation ist alles, in: Blick durch die Wirtschaft, 32. Jg., 11.04.1989

Odrich, P.: Das Ende für „Made in Hongkong"? – Die Angst der britischen Kronkolonie vor der „Festung Europa", in: Blick durch die Wirtschaft, 32. Jg., 10.05.1989

Odrich, P.: Auf der Suche nach neuen Wegen der Zusammenarbeit, in: Blick durch die Wirtschaft, 32. Jg., 19.09.1989

Odrich, P.: Die Japaner kommen, in: Blick durch die Wirtschaft, 32. Jg., 31.10.1989

Oetinger, B. von: Konsequenter Wille zum Sieg, in: highTech, 1990, Nr. 2, S. 60ff

Ohmae, K.: Beyond National Borders, Tokyo/New York 1987

Ohmae, K.: Japanische Strategien, Hamburg 1986

Ohmae, K.: Lektion für Manager, in: Wirtschaftswoche, 39. Jg., 1985, Nr. 28, S. 46-52

Ohmae, K.: Macht der Triade, Wiesbaden 1985

Ohmae, K.: The Mind of the Strategist, New York 1982

Ostasiatischer Verein e.V. (Hrsg.), Asien-Pazifik, Wirtschaftshandbuch 1987/1988, Hamburg 1988

Ouchi, W.: The M-Form Society – How American Teamwork Can Recapture the Competitive Edge, o.O 1984

O.V.: Küchenmöbelmarkt: Ein Japaner in Melle, in: Absatzwirtschaft, 30. Jg., 1987, Nr. 3, S. 28-29
O.V.: Ein deutscher Maschinenbauer verteidigt seine Nische in Japan – Die Trümpfe des Herrn Yoshioka, in: Absatzwirtschaft, 30. Jg., 1987, Nr. 5, S. 24-30
O.V.: Südkoreas Sprung auf den Autoweltmarkt, in: Blick durch die Wirtschaft, 29. Jg., 16.10.1986, S. 1
O.V.: In Ostasien braucht man einen langen Atem, in: Blick durch die Wirtschaft, 29. Jg., 15.12.1986, S. 2
O.V.: Deutliche Abkühlung in Hongkong, in: Blick durch die Wirtschaft, 31. Jg., 25.3.1988, S. 2
O.V.: Ratschläge für das China-Geschäft – Eine Analyse der amerikanischen Anwaltsfirma Baker & McKenzie, in: Blick durch die Wirtschaft, 32. Jg., 1989, Nr. 136, S.1
O.V.: Singapur will das Image eines Billiglandes loswerden, in: Blick durch die Wirtschaft, 32. Jg., 10.08.1989
O.V.: Wirtschaftsbeziehungen der Bundesrepublik Deutschland zu den ASEAN-Statten, in: BMWI Tagesnachrichten, 17.08.1989
O.V.: Better at Quibbling than Galloping, in: The Economist, 1989, No. 16, S. 45 ff
O.V.: Deutsche Auslandsinvestitionen im Boom, in: EG-Spezial, 1990, Nr. 11
O.V.: Indonesien: Steigende Industrieexporte bescheren Jakarta jetzt solide Wachstumsdaten, in: Handelsblatt, 1988, Nr. 82, S. 12
O.V.: Die bestehenden Investitionshemmnisse werden einer peniblen Prüfung unterzogen, in: Handelsblatt, 1988, Nr. 87, S. 12
O.V.: Taiwan: Die deutsche Industrie als Partner beim Umweltschutz, in: Handelsblatt, 1988, Nr. 94, S. 9
O.V.: Malaysia: Breite Rohstoffbasis und kostengünstige Produktion sind Argumente bei der Werbung um Investoren, in: Handelsblatt, 1988, Nr. 241, S. 23
O.V.: Außenhandel der VR China mit den fünf wichtigsten Lieferländern, in: Handelsblatt, 06.06.1989, S. 2
O.V.: Mit Qualität, Flexibilität, kurzen F+E-Zeiten und Global-Marketing stach Japan die Konkurrenz aus, in: Handelsblatt, 1989, Nr. 225, S. 22
O.V.: ASEAN – Zehn Jahre Kooperationsabkommen mit der Europäischen Gemeinschaft: Mit zahlreichen Programmen will die EG Firmen beider

Regionen zusammenführen, in: Handelsblatt, 1990, Nr. 41, 27.02.90, S. 8
O.V.: Sonderteil Japan – Aufholjagd der Deutschen, in: Industriemagazin, 1985, Nr. 3, S. 56-66
O.V.: Sonderteil Japan – Japan ist kein Superstar, in: Industriemagazin, 1985, Nr. 3, S. 71-81
O.V.: Japanische Herausforderung – Stufe zwei, in: Industriemagazin, 1987, Nr. 8, S. 26-39
O.V.: Graue Märkte für Priviligierte, in: iwd, 15. Jg., 1989, Nr. 22, S. 7
O.V.: Reich durch Fleiß, in: iwd, 15. Jg., 1989, Nr. 42, S. 1
O.V.: Der Umweg-Handel blüht, in: iwd, 15. Jg., 1989, Nr. 17, S. 8
O.V.: Supermacht Japan, in: iwd, 15. Jg., 1989, Nr. 33, S. 4-5
O.V.: Drachen unter Druck, in: iwd, 15. Jg., 1989, Nr. 34, S. 4-5
O.V: SPIEGEL Gespräch mit Miti-Vizeminister Kazuo Wakasugi, in: Der Spiegel, 39. Jg., 1985, Nr. 48, S. 166-175
O.V.: Japan-Recorder aus Europa, in: Der Spiegel, 41. Jg., 1987, Nr. 37, S. 143
O.V.: Darauf haben wir 5000 Jahre gewartet, in: Der Spiegel, 42 Jg., 1988, Nr. 36, S. 126
O.V.: Das ist alles sehr, sehr gefährlich, in: Der Spiegel, 43. Jg., 1989, Nr. 4, S. 88
O.V.: Dann löst sich China auf, in: Der Spiegel, 43. Jg., 1989, Nr. 21, S. 156-165
O.V: Chips: Gewicht in der Schale, in: Der Spiegel, 44. Jg., 1990, Nr. 5, S. 88-90
O.V.: Unternehmensstrategien – Nippon glänzt, in: Wirtschaftswoche, 40. Jg., 1986, Nr. 40, S. 79-82
O.V.: Die Japan AG wankt, in: Wirtschaftswoche, 41. Jg., 1987, Nr. 26, S. 38-52
O.V.: Im Gründungsfieber, in: Wirtschaftswoche, 41. Jg., 1987, Nr. 27, S. 52-60
O.V.: Deutsche Firmen sollen in China mehr werben, in: ZAW-service, 1987, Nr. 142, S. 2-3
Pascale, R.T./Athos, A.G.: The Art of Japanese Management, o.O. 1986
Patrick, H./Rosovsky, H. (Hrsg.): Asia's New Giant, Washington 1976
Pausenberger, E.: Internationales Management, Stuttgart 1981

Paxton, J. (Hrsg.): The Statesman's Year-Book 1989-1990, New York 1989
Pilz, Ch.: EG-Asean: Viele ungenutzte Chancen, in: Handelsblatt, 1988, Nr. 84, S. 10
Piramal, G./Herdeck, M.: Indias's Industrialists, Washington/Bombay 1986
Porter, M.E.: Der Wettbewerb auf globalen Märkten: Ein Rahmenkonzept, in: *Porter, M.E.* (Hrsg.), Globaler Wettbewerb, Wiesbaden 1989, S. 17-68
Porter, M.E. (Hrsg.): Globaler Wettbewerb: Strategien der neuen Internationalisierung, Wiesbaden 1989
Porter, M.E.: Wettbewerbsstrategie, 4. Aufl., Frankfurt/New York 1987
Porter, M.E.: Wettbewerbsvorteile, Frankfurt/M. 1986
Pye, L.W.: Joint-Ventures in China (I): Die Gründung, in: Harvard Manager, 9. Jg., 1987, Nr. 1, S. 40-50
Quelch, J.A./Hoff, E.J.: Globales Marketing – nach Maß, in: Harvard Manager, 8. Jg., 1986, Nr. 4, S. 107-117
Rabe, C.: Singapur: „Globalisierung" heißt das Zauberwort zur Stimulierung ausländischer Investoren, in: Handelsblatt, 1988, Nr. 84, 02.05.1988, S. 10
Raffée, H./Wiedmann K.P. (Hrsg): Strategisches Marketing, Stuttgart 1985
Rajaretnam, M./Lim, S. J.: Trends in Thailand, Singapur 1973
Rall, W./Kux, B.: Globalisierung von Märkten – Neue Herausforderung für das Marketing, in: *Schöttle, K.M.* (Hrsg.), Jahrbuch-Marketing, 4. Ausgabe, Essen 1987, S. 62-72
Rationalisierungs-Kuratorium der Deutschen Wirtschaft (RKW) e.V.: Entscheidungskriterien japanischer Unternehmen, Eschborn 1986
Rau, J.: Rettung von den Robotern? – Die amerikanische Automobilindustrie sucht eine Strategie gegen die Konkurrenz aus Japan, in: Die Zeit, 41. Jg., 27.6.1986, S. 23
Renwick, G./Smith, K.H./Pedersen, P.: Americans, Malays and Chinese: Intercultural Relations in Malaysia, Yarmouth/Maine 1988
Reich, R.B./Mankin, D.D.: Joint Ventures With Japan Give Away Our Future, in: Harvard Business Review, 64. Jg., 1986, No. 2, S. 78-83
Rieger, C.: Die wirtschaftliche Zusammenarbeit der ASEAN-Staaten, in: *Dahm, B. von/Harbrecht, W.* (Hrsg.): ASEAN und Europäische Gemeinschaft, Hamburg 1988

Ries, A./Trout, J. (Hrsg.): Marketing – generalstabsmäßig, Hamburg 1986
Rosenbaum, H.-W.: Marketingstrategien amerikanischer, japanischer und deutscher Unternehmungen der Unterhaltungselektronik, in: ZfbF, 34. Jg., 1982, Nr. 34, S. 67-69
Ruben, W. (Hrsg.): Die ökonomische und soziale Entwicklung in Indien, 2 Bände, Berlin 1959
Rutt, R.: Korean Works and Days, Seoul 1978
Ryan, N. J.: The Cultural Heritage of Malaysia, Singapur 1970
Sames, C.W./Wagner, N.: Pazifik – Weltwirtschaftszentrum von morgen, Düsseldorf et al. 1988
Scharrer, H.-E./Hesse, W./Krägenau, H.: Japans Wirtschaftsentwicklung, Außenhandel und Wettbewerbsfähigkeit, Hamburg 1982
Schmidt-Klingenberg, M.: Weltfirma Deutschland – Das Computer-Unternehmen Nixdorf in Singapur, in: Der Spiegel, 41. Jg., 1987, Nr. 29, S. 115-122
Schmidt-Klingenberg, M.: Weltfirma Deutschland – Die Kosmetikfirma Wella in Japan, in: Der Spiegel, 41. Jg., 1987, Nr. 32, S. 116
Schmiegelow, M.: Japans Antwort auf Krise und Wandel in der Weltwirtschaft, Hamburg 1989
Schneider, D.J.G. (Hrsg.): Das Südostasien-Geschäft, Wiesbaden 1988
Schneidewind, D.: Das japanische Unternehmen, Heidelberg et al. 1990
Schneidewind, D.: Marketing-Strategien in ostasiatischen Märkten, in: ZfbF, 34. Jg., 1984, S. 75-97
Schneidewind, D.: Management-Perspektiven für die Zukunft und kritische Einschätzung des japanischen Beispiels, in: ZfbF, 39. Jg., 1987, Nr. 39, S. 552-564
Schneidewind, D.: Erfahrungen mit Joint Venture in der Volksrepublik China, in: Der Technologie-Manager, 35. Jg., 1986, Nr. 1, S. 4-10
Schodt, F.L.: Inside the Robot Kingdom, Tokyo/New York 1990
Schöttle, K. (Hrsg.): Jahrbuch Marketing, 5. Ausgabe, Wiesbaden 1990
Schütte, H.: Euro-Japanese Cooperation in Information Technology, INSEAD Working Paper No. 89/55, Fontainebleau 1989
Schütte, H.: Marketing in Indonesia, Jakarta 1974
Schuffner, F.: Für die deutsche Industrie hat man in Seoul die Lichter auf Grün geschaltet, in: Handelsblatt, 10.11.1986, S. 34-35

Schuh, C.F.: Absatzvorbereitung in Japan, in: Absatzwirtschaft, 27. Jg., 1984, Nr. 11, S. 32-38

Segler, K.G.: Basisstrategien für die Internationalisierung der Unternehmung, in: Thexis, 4. Jg., 1987, Nr. 1, S. 45-52

Segler, K.G.: Basisstrategien im internationalen Marketing, Frankfurt 1986

Seidlitz, P.: Europa stellt sich nicht ernsthaft der Herausforderung Japans in Südostasien, in: Handelsblatt, 1990, Nr. 99, 23.05.90, S. 10

Sheppard, T.S.D.M.: Malay Courtesy: A Narrative Account of Malay Manners and Customs in Everyday Use in Peninsular Malaysia, Kuala Lumpur 1981

Simon, H.: Informationsquellen zum Markteintritt in Japan, in: *Simon, H.* (Hrsg.): Markterfolg in Japan: Strategien zur Überwindung von Eintrittsbarrieren, Wiesbaden 1986, S. 211-241

Simon, H. (Hrsg.): Markterfolg in Japan: Strategien zur Überwindung von Eintrittsbarrieren, Wiesbaden 1986

Singer, H.: Closer Economic Cooperation ASEAN/EC – A Challenge, in: ASEAN Business Review, 1989, Nr. 2

Speir, C.: Phases of Indian Civilization, Delhi 1973

Spencer, R.F.: Yogong: Factory Girl, Seoul 1988

Stahr, G.: Auslandsmarketing, Band I und II, Stuttgart 1979

Stamp, D.: Asia – Regional and Economic Geography, London 1967

Statistisches Bundesamt Wiesbaden (Hrsg.): Statistisches Jahrbuch 1989, Stuttgart/Mainz 1989

Staudt, E.: Personalpolitik in japanischen Unternehmen (2), in: Blick durch die Wirtschaft, 31. Jg., 1988, S. 7

Stoff, W.-D.: Entscheidet Gewinndenken den Wettbewerb?, in: Absatzwirtschaft, 30. Jg., 1987, Nr. 6, S. 72-79

Stricker, S.: Großer Spielraum der Behörden – Förderung ausländischer Investitionen in China, in: Blick durch die Wirtschaft, 29. Jg., 24.11.1986, S. 1

Suh, M.B.M.: ASEAN-Zielsetzungen und Probleme, in: *Dahm, B. von/ Harbrecht, W.* (Hrsg.), ASEAN und die Europäische Gemeinschaft, Hamburg 1988

Tatsuno, Sh.M.: Created in Japan, New York 1989

Taylor, J.G.: The Social World of Batavia, Wisconsin/London 1983

Tenbrock, C.: Korea will mit deutscher Technik noch stärker werden, in: Blick durch die Wirtschaft, 29. Jg., 21.11.1986, S. 2

Tenbrock, C.: Dem Tiger die Zähne ziehen, in: Die Zeit, 43. Jg., 1988, Nr. 15, S. 39

Tenbrock, C.: Die Zukunft wird teuer – Korea will vom Billiganbieter zum High-Tech-Land werden, in: Die Zeit, 44. Jg., 1989 Nr. 14, S. 43

Terzani, T.: „Man haßt uns wie die Kakerlaken", in: Der Spiegel, 41. Jg., 1987, Nr. 40, S. 162-183

Thoma, W.: Konzepte multinationaler Werbung – Der Fall Wella, in: Wf&P, 1986, Nr. 3, S.111 – 113

Thompson, W.I.: Die pazifische Herausforderung, München 1985

Töpfer, A.: Marketing-Audit als Grundlage für den Unternehmenserfolg, in: *G. Haberland/P.R. Preißler/C.W. Meyer* (Hrsg.), Handbuch Revision – Controlling – Consulting, Loseblattsammlung, Landsberg 1987, 16. Nachlieferung, Nr. 2.11

Töpfer, A.: Marketing Warefare – Fact or Fiction?, in: European Management Journal, Vol. 5, 1987, No. 3, S. 215-225

Töpfer, A./Afheldt, H. (Hrsg.): Praxis der strategischen Unternehmensplanung, Frankfurt 1983

Töpfer, A./Wieselhuber, N. (Hrsg.): Strategisches Marketing, Landsberg/Lech 1984

Toriumi, N.: Ohne gute Informationen geht es nicht, in: Blick durch die Wirtschaft, 28. Jg., 1985, Nr. 201, S. 4

Toyota Motor Corporation (Hrsg.): Toyota – A History of the First 50 Years, Toyota City 1988

Tümpen, M.M.: Strategische Frühwarnsysteme für politische Auslandsrisiken, Wiesbaden 1987

U.S. Department of Commerce, International Trade Administration, prepared by the American Embassy Wellington: Foreign Economic Trends and Their Implications for the United States, Washington DC, 1/1989

U.S. Department of State, Bureau of Public Affairs: Background Notes: New Zealand, Washington DC, 7/1989

Viner, A.: The Emergin Power of Japanese Money, Tokyo 1988

Wagner, W./Stier, B./Haas, U.: Deutsche und japanische Investitionsstrategien in Südostasien, Hamburg 1985

Walldorf, E.G.: Auslandsmarketing, Wiesbaden 1987
Weggel, O.: Die Asiaten, München 1989
Welge, M. (Hrsg.): Globales Management – Erfolgreiche Strategien für den Weltmarkt, Stuttgart 1989
Welters, K.: Delphi-Technik, in: *Szyperski, N.* (Hrsg.), Handwörterbuch der Planung, Band 9, Stuttgart 1989, S. 262-270
Wheeler, S.: The Modern Malay, Human Relations Area Files, o.O. 1982
Whittam, E.G.: A Pacific Community, Cambridge (Mass.)/London 1981
Wieselhuber, N.: Phasen und Prozeß der strategischen Planung, in: *Töpfer, A./ Afheld, H.* (Hrsg.), Praxis der strategischen Unternehmensplanung, 2. Aufl., Landsberg/Lech 1987, S. 55-82
Wills, J./Jacobs, L./Palia, A.: Countertrade: The Asia-Pacific Dimension, in: International Marketing Review, 3. Jg., Nr. 2 S. 20-27
Windstedt, R.: The Malays: A Cultural History, New York 1961
Witham, L.: Malaysia: A Foreigner's Guide, Vermont 1988
Wolferen, K. von: Vom Mythos der Unbesiegbaren – Anmerkungen zur Weltmacht Japan, München 1989
World Peace Academy of Japan: The Pacific Area, Tokyo 1979
Woronoff, J.: Koreas Economy: Man-Made Miracle, Seoul/Arche Cape (Oregon) 1983
Wright, R.W./Pauli, G.A.: Die zweite Welle – Japans Angriff auf die Weltfinanz, Wien 1988
Yamazaki, K.: Japan erfordert grösseres Engagement als europäische oder amerikanische Märkte, in: Handelsblatt, 21.6.1983, S. 20
Yi, S.U.: On the Criticism of Confucianism in Korea, in: Korean National Commission for UNESCO: Main Currents of Korean Thought, Seoul 1983
Young, G.: Beyond Lion Rock, London 1988
Zengaye, T.R./Ratcliffe C.T.: The Japanese Century, Hongkong 1988
Zürn, P.: Japan zwischen Yen und Zen: Vom Geist und Stil der Söhne der Samurai, Landsberg/Lech 1987

Autoren-Kurzbiographien

Prof. Tim Allen, gebürtiger US-Amerikaner, Jahrgang 1950; studierte in Großbritannien und Frankreich Russisch und Geschichte. Danach arbeitete er für französische Firmen. Seit 1981 ist er Professor für internationale Unternehmensführung. Zur Zeit lehrt er in der E.A.P. Ecole Européenne des Affaires, Paris, und ist zuständig für internationales Marketing, speziell auch für Projekte der E.A.P. in Asien.

Dr. rer. pol. Siegfried Böttcher, Jahrgang 1929; Studium der Wirtschaftswissenschaften an der Universität Kiel von 1949–1953, 1954–1956 am Institut für Weltwirtschaft in Kiel tätig. 1956–1958 Vorbereitung der Promotion an der Sophia Universität, Tokyo; Promotionsthema aus der japanischen Wirtschaft: „Lebensverhältnisse in der japanischen Kleinindustrie" Bd. IX der Schriften des Instituts für Asienkunde, Hamburg. Ab 1959 tätig beim Bundeswirtschaftministerium in Bonn, 1961 bis 1964 Wirtschaftsattachee an der Deutschen Botschaft in Addis Abeba, Äthiopien; danach bis 1971 erneut tätig im Bundesministerium für Wirtschaft; 1971–1975 als Dozent und Koordinator im Bereich Weiterbildung für öffentliche Angestellte in der Bundesakademie für öffentliche Verwaltung. Von 1976–1981 Direktor des Verbindungsbüros beim Bundesverteidigungsministerium; seit 1981 im Bundeswirtschaftsministerium als Ministerialrat zuständig für die Beziehungen mit fernöstlichen Ländern (Japan, Honkong, Taiwan und Macao). Daneben lehrte er von 1982–1984 als Dozent an der Universität Bochum. Besonderes Interessengebiet: Wirtschaftsethik und Motivationshintergrund im Fernen Osten.

Dr.-Ing. Karl Busch, Jahrgang 1929, schloß sein Studium an der TH München als Dipl.-Ing Fachrichtung allgemeiner Maschinenbau ab; anschließend arbeitete er als Hilfsassistent beim Laboratorium für Verbrennungskraftmaschinen und schloß seine Dissertation über „Reibung und Verschleiß in Drehkolben-Verdichtern der Vielzellenbauart mit Wasser als Schmierstoff" im Jahre 1959 ab. Nach einem kurzen Zwischenaufenthalt als Leiter der

Konstruktion bei der Maschinenfabrik Karl Wittig GmbH machte er sich 1963 selbständig. Zusammen mit seiner Frau baute er die Busch-Gruppe auf, die heute ein führender Anbieter von Feinvakuumpumpen und -anlagen ist und aus 31 Einzelfirmen besteht. Sein besonderes Interesse gilt der Entwicklung der asiatischen Märkte.

Prof. Dr. Reinhard Hünerberg, Jahrgang 1945, studierte in Berlin und Würzburg Betriebswirtschaftslehre. Nach Promotion und Habilitation arbeitete er an Hochschulen und in der Wirtschaft. Zur Zeit ist er Direktor der E.A.P. Europäische Wirtschaftshochschule Berlin sowie Leiter des dortigen Fachbereichs Marketing und betreut in dieser Funktion auch E.A.P.-Projekte in Asien.

Hiroya Iwasaki, Jahrgang 1930, wurde als Sohn von Baron Hikoyata Iwasaki und Enkel von Yatao Iwasaki, dem Gründer der Mitsubishi-Gruppe, in Tokyo geboren. 1953 graduierte er als Ökonom an der Universität Tokyo und begann direkt danach seine Bankkarriere bei der Mitsubishi Bank Ltd., Tokyo. Nachdem er eine Reihe hochrangiger Positionen durchlief, wurde er Management-Direktor im Vorstand der Bank. Seit Juli 1985 ist er Präsident der Tozan Noji Co. Ltd., Tokyo.

Dr.-Ing. Otto Kalthoff, Jahrgang 1947, studierte nach dem Wehrdienst bis 1973 Maschinenbau und Verfahrenstechnik an der Technischen Universität München; von 1973 bis 1978 war er als Assistent am Institut B für Thermodynamik der TU München tätig; 1978 promovierte er zum Dr.-Ing. über ein Thema der Wärmeübergangsprobleme in chemischen Festbett-Reaktoren. Seit 1979 ist er bei Roland Berger & Partner tätig, seit 1984 als Partner mit dem Verantwortungsbereich Unternehmensstrategie und einem Schwerpunkt in der Investitionsgüterindustrie; regionale Schwerpunkte liegen in Europa und Fernost.

Bernd Kannapee, Jahrgang 1946, ist der Senior Vice-President Overseas der Nixdorf Computer AG; er trägt die Verantwortung für Marketing, Verkauf und Service in 24 Ländern, davon die 15 Länder des asiatisch-pazifischen Raumes. Bernd Kannapee begann seine Tätigkeit bei der Nixdorf Computer AG 1980 als Verkaufsleiter des Spezialgebietes Banken in Frankfurt; schon zwei Jahre später wurde er Branch Office Manager in Frankfurt. Seit 1986 arbeitet er als Senior Vice-President Overseas in seinem Büro in Deutschland und Singapur.

Karl-Thorsten Keitel, Jahrgang 1966, studiert seit 1986 Japanologie und Wirtschaftswissenschaften an der Ruhr-Universität, Bochum; Praktikum bzw. Werkstudium bei der Deutschen Bank, Düsseldorf (1986, 1987 und 1990), Wella AG, Tokyo (1988), F&F Trading and Consulting, Frankfurt (1989), Deutsche Bank AG, Tokyo (1990); 1987 Zwischenprüfung Japanologie, 1988 Wirtschaftswissenschaften.

Martin Kohlhaussen, Jahrgang 1935, studierte Rechtswissenschaften an den Universitäten Frankfurt, Freiburg und Marburg. Nach seiner Tätigkeit als Gerichtsreferendar und dem Abschluß der zweiten juristischen Staatsprüfung absolvierte er eine Banklehre bei der Deutschen Bank AG, die er nach neun Jahren als Direktor und Leiter der Filiale Hanau verließ, um für drei Jahre die Geschäftsleitung der deutschen Niederlassung der Lloyds Bank International zu übernehmen. Von 1976 bis 1978 war er Leiter der Filiale Tokio der Westdeutschen Landesbank Girozentrale, bevor er für weitere drei Jahre die Leitung der Filiale New York übernahm. 1982 wurde er in den Vorstand der Commerzbank AG berufen, dort ist er unter anderem für das Asiengeschäft der Bank zuständig.

Prof. Dr. Hugh E. Kramer, Jahrgang 1929; Studium der Volks- und Betriebswirtschaftslehre in der BRD, Österreich und Amerika (Dipl.-Kfm., Frankfurt); von 1952-1964 selbständiger Marketingberater in Europa und USA; 1965-1966 Corporate Senior Economist, Copley Press und Copley International Corporation, La Jolla CA; 1967-1969 Associate Professor und Acting Director, International Business Program, The American University, Washington DC; seit 1969 Lehrstuhl für Marketing an der University of Hawaii. Adjunct oder Visiting-Professor im Übersee-Graduate-Programm der University of Hawaii für die US Air-Force, Tokio und Okiwana, der Boston University am NATO-Hauptquartier (SHAPE) in Belgien, NATO-Quartier/Zentraleuropa (AFCENT) in den Niederlanden und der Fünften US Armee in der BRD, an der Escuela de Administracion des Negocios para Graduados (ESAN), Lima, Peru, The University of New South Wales in

Kensington (Sydney), Australien, dem Monterey Institute of International Studies, Monterey CA und Japan-America Institute of Management Science, Honolulu. Gründungspräsident des Honolulu Chapter der American Marketing Association. Rotarier.

Dr. jur. Günter Krüger, Jahrgang 1937, studierte in München und Würzburg Rechtswissenschaften; er schloß das Studium in München 1967 mit dem 2. Staatsexamen ab und promovierte 1965 in Würzburg. Seit 1969 Geschäftsführer und seit 1971 Hauptgeschäftsführer der Deutsch-Indischen Handelskammer. Herrn Krüger wurde 1979 das Bundesverdienstkreuz verliehen.

Peter Odrich, Jahrgang 1939, trat nach dem Abschluß des Studiums (Dipl.-Kfm.) in Frankfurt 1964 in die Wirtschaftsredaktion der Frankfurter Allgemeinen Zeitung ein. Nach einigen Jahren in der Zentrale und 14 Jahren in der Rhein-Ruhr-Redaktion in Düsseldorf übernahm er 1981 die wirtschaftliche und politische Berichterstattung aus Japan, Südkorea, Taiwan und Hongkong mit Sitz in Tokio.

Dr. Martin Posth, Jahrgang 1944, ist Vorstandsmitglied der Volkswagen AG. Nach dem Studium der Rechtswissenschaften begann er 1972 seinen beruflichen Weg im Rahmen des Trainee-Programms bei der VW-Tochter Audi NSU Auto Union AG; nach verschiedenen anderen Positionen wurde er zum Mitglied des Vorstands für den Geschäftsbereich Personal- und Sozialwesen der Audi AG berufen. Von 1985 bis 1988 war er stellvertretender Managing Director und Kaufmännischer Leiter des deutsch-chinesischen Gemeinschaftsunternehmens Shanghai Volkswagen. Seit Oktober 1988 ist Dr. Martin Posth im Vorstand für das Ressort Personalwesen verantwortlicht; seit Juli 1989 ist er gleichzeitig Vorstandsbeauftragter für Asien.

Heinz Ruhnau, Jahrgang 1929, besuchte in Danzig, seinem Geburtsort, die Oberschule bis zur mittleren Reife. Nach seiner Ausweisung aus Danzig im Jahre 1946 schloß er 1949 eine Lehre als Elektromaschinenbauer mit der Gesellenprüfung ab; ein Studium an der Hochschule für Wirtschaft und Politik von 1952 bis 1954 endete mit dem Abschluß als „Betriebswirt (grad.)“. Zwischen 1954 und 1956 leitete Ruhnau das Büro des Vorsitzenden der

Industriegewerkschaft Metall, Otto Brenner, in Frankfurt und danach den Bezirk Norddeutschland der IG Metall. Der Hamburger Bürgerschaft (Landtag) gehörte Ruhnau (als Mitglied der SPD) von 1961 bis 1974 an; 1965 wurde er Nachfolger von Helmut Schmidt als Innensenator und war in dieser Position bis 1973 tätig. 1973 bis 1974 gehörte er dem Vorstand der Coop-AG bis zu seiner Berufung zum Staatssekretär des Bundesministerium für Verkehr an; dieses Amt hatte er bis zum März 1982 inne. 1982 wurde Ruhnau Vorsitzender des Vorstands der Deutschen Lufthansa. Die IATA (International Air Transport Association) wählte ihn für 1984/85, die AEA (Association of European Airlines) für 1988 zu ihrem Präsidenten.

Dipl.-Kfm. Walter Sawallisch, Jahrgang 1946, studierte in München bis 1973 Betriebswirtschaftslehre mit dem Schwerpunkt Marketing; absolvierte während des Studiums verschiedene Praktika im Bereich der Marktforschung und der Werbung; am Europäischen Institut für Unternehmensführung in Fontainebleau, Frankreich, belegte er ein spezielles Seminar für Unternehmensführung und Internationales Marketing. Nach dem Studium arbeitete er für die BMW AG in München zuerst als Marktforscher, bis er dann von 1976 bis 1981 Leiter der Internationalen Werbe- und Marketingkoordination wurde; ab 1981, nach der Gründung von BMW Japan Corp., war er zunächst Leiter Marketing und anschließend Geschäftsführer und Vize-Präsident. Am 1.9.1988 gründete er sein eigenes Dienstleistungsunternehmen Sawallisch & Associates Ltd. in Tokio mit den Schwerpunkten Mergers & Acquistions sowie Unternehmensberatung für den Markteintritt in Japan.

Prof. Dr. rer. pol. Dieter Schneidewind, Jahrgang 1935, ist seit 1978 Vorstandsmitglied der WELLA AG in Darmstadt. 1960 Dipl.-Kfm. an der Universität Köln; Promotion zum Dr. rer. pol. in 1962. Seit 1979 Lehrbeauftragter der Universität Bochum im Bereich Wirtschaft Ostasiens; 1986 Berufung zum Honorar-Professor. Seine berufliche Tätigkeit begann 1961 zunächst als Systemanalytiker und Programmierer (Siemens 2002), dann im Bereich Konzernrevision, Betriebswirtschaft und Verkauf von Kraftwerksanlagen. Seit 1969 bei der Ströher/WELLA-Gruppe tätig; Gründung WELLA Japan und elf weiterer Unternehmen in Asien, darunter in der VR China. Ab 1978 Vorstandsmitglied zunächst Region Asien-Afrika-

Pazifik; zuletzt Region Europa (incl. Osteuropa). Vorstandsmitglied der Schmalenbach-Gesellschaft Deutsche Gesellschaft für Betriebswirtschaft; Mitherausgeber der Zeitschrift für Betriebswirtschaft (zfb); Präsident der Asia-Pacific Gesellschaft Köln; Vorsitzender des Auslandsbeirates der Carl Duisberg Gesellschaft Köln; Landesbeirat der Commerzbank AG Frankfurt; Chairman der Tokyo Senmon Siyo Gakko; Board Member der Vaubel & Co. Tokyo. Zahlreiche Vorträge und Veröffentlichungen.

Prof. Hellmut Schütte, Jahrgang 1944, studierte Volkswirtschafts- und Betriebswirtschaftslehre in München und Hamburg; Diplom-Kaufmann Examen 1969 an der Universität Hamburg. Danach sieben Jahre Tätigkeit bei Lintas/Unilever in verschiedenen Funktionen in Hamburg und Jakarta/ Indonesien. Von 1977–1981 Projektleiter der FGU-Kronberg und Regionalmanager der DEG in Manila/Philippinen. Seit 1981 Mitglied der Fakultät von INSEAD in Fontainebleau/Frankreich. Forschungs- und Lehrtätigkeit im Rahmen von INSEAD's Euro-Asia Centre mit Schwerpunkt auf internationalen Unternehmensstrategien und internationalem Marketing. Umfangreiche Beratungstätigkeit für europäische und asiatische Unternehmen. Gastprofessor an der Universität Tokyo in 1989/90.

Dipl.-Oec. Silke Stellmacher, Jahrgang 1960; Ausbildung zur Bankkauffrau mit anschließender mehrjähriger Berufstätigkeit. Studium der Wirtschaftswissenschaften an der Universität/GHS Kassel; seit 1986 wissenschaftliche Mitarbeiterin am Schwerpunkt Management + Marketing an der Universität/ GHS Kassel; Projektleiterin in empirischen und theoretischen Forschungsprojekten sowie in Kooperationsprojekten mit der Wirtschaft.

Dr. Paul Anthony Summerville, Jahrgang 1957, geboren in Großbritannien. Seit 1988 Vize-Präsident der Deutsche Dank AG Tokyo im Bereich Wirtschaftsforschung für Japan und Asien. Nach dem College begann er 1976 sein Studium an der York Universität in Canada, studierte im Rahmen eines Austauschs von 1978–1979 an der Hebrew University of Jerusalem in Israel und schloß 1980 mit dem Bachelor of Art in York ab; an der University of Alberta, Canada erlangte er 1981 den Master of Art und promovierte dort 1983 im Bereich Politische Wissenschaft; dazwischen studierte er 1981–1982 am Institut Universitaire des Hautes Etudes Internationales in Genf, Schweiz;

1983–1984 absolvierte er das Intensiv-Japanisch-Programm der Osaka University of Foreign Languages in Japan; 1988 promovierte er am Department of International Relations der University of Tokyo; gleichzeitig war er von Februar 1986 bis März 1988 als Account Manager und Representative bei der Royal Trust Corporation of Canada tätig.

Makato Tobari, geb. 1930 auf Kyushu/Japan; verbrachte einen Teil seiner Jugend in Seoul. Nach der College-Ausbildung befaßte er sich beim lokalen Hörfunk zunächst mit Literatur. Über einige Zwischenstufen gelangte er zu Max Factor Japan, dem damals größten ausländischen Kosmetikunternehmen in Japan. Bereits im Alter von 33 Jahren wurde er dort Vorstandsmitglied. 1980 schloß er sich mit eigenen Kapitalanteilen Wella Japan an; dort vertritt er bis heute die japanische Managementseite, wenngleich mit dem Eintritt in das sechzigste Lebensjahr nach traditioneller japanischer Art nicht mehr als Präsident, sondern als Chairman. Im April 1990 verlieh im die Universität von Hawaii in Anerkennung seiner Verdienste auf dem Gebiet der Verbindung von europäischen Managementtechniken mit japanischer Unternehmensphilosophie die Ehrendoktorwürde.

Univ.-Prof. Dr. Armin Töpfer, Jahrgang 1944; leitet den Schwerpunkt Management und Marketing an der Universität/GHS Kassel; vorher war er an der Universität Freiburg, Dozent an der Verwaltungs- und Wirtschaftsakademie Freiburg, Leiter des Fachbereichs Organisation und Personalwesen an der E.A.P. Europäische Wirtschaftshochschule Düsseldorf; er lehrt und forscht auf den Gebieten Management und Marketing. Er ist Herausgeber der „Schriften zur Personalwirtschaft" und Vorsitzender des Herausgeberbeirates der Zeitschrift „Personalwirtschaft"; neben seiner Vortrags-, Trainings- und Beratungstätigkeit in der Industrie und der öffentlichen Verwaltung ist er Mitglied im Beirat eines marktführenden mittelständischen Unternehmens sowie eines Dienstleistungsunternehmens.

Dr. jur. Oskar Weggel, Jahrgang 1953; Studium sowie Erstes und Zweites Juristisches Staatsexamen in München von 1954 bis 1963; Sinologisches Parallelstudium. Danach bis 1965 Studium des Modernen Chinesischen in

Bonn und von 1965–1967 in Taibei; 1968 Abschlußprüfung am Seminar für Orientalische Sprachen in Bonn. Seit 1968 Wissenschaftlicher Referent am Insitut für Asienkunde in Hamburg mit Forschungsschwerpunkt VR China und Indochina. Vorstandsmitglied der Deutschen Gesellschaft für Asienkunde. Häufige Asienaufenthalte. Bisher 22 Buchpublikationen, darunter in 1989 „Geschichte Chinas im 20. Jahrhundert“ und „Die Asiaten: Gesellschaftsordnungen, Wirtschaftssysteme, Denkformen, Glaubensweisen, Alltagsleben, Verhaltensstile“.

Dr. Muneo Jay Yoshikawa, Professor für Japanische Sprache und Kultur an der University of Hawaii, ist spezialisiert auf die amerikanisch-japanische Kulturkommunikation und internationale Wirtschaftsbeziehungen. Der Ansatz seiner Forschung lag auf der japanischen und amerikanischen Art der Kommunikation und vergleichenden Mentalitätsstudien, der Entwicklung eines Modells der interkulturellen Wirtschaftskommunikation sowie für kreative Entwicklungsprozesse und der Anwendung fernöstlicher Psychologie und Philosophie bei interkultureller Erziehung und Wirtschaftsbeziehungen. Er hat in dieser Funktion als Trainer und Berater für verschiedene multinationale Unternehmen in den Vereinigten Staaten, Asien und Europa gearbeitet. Er ist der Direktor des japanischen Europa-Institut für Managementwissenschaft in der Schweiz und Dozent am Japanisch-Amerikanischen Institut für Managementwissenschaft auf Hawaii.

Stichwortverzeichnis

H

I

J

S

T

U